清代學者文集叢刊

高郵二王合集

六

舒懷 李旭東 魯一帆 輯校

上海古籍出版社

王念孫《讀書雜誌》正誤

胡懷琛

《戰國策》

客即對曰《東周》

温人之周，周不内。客卽對曰：「主人也。」姚宏校本曰：「一本：『周不内，問曰：客邪？對曰：主人也。』《韓非子》文與一本同。見《説林》篇。」念孫案：一本是也。俗書「邪」字作「耶」，「卽」字作「即」，二形相近。故「邪」譌爲「卽」，又脱去「問曰」二字耳。「問曰客邪」與「對曰主人也」相對爲文。若無「問曰」二字，則「對」字之義不可通。

按：念孫言非也。上文「周不内」，是必有發言者，「對曰」卽對此語也。如念孫言，則反重複矣。姚校本不可從也。

太子爲糞矣《秦》

樓許約秦、魏，魏太子爲質。紛彊欲敗之，謂太后曰：「國與還者也。敗秦而利魏，魏必負之。負秦之日，太子爲糞矣。」鮑注曰：「卽所謂糞之。」吴曰：「糞，棄除也。」念孫案：鮑注不解所謂。吴以「糞」爲「棄除」，太子爲棄除矣，亦甚爲不詞。今案：「糞」下當有「土」字。下章吕不韋謂秦質子異人曰：「今子無（毋）〔母〕於中，外託於不可知之國，一日倍約，身爲糞土。」語意正與此同。

按：念孫意是也。然「糞」下不必有「土」字，糞、土同一義也。念孫所引「一日倍約，身爲糞土」爲便讀，故加一「土」字耳。

巵酒《齊》

楚有祠者，賜其舍人巵酒。念孫案：「巵」上當有「一」字，以酒僅一巵，故下文曰「數人飲之不足，一人飲之有餘也」。若無「一」字，則文義不明。《藝文類聚·雜器物部》《鱗介部》、《太平御覽·器物部》及《後漢書·袁紹傳》注引此，並作「酒一巵」，《史記·楚世家》作「一巵酒」。

按：念孫言非也。「巵酒」即一巵酒也。《莊子》：「吾得升斗之水然活耳。」「升斗之水」即一升水、一斗水也。其上不必有「一」字。《藝文類聚》諸書所引，皆妄加也。

土則復西岸耳《齊》

土偶曰：「吾西岸之土也，土則復西岸耳。」姚曰：「一作『吾殘則復西岸。』」念孫案：「土則復西岸」，義不可通。此承上「則女殘矣」而言，則作「吾殘」者是也。《趙策》：「土梗謂木梗曰：『使我逢疾風淋雨，壞沮乃復歸土。』」彼言「壞沮」，此言「殘」，其義一也。《風俗通義·祀典》篇、《藝文類聚·果部》、《太平御覽·土部》引此，並作「殘則復西岸」。《御覽·人事部》作「吾殘則復西岸。」

按：念孫言非也。「土則復西岸耳」，猶言吾化爲土則復歸西岸，文義甚明。《風俗通義》諸書不可從。

王曰不敢　王曰不能《魏》

長平之役，平都君説魏王曰：「王胡不爲從？」魏王曰：「秦許吾以垣雍。」平都君曰：「臣以桓雍爲空割也。」魏王曰：「何謂也？」平都君曰：「秦、趙久相持於長平之下而無決。天下合於秦則無趙，合於趙則無秦。秦恐王之變也，故以垣雍餌王也。秦戰勝趙，王敢責垣雍之割乎？」王曰：「不敢。」「秦戰不勝趙，王能會韓出垣雍之割乎？」王曰：

「不能。」「臣故曰：垣（擁）〔雍〕空割也。」魏王曰：「善。」念孫案：「王曰不敢」、「王曰不能」兩「王」字皆後人所加也。「曰不敢」、「曰不能」，皆平都君之語，與上文自爲問答。是以「秦戰不勝趙」上、「臣故曰」上皆無「曰」字。而魏王答平都君之語，則必加「魏王曰」三字以別之也。後人誤以「不敢」、「不能」爲魏王答語，故於「曰」上加「王」字耳。《論語》：「懷其寶而迷其邦，可謂仁乎？曰不可。好從事而亟失時，可謂知乎？曰不可。」皆陽貨自爲問答之語。是以「好從事」及「日月逝矣」之上皆無「曰」字。而孔子答陽貨之語，則加「孔子曰」三字以別之，正與此同也。詳見《四書釋地》。《史記·孔子世家》：楚昭王將以書社地七百里封孔子，令尹子西曰：「王之使使諸侯，有如子貢者乎？曰無有。王之輔相有如顏回者乎？曰無有。王之將率有如子路者乎？曰無有。王之官尹有如宰予者乎？曰無有。且楚之祖封於周，號爲子男五十里。今孔某述三五之法，明周召之業，王若用之，則楚安得世世堂堂方數千里乎？」以上四問四答及「且楚之始封」云云，皆子西一人之語。《留侯世家》：張良對漢王曰：「昔者湯伐桀，而封其後於杞者，度能制桀之死命也。今陛下能制項籍之死命乎？曰未能也。其不可一也。武王伐紂，封其後於宋者，度能得紂之頭也。今陛下能得項籍之頭乎？曰未能也。其不可二也。武王入殷，表商容之閭，釋箕子之拘，封比干之墓。今陛下能封聖人之墓，表賢者之閭，式智者之門乎？曰未能也。其不可三也。發鉅橋之粟，散鹿臺之財，以賜貧窮。今陛下能散府庫以賜貧窮乎？曰未能也。其不可四矣。殷事已畢，偃革爲軒，倒置干戈，覆以虎皮，以示天下不復用兵。今陛下能偃武行文，不復用兵乎？曰未能也。其不可五矣。休馬華山之陽，示以無所爲。今陛（不）〔下〕能休馬無所用乎？曰未能也。其不可六矣。放牛桃林之陰，以示不復輸積。今陛下能放牛不復輸積乎？曰未能也。其不可七矣。」以上七問七答，皆張良一人之語，亦與此同也。《墨子・耕柱》篇：「和氏之璧，隋侯之珠，三棘六異，此諸侯之所謂良寶也，可以富國家，衆人民，治刑政，安社稷乎？曰不可。」《孟子・告子》篇：「爲是其智弗若與？曰非然也。」亦是一人之語，自爲問答。

按：念孫言非也。「曰不敢」、「曰不能」，皆平都君代王答之語，故雖出於平都君之口，而仍作魏王口吻，有「王」字者是也。如無「王」字，是省略也。念孫所引諸例，皆省略也。不知彼爲省略，而謂此爲妄加，誤矣。

《史記》

鞅欲變法《商君列傳》

孝公既用衛鞅，鞅欲變法，恐天下議己。衛鞅曰：「疑行無名，疑事無功。」念孫案：「鞅欲變法」，「鞅」字因上文而衍。此言孝公欲從鞅之言而變法，恐天下議己，非謂鞅恐天下議己也。孝公恐天下議己，故鞅有「疑事無功」之諫。若謂鞅恐天下議己，則與下文相反矣。《商子·更法》篇：「孝公曰：『今吾欲變法以治，更禮以教百姓，恐天下之議我也。』公孫鞅曰：『疑行無成，疑事無功。君亟定變法之慮，殆無顧天下之議之也。』」是其明證矣。《新序·善謀》篇同。

按：念孫意是也，然謂衍一「鞅」字則非。《史記》原文以淺近之語演之，可云：孝公既用商鞅，因鞅欲變法，而孝公恐天下議己。「恐天下議己」，是孝公恐也。爲何而恐，既用商鞅，而商鞅又欲變法也。則「鞅」字確非衍文。

一與文等《孟嘗君列傳》

《史記》原文云：「食客數千人，無貴賤，一與文等。」

王念孫云：「『文』當爲『之』字之誤也。上文曰『文果代立於薛，是爲孟嘗君』，自此以下，則皆稱『孟嘗君』而不稱『文』。此句獨稱『文』，則與上下文不合，故知『文』爲『之』字之誤也。『之』字指食客言，非指孟嘗君言。《太平御覽·人事部》、《待士部》引此，正作『一與之等』。」念孫又自注云：「《賓客類》引此『一與文等』，此後人依《史記》改之。」

按：念孫言非也。念孫謂「之」字指食客言，是「之」字爲食客之代名詞。凡用代名詞者，無不可塗去其代名詞，而還其本名詞。例如《左傳》「使子皮承宜僚，以劍而訊之」，「之」字代宜僚也，即可改爲宜僚，曰「使子皮承宜僚，以劍而訊宜僚」。又《左傳》「季武子無適子，公彌長，而愛悼子，欲立之」，「之」字代悼子也，即可改爲「悼子」，曰「季武子無適子，公彌長，而愛悼子，欲立悼子」。雖嫌其繁，然文理非不通也。此例極多，不必徧舉。今《史記》之文則何如哉？使云其「之」字而改爲「食客」，曰「食客數千人，無貴賤，一與食客等」，則成何文理？故知是「文」字，非「之」字也。蓋待諸客平等，當云皆相等，不能云與之等，文法固當如此也，故知爲念孫之誤。至如念孫謂「自文果代立於薛，是爲孟嘗君」以下皆稱「孟嘗君」，此句獨稱「文」，則與上下文不合，此則司馬遷疏忽之過。忽而稱此，忽而稱彼，此例在《史記》中甚多，不必徧舉。甚至於「太史公」三字，於《自序》一文中，忽以稱其父，忽以自稱，幾令人迷惑不能辨，《十七史商榷》卷六言之頗詳。何况乎孟嘗君與文哉？《太平御覽》兩引此句，一作「之」，一作「文」，必有一誤。而念孫則以與己意同者爲是，與己意異者爲非，不足據也。

爲雄雄者《孟嘗君列傳》

《史記》原文云：「此雌雄之國也勢不兩立爲雄雄者得天下矣。」照原文不斷句。王念孫云：「顧子明曰：『爲雄』下衍一『雄』字，『爲雄』二字屬下讀。」

按：念孫言非也。果如念孫言，讀作「此雌雄之國也，勢不兩立，爲雄者得天下矣」，則「爲」字似亦衍文。吾以爲當讀作「此雌雄之國也，勢不兩立爲雄，雄者得天下矣」。如此則文從字順，念孫襲顧子明之誤而自不知也。

朝趨市《孟嘗君列傳》

君獨不見夫朝趨市者乎？明旦側肩爭門而入；日暮之後過市朝者，掉臂而不顧。引之曰：「『朝趨市』當作『趨市朝』，『朝』音『潮』，下文『過市朝者』即承此文言之。若讀『朝暮』之『朝』，則與下『明旦』相複矣。《索隱》出『朝趣市』三字，云『趣音娶』，後又出『過市朝』三字，云『朝音潮，謂市之行位有如朝列，因言市朝耳』，則所見本已譌爲『朝趣市矣』。李善注《文選·藉田賦》引此亦譌。」李注引「朝趨市」，而不引「明旦」二字，蓋亦以「明旦」與「朝」相複，故節之，而不知「朝趨市」乃「趣市朝」之譌也。

按：念孫言非也。此當云「過市朝者」句衍一「朝」字。「朝趨市」，總言清晨之赴市者。下文「明旦」與「日暮之後」對待，「明旦」與上文「朝」字不重復。若謂以市肆、朝廷並言，則「掉臂而不顧」無義。過朝廷者，雖日暮之後，亦不得云掉臂而不顧也。故余謂上「朝」字當讀「朝暮」之「朝」，下「朝」字衍文。

廉頗　畏匿之《廉頗藺相如列傳》

《史記》原文云：「今君與廉頗同列，廉君宣惡言，而君畏匿之。」

王念孫云：「『廉頗』當爲『廉君』，下文作『廉君』，即其證。今作『廉頗』者，涉上文而誤。《文選·盧諶〈覽古詩〉》注、曹攄《感舊詩》注引（作）並作『廉君』，《（郡）〔群〕書治要》同。『畏匿之』，《覽古詩》注引作『畏匿』，《感舊詩》注引作『畏之匿』。案：作『畏之匿』是也。今本『之』字在『匿』字下，則文不成義。」

按：上文稱「廉頗」，下文稱「廉君」，此等不同之稱謂，在《史記》中常有之，其例舉不勝舉，不必爲傳寫錯誤。至於「畏匿之」，則原文正不錯，而念孫言誤也。「之」字爲代名字，代廉頗。今日通俗文當作「畏而匿之」，亦甚通暢，何得云「文不成義」？此種之字，在《孟子》中常有之，曰「委而去之，是地利不如人和也」，曰「望望然去之，若將浼焉」。不曰「委而去」，不曰「望望然去」，而必加一「之」字，其句法正與《史記》「畏匿之」相同。信如念孫言，則《孟子》之文亦傳寫訛誤矣。惟此等之字，在今日所謂文法中，甚不易解。蓋「去」、「匿」皆自動詞之字，似爲目的格。照文法定例，自動詞之下不應有目的格，此等之字之用法實超出乎文法定例之外，吾假定其名曰半自動詞。數年前，曾有人舉《孟子》「天油然作雲，沛然下雨，則苗勃然興之矣」，謂「之」字爲衍文。初聞此言似爲有理，細思之，亦殊不然。使承認此處「之」字爲衍文，則「委而去之」、「望望然去之」兩「之」字皆衍文矣。況後人用此之字者尚多，如蘇東坡「（文）〔夫〕物必先腐也，而後蟲生之」，其將謂此「之」字亦衍文耶？念孫固不知今人所謂文法，但其不解此等之字之用法，則正與今日談文法者相同，皆不通之論也。

自投《屈原賈生列傳》

《史記》原文云：「於是懷石，遂自投汨羅以死。」

王念孫曰：「《索隱》本『自投』作『自沈』。念孫按：下文云『自屈原沈汨羅後』，又云『側聞屈原兮自沈汨羅』，又云『觀屈原所自沈淵』，則作『沈』者是也。東方朔《七諫》亦云：『懷沙礫以自沈。』」

按：《索隱》本涉下文而誤也，念孫言不足信。「沈」與「死」就字義而言，固不重複，然在文學上言，《史記》本文學書，故就文學論。「沈」字已含「死」之意，故云「自沈汨羅以死」，不如云「自投汨羅以死」。故下文凡用「沈」字者，其下皆無「死」字。即東方朔用「沈」字，其下亦無「死」字。此不特史公筆墨之簡潔，即東方朔亦然。此一説也。又下文用「沈」字者，皆爲追述屈原投水之事。此句用「投」字者，爲描寫屈原投水時之狀。「沈」表過去之動作，「投」表現在之動作。史公作《屈原傳》時，原已死矣。同爲過去，然一則過去中之過去，一則過去中之現在也。此處可參攷英文文法。此等用字法，非小學家所能知，故念孫遂有此誤。此又一説也。

快耳目《李斯傳》

《史記》原文云：「夫擊甕叩缻，彈筝博髀，而歌呼嗚嗚快耳目者，真秦之聲也。」

王念孫云：「聲能快耳，不能快目，『目』字後人所加。《文選注》無『目』字；舊本《北堂書鈔·樂部六》出『彈筝快耳』四字，引《史記》『彈筝博髀而歌嗚嗚快耳者』，亦無『目』字；

原注：陳禹謨依俗本增目字。《藝文類聚・樂部四》、《太平御覽・樂部十四》所引，並無『目』字。」

按：念孫言誤也。夫歌固不可以快目，然在文字中實有此種用字例。《史記・游俠傳》云：「且緩急，人之所時有也。」此處言救人之急難，人所時有也，無所謂「緩」。又《淮陰侯列傳》：「大夫種、范蠡存亡越，霸勾踐，立功名而身死亡。」按：文種死，范蠡未死，當刪去上文「范蠡」二字，但謂文種可矣。然《游俠傳》中語，俞樾謂有此例，見《古書疑義舉例二・因此以及彼例》。《淮陰傳》中語，梁玉繩謂爲古人多有此句法，見《史記志疑》。蓋但求意會，不必拘拘於一文一字間也。如此「快耳目」三字，又何疑義之有？此一説也。《淮陰傳》中語，或謂死指文種，亡指范蠡，謂出亡也。此説亦穿鑿。太史公用字，不必如後人分别若此之精細。即不然，謂「擊甕叩缻，彈箏搏髀，而歌其慷慨悲歌之狀」，亦正可觀多一「目」字，此句反有精神。念孫何故必欲謂係後人所加哉？吾則謂《藝文類聚》、《太平御覽》等書所引無「目」字，正是後人所刪也。

倍則戰之《淮陰侯列傳》

吾聞兵法：十則圍之，倍則戰之。念孫案：宋本「戰」下無「之」字，是也。「十則圍之」

者，言我兵十倍於彼，則圍之也。「倍則戰」者，言我兵倍於彼，則與之戰也。「戰」下不當有「之」字，此涉上句而誤衍耳。《太平御覽・兵部一》引《史記》無「之」字，《漢書》及《通典・兵十三》並同。《孫子・謀攻篇》：「十則圍之，五則攻之，倍則分之，敵則能戰。」能，乃也。古謂「乃」爲「能」，説見《漢書》「能或滅之」下。言兵數相敵，乃與之戰也。今本「戰」下有「之」字，亦涉上文而衍。《御覽》引《孫子》亦無「之」字。

按：念孫言非也。此類「之」字，古書中甚多。《孟子》：「委而去之，是地利不如人和也。」「望望然去之，若將浼焉。」《莊子》：「堯與許由天下，許由逃之；湯與務光（天下），務光怒之。」皆是也。參看《廉頗藺相如傳》「廉頗畏匿之」條。

非直手足戚也《田儋列傳》

蝮螫手則斬手，螫足則斬足。何者？爲害於身也。今田假、田角、田間於楚趙，非直手足戚也，何故不殺？《漢書》作「非手足戚，何故不殺」；《漢紀》作「豈有手足之戚，何故不殺」。念孫案：此則「非直手足戚也」，「直」字當爲「有」字之譌。「直」字俗作「直」，形與「有」相近。

按：念孫言非也。蓋《漢書》、《漢紀》皆不知《史記》之意而妄改之耳。直，特也。《史記》原意以蝮毒比田假等人，謂蝮螫手則斷手而去其毒，蝮螫足則斷足而去其毒，以免漫延於全身，況今田假等人之爲害，豈特如蝮之螫手足而已哉？即更甚於蝮之螫手足，何故不去之也？即「何故不殺」也。《漢書》、《漢紀》其語皆不可通。

肩蔽《樊酈滕灌列傳》

《史記》原文云：「亞父欲謀殺沛公，令項莊拔劍舞坐中，欲擊沛公，項伯常肩蔽之。」

王念孫曰：「『肩』當爲『屏』字之誤也。《漢書》作『屏蔽』，謂以身屏蔽之也。《項羽紀》曰：『項莊拔劍起舞，項伯亦拔劍起舞，常以身翼蔽沛公。』彼言『翼蔽』，猶此言『屏蔽』矣。」

按：念孫言亦不足信。原文佳處在一「肩」字，言「肩蔽」，則活潑，而能寫出項伯神態。言「屏蔽」，則板滯，了無生趣。故《項羽紀》亦有「身」字。「身」、「肩」二字用法相同。《漢書》作「屏蔽」者，是孟堅比子長整（之）飭〔之〕處，亦即孟堅不及子長生動之處。或謂「屏蔽」之「屏」字即足代「肩」字之用，亦不然。信如此，則《項羽紀》作「翼蔽」，「翼」字即足代「身」字之用，何以上文又有「身」字也？若謂原文「肩」字宜作「身」

字猶可，謂「肩」字宜作「屏」字不可。

皆異之《扁鵲倉公列傳》

《史記》原文云：「病名多相類，不可知。有數者皆異之，無數者同之。」王念孫云：「『皆』當從宋本作『能』，字之誤也。此言病同名而異實，唯有數者能異之，無數者則不能也。《索隱》本作『能異之』，注曰：『謂有術數之人，乃可異其狀也。』是其證。」

按：念孫言亦未當。蓋原文謂有數者，對於各種相類之病，一一能分別之，「皆」字之義甚明。因病有多種，故用「皆」字。念孫不知此意，謂爲係「能」字之誤，反於原義有不盡之處。如念孫説，往往失去太史公寫生之精神。其他類此者甚多，不特此一字已也。

今單于能即前與漢戰《匈奴列傳》

《史記》原文云：「今單于能即前與漢戰，天子自將兵待邊；單于即不能，即南面而臣於漢。」

王念孫曰：「念孫按：『能即』當爲『即能』。『即能』與『即不能』文正相對。《漢書·西南夷傳》注曰：『即猶若也。』言單于若能與漢戰，則天子方自將待邊；若不能，則南面而臣於漢也。按：以下略去數語，原文爲「能」字作「若」字，余亦謂「能」字有時作「若」字解，故略去數語，以省讀者目力。今本作『能即』者，後人不解『即』字之義，而顛倒其文耳。《漢書·匈奴傳》正作『即能前與漢戰』。」

按：念孫言亦未當。原文共有三「即」字，惟第二「即」字作「若」字解，第一、第三兩「即」字皆如「則」字，謂單于能，則前與漢戰，天子方自將待邊；若不能，則南面而臣於漢耳。念孫謂「即能」與「即不能」文正相對，余謂「即與漢戰」、「即臣於漢」文正相對。何以知其然也？原文爲漢使者郭吉當單于面而爲此言，「即南面而臣於漢」，命令語也；「即前與漢戰」，亦命令語也。依念孫言，讀作「單于若能與漢戰，則天子方自將待邊」，則非命令語，乃説明語。夫此兩句爲反正之言，下句爲命令語，上句非命令語，決非當時口吻。若謂「單于能」下當有「戰」字，則因下文有「戰」字，此間可省去，且足寫出當時發言急促之狀，此亦司馬遷傳神筆也。《漢書》作「即能」，蓋孟堅已不能領悟子長意矣。

王氣怨結而不揚涕滿匡而横流《淮南衡山列傳》

《史記》原文云：「於是王氣怨結而不揚，涕滿匡而横流，即起，歷階而去。」按：此係叙淮南王謀反時事，上文爲伍被諫王之言，而承接此數句。

王念孫云：「『氣怨結而不揚』二句，指伍被而言，非指淮南王而言，『王』字衍文也。若推淮南王而言，則與下文『即起歷階而去』不相承接矣。《漢書·伍被傳》『被因流涕而起』是其證。《通鑑》、《漢紀·十一》作『王涕泣而起』，蓋所見《史記》本已衍『王』字，因以致誤耳。」

按：念孫言非也。「氣怨結」者，有欲言而不得言之意。今上文伍被既痛陳謀反之害，被之所欲言者，已暢言之矣，何得謂「氣怨結」？惟淮南王於此時意氣飛揚，正自信某謀反之得計，忽聞伍被言，其氣乃怨結耳。念孫謂上下文不相承接，亦不然。蓋上文叙伍被諫王之言，「氣怨結而不揚」二句指王，句首有「於是」二字以區别之。「起歷階而去」指伍被，句首有「即」字區别之。其文甚明，何得云「不相承接」？必如念孫言，則「於是」、「即」皆成死文字，必非子長之本意也。《漢書》言「被流涕」，而不言「氣怨結」，是孟堅於子長之文疑不能解，遂以己意叙之耳。《通鑑》將「涕泣」與「起」皆屬淮南王，非念孫之意，亦非《史記》本意。按：「即起，歷階而去」之「即」字作「則」字解。《廣雅》曰：「則，即也。」是「即」與「則」通用。《史記·高帝紀》「以應諸侯則家室完」，《漢書》「則」作「即」。又按：《孟子》「子路，人告之以過則喜」，今「於是王氣怨結」兩句之句法，等於「人告之以有過則喜」。《孟子》上文既言子路，故「則」字上無主格，而「則喜」即指子路。《史記》上文既述伍被諫淮南，故「即」字上無主格，而「即起」即指伍被。念孫致誤之故，乃因伍被諫淮南之言太長，以致看不清耳，今舉短句爲例，則易明矣。

《管子》

佐於四時《版法》

參於日月，佐於四時。念孫案：「佐」當從朱本作「伍」，字之誤也。「參於日月」，與日月而三也。「伍於四時」，與四時而五也。後解正作「伍於四時」。

按：念孫言未必然。此處「四時」已成一個名詞，與上文「日月」爲兩個名詞者不同，不得云「與四時而五也」。如云與春夏秋冬而五則可，與四時伍則不可。佐，貳也，相左右也。「四時」爲一個名詞，謂與四時相左右也。

脅之《大匡》

使公子彭生乘魯侯，脅之，公薨于車。尹注曰：「拉其脅而殺之。」引之曰：「彭生之殺魯侯，固由斷其脅骨，然『脅之』之『脅』則非謂脅骨也。『脅』即『拹』字之假借。《説文》曰：『拹，摺也，一曰拉也。』『摺，敗也。』『拉，摧也。』『摧，折也。』《玉篇》『拹』音呂闔、虚業二切。虚業切之音正與『脅』同，故借『脅』爲〔協〕『〔拹〕』。《莊元年公羊傳》説此事曰：『拹幹而殺之。』何注曰：『〔協〕〔拹〕，折聲也。以手拹折其幹。』釋文：『拹本又作搚，亦作拉。』然則『脅之』者，以手摧折之也。若以爲胃脅之脅，則當云折其脅，不得云脅之矣。今使折人之首而曰首之，折人之足而曰足之，其可能乎？」

按：念孫言非也。古人自有此種句法。揚子《法言・重黎》篇：「胥也俾吴作亂，破楚入郢，鞭尸藉館，皆不由德。謀越諫齊，不式不能去，卒眼之。」「眼之」謂〔快〕〔抉〕其眼也，「脅之」謂斷其脅也，句法正相同，不必以其結構奇特而懷疑也。柳宗元《黔之驢》：「驢不勝怒，蹄之。」句法亦相似，但一爲受，一爲施耳。

卑耳之貉《小匡》

縣東束馬踰大行與卑耳之貉。念孫案：「貉」當爲「谿」，字之誤也。《齊語》作「辟耳之谿」，辟、卑古字通。鈔本《北堂書鈔·武功部二》引此，正作「卑耳之溪」。明陳禹謨本依今本《管子》改「溪」爲「貉」。《小問》篇亦云「未至卑耳之溪十里」。尹注非。

按：念孫言未必然。「貉」疑爲「壑」之借字。

智乎《心術上》

人皆欲智，而莫索其所以智乎。念孫案：「智」下不當有「乎」字，此涉下文兩「智乎」而衍。

按：念孫言非也。此類「乎」字古書中甚多，其性質等於新標點問號外加括弧，以示未決之意。《莊子·天道》篇：「聖人之心静乎，天地之鑒也，萬物之鏡也。」是其例。

民不惡《治國》

國富則安鄉重家。安鄉重家，則雖變俗易習，敺衆移民，至於殺之，而民不惡也。念孫案：「至於殺之而民不惡也」，當依《羣書治要》作「至於殺之而不怨也」。今作「不惡」，則非其指矣。上文「安鄉重家」即指民而言，無庸更加「民」字。

按：念孫言非也。「惡」讀去聲，即怨也。《禮記・大學》「民之所惡，惡之」，《論語・子路》篇「鄉人皆惡之」是也。「民」字亦非衍文。上文「安鄉重家」云云，雖指民而言，然「惡」字上無主詞，依文法言，此句不能成立，即「移民」之「民」亦非主詞也。《羣書治要》妄改，不可從也。惟「惡」字下應再一有「之」字，方合文法。

公曰吾聞之也《小問》

管子對曰：「誅暴禁非，存亡繼絶，而赦無罪，則仁廣而義大矣。」公曰：「吾聞之也。」「夫誅暴禁非而赦無罪者，必有戰勝之器、攻取之數，而後能誅暴禁非而赦無罪。」公曰：「請問戰勝之器。」念孫案：「公曰吾聞之也」，當作「夷吾聞之也」。此皆管仲對桓公語，下文「請問戰勝之器」方是桓公問語。

按：念孫言非也。「吾聞之也」確是桓公言。「夫誅暴禁非」云云，是管仲語。「夫」字上應有「管子曰」三字，今省去，古書此例甚多，不必徧舉。若謂「當作夷吾聞之也」，則「誅暴禁非」云云，管仲果聞諸何人乎？「公曰吾聞之也」是桓公自謂於管仲之説既已聞之矣，管仲猶以其聞之未盡，故復申言之。若全爲管仲一人之言，則「禁暴誅非」云云，何必重出？

女不緇《七臣七主》

夫男不田，女不緇。引之曰：「『緇』字義不可通。尹訓爲黑繒，非也。『緇』當爲『績』。男不田，女不績，猶《揆度》篇之農不耕、女不織也。隸書『甾』字或作『甾』，形與『責』相似，故『績』譌爲『緇』。」

按：念孫言太穿鑿。緇應爲女工之一種，如染布之類是也。

桀《七臣七主》

何以効其然也？曰：昔者桀紂是也。念孫案：「桀」字後人所加。下文遇周武王云云，專指紂而言，則無「桀」字明矣。

按：念孫言非也。下文祇言紂事，上文兼言桀紂，是因紂以及桀，即《古書疑義舉例》

所謂因此以及彼之例。

可以成敗《禁藏》

遺以竽瑟美人以塞其内，遺以諂臣文馬以蔽其外。外内蔽塞，可以成敗。尹注曰：「内外蔽塞，則理擁而見惑，故莫不敗。」引之曰：「此欲其敗，非欲其成也。『成』字義不可通，『成』當作『或』，字形相似而誤。『或』與『惑』通。《四稱》篇「迷或其君」，即「迷惑」字。《論語·顔淵》篇「子張問崇德辨惑」，釋文：「惑本亦作或。」《大戴禮·曾子制言》篇「貧賤吾恐其或失也」，盧注曰：「或猶惑也。」《孟子·告子》篇「無或乎王之不智也」、《魏策》曰「臣甚或之」，皆以「或」爲「惑」。『可以惑敗』，謂可令其以熒惑致禍敗也。注内『理擁而見惑』正解『或』字。」

按：念孫言非也。上文專指敗，下文並言成敗，此種句法，《古書疑義舉例》謂之因此以及彼例。《史記·游俠傳》：「緩急，人所時有也。」《史記·刺客傳》：「多人不能無生得失。」因「急」及「緩」，因「得」及「失」，皆因此以及彼也。《管子》此言「成敗」，亦屬此例。

蟲易《地員》

五沃之狀，剽悉橐土，蟲易全處。尹注曰：「橐土謂其土多竅穴，若橐多竅，故蟲處之易全。」引之曰：「蟲易全處，殊爲不詞。『易』當爲『豸』。『豸』與『易』篆文相似，故『豸』譌作『易』。《爾雅》曰：『有足謂之蟲，無足謂之豸。』《漢書·五行志》曰：『蟲豸之類謂之孽。』」

按：念孫言非也。「易」亦蟲也，今通作「蜴」。「蟲」字俗作「虫」，「虫」爲古文「虺」字。此本是「虺蜴」，虺蜴皆毒蟲。《詩》：「哀今之人，胡爲虺蜴。」是虺蜴二字連用之證。易即蜥蜴，見於《說文解字》。總之《管子》原文作「虫易」，後人改「虫」爲「蟲」，因以致念孫之誤也。

霜露《輕重乙》

故樹木之勝霜露者，不受令於天。念孫案：「露」當爲「雪」。木勝霜雪，則經冬而不凋，故曰「不受令於天」。今本「雪」作「露」，則非其旨矣。《侈靡》篇云：「樹木之勝霜雪者，不聽於天。」是其證。

按：念孫言大謬。露爲氣所凝結而成，霜爲露所凝結而成。在古人雖未嘗明言此理，然以直接經驗所得，已暗知二者爲一物，故以霜露並稱。古書言「霜露」者不可勝數。《禮記·中庸》云「霜露所隊」，同墜。一也。《左傳》云「太叔曰跋涉山川蒙犯霜露」，二也。《莊子·讓王》篇云「天寒既至，霜露既降，吾是以知松柏之茂也」，三也。《楚辭》云「霜露慘悽而交下」，四也。《文選·顔延年〈秋胡詩〉》云「解鞍犯霜露」，五也。《文選·劉孝標〈辨命論〉》云「溘死霜露」，六也。陶淵明《九月〔中〕於西田穫早稻》詩云「山中饒霜露，風氣亦先寒」，七也。又《形贈影》詩云「霜露榮悴之」，八也。杜少陵《出郭》詩云「霜露晚淒淒」，九也。韋蘇州《效陶彭澤》詩云「霜露悴百草，時菊獨妍華」，十也。又《秋夜》詩云「霜露已淒漫，星漢復招回」，十一也。蘇東坡《莧菜》詩云「秋來霜露滿東園」，十二也。將能一一指爲「霜雪」之誤而一一訂正之耶？

洴《輕重丁》

洴龍夏，其於齊國，四分之一也。洪云：「《山至數》篇：『龍夏以北，至于海莊，禽獸羊牛之地也。』此『洴』字本『海莊』二字譌并作一字。」念孫案：洪説是也。俗書「莊」字作「庄」，隸書莊字作𢊁，俗又省作庄。因譌而爲「庠」，加「氵」則爲「洴」矣。

按：念孫謂「洴」應作「洝」，由「海莊」二字并合而成是也，謂爲譌并則非也。蓋此種并字之例，不爲不通，如今人於「海里」作「浬」是也。浬字見《新字典·己集》第十葉。「海里」爲「浬」，「海庄」爲「洝」，古今一理，蓋自然而然，不謀而暗合也。

身不竭《輕重丁》

源泉有竭，鬼神有歇，守物之終始身不竭。念孫案：「身」上當有「終」字，上文「終身無咎」即其證。

按：念孫言非也。此是「終始」二字誤倒，應云「守物之始，終身不竭」。原文四句，每句四字。「守物之始」者，謂永守其始也。惟永守其始，故終身不竭。原文「守物之終始」，殊無意義。

《晏子春秋》

今君之履《内篇·諫下》

今君之履，冰月服之，是重寒也。念孫案：「今君之履」本作「今金玉之履」。上文曰：「景公爲履，黄金之綦，飾以銀，連以珠。良玉之朐，其長尺。冰月服之以聽朝。」故曰：「今金玉之履，冰月服之，是重寒也。」今本作「今君之履」而無「金玉」二字，則與「重寒」之義了不相涉矣。《藝文類聚·寶部下》、《太平御覽·人事部三十四》《服章部十四》引此，並作「今金玉之履」。

按：念孫言非也。「今君之履」不誤，上文已言「金玉」云云，則「今」字即指上文而言。「今君之履」猶言「此履」，「此履」之情形，上文已言之矣，又何必複述哉？

居其室　若其衣服節儉《内篇·諫下》

法其節儉則可，法其服居其室，無益也。念孫案：「居其」二字衍。上文「以居聖王之室」與「服聖王之服」對文，此文則以「法其服室」與「法其節儉」對文，不當更有「居其」二字。《太平御覽·居處部二》引無。

天下懷其德而歸其義。若其衣服節儉，而衆悦也。案：「若」當爲「善」字之誤也。《(上)諫(上)》篇「公曰善」、《雜下》篇「以善爲師」，今本「善」字並誤作「若」。「懷其德」、「歸其義」、「善其節儉」三者相對爲文。惟其善之，是以悦之。今本「善」誤作「若」，則義不可通。

按：念孫言皆非也。「法其服，居其室」正與上文「居聖王之室，服聖王之服」相應，不得云「法其節儉」與「法其服室」與上文「居聖王之室，服聖王之服」爲對文。《御覽》引無「居其」二字，是省略也。省略亦可通，然如王説所謂對文，則非。

「若其衣服節儉」，「若」字不誤。蓋天下懷其德而歸其義爲一事，衆説其衣服節儉又爲一事。天下之人懷德歸義，恰如衆人悦其衣服節儉也。信如王氏説，「衆」字不可解，「而」字亦可去。蓋「天下」二字是謂天下之人，「衆」字是謂衆人，倘謂三者相對爲文，則同以天下之人爲主詞，當云「天下懷其德，歸其義，善其衣服節儉而悦之」也。必須加「之」字。不知王氏何以解「衆」字。又既謂三者相對爲文，何以第二者之上忽有一「而」字？

故殺之斷其頭而葬之《内篇·雜下》

昔者，先君靈公畋，五丈夫罟而駭獸，故殺之，斷其頭而葬之。念孫案：既言「斷其頭」，則無庸更言「殺之」，「殺之」二字，後人所加也。《説苑·辨物》篇有此二字，亦後人依俗本《晏子》加之。《文選·上建平王書》注引作「悉斷其頭而葬之」，《太平御覽·人事部五》作「斷其頭而葬之」，《人事部四十》作「故并斷其頭而葬之」，皆無「殺之」二字。

按：念孫言非也。殺不必斷頭，是先殺之而復斷其頭也。念孫以爲殺即斷頭，斷頭即殺，故有此誤。《文選》及《御覽》引亦誤。

足游浮雲六句　頸尾咳於天地乎《外篇·不合經術者》

足游浮雲，背淩蒼天，尾偃天閒，躍啄北海，頸尾咳於天地乎，然而漻漻不知六翮之所在。念孫案：「足游浮雲」上原有「鵬」字。自「足游浮雲」以下六句，皆指鵬而言。今本脱去「鵬」字，則不知爲何物矣。《太平御覽·羽族部十四》「鵬」下引此，作「鵬足游浮雲」云云，則有「鵬」字明矣。

又案：「頸尾咳於天地乎」，「乎」字本在下句「漻漻」下。漻漻即寥寥，曠遠之貌也。故曰「漻漻乎不知六翮之所在」。今本「乎」字在上句「天地」下，則文義不順。《御覽》引此，「乎」字正在「漻漻」下。

按：念孫言非也。此類「乎」字，古書中甚多，參看《管子·心術上》「智乎」條。

《墨子》

也《尚同中》

即此語也，古者國君諸侯之聞見善與不善也，皆馳驅以告天子。念孫案：「即」與「則」同，說見《釋詞》。語猶言也。「則此語」三字，文義直貫至「以告天子」而止，則「語」下不當有「也」字。凡《墨子》書用「則此語」三字者，「語」下皆無「也」字。此蓋後人不曉文義而妄加之。

按：念孫言非也。此「也」字之性質，等於今日標點中之點號。加一「也」字，使讀者於此略頓，如《論語》「柴也愚，參也魯」。依王氏言，但云「柴愚參魯」可矣，此兩「也」字可删去，吾故知王氏之言非也。

往《非攻中》

與其牛馬肥而往，瘠而反，往死亡而不反者。念孫案：下「往」字涉上「往」字而衍。

按：念孫言非也。肥而往、瘠而反，一事也。往死亡而不反，謂生而往，死而不反，又一事也。信如王氏說，正文既言一往一反，下言祇言不反而未言往，則不反者果指誰何？竊以爲念孫不知一「往」字之意，等於「生而往」，屬之上文既不是，屬之下文又不是，遂以爲衍文也。

脱文三《非命上》

上無以供粢盛酒醴祭祀上帝鬼神，下無以降綏天下賢可之士。舊本脱「下無以」三字。今據上下文補。

按：念孫言非也。降綏天下賢可之士，謂上帝鬼神降綏也，與下文「内外」三句平行，非四句平行，不應有「下無以」三字。如念孫言，則「降綏」二字不妥。

如其亡也《非儒下》

以爲實在，則贛愚甚矣。如其亡也，必求焉，僞亦大矣。引之曰：「『如其亡也』二句與『僞』字義不相屬，『如』當爲『知』。言既知其亡，而必求之則僞而已矣。」

按：引之言非也。「如其亡也」，「如」字與上文「以爲」同義。「以爲」是假定之詞，「如」亦假定之詞。引之言太拘泥。

一南一北一西一東《耕柱》

逢逢白雲，一南一北，一西一東。九鼎既成，遷於三國。《藝文類聚》同，《太平御覽》、《路史》、《玉海》竝作「一東一西」。引之曰：「作『一東一西』者是。『一東一西』當在『一南一北』之上。『雲』與『西』爲韻，「西」古讀若「駪駪征夫」之「駪」，説見《六書音均表》。『北』與『國』爲韻。《大雅·文王有聲》篇：『鎬京辟廱，自西廱東，自南自北，無思不服。』廱與東爲韻，北與服爲韻，是其例也。而諸書所引『一南一北』句皆在上，則其誤久矣。」

按：念孫言未必然。蓋原文「國」字應作「邦」字，東、邦爲均，後人改「邦」爲「國」，遂失其均矣。《老子》書中「邦」字改「國」字，爲漢人避高帝諱而改。漢代《老子》書盛行。惟《墨子》此「邦」字改「國」字，爲何時所改，則不可知。若如念孫言，則原書訛誤未必如是之甚，且「雲」字亦不必入均也。

《荀子》

則諸侯疏之矣《王制》

元刻無「之」字。念孫案：無「之」字者是也。下文「則諸侯離矣」，「離」下無「之」字，是其證。宋本作「諸侯疏之」，涉上文「諸侯親之」、「諸侯説之」而誤。

按：念孫言非也。依文法言，「疏」，他動詞；「之」是目的格。「之」字不可少，「親之」、「悦之」皆同。「離」字爲自動詞，故其下無「之」字。

眇天下《王制》

仁眇天下，義眇天下，威眇天下。楊注曰：「眇，盡也。盡天下皆懷其仁，感其義，畏其威。」念孫案：諸書無訓「眇」爲盡者。且正文但言「眇天下」，而注言「盡天下皆懷其仁，感其義，畏其威」，加數語以釋之，其失也迂矣。余謂「眇」者，高遠之稱。《漢書・王襃傳》：「眇然絶俗離世。」顔師古曰：「眇然，高遠之意。」《文選・文賦》：「志眇眇而臨雲。」李善曰：「眇眇，高遠貌。」言仁高天下，義高天下，威高天下耳。若「懷其仁，感其義，畏其威」，自見下文，非此三句意。

按：「眇」字作微末解，不當如念孫言，解爲高。「眇天下」者，視天下甚微小也，與「登泰山而小天下」之「小」字正相同。念孫所引《王襃傳》及《文選・賦》「眇」字訓高，其字應作「渺」，「眇」乃「渺」字借字也。不無誤引之嫌。

楊朱哭衢涂曰此夫過舉蹞步而覺跌千里者夫《王霸》

楊注曰：「言此岐路，第過舉半步，則知差而哭，況跌千里者乎？」劉云：「案：覺跌千里，言至千里而後覺其差。」注似非。

按：楊倞言固非，而劉台拱言亦未是。《荀子》原文即失之毫釐，（羞）〔差〕以千里之意。此所以臨岐不敢發，而爲之一哭也。惟「覺」字疑有誤。若依劉氏言，行至千里而後覺其差，則臨衢時並未覺其差也，安用哭哉？此不通之論也。

同苦樂之《性惡》

天下知之，則欲與天下同苦樂之。楊注曰：「得權位，則與天下之人同休戚。苦或爲共。」念孫案：作「共」者是也。此本作「欲與天下共樂之」，上言仁之所在，無貧窮；仁之所亡，無富貴。則此言「與天下共樂之」者，謂共樂此仁也。「樂」上不當有「苦」字。今本作「同苦樂之」者，「共樂」誤爲「苦樂」，後人又於「苦樂」上加「同」字耳。楊云「與天下同休戚」，此望文生義而爲之説耳。《太平御覽・人事部七十六》引作「欲與天下共樂之」，無「同」字，則宋初本尚有不誤者。

按：念孫言非也。此亦《古書疑義舉例》所謂因此以及彼例也。楊倞注不誤。

兩人字《君子》

天下曉然皆知夫盜竊之人不可以爲富也，皆知夫賊害之人不可以爲壽也，皆知夫犯上之禁不可以爲安也。念孫案：「盜竊之」、「賊害之」下，皆本無「人」字，後人加兩「人」字，而以「盜（字）〔竊〕之人」、「賊害之人」與「犯上之禁」對，又謬矣。盜竊不可以爲富，賊害不可以爲壽，皆指其事而言，非指其人而言，不得加入兩「人」字也。《羣書治要》無「人」字。

按：「禁」字亦疑衍，「犯上之禁」殊不詞。

愚闇愚闇墮賢良《成相》

盧云：「案：愚闇重言之者，即下文『愚以重愚，闇以重闇』之意。」念孫案：《大戴禮·曾子制言》篇：「是惑闇惑闇，終其世而已矣。」重言「惑闇」。

按：盧文弨言甚穿鑿，王念孫言亦未知其然。蓋《荀子》此篇爲均文，且皆三言、四言或七言。此句正欲足成七箇字，故重言「愚闇」，與杜少陵詩「有客有客字子美」同一例也。

《荀子》補遺《性惡》篇

然則聖人之於禮義積僞也，亦陶埏而生之也。吕、錢本「亦」下皆有「猶」字。念孫案：上文云：「夫聖人之於禮義也，譬亦陶埏而生之也。」則此句内當有「猶」字，故楊注亦云：「聖人化性於禮義，猶陶人埏埴而生瓦。」

按：此「猶」字可以省略。惟既省去「猶」字，則「陶埏」二字之義略變，蓋已直接謂起僞生禮義矣。下文「之」字即指禮義也。「之」字代「禮義」二字，則「陶埏生之」，可作「陶埏生禮義」。「陶埏生禮義」之「陶埏」二字，與「陶冶性情」之「陶冶」、「砥礪品節」之「砥礪」相同。倘如念孫言加一「猶」字，則「之」字必須改爲「瓦」字。上文有「譬」字，而亦用「之」字者誤也，其「之」字應改「瓦」字。

《淮南子》

中夏《地形》

薺冬生，中夏死。念孫案：此本作「薺冬生而夏死」，後人以薺死於中夏，因改爲「中夏」，不知上文「禾春生秋死，菽夏生冬死，麥秋生夏死」皆但言其時，而不言其月，薺亦然也。《藝文類聚·草部下》、《太平御覽·百穀部一》《菜部五》引此，並作「薺冬生而夏死」。

按：念孫言未必是。古似有分夏爲二期者。鑽木取火，隨時改木，春取榆柳之火，夏取棗杏之火，夏季取桑柘之火，秋取柞楢之火，冬取槐檀之火。是亦分夏季爲二期，正與《淮南》此文相同。或以夏日較長，古人覺其悠久，遂分爲二也。

以塞姦人已德《時則》

蚤閉晏開，以塞姦人，已德，執之必固。念孫案：「塞」本作「索」，此後人以意改之也。蚤閉晏開，以索姦人，即上文所謂閉門閭，大搜客也。下句姦人已得，正謂索而得之。若改「索」爲「塞」，則與下句義不相屬矣。「姦人」下當更有「姦人」二字。「德」讀爲「得」。蚤閉晏開，以索姦人，姦人已得，執之必固，皆以四字爲句。若第三句無「姦人」二字，則文不成義矣。《太平御覽・時序部十二》、《地部二》引此，「塞」作「索」，「德」作「得」，是也。但無「姦人」二字，則所見本已誤。

按：念孫謂「德」讀爲「得」，是也。「姦人」下更有「姦人」二字，亦是也。惟謂「塞」當作「索」，則未必然。塞，隔絶之也，阻遏之也。以塞姦，謂隔絶之，阻遏之，使不得遁也。

取火於日《覽冥》

夫燧之取火於日。念孫案：「於日」二字，因上文「取火於日」而衍。夫燧之字火，慈石之引鐵，蟹之敗漆，葵之鄉日，各相對爲文，則此處不當有「於日」二字。

按：念孫言未必然。四句不必如此整齊。信如念孫言，則「慈石之引鐵」，亦必删「石」字而後可。

河九折注於海　崑崙之輸也《覽冥》

河九折注於海而流不絶者，崑崙之輸也。念孫案：《藝文類聚・水部上》、《初學記・

地部中》、《太平御覽·地部二十六》及《文選·海賦》注引此，並云「河水九折注海而流不絶者，有崑崙之輸也」，較今本爲長。

按：如作「有崑崙之輸也」，不如作「有崑崙輸之也」於義爲長。

景桓公（應照）（魯昭）公　荆平王《主術》

衛君役子路，權重也。景桓公臣管晏，位尊也。念孫案：「公」字後人所加。「衛君役子路」、「景桓臣管晏」相對爲文。「景桓」下加「公」字，則文不成義矣。又《人閒》篇：「故蔡女蕩舟，齊師侵楚。今本「侵楚」上衍「大」字，辯見《人閒》。兩人構怨，廷殺宰予，簡公遇殺，身死無後，陳氏代之，齊乃無吕。兩家鬭雞，季氏金距，郈公作難，魯昭公出走。」案：「魯昭公」之「公」亦後人所加。自「蔡女蕩舟」以下皆四字爲句，「魯昭」下加「公」字則累於詞矣。又《泰族》篇：「闔閭伐楚，五戰入郢。燒高府之粟，破九龍之鐘。鞭荆平王之墓，舍昭王之宫。」案：「荆平王」之「王」亦後人所加。「燒高府之粟」以下皆五字爲句，「荆平」下加「王」字則累於詞矣。《吕氏春秋·胥時》篇「鞭荆平之墳」，亦無「王」字。

按：「景桓公」誠累於詞，當作「景桓」。「魯昭公」、「荆平王」亦累於詞，然與其謂應作

「魯昭」，不如謂應作「昭公」；與其謂應作「荆平」，不如謂應作「平王」。上下文「簡公」、「昭公」皆其例也。

仁義《繆稱》

君子非仁義無以生，失仁義則失其所以生。小人非嗜欲無以活，失嗜欲則失其所以活。故君子懼失仁義，小人懼失利。念孫案：三「仁」字皆原文所無，此後人依上文加之也。不知此八句與上異義，上文是言仁義不如道德，此文是言君子重義小人重利，故以「義」與「利」欲對言，而「仁」不與焉。《太平御覽・人事部六十二》「義」下引此，無三「仁」字，《文子・微明》篇同。

按：念孫言未必然。以「仁義」與「利」對言，古人行文自有此種不整齊處。《孟子》：「王亦曰仁義而已矣，何必曰利？」「先生以仁義説秦楚之王」、「先生以利説秦楚之王」，皆以「仁義」與「利」對言。

必其得福《繆稱》

故君子能爲善，而不能必其得福。不忍爲非，而未能必免其禍。念孫案：「必其得福」，當依《文子・符言》篇作「必得其福」，與「必免其禍」相對爲文。

按：念孫言非也。「不能必其得福」，猶今白話不能保他得福，「必」字等於「保」字，「其」字等於「他」字，文義甚明。如依念孫言，作「不能必得其福」，譯作白話，不能保得他的福，殊爲不詞。故知念孫言誤也。然「必免其禍」則不誤，無須改作「必其免禍」。何也？「不能必其得福」者，福未得也。福既未爲其人所有，故不能云其福。「未能必免禍」者，禍已不免也。禍既歸諸其人，故可云其禍。事實之性質不同，不可一例論也。念孫祇知相對爲文，誤矣。

朝菌《道應》

故《莊子》曰：「朝菌不知晦朔，蟪蛄不知春秋。」高注曰：「朝菌，朝生暮死之蟲也。生水上，狀若蠶蛾，一名孶母。」念孫案：「朝菌」本作「朝秀」，高注同。今作「朝菌」者，後人據《莊子・逍遥遊》篇改之也。《文選・辯命論》「朝秀晨終」李善注引《淮南子》：「朝秀不知晦朔。」《太平御覽・蟲（彖）〔豸〕部》「茲母」下引《淮南子》「朝秀不知晦朔」，又引高注云：「朝秀，朝生暮死之蟲也。生水上，似蠶蛾，一名茲母。」《廣雅・釋蟲》：「朝蜏，曹憲音秀。

孳母也。」義本《淮南注》。是《淮南》自作「朝秀」，與《莊子》異文，不得據彼以改此也。

按：念孫言非也。《莊子》「朝菌不知晦朔」釋文引司馬註：「菌，大芝也。」然《楚辭·山鬼》：「采三秀（分）〔兮〕於山間。」王逸注：「三秀，芝草也。」是菌，芝也；秀亦芝也。《莊子》作「菌」，《淮南》作「秀」，實同物異名，亦未必「朝秀」爲蟲名也。

志遠《説林》

蹠巨者志遠，體大者節疏。念孫案：蹠者，足也。足大與志遠，義不相通，「志」當爲「走」，言足大者舉步必遠也。《氾論》篇曰：「體大者節疏，蹠距者舉遠。」是其證。隸書「走」、「志」相似，故「走」誤爲「志」。

按：念孫言非也。舉步遠者，其志必遠也。無須謂「志」當作「走」，改「志」爲「走」，反覺淺陋。

遠望尋常之外《説林》

明月之光，可以遠望，而不可以細書。甚霧之朝，可以細書，而不可以遠望尋常之外。

莊云：「《太平御覽》《天部十五》。作『不可以望尋常之外』，無『遠』字，爲是。」念孫案：莊説是也。「遠」字即因上文「遠望」而衍。舊本《北堂書鈔·天部二》引此，亦無「遠」字。

按：與其謂衍「遠」字，不如謂衍「尋（丈）〔常〕之外」四字。

臣聞之有裂壤土以安社稷者《人間》

臣聞之，有裂壤土以安社稷者，聞殺身破家以存其國者，不聞出其君以爲封疆者。念孫案：首句本作「臣聞裂壤土以安社稷者」，與下二句文同一例。因「臣聞」下衍「之」字，後人遂於「之」下加「有」字，而句法參差不協矣。

按：念孫言非也。蓋第二「聞」字應作「有」字，當云：「臣聞之，有裂（土）壤〔土〕以安社稷者，有殺身破家以存其國者，不聞出其君以爲封疆者。」如此則「聞」與「不聞」相對爲文，而「有裂（土）壤〔土〕」與「有殺身破家」亦文同一例。

灌智伯《人間》

趙氏殺其守隄之吏，決水灌智伯。念孫案：「智伯」下當有「軍」字。下句「智伯軍救水而亂」，即承此句言之。《太平御覽》引此已脱「軍」字。《韓子》、《趙策》皆作「灌智伯軍」。按：念孫言非也。智伯即指智伯本人，雖亦兼及其軍，然究以智伯爲重。下文智伯軍救水，則專指其軍，故增「軍」字以别之。《御覽》、《趙策》皆不可從。

又況《泰族》

又況登太山履石封以望八荒，視天都若蓋，江河若帶，又況萬物在其間者乎？念孫案：下「又況」因上「又況」而衍。「萬物在其間」即承上文言之，非有二義。

按：念孫言非也。依文法言，「若帶」、「萬物」之間不能無接續詞，此「又況」二字不誤。言「天都若蓋，江河若帶」，宇宙已其小矣，又況萬物在此小宇宙間乎？若謂「又況」二字重複，則下「又況」可改爲「而」字。

射快《泰族》

人欲知高下而不能，教之用管準則説；欲知輕重而無以，予之以權衡則喜；欲知遠近而不能，教之以金目則射快。高注：金目，深目，所以望遠近射準也。陳氏觀樓曰：「『則快』二字，與『則説』、『則喜』相對爲文，『快』上不當有『射』字，蓋因高注『射準』而衍。下文『豈直一説之快哉』，正與此句相應。莊本依劉本作『快射』，亦非。」

按：念孫言非也。上文言用筦準，（曰）則〔曰〕教之：言以權衡，則曰予之。今言以金目，而曰教之。「金目」，名詞。「教」，動詞。謂教之用金目可也，謂予之以金目亦可也。今如念孫云云不可也，故知「射」字不可少。惟「射」字當在「則」字之上，作「教之以金目，射則快」。

故亡其國語曰《泰族》

趙政不增其德而累其高，故滅。知伯不行仁義而務廣地，故亡。其《國語》曰：「不大其棟，不能任重。重莫若國，棟莫若德。」念孫案：「亡」下本無「其」字，「故亡」爲句，「國語曰」爲句。後人誤以「故亡國」爲句，「語曰」爲句，因妄加「其」字耳。「不大其棟」四句，《魯語》文也。

按：念孫言未必然。「不大其棟」四句雖出《魯語》，然《淮南子》引書，不必指明爲出於《國語》，仍作「故亡其國」於義爲長。

【説明】

文載《樸學齋叢書》第一集第六册。作者胡懷琛，一八八六——一九三八。原名有懷，字季仁，改名懷琛，字寄塵，安徽涇縣人，近代著名報人、詩人、學者，著述頗豐。其兄胡樸安亦知名。本文旨在糾正王念孫《讀書雜志》之誤。

《廣雅疏證》補釋

陳邦福

《廣雅疏證補釋》自叙

《隋志》載《廣雅》三卷，魏博士張揖撰。至曹憲始有音，至高郵王氏始作疏證。然其中（僞）〔譌〕奪而未詳者，共四十餘，不免闕如之憾。福年十五，篤志鞏經，治《尒疋》、《説文》之學，而旁及於《廣雅》。凡王氏所存疑者，福援鄭君注經改字之條，獲邢、邵日思誤書之益〔一〕。千慮之失，前哲偶疏；一孔之見，後生自勉。非敢與古人相角也，亦自記其所學云爾。丹徒陳邦福。

《釋詁》

艀、長、勑，挾也。　案：「艀」當讀如「捽」。《説文》：「捽，持頭髮也。」《荀子·正論》：「罟侮捽搏。」《漢書・貢禹傳》「捽中杷土」，注：「拔取也。」與「挾」義正同。「長」者，《孟子》曰：「不挾長。」注：「年長也。」「勈」通作「⿺走甬」，《說文》：「⿺走甬，走也。」謂挾猛力而走也。

《釋言》

鄉，救也。　案：「鄉」即古「饗」字。《禮記・祭義》：「饗者，鄉也。」《說文》：「饗，鄉人飲酒也。」「救」疑「歆」字傳寫之譌。《少牢禮》「尚饗」注云：「歆也。」

毅，距，困也。　案：「毅」即《論語》「剛毅木訥近仁」之「毅」〔二〕，王肅注：「毅，果敢也。」果敢者，困閉之義也。「距」者，《漢書・趙廣漢傳》注云：「距，閉也。」閉亦困義。

僞，言，端也。　案：「僞」當作「爪」，由篆文「爲」字上半而誤。《釋名・釋形體》曰：「爪，紹也。筋極爲爪，紹續指端也。」「言」者，《周禮・大司樂》「興道風送」注云：「發端曰言。」

僞，條也。　案：篆文「條」作「[篆]」，「假」作「[篆]」，二形相近，疑因此而致誤。故《曾子問》云：「作僞主以行。」注：「僞猶假也。」

思，⿰齒思也。　案：「思」假借爲「鰓」，與諰、䚡、⿰齒思通。《尚書・洪範》：「思曰容心。」言心之所慮無不包也。《漢書・刑法志》：「鰓鰓常恐天下之一合而共軋己也。」注：「懼貌。」

疊，懷也。　案：《倉頡篇》云：「疊，重也。」謂懷孕重身也。

播，抵也。　案：「播抵」疑「番氏」二字之譌。《詩・十月之交》「番維司徒」鄭氏箋：「番，氏也。」《韓詩》作「繁」。

蓋，黨也。　案：「黨」讀如「尚」。《國語・吴語》云：「夫固知君王之蓋威以好勝也。」注：「蓋猶尚也。」黨、尚古通，蓋、尚又語助之辭，故「蓋」有「黨」訓。錢氏《養新録》謂「黨」爲「儻」，説亦可取。

免，隤也。　案：「免」當作「浼」。《漢書・陳勝傳》注云：「免，古俛字。」與「浼」同義。《説文》：「浼，汙也。」《玉篇》同。趙岐《孟子注》云：「污，下也。」《漢書・食貨志》「因隤其土」，注云：「下也。」則「免」當作「浼」，黄刻《廣雅疏證補正》云：「免當爲臽。」福案：《釋言》有「陷，潰也」句可證，説殆失之附會。其爲隤義則一也。

子、巳，似也。　案：洪氏《讀書叢録》云[三]：「《孟子》：『丹朱之不肖，舜之子亦不肖。』《説文》：『肖，骨肉相似也。』不似其先，故曰不肖。」是「子」有「似」義之證。錢氏《養新録》云：「古人讀似如巳。《詩・（文王）〈維天之命〉》『於穆不巳』，孟仲子作『於穆不似』。」是亦「巳」訓爲「似」之確證也。

摑，拑也。　案：《説文》：「摑，以手推之也。」「拑，脅持也。」此即字體相反相生之義。曷以明之？以手推之者，即不柑此物之義也。脅持者，即欲柑此物之義也。「柑」與「拑」同，即「緘」字之本字也。

捔，恭也。　案：「捔」疑從「木」作「桷」，與「角」通用。《特牲饋食禮》「一角一散」，注云：「角，四升。」疑古酒器之始，以角爲之，故觚、觶、觴、觵等字皆從角。然則角既爲宗廟祭祀之器，其祭祀時，必恭而有禮也明矣。

酌，潄也。　案：「酌」當爲「酳」。錢晦之云：「《説文》：『酌，少少飲也。』《玉篇》：『酌，余振切，與酳同。』《廣韻》：『酳，酒潄口也。』蒙攷《郊特牲饋食禮》注云：『今文酳爲酌。』《漢書·賈山傳》『執爵而酳』，顔注云：『謂食已而蕩口也。』又《士（婚）〔昏〕禮》（酌酳主人）『〔酳婦亦如之〕』，鄭注云：『酳，潄也。』」（酌）「〔酳〕」有「潄」訓，是其明證。

貳，然也。　案：「貳」無「然」訓，「貳然」必「樲橪」之省假。《孟子》云：「養其樲棗。」〔四〕《爾雅》云：「樲，酸棗。」《説文》：「橪，酸小棗也。」故「樲」有「橪」訓。

箋，云也。　案：「箋」無「云」訓，「云」當爲「志」字之（僞）〔譌〕。《説文》：「箋，表識書也。」《古今字詁》云：「識，今作誌。」誌、志古通。

曾，是也。　案：「是」爲語助辭。《釋言》云：「曾，何也。」疏云：「《方言》：『湘潭之原，荆之南鄙，謂何爲曾。』」則「何」與「是」同爲語助之辭也明矣。

《釋器》

逗、宬，㑯也。　案：《玉篇》：「㑯，宬也。」古之字義，本有顛倒轉訓之理，證之《爾雅》可知。則「㑯」既可倒訓爲「宬」，而「逗」亦可轉訓爲「㑯」矣。

甖謂之防。　案：「防」、「坊」古通。《淮南子・齊俗訓》云：「鑪橐埵坊。」高誘云：「土型也。」則「坊」既從土，用土爲之。曰甖者，殆「坊」之本名與？且「甖」字下半從金，其爲鍊金之爐也可知矣。

龍須謂之黗。　案：《山海經・中山經》云：「賈超之山，其中多龍修。」郭璞注云：「龍修，龍須也。似莞而細，生山石空中，莖倒垂，可以爲席。」郝氏懿行云：「《述征記》曰：『周穆王東海島中養八駿處，有艸名龍芻。』龍芻亦龍須也。」然則「龍須」一名「龍修」，又名「龍芻」。曰「黗」者，乃製龍須成席後，塗色於席上之名也，故「黗」又取義於黑。說詳福之《默遂日札》中。

篃謂之植。　案：《禮記・月令》「具曲植籧筐」，鄭氏注云：「植，槌也。」《方言》云：「自關而西謂之槌，江淮之間謂之植。」《玉篇》云：「槌，蠶槌也。」「植，養蠶器也。」又云：

「藺似莞而細，可以爲席。」案：「莞」即古「葌」字。《山海經》云：「昆吾山西有葌山。」《鹽鐵論·散不足》篇：「大夫士蒲平單莞，庶人單藺蘧蒢。」然藺爲席類，即今農家所用之蠶箔也明矣。又案：「籣」之从竹，與「藺」之从艸正同。何也？古有通用之明證也。《論語》「簡在帝心」〔五〕，《石經》作「蔄在帝心」，是从艸从竹，在漢時本有相通之説。故《詩·溱洧》「方秉蔄兮」，一本作「菅」，與「莞」、「葌」、「籣」正同，蓋《魯詩》也。

《釋水》

浮，著水也。　案：「浮」當爲「瓠瓜」之「匏」。《淮南·説山訓》云：「百人抗浮。」高誘注：「浮，匏也。」又可借作「脬」。《倉頡篇》曰：「脬，盛尿者。」《三倉》曰：「盛尿處曰脬。」《通俗文》曰：「尿本曰脬。」又曰：「出脬曰尿。」《釋名·釋形體》曰：「脬，鞄也。」是「脬」亦可爲著水之用也明矣。

《釋艸》

王白，萯也。　案：「白」當作「菩」。《呂氏春秋》云：「王菩生。」高誘注：「王菩，王萯也。」菩、萯古通。郭璞注《穆天子傳》「茅萯」云：「萯，今菩字。」又注《山海經·中山經》

「蓇山之首」云：「蓇音倍。菩，蓇也。」攷蘇恭《本艸》曰：「蓇即萆薢。萆薢有二種：莖有刺者根白實，無刺者根虛。」然則「王菩」名「蓇」，亦顯然有別矣。

飛芝，烏毒也。　案：飛芝，亦植物中之一種特質也。以福觀之，當即博物家所言之黴菌。泡中有囊，破囊即飛，飛即布毒。然古籍無徵，不能强爲之解也。

矜，禽也。　案：楊承慶《字統》云：「矜，怜也。」怜與禽通。

《釋木》

秀龍，巢也。　案：秀龍者，烏巢之名也，以腐草爛木和泥爲之，故張揖附於《釋木》之末。《素問》云：「秀，華也。」《漢書·衛青傳》「青至籠城」，注：「讀與龍同。」《史記·屈賈傳》注「奴籠落」，索隱謂藤蘿之相籠絡也。則秀龍乃烏巢之有華彩者。《玉篇》云：「烏在木上曰巢。」是其證也。

《釋魚》

爪，鼅也。　案：「爪」當爲「久」字之譌。《白虎通》：「鼅之爲言久也。」〔六〕鼅壽最長，故曰久。《説文》：「久，舊也。」義亦可通。

《釋鳥》

鴮，禽也。　案：禽爲鳥之總名，「鴮」無訓禽之理，「禽」疑「鷮」字之誤。《詩·小毖》〈傳〉：「桃蟲，鴮也。」正義引舍人曰：「桃蟲名鴮，其雌名鷮」。《説文》：「鷦鷯，桃蟲。」俗呼巧婦。《玉篇》：「鴮，子姚切，巧婦也。」「鴙，五大切，巧婦也。」鷮、禽二字，形近而譌。

《釋獸》

鼸，䶂。　案：《玉篇》：「鼸，補木切，鼠名。」「䶂，普木切，亦鼠名。」兩字同訓，則鼸即䶂鼠異名。

歪狐。　案：「歪狐」當是「疑狐」傳寫之誤。福以古義訂之，疑「狐」之下，又奪去「野干」二字。《止觀輔行記》云：「狐一名野干，多疑善聽。」《漢書·文帝紀》云：「朕狐疑。」顔監注：「狐性多疑，每渡冰河，且聽且渡。」是其證也。惟狐有疑狐之稱，其下不當無訓。（偏）〈偏〉考《博雅》，無此體例，今據唐釋湛然《止觀輔行記》訂正。

野麋腹丹。　案：腹丹者，乃麋腹下之色也。《鄉射禮》云：「麋之言迷也。」此言腹丹者，能使射者迷目也。又《漢書·王莽傳》云：「赤麋聞之。」亦此條之旁義。又案《春秋·莊公十七年》：「冬多麋。」劉向以爲麋色青祥。腹丹或腹青之説與？

狼，狐。　案：狼，《説文》、《玉篇》皆無訓狐之説。福謂「狼」上當脱去一「狍」字。證之《山海經·中山經》云：「蛇山有獸，其狀如狐，白尾長耳，名曰狍狼，見則國内有兵。」故《玉篇》「狍」下云：「狍，時爾切，獸，如狐，白尾。」

桲，統也。《釋詁》

餲，仭也。同。

弜，賣也。同。　案：字書曰：「鬻，賣也。」未知果「弜賣」之誤否。

脰，饌也。同。

踕，踦也。同。

牒，宂也。同。

怜，綴也。同。

脰，錯也。同。

反坫謂之塝。《釋宫》

䢅、辯，㑥也。《釋器》

握、譽、持、勝、履，予。《釋天》　案：此下疑有脱誤。

休流。《釋樂》

道梓，松也。《釋木》。　案：朱氏《駢雅訓纂》亦引之。

重顱。《釋獸》。

案：以上十四條，皆疑而未詳者，暇日當斠訂之。　邦福記。

即，合也。　《止觀輔行記弘決》一之一引。今《廣雅》無此句，疑爲《釋詁》「合也」下之逸文。　案：《説文》：「即，就食也。」《方言》：「即，就也。」又云：「半也。」《論衡·講瑞》：「鳳雄鳴曰即。」「即」又發語之詞。《漢書·西南傳》注云：「即，若也。」《左傳》：「即欲有事何如？」「即」亦「若」義。又《尒疋·釋詁》：「即，尼也。」注：「猶今也。」《公羊宣元傳》：「不即人心。」注：「近也。」獨無訓「合」之説。攷之《説文》，「即」通作「節」。《孟子》云：「若合符節。」節合之義，殆本此與？

鏡月，扇月。　《止觀輔行記弘決》一之二引，今《廣雅》無此之語，疑《釋天》「夜光謂之月」下之逸文也。　案：鏡月者，扇月之全也。扇月者，鏡月之半也。以月半月全之理，應上弦下弦之説。嘗聞之天文家言，月本無光，借日之光以爲光，晦與朔則射日之上面，弦則月東行，與日距離漸遠，故所明者，亦有限矣。望則直射月面，而全明也。然則此云鏡月者，謂月形如鏡，即夏正之望日也。此云扇月者，謂月形如扇，即夏正之上弦也。

傎，倒也。　案：《止觀輔行記弘決》一之二引作「顛，倒也」，傎、顛古今字。

朱明、曜靈、東君，日也。　案：《初學記》卷一引《廣疋》曰：「日名耀靈，一名朱明，一名東君，一名大明，一名陽烏。」今本自「東君」以下脱去，文義亦殊，附此以待詳考。

【説明】

文載《中國學報》一九一五年一、二册。陳邦福，字墨迻，江蘇丹徒人，古文字學家陳邦懷、考古學家陳直之從兄弟，喜甲骨金石文字。

【校注】

〔一〕邢：邢昺，有《爾雅正義》。　邵：邵晉涵，有《爾雅正義》。

〔二〕此句出《子路》。

〔三〕洪氏：洪頤煊，孫星衍之弟子。

〔四〕此句出《告子上》。十三經本「棗」訛作「棘」，詳《孟子》校勘記。

〔五〕此句出《堯曰》。

〔六〕此句出《蓍龜》。

《春秋名字解詁》補誼

黄侃

高郵王君爲《春秋名字解詁》，訓誼塙固，信美矣。蓋闕而不説者，無慮二十事。德清俞君作爲《補誼》，猶未盡詮明。湘潭胡元玉者，奮筆正王君之誤，此二十事，亦赫然具陳，然穿穴傅會，徒以破字爲卹，卒又自亂其例，如謂楚公子貞之「貞」爲「騰」之叚藉。蓋無足觀。侃以爲名雖有五，字則要曰自證其名之誼。故《白虎通德論》曰：「聞名即知其字，聞字即知其名。」〔一〕亮非回互繳繞，使人難通；破字而誼章，孰與拘牽而誼晦。矧以聲音轉迻，簡册變易，本字如是，何道知之？明明王君，蓋非元玉所可議也！居多暇日，於此二十事，亦嘗爲之考索，又時有所聞於師。俞君舊解，頗有增易，要求其是，不敢自謂能補二君之闕。次而録之，以待正於大雅宏達之君子。著雍涒灘修禊之月。山居少書比對，未審所説與前人同否。然絶非勦襲。胡元玉不知師法，於其説未嘗徵引。

晉寺人勃鞮，字伯楚，《晉語》〔二〕。**一名披。**《僖五年左傳》。案：「勃鞮」之合聲爲「披」。

侃謹案：披與柀通。柀，《説文》：「一曰析也。」經傳訓析、訓分、訓解、訓散者，皆以「披」爲之。《説文》：「柀，檆也。」《爾雅・釋木》：「柀，煔。」案：此誤字。注：「似松，生江南。」楚者，《説文》：「楚，叢木也，一名荆。」名柀，字楚，取其同類。

宋公子目夷，字子魚。《僖八年左傳》。

侃謹案：《老子》：「視之不見〔名〕曰夷。」夷，蓋無色之謂。《爾雅·釋畜》：「馬二目白，魚。」白即無色矣。又章先生引《莊子》注曰：「魚在水中不見水。」疑晉惠公夷吾、管夷吾，皆取斯誼。魚、吾，聲通故也。《水經·濟水》注：「魚山即吾山也。」

魯公子買，字子叢。《僖二十八年左傳》。

侃謹案：買、密，聲轉得通。《襄三十一年左傳》：「莒密州字買朱鉏。」密者，買之聲轉；州者，朱鉏之合聲〔三〕。密有聚誼。《易》「密雲」是也。叢者，《說文》云：「聚也。」《漢書·酷吏傳》：「罔密事叢。」密、叢對舉，顯誼通已。又密訓閉，《樂記》注。叢訓收，《廣雅·釋詁》。收、閉誼亦近。《詩·旱麓》「瑟彼柞棫」，傳：「瑟，衆皃。」古同聲之字，誼多通。

楚公子嬰齊，字子重。《宣十一年左傳》注。

侃謹案：《說文》：「賏，頸飾也。從二貝。」「嬰，頸飾也。從女、賏。」「賏，貝連也。」齊者，整也，《周語》注。列也。《淮南·原道訓》注。命名之誼在斯。重者，《廣雅·釋言》：「重，再也。」《說文》：「緟，增益也。」重、緟通。

楚公子貞，字子囊。《成十五年左傳》注。

侃謹案：《廣雅・釋詁一》：「貞，正也。」囊，讀爲𤕦。《説文》：「𤕦，亂也。從爻工交吅。」亂者，治也。《禮記・大傳》注曰：「治，正也。」《商書》曰：「殷其弗或亂正四方。」亂、正蓋一誼。此不同太史公誼。

鄭良宵，字伯有。《襄十一年左氏經》注。

侃謹案：宵讀爲消。《説文》：「消，盡也。」《墨子・經説上》：「霄，盡蕩也。」消、霄亦通。有者，《説文》：「有，不宜有也。」引《春秋傳》曰：「日月有食之。」此不誤，亦非約文，章先生有説。或曰：有，富有之有，與消相反爲誼。或曰：宵讀爲稍，《説文》：「稍，出物有漸也。」

鄭罕嬰齊，字子齹。《昭十六年左傳》注。

侃謹案：嬰齊，誼如前説。齹者，《説文》：「齹，參差。」「𪘨，齒差跌皃。」引《春秋傳》：「鄭有子𪘨。」是齹、𪘨字通誼同，引申爲凡參差不齊之訓。名齊，字齹，相反爲誼。或曰：齹，從差聲，誼同差。《説文》：「差，貳也。」「差，不相值也。」據前訓則相應，據後訓則相反，竝通。

楚伍員，字子胥。《昭二十年左傳》注。

侃謹案：俞君説是也。或曰：員，物數也。《説文》。胥與疋通，疋，記也。《説文》。又與疏通，《漢書·蘇武傳》集注：「疏，謂條録之。」

魯季公亥，字若。《昭二十五年左傳》。

侃謹案：亥與孩通。《廣雅·釋詁三》：「孩，小也。」若者，順也，善也。並見《爾雅》。名孩，字若，譬猶陳公良孺字子正矣。此用俞君誼。

宋樂祁，字子梁。《定八年左傳》。

侃謹案：昭二十七年、定六年，三家經文竝作「樂祁犂」。齊杞殖，字梁，王君《解詁》讀殖爲植，是也。侃謂植者，祁犂之合聲。《爾雅·釋宫》：「植謂之傳。」「宗廇謂之梁。」「楣謂之梁。」此亦本王君説。竝宫中物，故名植字梁也。

衞公孫彌牟，字子之。《哀十二年左傳》注。

侃謹案：章先生説：見《春秋左傳讀》中，此約其文。彌牟者，蟣蠓之聲轉。《爾雅·釋蟲》：

「蠓，蠛蠓。」注：「小蟲，似蜹，喜亂飛。」之讀爲⿱山羽，《說文》：「⿱山羽，飛盛皃。」名蠛蠓，字⿱山羽，以其能爲字也。侃以爲豁然，確斯不可易矣。

齊顏濁聚，字庚。《哀二十三年左傳》注。

侃謹案：濁聚字諸書不同，《漢書・古今人表》作燭雛，本或作濁鄒；《晏子春秋・外篇》作燭雛；《淮南・氾論訓》作喙聚，喙蓋啄之誤；《孟子》作讎由；《說苑・正諫》作燭趨。竝聲轉得通。其合聲爲續，《說文》：「續，聯也。」古文賡，從庚。庚亦續也。《詩毛傳》。名續，字庚，誼正相應。或曰：其合聲爲《立政》「克由繹之」之由，由與㨨通，《說文》：「㨨，引也。」庚者，續也。續、引誼通。

宋樂茷，字子潞。《哀二十六年左傳》。

侃謹案：茷與旆通。《詩・六月》「白旆央央」，《定四年左傳》「綪茷」，茷，即旆也。古者將帥所建，載之於車。故《左傳》曰：「拔旆投衡。」又曰：「以兵車旆之。」潞讀爲路車之路，《釋名・釋車》：「路，亦車也。」名旆，字路，連類爲誼。

晉士蔿，字子輿。《晉語》注〔四〕。

侃謹案：俞君説是也。或曰：蔿讀爲鞁。《説文》：「鞁，車駕具也。」此朱駿聲説。

晉祁奚，字黄羊。《吕氏春秋·去私》篇注。

侃謹案：俞君説是也。觟與羳同類，《爾雅》：「羳羊，黄羊。」故或以爲名字。或曰：奚讀爲騱。《説文》：「騱，驒騱也。」又讀爲良馬奚斯之奚。奚又作雞。《淮南·道應訓》注：「雞斯，神馬也。」《蓺文類聚·獸部》引《六韜》曰：「太公與散宜生得犬戎文馬，毫毛朱鬣，目如黄金，名雞斯之乘。」魯公子奚斯，字子魚；魚、吾、虞通，《淮南》云「騶虞雞斯之乘」是也。黄羊者，疑即乘黄。《周書·王會》曰：「乘黄者，似騏，從原本。背上有兩角。」《海外西經》：「白民乘黄。」殆即雞斯。黄者，朱鬣目如黄金之謂。羊者，殆以背有兩角而名。簡册無聞，不敢定耳。《漢書·禮樂志》曰「訾黄」，疑訾者雞斯之合音。

齊雝人巫，字易牙。《史記·齊世家》引賈逵《左傳注》。

侃謹案：巫讀爲巫鼓之巫。《法言注》：「猶妄説也。」通作誣，《禮記注》：「誣，罔也。」《樂記》注。「妄也。」《曾子問》注。易牙者，合聲爲雅。牙、雅同聲，古在魚類。雅者，正也。《毛詩序》。名巫，字雅，相反爲誼。

魯孔箕，字子京。《史記·孔子世家》。

侃謹案：俞君說是也。或曰：箕讀爲䱱，《說文》：「鯕䱱魚，出東萊。」䱱，魚名。京讀爲鯨，《說文》：「鱷，海大魚也。」或作鯨。

魯冉雍，字仲弓。以下並見《史記·仲尼弟子列傳》。

侃謹案：儀徵劉申叔說：「雍者，辟廱。弓與宫通，船或作舩，营或作芎，冬蒸之轉。宫者，頖宫。《王制》曰：『天子曰辟廱，諸侯曰頖宫。』」侃以爲審也。

武城澹臺滅明，字子羽。

侃謹案：滅明與彌牟，皆蠛蠓之聲轉。字羽者，與彌牟字之略同。《詩》曰：「蜉蝣之羽。」蜚蟲之翼，故可名羽。

江東矯疵，字子庸。

侃謹案：疵與呰通。《說文》：「呰，窳也。」《漢書·地理志》徐廣注曰：「呰窳，苟且惰嬾之謂也。」庸者，《方言三》：「庸謂之倯。」名呰，字庸，故同誼矣。《漢書·儒林傳》作橋庇，橋、矯聲通，庇誤字。

淳于光羽，字子乘。

侃謹案：光者，明也。光羽，猶言熠燿其羽，《詩鄭箋》：「熠燿，鮮明貌。」此取於鳥爲名。乘者，《方言六》：「飛鳥曰雙，鴈曰乘。」《聘禮記》曰：「宰夫始歸乘禽。」注：「乘禽，乘行之禽也。謂鴈鶩之屬，其歸之以雙爲數。」然《記》又曰：「士中日則二雙。」是雙、乘通名。字乘者，取鳥之數也。

魯公夏首，字乘。

侃謹案：首有上誼，《易·大過》虞注：「頂，首也。」《方言》：「頂，上也。」以此知首可訓上。乘亦有上誼。《呂氏春秋·貴直》篇注：「乘，陵也。」《周語》注：「上，陵也。」乘、上同訓，以此知乘可訓上。故名首，字乘。或曰：首也者，直也。《郊特牲》文。乘與繩通，《詩·緜》：「其繩則直。」箋：「乘，聲之誤，當爲繩也。」繩者，直也。《廣雅・釋詁三》。

魯縣成，字子祺。 上與「榮旂字子祺」相連，疑因此誤衍「字子祺」三字。

侃謹案：俞君説：「成者，終也。祺，讀爲基，始也。」俞君並推以解「成然字子旗」之誼。侃謂成者，善也。《檀弓》注。祺者，祥也。《爾雅・釋言》。《説文》：「祥，一曰善也。」是祥、善誼通。名成，字祺，不破字亦得。

衛廉絜，字庸。

侃謹案：絜者，修整也。《荀子・不苟》篇注。又《周語》：「姑洗，所以修潔百物。」《釋名・釋言〈語〉》：「潔，確也，確然不羣貌也。」庸者，凡庸也。《齊語》注。名絜，字庸，相反爲誼。

魯公西蒧，字子上。 上與「公西輿如字子上」相連，疑因此誤衍「字子上」三字。

侃謹案：王君説是也。或曰：蒧讀爲滅，《説文》：「滅，省也。」上者，與尚通，《廣雅・釋詁二》：「尚，加也。」名滅，字尚，亦相反爲誼。

【説明】

此文録自《黄侃論學雜著》。撰於著雍戊。涒灘申。之年之修禊之月，即一九〇八年三月，黄侃三十二歲時。

【校注】

〔一〕見卷八《姓名》。

〔二〕見《國語》卷十《晉語四》。

〔三〕段玉裁《説文解字注》六篇下《貝部》「貿」下：「貿爲密，朱爲州，皆音之轉。朱鉏者，猶邾之言邾婁也。」

〔四〕見《晉語一》。

《廣雅疏證》拾遺

王士濂

叙〔一〕

張曾勤

自漢以來，注《四書》者不下千數百家。《集注》既作，説經諸儒莫能或易。加以功令所在，人人童而習之，凡夫人所以生之理、身心性命之微，讀《集注》者，因此明聖賢之宗旨。蓋聖賢立言，簡而賅備。三代之典章制度，畢生性命文章，聖人與諸賢問答，寥寥數言。

孟子立說，最爲明暢。然其言理之精深，則亦未易剖析矣。乃爲一一求其原委，疏通而證明之，使讀者瞭然於心目間，四子並六經以傳，《集注》即附四子以傳，歷終古而不刊。誠所謂日月經天，江河行地也。國初沿明制，用四子文取士，遵尚《集注》。然而經師大儒講漢學者，率左宋學，因而議及朱子。如毛西河輩〔二〕，吹毛求疵，譏毀不遺餘力。顧其才氣縱横，攷據淵博，立說不無可采，大都瑕不揜瑜。其專與朱子爲難，適形其褊而已。吾友王君望溪，邃於經學小學，而尤精研四子書，積聚多種。凡先儒發明義理之說，及考據家之精確不磨者，一一筆之於册，大都皆可輔翼《集注》。其說始加甄録，久之積書盈尺，展以示余。予勸以公之於世，望溪忻然，甫刻首一卷而疾作，遂不起。疾亟時以囑予爲之成就此書及《〈廣雅疏證〉拾遺》，並敦囑其家人。今年，予館於君家校閲遺藁，塗乙删改，次序顛倒，頗形棘手。幸君之昆弟行問渠兄亦在君家授君子讀，助予編次並膳藁本。互相校對，始付之梓。書成，名之曰《〈四書集注〉攷證》。其《集注》本無者，則標以「補集注」三字，以清眉目。後附《四書集釋》一卷，則君講究四子時有得於心之處，凡十餘篇。其中頗多見道語，可知君於四子功候深矣。刻既竣，并爲之序，弁諸簡端，使人知裒輯此書之旨云。

光緒戊戌年仲冬之月，友人張曾勤序。

《廣雅疏證》拾遺（上）

《釋詁》

疓，病也。

《疏證》未訓。案：《玉篇》：「疓，奴亥切，病也。」《廣韻·十五海》：「疓，病也，如亥切。見《尸子》。」《尸子》書久亡，其語不可攷。《集韻》引《博雅》。

創也。瘑

《疏證》未訓。案：釋玄應《一切經音義》卷十四出「若㽱」，引張揖《廣雅》，字作「瘑」，同「故和反」。《集韻》曰：「㽱，瘡病也。春發者謂之鷰㽱，秋發者謂之雁㽱。」《別義蒼頡篇》：「㽱，禿也。」注：「張揖《雜字》作瘑，同。」據此，則「瘑」當是「創也」内闕文之一，今補。

岑，取也。

原注：「岑訓爲取，未見所出。」洪頤煊曰：「案：岑當通作涔字。《爾雅·釋器》『槮謂之涔』郭璞注：『今之作槮者，聚積柴木於水中，魚得寒入其裹藏隱，因以薄圍捕取之。』涔爲取魚之器，是以岑爲取也。」濂案：《文選·長笛賦》注引薛君章句：「涔，魚池也。」蓋

《韓詩》「涔有多魚」之文。涔、潛，《詩正義》所謂古今字也。「岑」乃「涔」字之省。又案：《説文》「岑」字叚借爲「戔」，「西伯戔（耆）〔黎〕」即《竹書紀年》「周師取耆」也。較洪説爲長。

悺，憂也。

《疏證》未訓。案：《玉篇》：「悺，去弓切，憂皃。又作㤚。」《廣韻·一東》：「悺音穹，去弓切，憂也。」《集韻》、《類篇》與「㤻」、「㤚」同，竝引《博雅》。「悺」通「忡」。《説文》：「忡，憂也。」朱氏駿聲《説文通訓定聲》「冲」字部亦作「悺」，引《廣雅》：「悺，憂也。」案：《廣雅》「悺」下有「悺」，疏内亦證「悺」，今正文栞落「悺」字。

肆，信也。

《疏證》未訓。案：「肆」與「肆」同。肆，極陳也，謂極意陳之也。又肆，展也。《方言》：「展，信也。荆吴淮泗之（問）〔間〕謂信曰展。」《周書》：「昭信非展。」《國語》：「展而不信。」對文則異，散則通也。朱氏駿聲《説文通訓定聲》：「肆，信也，發語詞。」

頔、嘏，好也。魏

《疏證》未訓。案：《玉篇》：「頔，徒激切，好也。」《廣韻·二十三錫》：「音荻，徒歷切，好皃。」嘏，《玉篇》：「古雅切，好也。」《廣（雅）〔韻〕·三十五馬》：「音檟，古疋切，好也。」《集韻》引《博雅》。洪頤煊曰：「案：《史記·殷本紀》『微子啟』索隱：『《孔子家語》云微或作魏，讀從微音。鄒本亦然。』《漢書·古今人表》『魯魏公』，《律曆志》作『微公』。微訓爲妙，故魏亦爲好也。《方言》『魏，能也。能，亦好也』内闕文之一，今據補。」

透，驚也。

原注：「透與倏通。」案：「透」字有三義。《説文》：「⿰亻⿰丨足，疾也，長也。从足，攸聲。」《唐韻》音式竹切。「倏，犬走疾也。从犬也。」郭璞曰：「透，式六反，驚皃也。」《廣雅》「透」詁「驚」。曹憲曰：「音叔。」此即《説文》「□」字「疾也」之訓。蓋物來甚疾，於我必驚，義相成也。新坿字：「透，跳也。」《晉書·王遜傳》：「透水而死者千餘人。」《梁書·羊侃傳》：「景欲透水，鵾抽刀斫之。」皆謂跳躍入水，即《説文》「倏」字「犬走疾」之訓。走疾則跳躍故也。又透，過也。此義今人通用，即《説文》「⿰亻⿰丨足」字「長也」之訓。長，去聲。《論語》：「長一身有半。」謂過一身又半之。長物謂過人之物，是長、過義一也。「透」疑即「⿰亻⿰丨足」之重文。《説文》不收者，漢之俗字也。三義皆當音叔，今音他候切，用「跳」字音耳。朱氏駿聲《説文通訓定聲》：「⿰亻⿰丨足，疾也，長也。从足，攸聲。」字亦作倏，作透。《易·頤》劉表本：「其欲⿰亻⿰丨足⿰亻⿰丨足。」注：「遠也。」《廣雅·釋詁一》：「倏，疾也。」《方言二》：「透，驚也。宋衛南楚凡相驚或曰透。」《説文》新附：「透，跳也，過也。」《吴都賦》：「驚透沸亂。」案：「疾」義古皆以

「倏」以「儵」爲之，「長」義古皆以「脩」以「修」爲之。叚借爲「誘」。《廣雅·釋詁二》：「透，戲也。」《疏證》訂「戲」字屬下文，謂透嬈也，非是。

韇、鬒，强也。

《疏證》未訓。案：《説文》：「韇，革繡也。」《玉篇》：「古回、巨位二切，繡革也，盾綴革也。」《國語·齊語》：「輕罪贖以韇盾一戟。」韋昭注：「盾綴革有文如繢也。」凡制革取乎堅，綴謂以鍼縷細行，則革益堅。「韇」之訓「强」，義或以此。鬒與縝通。縝，密緻也。韇叚借爲勃。《廣雅·釋詁一》、《釋詁四》：「韇，强也。」又爲勮。《淮南·原道》：「堅强而不韇。」《本經》：「剛而不韇。」注：「折也。」《説文》：「鬒，髮稠也。」凡言稠者，皆有密緻之義。物之密緻者必堅强也，與「韇」正相似。

濘、澰、漷，清也。

《疏證》未訓。案：濘，清也，見《釋言》。澰，《玉篇》：「离冄切，與瀲同。又清也。」漷，《玉篇》：「乙例切，清也。」《集韻》、《類篇》於例切，竝引《博雅》。《説文》：「滎，濘也。从水，寧聲。」案：滎、濘疊韻連語，小水之皃，猶《七命》之「汀濘」，《海賦》之「湏濘」，《甘泉賦》之「鼎溁」也。《廣雅·釋詁一》：「濘，清也。轉注。」《廣雅·釋言》：「濘，清也，泥也。」《釋詁三》：「濘，泥也。」案：水小則易濁，故又訓泥。《左僖十五傳》：「戎馬還濘而止。」

《管子·地員》："不濘車輪。"故濘，清也。

揥，語也。

《疏證》未訓。案：揥與提通。《月令》釋文"蹄齧"作"踶齧"。《顔氏家訓》"咳嗁"作"咳喥"。《詩·葛屨》："佩其象揥。"揥通作䚡，是其例也，字書不可枚舉。《詩·大雅·抑》篇云："匪面命之，言提其耳。"鄭箋云："我非但面命語之，親提撕其耳。"是"提"爲"語"也。

娍，愚也。

《疏證》未訓。案：娍，輕也，見卷三，與蚩、凡同，是輕微之稱，亦皆寓無知之義。《集韻》、《類篇》："娍，王伐切。"竝引《説文》："輕也，一曰愚也。"蓋本《廣雅》。别義引《廣雅》，娍與越䛶同。

䀹，視也。

《疏證》未訓。案：《説文》："䀹，目陷也。"音恰。《玉篇》口洽切，義同。眸子枯陷，則無視義。《廣雅》音堪，訓視。蓋一字兩訓而義相反，郭璞《爾雅注》所謂訓詁義有反復旁通，美惡不嫌同名也。《集韻·二十二覃》引《博雅》。

潛，上也。

《疏證》未訓。案：《説文》"潛"字部："一曰漢水爲潛。"《爾雅·釋水》："漢爲潛。"

郭注：「潛，大水溢出，别爲小水之名。」《釋言》：「潛，深測也。」鄭注訓「測」爲「清」，「清」有「上」義。《荀子·大畧》篇注引李巡曰：「漢水溢流爲潛。」《書·禹貢》：「梁州，沱潛既道。」鄭注：「禹自廣漢疏通，即爲西漢水也。」《括地志》：「一名復水。」案：出今湖北漢陽府沔陽州，今名復水。《史記》以「涔」爲之，《漢書》以「灊」爲之。又借爲「罧」。《詩》：「潛有多魚。」傳：「糝也。」案：《正月》「潛雖伏矣」亦同，朱注：「其潛雖深。」失之。

誀，誘也。

《疏證》未訓。案：誀，古通作餌。洪頤煊曰：「案：『誀』當是『誧』字之譌。《説文》：『羑，相詸呼也。从厶从羑。或从言、秀。』『誧』或如此。《一切經音義》卷十六：『誘，古文羑、誧、誃三形。』此條『詸』、『誃』訓爲『誘』，不應闕『誧』字。」

挰、虞，擇也。

《疏證》未訓。案：《玉篇》：「挰，丈生切，擧也。」《廣韻》音棖，義同。从手从呈，《説文》：「呈，平也。」《廣韻》：「呈，示也，見也。」則「挰」謂手擧之以示其平也，疑即「稱物」之「稱」俗字。《集韻·十二庚》：「除庚切。」引《博雅》。《類篇》同。虞，度也，見《尚書孔傳》。事審度，則知所擇。

按，下也。

《疏證》未訓。案：《説文》：「按，下也。从手，安聲。」謂手抑物使下。《詩・皇矣》：「以按徂旅。」按與遏通。《廣韻》：「按，抑也。」《説文》抑者按也，則「按」謂以手抑之使下也。

埤、賢、潼，益也。

原注：埤，《説文》：「增也。」桂氏馥曰：「案：《一切經音義》：『埤，增也，厚也，助也。』《説文》『澨』字云：『埤增水邊土，人所止者。』此『增』義也。《詩・北門》：『政事一埤益我。』（傳）〔釋文〕云：『埤，避支反。偏音篇。厚也。』此厚義也。《節南山》：『天子是毗。』箋云：『毗，輔也。』王肅作『埤』，符彌切。毗、埤古通，此助義也。是以『埤』爲『益』也。」濂案：杭氏世駿《續方言》引《爾雅郭注》「益，江東通言增」下注、《文選・高唐賦》「脅息增欷」注皆云：「增，益也。」《説苑》云：「以一累壤增太山，不益其高。」是增、益義通。《説文》「埤」訓「增」，《廣雅》「埤」又訓「益」，是埤、增、益義又相因。賢者，卷三云：「賢，孯也。」紛孯亦多益之義。洪頤煊曰：「案：《史記・秦本紀》柏翳，《漢書・古今人表》作柏益，賢、翳字異而義同。」潼者，《説文》：「水也。」《漢書・地理志》謂之馳水。叚借爲緟。《説文》：「緟，增益也。」《文選・宋玉〈高唐賦〉》：「沫潼潼而高厲。」李善注：「高皃厲起也。」言高起，則有增益之義。

操，動也。

《疏證》未訓。案：操，擊也，見卷三。物有擊則動。《集韻·三蕭》：「操，憐蕭切，動作擊也。」《類篇》：「操，動也。」蓋本《廣雅》。《説文》：「操，擊也。从手，巢聲。」段借爲掉。《説文》：「掉，搖也。」《唐韻》音窕，亦搖動也。《集韻》女教切，音鬧，聲甄，動也。《周禮·春官》注：「甄猶掉也。」掉、甄、操字異義同。

罰，折也。

《疏證》未訓。案：折與制通。《論語·問政》篇「片言可以折獄」者，《魯》讀折爲制，斷辠有罰，所以制之，使不動也。罰之言法也。《書·吕刑》：「折民惟荆。」傳曰：「斷以法。」《説文》「荆」入《井部》，罰辠也。「罰」入《刀部》，辠之小者。皆謂犯法，則罰亦是斷之以法也。

嗞、唹，笑也。

《疏證》未訓。案：嗞，笑口欲開皃。今俗猶謂嗞嘴爲笑。《集韻·七之》引《廣雅》，段借爲「改」；《玉篇》音咍，笑不壞顔也，與「弞」字義同。《説文》：「笑不壞顔曰弞。」《宋書·王弘傳》：「優孟見弞。」一作「哂」。是以「嗞」爲笑也。《玉篇》：「唹，乙余切，笑皃。」《廣韻·九魚》：「央居切，笑也。」《集韻》引《博雅》。

誅，殺也。

原注：誅，《集韻》、《類篇》引《廣雅》竝作「𢦏」。桂氏馥曰：「《廣韻》𢦏與列同，陟輸切。注云：『列殺字从歹。』」案：此言「列」，與《說文》从「歺」之「𠛱」異也。經典以「誅」爲「殺」，《說文》：「誅，討也。」《廣韻》：「誅，責也。」無殺意，經典叚借誅字也。當作「列」，或作「𢦏」。《說文》形似之字多爲人削除，故《刀部》有「𠛱」無「列」。《廣韻》定非無據。

（廣雅疏證拾遺）

（釋詁）

搯、𢶍、懆，貪也。

《疏證》未訓。案：「搯」與「揞」同，通作「朘」。《漢書·董仲舒傳》：「務此而亡已，以迫蹵民，民日削月朘。」孟康注：「朘音揞，謂轉褰蹴也。」褰蹴，猶揞蹵也。貪者多揞蹵於民。懆、慘古字通。「𢶍」當爲「掓」。《唐韻》：「莫亥切。」《集韻》：「母亥切，音莓，貪也。」《廣韻》：「掓，貪也。」《集韻》作「𢶍」，《廣雅》作「𢶍」，皆「掓」字之譌。懆，《開元五經文字》引《詩》「我心懆」，「懆」爲「慘」，《方言》：「慘，惏。」戴氏《疏證》：「惏、𢡟古通用。」《說文》：「㜗，婪也。」㜗、慘、懆字異而義同。《集韻》：「懆，先到切，音噪，貪也。」《類篇》同。

訣、詵，問也。

《疏證》未訓。案：《説文》：「訣者，早知也。」見卷第三。以語告人曰訣。徐鍇曰：「央从大，取其正中，會意。」今「央求」字以「央」爲之。詵者，《説文》：「致言也。从言、先。會意，先亦聲。」《玉篇》同。凡問者，必先致言，以先容之意。

煠，爚也。

《疏證》未訓。案：《玉篇》：「煠，弋涉切，又丑涉切，爚也。」《廣韻·二十九葉》音葉，與涉切。又式涉切，云煠、爚。《集韻》引《博雅》「爚」作「瀹」，蓋字之譌。

慮，廣也。

《疏證》未訓。案：《釋名》：「慮，旅也。旅，衆也。」《易》曰：「一致而百慮。」注：「慮及衆物，以一定之也。」

牾、㨖，裂也。

《疏證》未訓。案：《説文》：「牾，屰也。」今作忤，意不喜也。凡忤人意者，其事必不合，今俗猶謂事不合爲裂。又洪頤煊曰：「案：《儀禮·大射儀》：『度尺而午。』鄭注：『一從一横曰午。』《特牲饋食禮記》：『午割之。』鄭注：『午割，從横割之也。』《説文》：『午，牾也。』是以『牾』爲裂也。」㨖，《廣韻·十三祭》：「子芮切。」《集韻》：「祖芮切。」並音蕝，裂也。

怖、怴、喤，怒也。

《疏證》未訓。案：洪頤煊曰：「怖又通作沛字。《公羊宣十二年傳》：『是以使君王沛焉。』何休注：『沛焉，怒有餘之皃。』《後漢書・袁術傳》：『是以豪傑發憤，沛然並起。』『沛』亦怒也。」怴，《玉篇》：「許律切，怒也。」《集韻・十七薛》：「翾裂切，音決。」引《博雅》。喤，《集韻》：「胡盲切，音橫，怒也。」《續方言》引《桓五年公羊傳》注云：「怴者，狂也，齊人語。」釋文：「怴，呼述反。」「怴」當是「怴」之誤，宋本《公羊》作「怴」。《廣韻・六術》云：「怴，狂也。」義本《公羊》。錢氏大昕謂「怴」是「㤜」之異文。《說文》：「㤜，狂走也。」

慯、愍，痛也。

《疏證》未訓。案：《玉篇》：「慯，式諒切，痛也。」愍，《說文》：「痛也。从心，敃聲。」

吹，息也。

《疏證》未訓。案：《集韻・四十禡》：「吹，企夜切，張口息也。關中謂權卧爲吹。又邱駕切。」引《博雅》。今俗讀作平音，謂午倦假寐曰吹。

挻，緩也。

諸書無訓「挻」爲「緩」者。案：洪頤煊曰：「下文挻，長也。長亦有緩義。《老子釋文》

引《聲類》：『挻，柔也。』《吕氏春秋·任地》篇：『使地肥而土緩。』高誘注：『緩，柔也。』挻、緩同義，是以挻爲緩也。《勿躬》篇：『而莫敢愉綖。』高誘注：『綖，緩。』綖與挻同。」

養，飾也。

《疏證》未訓。案：《廣韻·三十六養》：「養，飾也，餘兩切。」《説文》「像」讀若「養字之養」。案：即「養飾」之養。段氏曰：「俗所謂樣子也。」

桀，去也。

諸書無訓「桀」爲「去」者。案：《詩·碩人》：「庶士有朅。」釋文：「朅，《韓詩》作桀。」《説文》：「朅，去也。」《廣雅》以「桀」爲「去」，蓋本於《韓詩》。

修、枚，長也。

《疏證》未訓。案：《詩毛傳》：「修，長也。」何晏《景福殿賦》：「雙枚既修。」注：「枚，屋内重檐也。」《左襄十八年傳》：「以枚數闔。」注：「馬檛也。」皆有長義。

猛，健也。

《疏證》未訓。案：《説文》：「猛，健犬。」

瘢，癰也。

《疏證》未訓。案：《玉篇》：「瘢，子結切，癰也。」與「癤」同。

澇，洒也。

《疏證》未訓。案：《玉篇》：「澇，力高切。」引《廣雅》。《水經注》：「澇，大波也。」《文選·木華〈海賦〉》：「飛澇相磢。」《廣韻》：「（即）〔郎〕到切。勞去聲，義同。一曰淹也。」《爾雅·釋丘》：「望厓洒而高岸。」郭注：「洒謂深也。」案：水深曰洒，與大波曰澇，字異義同。

隸、奭，減也。

《疏證》未訓。案：「隸」與「肆」同。《書》：「眚災肆赦。」孔傳：「肆，緩也。」「奭」與「爽」形近而義同。爽，古瑟字，瑟之言嗇也。

墮，歸也。

《疏證》未訓。案：《説文》「墮」作「隓」，敗城既曰隓，凡土，敗則歸土。

奄，覆也。

《疏證》未訓。案：《説文》：「奄，覆也，大有餘也。」《詩·閟宮》：「奄有下國。」鄭箋：「奄猶覆也。」《淮南·脩務》：「而知不足以奄之。」注：「蓋之也。」「蓋」有覆義，是「奄」所謂「覆」也。

抑、撨，拭也。

《疏證》未訓。案：《玉篇》：「揤，子翌、祖栗二切，拭也。」《廣韻·五質》音疾，秦悉切，云：「揤，拭。」又案：洪頤煊曰：「《説文》：『揤，捽也。』不訓爲拭，『揤』當是『摡』字之譌。《周禮·世婦》：『帥女宮而濯摡。』鄭注：『摡，拭也。』《説文》：『摡，滌也。』『滌』亦『拭』也。」撨，《集韻》：「才笑切，拭也。」《類篇》：「思邀切，拭也，又才笑切。」

擨，搔也。

《疏證》未訓。案：《説文》：「擨，以手有所把也。」《玉篇》同。《增韻》：「手爬曰搔。」《漢書·貢禹傳》：「捽屮杷土。」師古曰：「杷，手掊之也。」(把)〔杷〕與搔義相近。

溓、湓，漬也。

《疏證》未訓。案：《集韻》：「溓，力冄切。」引《廣雅》：「漬也。」《類篇》同。《太平御覽》八百七十三引《禮斗威儀》曰：「君乘土而王，其政太平則河溓。」宋均注：「溓，不決不溢也。謂溓然不盛也。」溓，勒兼切。凡水之驟者，過而不留，不能漚物。不決不溢，則不驟，故爲漬也。湓，《集韻·二十七恨》：「蒲悶切。」引《博雅》。《類篇》同。

蹳，跳也。

《疏證》未訓。案：「蹳」與「趨」同。《玉篇》：「趨，九劣切，小跳也。」《集韻》蹳、趨重文，跳也。或从走。

婄，醜也。睢

《疏證》未訓。案：《類篇》：「婄，鋪枚切。」引《博雅》。《太平御覽》三百八十一引《廣雅》曰：「仳、倠、娸、婄、儓、𦋺、顡、䫂、噅、睢、頦、顝、䫏，醜也。仳，鼻之切。倠，夫遺切。婄音陪。儓音臺。𦋺，蒲北反。顡，差丈切。䫂，丁可切。噅，許爲切。睢音隹。頦，古來切。顝音骨。䫏音欺。」《御覽》引《廣雅》，「噅」下脱「臞脥」二字，多一「睢」字，音隹。《初學記》十九引《廣雅》亦有「睢」字，音隹。《説文》：「睢，仰視也。从目，隹聲。」今俗呼望天子醜兒也。據此，則「睢」蓋闕文之一，今補。《御覽》引《廣雅》音「倠，夫遺切」，《音》内今作「許維」；「噅，許爲切」，《音》内今作「欽危」；「頦，古來切」，《音》内今作「該」；「顝音骨」，《音》内今作「苦没」。則《御覽》所見《廣雅音》與今本亦微不同。

揫，固也。

原注：揫、遒竝即由切，聲義同。案：《爾雅》：「揫，聚也。」《釋文》：「揫，郭音遒。」《説文》：「遒，迫也。」《廣雅》同。又云：「急也。」《説文》：「揫，束也。」引《詩》：「百禄是揫。」又云：「䪓或作揫，收束也。讀若酋。」通作揂。《説文》：「揂，聚也。」又通作遒。《詩》今作遒，毛傳云：「遒，聚也。」乃「揂」字本義。又云：「遒，固也。」是「遒」皆「揫」字之叚借。聚、收、束，與固竝字異而義同。《楚辭·招魂》：「遒相迫些。」注：「遒亦迫也。」義皆

與固相近。

升，短也。

原注：「升」無訓「短」者，疑「氐」字之譌。

䛐，欺也。

《疏證》未訓。案：《玉篇》：「䛐，居俊切，欺也。」《廣韻·二十一震》：「九俊切，欺言也。」《集韻·二十二稕》引《博雅》。洪頤煊曰：「案：卷三：『訇，拏也。』『訇』即『䛐』字之譌。《說文》：『訇，騃言聲。从言，匀省聲。』『訇，籀文不省。』『訇』即『䛐』字。《一切經音義》卷六引《蒼頡》：『騃，無知之皃。』與欺、謾、誣、拏義正相同。」

侹，俠也。

《疏證》未訓。案：侹，直也，見卷第三。凡直者，其人必徑遂信任，尚氣力。

敂，勇也。

《疏證》未訓。案：《玉篇》：「敂，爲也。勇故喜於有爲。」《集韻·十遇》引《博雅》。洪頤煊曰：「案：敂當作殶，殶古投字。《左氏成二年傳》：『桀石以投人。』《漢書·甘延壽傳》：『投石拔距，絶於等倫。』皆是勇也。」

惓、悷，忘也。

《疏證》未訓。案：《玉篇》：「俺，甘心也。」《廣韻·六十梵》：「俺，於劒切。」義同。釋玄應《一切經音義》卷十三引《纂文》曰：「意足曰俺。」凡事甘心則忘情，今俗語猶曰俺心。悇，《玉篇》：「他對切，忘也。」《集韻·十八隊》：「徒對切，音隊。」引《博雅》。《類篇》同。

精，論也。

《疏證》未訓。案：《漢書·儒林傳》：「精廬暫建。」注：「精廬，講讀之舍。」《說文》「精」叚借爲「請」，引《廣雅》：「精，論也。」濂案：《爾雅·釋詁》：「請，告也。」《漢書·賈誼傳》：「造請室而請辠耳。」「請」一作「清」，清、請、精字異義同。

（廣雅疏證拾遺）

（釋詁）

菆，餘也。

原注：未詳。案：《說文》：「菆，蓐也。」「蓐，陳草復生也。」則是草之餘也。《集韻·十八尤》：「菆，一曰餘也。」蓋本《廣雅》。洪頤煊曰：「菆，麻蒸也。」《儀禮·既夕》：「二燭俟于殯門外。」鄭注：「燭用蒸。」《楚辭·謬諫》篇：「菎蕗雜於廢蒸兮。」菆可以爲燭。《禮記·

曲禮上》：「燭不見跋。」是菆爲燭餘也。

㓹，屠也。

原注：「㓹」作「剔」，並字異而義同。案：《玉篇》「㓹」與「剔」同。《詩》：「用逷蠻方」、「狄彼東南」，箋云：「逷、狄皆當作剔。」《白虎通》：「狄者易也。」《淮南子》「俞兒、狄牙」，即「易牙」。《説文》「逖」古文作「逷」。又案：《韓詩》作「鬄」，注：「除也。」《爾雅》引《書》注云：「逷矣，西土之人。」今作「逖」。《士喪禮》：「四鬄去蹄。」今文「鬄」作「剔」，「剔」與「鬄」同。《詩》「出宿于屠」傳云：「屠，地名」、「其追其貊」傳云「追、貊，戎狄國」是也。是以「㓹」爲「屠」也。

摵，投也。

《疏證》未訓。案：《説文》：「摵，以手有所把也。从手，厥聲。」《廣雅·釋詁二》：「摵，搔也。」叚借爲「揭」。《禮記·内則》：「不涉不摵。」注：「揭衣也。」又發聲之詞。《方言》：「拌，棄也。楚凡揮棄物謂之拌，或謂之敲，淮汝之間謂之投。」郭璞注：「敲，恪校反。」今汝（潁）〔穎〕閒語亦然，或云摵也。《疏證》曰：「拌之言播，棄也。」《士虞禮》：「尸飯播餘於篚。」古文「播」爲「半」，「半」古「拌」字，謂棄餘飯於篚也。濂案：《説文》：「敲，横擿也。」「擿，投也。」崔譔注：「猶投棄也。」是「擿」亦「棄」也。《廣雅》作「墽」，與「敲」同。

撅、敲一聲之轉。江東又呼「攈」者，（撅）〔攈〕與「厭」通。《論語》「天厭之」，猶言「天棄之」也。《小爾雅·廣言》：「投，棄也。」是以「撅」爲「投」也。

毛，輕也。

《疏證》未訓。案：《詩·大雅·烝民》篇：「德輶如毛。」鄭箋云：「輶，輕也。人之言云德甚輕也。」是以毛爲輕也。

詉、詉，拏也。

《疏證》未訓。案：《集韻·九麻》：「詉，抽加切，音侘。」引《博雅》。今俗猶謂多口爲詉。「詉，女加切，音拏。」引《博雅》。

契，戲也。

《疏證》未訓。案：《集韻·十四黠》：「契，訖黠切，音戞。一曰戲也。」蓋本《廣雅》。

剔，罵也。

《疏證》未訓。案：「剔」與「鬄」同。古者髡髮曰鬄。「罵」與「傌」同。《漢書·賈誼傳》：「令與衆庶同（鯨）〔黥〕劓髡刖笞傌。棄市之法，髡傌皆所以辱人。」

䃰，孰也。

《疏證》未訓。案：《玉篇》：「䃰，午堅切。亦作研，細米也。」米精熟，故細。《詩·大雅·召旻》篇：「彼疏斯粺。」鄭箋云：「米之率，糲十粺九鑿八侍御七。」正義云：「《九章》粟米之法，粟五十，糲米三十，粺二十七，鑿二十四，御二十一，皆三之一。」言粟五升爲糲米三升，以下則米漸細，故數漸少。《集韻·一先》引《博雅》。

掩，蹇也。

《疏證》未訓。案：《玉篇》：「掩，烏感切，蹇也。」《廣韻·四十八感》：「音晻，㚁烏感切，庵上聲。掩，跛，又蹇也。」《集韻》：「掩、跛，蹇也。」又《廣韻》「烏含切，音庵，義同。」蓋竝本《廣雅》。「掩」通作「䶬」。《玉篇》：「跛，䶬。」《類篇》：「䶬，跛疾，蹇。」《説文》：「跛也。」《釋名》：「蹇，跛蹇也，病不能執事役也。」是以「掩」爲「蹇」也。

薄，買也。

《疏證》未訓。案：「薄」與「簿」通。《孟子·萬章》篇：「孔子先簿正祭器。」孫奭《音義》：「本或作薄。」《周禮·小宰》：「以官府之八成經邦治……六曰聽取，予以書契。七曰聽賣，買以質劑。」賈疏謂書契亦是簿書。古無室市，賣買皆以物交易，貨出則皆爲買也。故《説文》「賣」字从出从買會意。官立簿書計管，所以使民信，不更違也。漢時市買皆爲券書，别之，各執其一。

蔦，七也。

原注引《方言》：「蔿，化也。」案：郭璞注：「蔿音花。」「蔿」即古「花」字，郭音極是。曹憲音于彼切。古音「爲」、「化」同讀如「訛」，故从爲、化得聲之字多通用。如「南訛」之作「南僞」，即其例。草木著花，非所本有，忽有忽無，有似人爲，更同物化，故字作「蔿」，而《方言》訓爲「化」。《廣雅》訓爲「七」，「七」即古「化」字。《釋草》又云：「蘤、花，華也。」「蘤」、「花」即「蔿」之或體矣。《後漢書・張衡傳》：「百卉含蘤。」注引張揖《字詁》云：「蘤即古花字也。」據此可知，蔿、蘤、花即一字。《説文》：「蔿，草也。」今偏按書傳，蔿艸形狀及其別名，絶不可攷見。證以《方言》、《廣雅》，當是「艸」下脱去「華」字耳。「蔿」爲古「花」字，故春秋時有蔿姓，後世無蔿姓，有花姓矣。

刵，削也。

《疏證》未訓。案：《廣韻》：「刵，郎括切。刵，削也。」《集韻・十三末》：「盧活切，音捋。」引《博雅》。

覣，見也。

《疏證》未訓。案：《玉篇》：「覣，古刀切，見也。」《廣韻・六豪》：「古勞切，音高。」《集韻》義同，蓋竝本《廣雅》。

埘，深也。

義見下「空也」疏證。

搒、摢、抅、揊、擮，擊也。

《疏證》未訓。案：搒者，《通鑑》：「光武謂第五倫曰：『聞卿爲吏篣婦公。』」注云：「篣音彭。」章懷注：「篣，從榜也。」誤從「木」。「搒」即「彭排」之「彭」。摢者，《玉篇》：「摢，口居切，擊也。」《廣韻·九魚》：「去魚切，音虚。」《集韻》、《類篇》：「邱於切，音祛。」竝引《博雅》。抅者，《玉篇》：「呼縣切，擊也。」《廣韻·三十二霰》：「許縣切。」《集韻》：「翾縣切，音絢。」義竝同《玉篇》。揊者，普力切，擊也。《廣韻·二十四職》：「芳逼切，音堛。」《集韻》：「拍逼切，音愊。」竝云「擊聲」。揊與敀同。敀，皷擊聲。或作撲。擮者，《集韻·十六屑》：「莫結切，音蔑。」引《廣雅》。

䩤，濁也。

《疏證》未訓。案：䩤，《廣韻》：「胡管切。」《集韻》：「户管切，一曰濁也。」《類篇》同。蓋本《廣雅》。《説文》：「䩤，赤色也。」《莊子·天地》篇：「黄帝遊乎赤水之上。」《博雅》：「崑崙虚，赤水出其東南陬。」《説文》：「(亦)〔赤〕，南方色也。」濁水出齊郡厲嬀山。《水經注》：「南方有濁水。」「䩤」當訓「赤」，是謂南方有濁水也。

攻，伏也。

《疏證》未訓。案：伏，藏也，義見卷第四「伏竄」下。郭璞注《爾雅》：「竄微謂逃藏也。」今俗猶謂物逃入穴曰攻。朱氏駿聲《説文通訓定聲》：「攻又爲窖。」濂案：窖，《説文》：「地藏也。」《史記·貨殖傳》：「任氏獨窖倉粟。」集解：「穿地以藏也。」藏有伏義，是以「攻」爲「伏」也。《廣雅·釋言》：「窖，窌也。」「窌」即「窱」字，伏、窱古通。

魯，道也。

原注：諸書無訓「魯」爲「道」者。案：「魯」通作「旅」。《史記·周本紀》：「魯天子之命。」《書·序》作「旅天子之命。」《爾雅·釋宫》：「旅，途也。」郭璞注：「途即道也。」《漢書·枚乘傳》：「魯東海，絶吴之饟道。」言道從東海，以絶吴之饟道。此亦以「魯」爲「道」也。

縠，辱也。

《疏證》未訓。案：《玉篇》：「縠，居藝切。」《集韻》、《類篇》：「丘蓋切，音磕。」竝引《博雅》。

涂、猛，害也。

《疏證》未訓。案：「涂」與「荼」通。《爾雅》：「十二月爲涂。」《周禮·秋官·哲蔟氏》鄭注：「月謂從娵至荼。」是其證。《詩正義》云：「荼、毒皆惡物。」猛，《玉篇》：「惡也，害也。」《禮・檀弓》：「苛政猛于虎。」謂害人甚於虎也。

⿰足朁、劵，止也。

《疏證》未訓。案：《玉篇》：「⿰足朁，才含、才合二切，止也。」《廣韻・二十二覃》：「昨含切，音蠶。」義同。《集韻》引《博雅》。又作躦。《類篇》：「躦⿰足元，聚足。」或作蹲。《説文》：「蹲，踞也。」《後漢書・魯恭傳》：「蹲夷踞肆。」是蹲當訓踞。《説文》：「踞，蹲也。」《大戴禮》：「獨處而踞。」注：「蹲也。」《左襄二十四年傳》：「皆踞轉而鼓琴。」疏：「踞謂坐其上也。」劵，古倦字。是⿰足朁、劵皆有止意。

⿰多吉，多也。

《疏證》未訓。案：《廣韻・六至》：「⿰多吉音致，多也。」《集韻》：「罄致切，音棄。」引《博雅》。又音亟，義同。《廣韻》、《集韻》：「亟，去吏切，音唭，頻數也。」《孟子》：「亟問亟餽鼎肉。」又：「仲尼亟稱於水。」⿰多吉、亟義同。

寯、屯，聚也。

《疏證》未訓。案：《集韻・二十二稕》：「寯，祖峻切，音俊。」引《博雅》。《廣韻》：「屯，徒渾切。」《正韻》：「音豚，聚也。勤兵而守曰屯。」《前漢・趙充國傳》：「分屯要害。」謂兵聚於要害也。

對、捲、荆，治也。

原注：諸書無訓「對」爲「治」者。案：上文「對，當也」。《漢書·韓安國傳》：「公等足與治乎？」師古曰：「治謂當敵也。」今人猶云對治，義即本此。《爾雅·釋言》：「對，遂也。」《灌夫傳》：「遂其前事。」謂治其前事，義亦得通。捲，《集韻》、《韻會·一先》：「音權，一曰治也。」蓋本《廣雅》。荆，《玉篇》、《集韻》同「刑」。《詩·大雅》：「尚有典刑。」朱傳：「典刑，舊法也。」《思齊》篇：「刑于寡妻，至于兄弟，以御于家邦。」傳：「刑，法也。」箋云：「御，治也。」《書·吕刑》：「惟作五虐之刑曰法。」《周禮注》：「法者，王所秉以治天下也。」《復古編》云：「刑从刀，开聲，剄也。荆从刀。並荆法也。」今經史皆通作「刑」。

縷，縮也。

原注：縷者，司馬相如《子虛賦》「襞積褰縐」，張氏注：「褰，縮也。」褰與縷通。案：洪頤煊曰：「《説文》『縮』，『一曰蹴也』。《手部》：『摍，蹴引也。』『摟，相援也。』『援，引也。』三字相承。『摟摍』與『縷縮』同也。」原注：孟康曰：「朘音揎，謂轉褰蹙也。」濂案：蘇林曰：「朘音鐫石。俗語謂『縮朒』爲『朘縮』。」師古曰：「孟説是也。」原注引《子虛賦》「褰縐」，案《説文》：「縐，蹴也。」蹴、蹙古通，是褰縐、褰縮語一也。

苗，傷也。

《疏證》未訓。案：苗與媌同，苗之言輕也。《方言》：「凡好而輕者，自關而東、河濟之閒謂之媌。」郭注云：「今關西人亦呼好爲媌。」《說文》：「媌，目裏好也。」傷，《唐韻》、《正韻》竝以豉切，音異。《說文》：「輕也。」古借「易」，轉去聲，義同。《廣韻》：「輕，重之對也。」輕、清同音。《詩·鄘風》：「子之清揚。」注：「視清明曰清。」《齊風》：「猗嗟名矣，美目清矣。」注：「目上爲明，目下爲清。」《集韻》、《韻會》、《正韻》「清」竝七正切，音婧。婧、倩通。《說文》：「倩，男子之美稱。若草木之蔥蒨也。」苗訓爲傷，謂好而輕也。

吴，本也。

《疏證》未訓。案：《史記》褚少孫續《三代世表》：「堯立后稷，以爲大農，姓之曰姬氏。姬者本也。」《廣韻》：「吴，泰伯之後，大王之長子，姬姓之大宗。」《詩·大雅·文王》篇：「本支百世。」傳：「本，本宗也。」「吴」之訓「本」，義或由此。

拊、藪、絿、柩，求也。

《疏證》未訓。案：《方言》：「鋪、頒，索也。東齊言鋪頒，猶秦晉言抖藪也。」郭注：「謂抖藪舉索物也。」「拊」與「抖」同部，音相近。絿，《說文》：「急也。从糸，求聲。」聲中兼有義，字通作「膠」。《禮記·王制》：「周人養國老於東膠。」鄭注：「膠之言糾也。」膠或爲絿，膠、糾、絿字異而義同。《釋名》：「在棺曰柩。柩，究也，隨身送終之物皆究備也。」求、究聲近義同。

陶、篠，除也。

《疏證》未訓。案：《詩・鄭風・清人》傳：「陶陶，驅逐之皃。」篠與鞭通。《周禮・條狼氏》：「掌執鞭以趨辟。」是鞭有辟除之義。古者，笞刑謂之鞭。漢用竹，故字或从竹。《初學記》叙鞭：「其後以竹代革，故策、箠二文，又竝从竹。」《文選・南都賦》：「追水豹兮鞭魍魎。」鞭與追同義，亦是謂驅逐也。

付、載，與也。

《疏證》未訓。案：《説文》：「付从寸，持物對人。」《玉篇》：「方務切，《書》云『皇天既付』，付，與也。」《廣韻・十遇》：「方遇切，與也。」今俗稱與人物曰付。《詩・小雅・緜蠻》篇：「命彼後車，謂之載之。」是「載」有「與共」之義。《晏子春秋・雜》篇：「晏子至中牟，覩越石於塗側，載而與之俱歸。」

甹，空也。

《疏證》未訓。案：《廣韻・十八尤》：「甹，以周切，音猷，空也。」

恤、狄、假，易也。

《疏證》未訓。案：「恤」與「卹」同。《上林賦》：「眇閻易以卹削。」李善注：「卹削如刻劃作之也。」又與「戌」同。《子虛賦》：「揚衪戌削。」張揖注曰：「戌削，裁制皃。」陰時夫曰：「戌、恤字異義同。」《白虎通》曰：「狄者易也，言僻易無別也。」《詩·魯頌·泮水》篇：「狄彼東南。」箋云：「狄當作剔。」釋文：「《韓詩》作鬄，除也。」狄、易古字亦通。王充《論衡》：「狄牙之調味也。」是其證。恤、狄皆變易之義。

風，衆也。

《疏證》未訓。案：《釋名》：「風，氾也，其氣博氾而動物也。」《大戴禮·易本命》篇云：「八主風，風主蟲，故蟲八日而化也。」盧辯注：「蟲多生，非類也。言蟲生衆多也。」案：《說文》：「風，八風也。東方曰明庶風，東南曰清明風，南方曰景風，西南曰涼風，西方曰閶闔風，西北曰不周風，北方曰廣莫風，東北曰融風。風動蟲生，故蟲八日而化。」是以「風」爲「衆」也。《說文》：「衆，多也。从㐺目，（會）〔衆〕意。」《周語》：「人三爲衆。」叚借爲螽，即螽。《公羊文三傳》何注：「螽猶衆也。」《詩·螽斯》比子孫衆多，蟲生子之多者，莫如螽。蟲從風化，故「風」訓「衆」。衆，螽之省也。

有、沙、沚，質也。

《疏證》未訓。案：質之言幹也。《廣韻·四十四有》：「有，質也。」蓋本《廣雅》。沙，《玉篇》、《集韻》竝同「沙」，《說文》：「譚長說，沙或从沙。」引《博雅音》「㙛，質也」。沚與止同。《説文》引《詩》「湜湜其止」，止然不動摇。訓爲質者，蓋三家《詩》之説。《釋名》：「沚，止也。西方義，氣有所制止也。」《論語》曰：「義以爲質。」

司、摡、阼，主也。

《疏證》未訓。案：《詩·鄭風·羔裘》傳：「司，主也。」釋玄應《一切經音義》卷二十二引《廣雅》同。摡與塈同。《玉篇》引《召南》「頃筐塈之」，塈作摡，是其證。《谷風》：「不念昔者，伊余來塈。」傳：「塈，息也。」箋：「不念往昔年稚始來之時安息我。」案：婦人正位乎内，不得但求安息。細釋詩意，蓋與上「不我屑以」之義同，謂不念昔年來當室家也。作「摡」訓爲「主」者，其三家《詩》之説歟？視毛、鄭較長。《廣韻》、《集韻》竝作「慨，主也」。塈、摡、慨三字小異而義同。阼，《説文》：「主人階。」

𪘏、噬，齧也。

《疏證》未訓。案：《玉篇》：「𪘏，丘之切，齧也。」《廣韻·七之》：「去其切，音欺。」義同。《集韻》引《博雅》。噬，《説文》：「啗也。」《玉篇》：「齧，噬也。」《集韻》：「以制切，音曳，齧也。」《左·哀十二》：「國狗之瘈，無不噬也。」杜注：「齧也。」《方言》：「蝎、噬，逮也。」《國語》韋注：「蝎通曷。」《小雅·四月》篇「曷云能穀」，傳：「曷，逮也。」《釋言》：「遏、遾，逮也。」郭注：「東齊曰遏，北燕曰遾。」《詩·唐風》「噬肯適我」，傳：「噬，逮也。」

韰、蝎音同義同。

莫，布也。

《疏證》未訓。案：「莫」與「幕」字同。《釋名》：「莫，幕也。貧者著衣，可以幕絡絮也。」言貧者衣不能純綿，但用新綿幕絡於舊絮之上。幕絡猶今言鋪也，是布散之義。洪頤煊曰：「《漢書・李廣傳》：『莫府省文書。』《馮唐傳》：『上功莫府。』『莫』即『幕』字。《周禮・幕人》：『掌帷幕幄帟綬之事。』鄭注：『在旁曰帷，在上曰幕。』帷幕皆以布爲之，是以『莫』爲『布』也。」

掫，成也。

《疏證》未訓。案：諸字書無以「掫」爲「成」者，疑「掫」爲「陬」偏旁之譌。《爾雅》：「正月爲陬。」娵、諏竝同。又通作聚。漢晉諸家無注。《楚辭》：「攝提貞于孟陬。」《韻會》引《增韻》：「孟陬謂東北隅也。」案：東北屬艮方。《易・説卦》：「艮，東北之卦也。萬物之所以成終而成始也，故曰成言乎艮。」正義曰：「東北在寅丑之閒，丑爲前歲之末，寅爲後歲之初，則是萬物之所以成終而成始也。」寅丑之閒則正月也。《爾雅》曰：「正月爲陬。」娵、諏竝同。又通作聚。蓋取「成」義，或《廣雅》釋之歟？

屆、戹，少也。

《疏證》未訓。案：屆、𡲰疊韻字。《廣韻》云：「薄屑。」《集韻》：「少也。」蓋本《廣雅》。

枚，收也。

《疏證》未訓。案：《爾雅·釋詁》：「收，聚也。」《方言》：「枚，凡也。」《説文》：「凡，最也。」「最」古通作「聚」字，是「枚」有「收聚」義也。《左氏昭十三年傳》：「南蒯枚筮之。」杜預注：「汎卜吉凶。」正義或以爲枚雷總卜，總亦聚也。

捬、嶢、掅，捽也。

《疏證》未訓。案：《玉篇》：「捬，抨也。」《廣韻·四覺》：「捬，五角切，音嶽。」云抨捬，抨，彈也；彈，擊也。」《玉篇·屵部》：「嶢，女交切，崪也。」「捽」譌作「崪」。《廣雅》作「嶢」，恐是傳鈔轉寫脱去中間「厂」。《廣韻·五肴》：「嶢，捽也，音鐃。」《集韻》引《博雅》：「崒也。」蓋沿《玉篇》作「崪」之譌。掅，《廣韻·四十六勁》：「千定切，捽也。」《集韻》引《博雅》。《類篇》：「七正切。」義同。

㪕，量也。

《疏證》未訓。案：《玉篇》：「㪕，丁狄切，量也。」《廣韻·二十三錫》：「都歷切，音的。」義同。《集韻》：「量器。」

榫，豉也。

《疏證》未訓。案：《玉篇》：「公八切，⿰木革鼓也。」⿰木革與格同。《周禮·牛人》注：「挂肉格。凡肉之用架者，皆曰格。」

忋，恃也。

《疏證》未訓。案：《玉篇》：「忋，公在切，恃也。」《集韻·十五海》：「己亥切，音改。」引《博雅》。《類篇》：「下改切，音亥。」義同。徐筠《水志》：「荆吴俗取亥日集於市。」《通雅》：「《青箱雜記》：『蜀有亥市。』」《風俗通》：「市，恃也，養贍老小，恃以不匱也。」忋、亥義同，恃、市通。

⿰目延，更也。

《疏證》未訓。案：⿰目延，《玉篇》、《廣韻》無此字，疑是（⿰目延）〔⿰目㢟〕之譌。《玉篇》：「⿰目㢟，餘連切，⿰目㢟同。」《廣韻·三十三線》：「⿰目㢟，七絹切，更視見皃。」《説文》作「⿺辶目」，相顧視而行也。字當从「目」作「⿰目延」。《集韻》：「⿰目延，尸連切，音羶。」引《博雅》「更也」，則宋時本已譌。「⿰目延，更也，謂更視見也」，蓋古人訓詁字省。《方言》：「蒔，更也。」亦是如此。

眺、迲，避也。

「眺」與「覜」同，通作「朓」。《漢書·五行志》服虔注：「朓，相覜也。日晦食爲朓。」迲，《玉篇》：「丘致切，避也。」《廣韻·五寘》：「去智切，音企。」義同。《説文》「企」从人从止，會意。止，足也，止有避義。

陑，離也。

《疏證》未訓。案：《集韻·九噳》：「陑，火羽切。」引《博雅》：「離也。」《類篇》同。

腆，久也。

《疏證》未訓。案：《方言》：「腆，厚也。」《玉篇》、《小爾雅》同。《公羊昭二十五年傳》：「不腆先君之服。」何休注：「腆，厚也。」《釋名》：「厚，後也，有後終也。」故「腆」得爲「久」也。

貉，惡也。

《疏證》未訓。案：《説文》引孔子曰：「貉之言貉貉，惡也。」段氏玉裁《説文解字注》曰：「貉惡，疊韻字。貉貉，惡皃。」

誺，誤也。

《疏證》未訓。案：《玉篇》：「誺，力代切，誤也。」《廣韻·十九代》：「誺，誤也。」《玉篇》又與「謧」同丑脂、丑利二切，「不知」也。《廣韻》作「誺」，入脂至韻者，爲「不知」；入代韻者，訓「誤」。其實从言、來聲之字，不當入脂。《方言》：「誺，不知也。凡相問而不知答者曰誺。」《廣雅》：「嗜，誺也。」《玉篇》引《埤倉》云：「嗜，不知是誰也。」是「誺」爲「不知」

也。「不知」，所以「誤」也。「誺」舊本竝同，戴氏震《方言疏證》據《玉篇》改作「謎」，錢氏繹《方言箋疏》仍作「誺」。

厦，重也。

《疏證》未訓。案：《玉篇》：「厦，丁挺、大練二切，扂也。扂，重脣也。」

（廣雅疏證拾遺）

（釋詁）

搃，轉也。

《疏證》未訓。案：《説文》：「搃，反手擊也。」《玉篇》同。「反手」蓋言轉也。《集韻·六脂》：「頻脂切。」引《博雅》。《類篇》同。釋玄應《一切經音義》卷十九引《廣雅》。

交、贅、撰，定也。

凡兩相合曰交。贅，《説文》：「以〔物〕質（出）錢。从敖〔貝。敖者〕猶放。謂貝當復取之。」若今人之抵押也。「以物相贅」曰質。贅之爲定，猶質之爲定也。撰，具也；又詮釋也。具而詮釋之，使人據以爲定也。

揬，擿也。

《疏證》未訓。案：《玉篇》：「揑，徒結切，擿也。」《廣韻·五質》：「揑與抶同，撞抶也。」《集韻》、《類篇》竝引《廣雅》。

莫，調也。

諸書無訓「莫」爲「調」者，「莫」當是「箕」字之譌。《史記·天官書》：「箕爲敖客，（爲）〔曰〕口舌。」索隱：「宋均云：『敖，調弄也。』箕以簸揚調弄爲象。」是以訓爲調也。箕、莫字形相近。

涇，寒也。

《疏證》未訓。案：《玉篇》：「涇，巨井切，寒也。」蓋本《廣雅》。《廣韻·四十静》引《玉篇》同。

誧，謀也。

《疏證》未訓。案：《玉篇》：「誧，匹布切，謀也。」

襮，表也。

原注：「暴」與「襮」聲近而義同。案：「襮」與「暴」不可云義同，亦不當引《左傳》「不敢暴露」以證。此「襮」字蓋「暴露」之「暴」，从日字生義，與《孟子》「一暴十寒」同。《説文》：「暴，晞也。」若「表襮」之「襮」从衣、暴聲，則「暴」已作聲而非義矣。衣故有表裏之

殊，曹大家及高誘注並云：「襮，表也。」《詩》：「素衣朱襮。」「襮」亦當訓从表，故《説文》「襮」字下引此《詩》。《易林》亦云：「衣素表朱。」可證。朱氏駿聲《説文通訓定聲》引《廣雅》云：「襮叚借爲暴。」不知何據。

都，藏也。

《疏證》未訓。案：《左傳·莊二十八年》云：「凡邑有宗廟先君之主曰都。宗廟有郊宗石室，所以藏栗主也。」《一切經音義》引《字林》云：「有宗廟先君之主曰都。」

息，二也。

《疏證》未訓。案：《漢書》顔師古注：「息謂生長也。」又出錢生子曰息，皆是相增加。

㤘，怯也。

《疏證》未訓。案：《玉篇》：「㤘，虎姑切，怯也。」《廣韻·十一模》：「荒烏切，音呼。」義同。《集韻》引《廣雅》。㤘通侉。《説文》：「侉，備詞。」謂疲憊之詞也。《爾雅·釋訓》：「夸毗，體柔也。」疑以「夸」爲之。字又作㤘。疲憊有怯意。

嬗、姪，婢也。

《疏證》未訓。案：《集韻·二十四緩》：「嬗，黨旱切，婢也。」《説文》：「姪，長好皃。」《玉篇》、《廣韻》皆同。案：下娭、侮、獲皆賤稱，則嬗、姪亦同是賤稱。今俗聲轉作形，視人卑賤猶有此語。

　　䞶，僵也。

《疏證》未訓。案：《玉篇》：「趚䞶，僵仆。」《廣韻・二十陌》：「䞶，山𩢍、蘇各二切，音索。亦云僵仆。」

　　姜、羌，强也。

《疏證》未訓。案：《廣韻》：「姜，漢初豪族也。」《太平御覽》引《風俗通》：「羌本西戎，無君臣上下，健者爲豪。」《玉篇》：「羌，强也。」《廣韻》同。蓋竝本《廣雅》。王應麟《詩地理攷》：「羌本姜姓。」

　　拔，輔也。

《疏證》未訓。案：「拔」當訓「抍」，字異義同。《方言》：「抍，拔也。」《廣雅・釋詁》亦訓拔。《易・涣》：「用拯馬壯。」子夏傳「拯」皆作「抍」，是「拯」爲「抍」之或體。馬注：「拯，拔也。」《左昭十傳》云：「是以無拯。」杜注：「拯猶救助也。」《廣雅・釋詁二》：「輔，助也。」「抍」訓助，「輔」亦訓助，是以「拔」爲「輔」也。

　　𠭴，耦也。

《疏證》未訓。案：《廣韻・十九代》：「𠭴，古代切，音溉，偶也。」耦、偶古字同。

䵽、秾，穧也。

《疏證》未訓。案：《玉篇》：「䵽，力公切，穧也。」《集韻・一東》：「盧東切。」引《博雅》。《廣韻》「䵽」下注云：「禾病，別一義。」秾，《玉篇》：「居協切，穧也。」《廣韻・三十怗》：「古協切，音頰。秾，穧也。」

磗，伐也。

《疏證》未訓。案：《玉篇》：「磗，古傒切，罰也。」《廣韻・五十傒》音切同。又罰也。《廣雅》：「磗、磃、罰，伐也。」《玉篇》、《廣韻》蓋即本《廣雅》。罰、伐各字通用。西方七宿，參伐之伐，《史記・天官書》「北至於罰」作「罰」。錢氏大昕《考異》云：「罰與伐同。《漢書・天文志》：『下有三星，鋭曰罰。』《開元占經》引《石氏》云：『參十星下有三星，兑曰罰。』是其證矣。」

觪，長。挾也。

《疏證》未訓。案：《玉篇》：「觪，角初生。」《廣韻》、《集韻》竝云：「角始生也。」言初生、始生，則有長義。《廣雅》：「觪、長、㚘，挾也。」原注：皆未詳。案：「觪長」下疑脱「也」字，當別爲一條。字書引《廣雅》、《集韻》最多，若有「挾」訓，《集韻》必取其説。「觪」下無注，想丁度等所見《廣雅》本猶未誤合也，今分爲二。

㔗，挾也。

《疏證》未訓。案：《集韻·六至》：「⿰費力，平祕反。㔗同。」引《博雅》「挾也」，是三字連文之證。今《廣雅》誤合「⿰角卒長」爲一條，應正。㔗或作⿱弗力，⿱弗力，古弼字，又作拂。拂、挾，輔也，義見卷第四。故「㔗」亦訓「挾」也。

䪫，刑也。

《疏證》未訓。案：《玉篇》：「䪫，駭耕切，刑也。」「五䪫」亦作「莖」。《初學記》引《樂汁圖徵》曰：「帝顓頊樂曰五莖。」宋均注曰：「能爲五行之道立根莖也。以其道可法，故曰刑也。」

⿰口幷、⿰口囷、⿰口勺、哊、欲，吐也。

《疏證》未訓。案：《玉篇》：「⿰口幷，孚願切，吐也。」《集韻·二十五願》：「孚萬切，音娩。」引《博雅》。⿰口囷，《玉篇》：「渠隕切，欲吐兒。」《廣韻·十六軫》、《集韻·十七準》義竝同。⿰口勺，《玉篇》：「九峻切，吐也。」《集韻·二十二稕》義同。哊，《玉篇》：「禹六切，吐也。」《廣韻·一屋》：「于六切，吐聲。」《集韻》引《博雅》。欲，《玉篇》：「平表、于姤二切，歐吐也。」《集韻》「於侯切」，義同。

⿰阝詹，陷也。

《疏證》未訓。案：《玉篇》：「隵，尺焰切，陷也。」《廣韻》同。《集韻》：「昌豔〔切〕，音襜。又義鑑切，音讖。」義皆以「隵」爲「陷」。

埤，客也。

《疏證》未訓。案：《玉篇》：「埤，卑爾切，羇客也。」《廣韻》云：「埤，客。」《集韻·四紙》引《博雅》。

（廣雅疏證拾遺）

《釋言》

泚、溨，測也。

《疏證》未訓。案：《説文》：「測，湥所至也。」《玉篇》：「測，度也。度湥曰測。」《玉篇》：「泚，且禮切，清也。」《廣韻》：「泚，水清也。」水清底見，故可測也。溨，《玉篇》：「才伐切，測也。」《廣韻·二十五德》：「溨音賊。」引《博雅》：「溨，測。」《集韻》、《類篇》：「溨，疾則切。」竝引《博雅》：「泚、溨，測也。」

鄉，救也。

原注：未詳。濂謹案：《周禮》：「五族爲黨，使之相救。」比、閭、族、黨、州、鄉，古統

謂之六鄉，是黨亦鄉也。《逸周書·大聚解》：「以國爲邑，以邑爲鄉，以鄉爲閭，禍災相卹。」孔晁注曰：「邑閭比相救恤。」是謂「鄉」有「救」義。

愇，淺也。

《疏證》未訓。案：「愇」即籀文之「韙」。《廣雅》：「韙，是也。」《左氏昭二十年傳》云：「君子韙之。」「韙之」謂「是之」也。薛綜注《東京賦》云：「韙，善也。」「善」亦「是」也。「淺」與「諓」通。《説文》：「諓，善言也。」《潛夫論》：「淺淺善靖。」「淺淺」即「諓諓」也。《廣雅·釋訓》：「諓諓，善也。」《疏證》引《鹽鐵論》：「疾小人諓諓面從，以成人之過也。」然則《説文》所云「善言」者，謂唯其言而善之也。「愇」之爲「淺」，猶「諓」之爲「善」也，字有通借耳。

毅、距，困也。

原注：皆未詳。案：爲人所阸曰困。《左氏宣十二年傳》云：「困獸猶鬭」。「毅」即「毅」字。徐鉉《圍棋義例》：「棋死而結局曰毅。」距，抗也。《詩·大雅·皇矣》篇：「敢距大邦。」正義曰：「抗距大國。」又以言支柱人曰撐距。《漢書·匈奴傳》：「陳遵與單于相撐距。」

叔，屬也。

《疏證》未訓。案：《釋名》：「屬，續也，言相連續也。」周家積叔自伯邑考已下，唯聃季處末稱季，餘皆稱叔。即是取連續之義。叔、屬、續皆聲相近。

譔，殊也。

《疏證》未訓。案：《類篇》：「譔，殊也。」譔具詮釋，言人人殊也。

傅，相也。

《疏證》未訓。案：《玉篇》：「大傅大保相天子也。」《廣韻·十遇》：「傅，相也。」《逸周書·克殷解》：「衛叔傅禮。」孔晁注曰：「羣臣盡從王而康叔相禮。」

馮，裝也。

《疏證》未訓。案：《莊子·盜跖》篇：「今富人侅溺于馮氣，若負重行而上也。」「馮」有「盛滿」之義，故曰若負重行也，則義得與「裝」通。

僞、言，端也。

原注：皆未詳。案：「端」古通「喘」。《荀子·勸學》篇：「端而言。」楊倞注：「端讀爲喘，微言也。」《方言》：「讉喘，轉也。」注：「讉喘猶宛轉也。」《周禮·小司寇》：「以五聲聽（民）〔獄〕訟，求民情……三曰氣聽。」鄭注：「觀其氣息，不直則喘。」諸書無單訓「言」爲「喘」者，疑是左旁从「言」，與「僞」、「喘」義近之字，傳鈔轉刻落去右半，將「言」字作爲，正文，遂無可攷。

痡、瘧，痁也。

《疏證》未訓。案：《玉篇》：「痡，薄故切；又音怖。」《廣韻·十一暮》：「普故切，又音步。」瘧，《玉篇》：「力故切。」《廣韻》：「洛故切，音路。」竝云：「痡、瘧、痁，病。」《集韻》同。

僞，𠋫也。

原注：「僞」意未詳。案：《荀子·性惡》篇：「可學而能、可事而成之在人者謂之僞。」「僞」即「爲」也，古字爲、僞通用。《堯典》：「平秩南僞。」《史記·五帝紀》作「平秩南爲」，是其證。《漢書》曰：「罪人獄已決，完爲城旦舂，滿三歲爲鬼薪白粲。鬼薪白粲一歲爲隸臣妾，隸臣妾一歲免爲庶人。」又晉張斐《律序》云：「徒加不過六，囚加不過五，累作不過十二歲。」注：「罪已定爲徒，未定爲囚。五歲徒犯一等加六歲，犯六等加爲十二歲作。」凡言「爲」者，皆得謂之「𠋫」，故與「科」同訓。

恖，䚡也。

原注：未詳。案：「恖」从囟。《禮·内則》正義引《說文》云：「囟，其字象小兒腦不合也。」《周禮·小司寇》鄭注：「人生齒而體備，男八月、女七月而生齒，故小兒體備而後囟合。自囟至心，如絲相貫不絕。」其字「齒」旁作「恖」，義或然也。

棒，統也。

原注：未詳。案：棒，曹憲無音，字書無此字。疑「捭」字之壞，轉寫而譌。捭，《玉篇》：「改也。」與「革」同義。「革」古从三十，《論語》皇侃義疏引《書大傳》：「正朔有三本，天有三統。朔者革也，言萬物革更，于是故統焉。」是「革」有「統」義也。

疊，懷也。

原注：未詳。濂謹案：《詩・時邁》傳：「疊，懼也。」《爾雅・釋言》：「懷，來也。」《國語・周語》：「民神怨恫，無所依懷。」韋昭注：「懷，歸也。」疊懼則來歸，與「慴」訓「伏」、「讋」訓「服」義同，蓋三家《詩》之説。

叉，括也。

原注：「叉」無「括」訓。案：《文選・辨亡論》注引《韓詩章句》：「括，約（朿）〔束〕也。」「叉」有二義：凡用手（朿）〔束〕物謂之叉，用器（朿）〔束〕物亦謂之叉。《説文》：「叉，手指相錯也。」謂手指與物相錯也。《説文》：「𧇡，叉取也。」「𧇡」與「摣」同。《釋名》：「摣，叉也。言五指俱往叉取也。」《説文》：「鈔，叉取也。」蓋凡布指錯物間而取之，皆曰叉也。是用手（朿）〔束〕物之義也。《左傳・襄公十四年》釋文出「軥」，引服虔注：「車軛兩邊叉馬頸者。軥之言拘也。」是「叉」謂拘（朿）〔束〕之也。《釋名》：「矢末曰括。括，會也，

與弦會也。括旁曰叉，形似叉也。」《説文》：「括，矢括㯻弦處。」括之有叉，所以㯻弦，謂約其弦使相著也。是可爲「叉」、「括」相訓之一證。又凡从叉之字，皆有約束之義。《廣雅》：「鞴、靫，矢藏也。」「鞴靫」又作「步叉」。《釋名》：「人所帶，以箭叉其中也。」《後漢書續輿服志》引《通俗文》：「箭箙謂之步叉。」《埤蒼》：「鞴靫，箭室也。」《玉篇》：「靫，箭室也。」以能（朿）〔束〕矢其中，故曰室也。《廣雅》：「韘謂之觙。」「觙」與「釵」同。《玉篇》：「釵，婦人歧笄也。」鄭康成《禮注》：「笄，今之簪。」《釋名》：「笄，（係）〔係〕也，所以拘（係）〔係〕冠，使不墜也。」「簪，兟也，以兟連冠於髮也。」《易》：「朋盍簪。」集解引侯果注云：「若以簪篸之固括也。」《經義述聞》云：「『篸』下蓋脱『冠』字。」如侯果説，亦「叉」可訓「括」之一證。《太平御覽》引《釋名》：「釵，叉也，象叉之形，因名之也。」笄、簪、釵同物而異名也。又《説文》：「杈，杈枝也。」杈枝謂如手指相錯之形。《周禮・天官・鼈人》：「以時簎魚鼈。」先鄭云：「簎謂以杈刺泥中搏取之。」字通作「扠」。《集韻》：「扠，挾取也。」是用器（朿）〔束〕物之義也。是凡从叉皆謂約（朿）〔束〕也。似此則合「檢括也」爲句亦通。

播，抵也。

原注：未詳。案：「播」古與「拌」通。《方言》：「楚凡揮棄物者皆謂之拌，或謂之敲。」拌之言播棄也。抵，擲也。《後漢書・禰衡傳》：「劉表與諸文人共草章奏，衡見，毁以抵

地。」擲投也。《方言》：「淮汝之間謂棄曰投。」《春秋文公十八年左傳》：「投諸四裔。」杜預注：「投，棄也。」《廣雅・釋詁卷第一》：「拌、𢷎、投、委，棄也。」義與此竝通。

儭，仞也。

原注：未詳。案：「儭」从人、从親。《廣雅》：「親，近也。」《釋名》：「親，襯也，言相隱襯也。」《列子・天瑞》篇：「天地萬物不相離，仞而有之，皆惑也。」張湛注曰：「仞即認字。」《玉篇》：「認，識認也。」人與人相親近，相隱襯，皆相識認。蓋即人偶相存愛之義，故昏姻相謂曰親。《集韻》字或作「儭」，儭、仞疊韻。仞，古字。認，俗字。

弜，賈也。

原注：未詳。案：「弜」，石鼓文「射」字。諸書無訓「射」爲「賈」者，疑「弜」當「弘」字形近之譌。《玉篇》、《廣韻》「弜」與「引」同，「弜」當作「弘」。《説文》：「傿，引爲賈也。」謂張大之以爲賈。「傿」又同「㥯」。《廣韻》：「㥯，引與爲價也。」皆是引爲賈之證。洪頤煊曰：「《後漢書・崔實傳》：『悔不小靳，可至千萬。』傿、靳、引三字皆聲相近。」

蓋，黨也。

原注：未詳。案：《説文》：「蓋，苫也。」《玉篇》：「蓋，苫蓋也。」《廣韻・十四泰》：「蓋，覆也，掩也。」《説文》：「黨，不鮮也。」與苫、蓋、掩、覆義無涉。唯朋黨之黨，《説文》作

「攩」。《集韻》云：「今俗用爲遮遏字。」或即本《廣雅》。「黨」即「攩」字也。《周禮・司隸》「厲禁」注：「厲，遮列也。」《典祀》「厲禁」注：「遮列禁人，不得令入。」《墓大夫》注：「厲，塋限遮列處。」厲、蓋音近。禁人不得令入，即今人所謂攩蓋之。訓爲遮遏，猶之厲爲遮列。列，《廣韻》通作迾，遮遏也。

脰，饌也。

原注：未詳。案：《廣雅》：「簝，食也。」「饌」與「簝」同。脰、梪古字疑通用。《説文》：「豆，古食肉器也。」「梪，木豆。」「脰」从豆、从肉，以其用木爲之，故从木；以其爲食肉之器，故从肉也。「脰」本作「豆」，从肉从（作）豆，猶之「俎」本作「且」，後从半肉作「俎」也。《説文》「𢍁」即是从脰，《玉篇》字作「𢍂」，可證。與《肉部》「脰，項」義別。

免，隤也。

原注：未詳。案：《廣雅》：「揄、墮、剥、免，脱也。」義見卷第四。「隓、敗、崩、隤、阤、陊，壞也。」義見卷第一。《疏證》：「隓與墮同。」又與「陊」通。《説文》：「陊，落也。」即墮落也。隤訓壞，亦即是墮落之義。《漢書・楊雄傳》：「響若坻隤。」應劭曰：「天水有大坂曰隴坻，其山堆傍著崩落，作聲聞數百里，故曰坻隤。」隤之言壞，猶免之言脱也，義竝通。

子、巳，似也。

原注：未詳。子者，洪頤煊曰：「《孟子・萬章上》：『丹朱之不肖，舜之子亦不肖。』《説文》：『肖，骨肉相似也。』不似其先，故曰不肖也。是以『子』爲『似』也。巳者，《詩・大雅・斯干》篇：『似續妣祖。』傳：『似，嗣也。子所以嗣父。』鄭箋曰：『似讀如巳午之巳，巳續妣祖者，謂巳成其宗廟也。』正義(云) 直作『巳』字，不云字誤。子思云：『於穆不已。』師徒異讀，字同之驗。《周頌・維天之命》正義引孟仲子曰：『於穆不似。』」濂案：正義曰：「箋以似續同義，不須重文，故似讀爲巳午之巳。巳與午比辰，故連言之。」直讀爲巳，不云字誤，則古者似、巳字同。「於穆不已」，師徒異讀，是字同之驗也。《釋名》：「巳，巳也。」《説文》同。「四月陽氣已出，陰氣已藏，萬物見，成文章，故巳爲蛇象形。」〔三〕巳訖之已，與辰巳之巳，篆本同字。《廣韻》：「巳，辰名。詳里切。」「已，止也，此也，甚也，訖也。羊已切。又音似。」是音亦同也。箋謂「已成宮廟，然後築室」，似爲巳字叚借，故讀若巳午之巳。陸德明音義云：「似，毛如字。鄭音巳午之巳。」《譜》云：「子思論《詩》『於穆不已』，仲子曰『於穆不似』。」此正「巳」有似續之證，是以「巳」爲「似」也。

滔，漫也。

原注：後《典》云「浩浩滔天」。案：《堯典》傳云：「浩浩盛大，若漫天。」

謶，謫也。

《疏證》未訓。案：《玉篇》：「譙，之藥切，適也。」《集韻·十八藥》：「譙，職略切。」引《博雅》。

蹺，踦也。

原注：未詳。案：《玉篇》：「蹺，偶也。」《漢書·段會宗傳》應劭注曰：「踦，隻也。」踦、隻，不偶也。《廣雅》蓋一字兩訓而義相反。《集韻·十二㓂》引《博雅》。

摑，拑也。

原注：未詳。案：《玉篇》：「摑，手推也。」「拑，脅持也。」《方言》：「挼、抌，推也。南楚凡相推搏曰挼。」則手推即是脅持之義。

捔，恭也。

原注：未詳。案：下條「捔，掎也」原注：「角、捔古通用。」《大戴禮·投壺》篇云：「已酌，皆請舉酒，當飲者皆跪奉觚，曰賜灌；勝者跪，曰敬養。」《儀禮注》：「古文觚皆爲觶。」《説文》曰：「觗，《禮經》觶。」《韓詩》説云：「三升曰觶。」《説文》：「觶，鄉飲酒角也。」《大射儀》云：「侍射者降，洗角觶。」疏云：「角觶，以兕角爲之。」鄭氏《駁五經異義》曰：「觶角旁氏，汝潁之間師讀如作。」《廣韻》：「捔通作觕。」《玉篇》：「捔，攙捔也。同觕作。」觕、捔古音同。鄭氏曰：「灌猶飲也。言賜灌者服而爲尊敬禮也。」是以「捔」爲「恭」也。

州，浮也。

《疏證》未訓。案：《説文》：「水中可居〔者〕曰州。〔水〕周遶其旁。从重川。昔堯遭洪水，民居水中高土，故曰九州。」州、浮疊韻。又引《詩》「在河之州」，今作「洲」。《爾雅》、《方言》、《釋名》皆作「洲」，洲、州古通。《關雎》正義引李巡曰：「《爾雅》注：『四方皆有水，中央獨可居。』」《一切經音義》十七引孫炎曰：「水有平地可居者也。」是以「州」爲「浮」也。

酌，漱也。

原注：未詳。案：「酌」當作「酳」，字之誤也。《説文》：「漱，盪口也。」「酳，少少飲也。」《玉篇》：「酳，少飲也。酳同。」《説文》無「酳」字。《廣韻》：「酳，酒漱口也。」無「酌」字。《儀禮·士昏禮》鄭注：「酳，漱也。」《士虞禮》、《少牢禮》鄭注：「古文酳作酌。」《特牲禮》鄭注：「今文酳皆爲酌。」段氏曰：「三酌字必皆酌字之誤。其一云今文，則古文之誤。」段説是也。《漢書·賈山傳》：「執爵而酳。」顔師古注：「酳，少少飲酒，謂食已而蕩口也。」蓋合《説文》「酌」、「漱」二字之訓而釋之。據此，知《廣雅》「酌」當作「酌」。曹憲無音，蓋其時已不作「酌」矣。

貳，㚇也。

原注：未詳。案：「貳」與「膩」通。尋曹憲音貳，女史切。《廣韻》、《集韻》、《韻會》竝

「而至切」，無音「女史」者。唯「膩」音「女利切」，則「女史」當「女吏」之譌。似曹憲亦正讀作「膩」也。㸐，曹憲音然，則字本作「肰」，可見與《説文》「肰讀若然」之音正同。若是，「然」字「音」内不當更作「然」矣。卷第三「音」内「㸐音然」，「然」當作「肰」，與此正相汩。《説文》：「膩，上肥也。」「肰，犬肉。」古人四時之膳多重犬膏，春膳膏腥，夏膳膏臊。先儒有皆以爲犬膏者，故取以訓「肥膩」之「膩」。或曰「肰」當「腝」形近之譌。《説文》「腝」重文作「臡」。《釋名》：「臡，胒也。」腝、胒、膩竝聲近而義同。又案：洪頤煊曰：「貳當作膩。《説文》：『膩，上肥也。』《漢書·地理志》：『上郡高奴有洧水，可難。』《水經·河水》注引作『肥可難』，師古曰：『難，古然火字。』是以『貳』爲『㸐』也。」

箋，云也。

原注：未詳。案：箋，《玉篇》通「牋」。箋云即箋注也。《廣韻》長孫訥言《序》「庶埒箋云」，與「訓傳」爲對文，或即本《廣雅》。鄭康成衍毛氏《詩傳》之未盡者曰箋。《字林》：「鄭以毛學審備，遵暢厥旨，所以表明毛意，記識其事，故特稱爲箋。」《博物志》：「鄭注《毛詩》曰箋。或云毛公嘗爲北海郡守，鄭是此郡人，謙敬不敢言注，但表識其不明者耳。」《正字通》「云」與「曰」音別義同。凡經史「曰」通作「云」，是以「箋」爲「云」也。

曾，是也。

原注：未詳。案：《方言》：「曾或謂之訾。」郭璞注：「今江東人語亦云訾爲斯。」《爾雅》：「斯，此也。」《廣雅》：「是，此也。」曾、訾、斯是一聲之轉。《説文》：「朁，曾也。」引《詩》：「朁不畏明。」今作「憯」。《爾雅》：「憯，曾也。」郭云：「發語聲。」《毛傳》「憯莫懲嗟」、「胡憯莫懲」、「憯不知其故」俱訓爲「曾」。《漢書・劉向傳》集注、《荀子・富國》篇楊注亦訓「憯」爲「曾」。憯、朁、曾字同，憯、朁亦是也。

瘑，疣也。

《疏證》未訓。案：《玉篇》：「瘑，牛具切，疣病也。」《廣韻・十遇》音遇，義同。

牒，宊也。

原注：未詳。案：朱氏駿聲《説文通訓定聲》「牒」字部（聲訓）〔定聲〕引《廣雅》：「『牒，宊也。』牒、宊雙聲。」濂案：《字林》「牒」通作「諜」，牒與諜通。「宊」疑「宂」字之譌，今通作（宊）「〔宂〕」。宊，曹憲無音，字典又無此字。《莊子・列禦寇》：「形諜成光。」釋文「諜」又爲「牒」。《説文》：「諜，軍中反間也。」《玉篇》：「諜，伺也。」《左桓十二傳》：「使伯嘉諜之。」杜注：「伺也。」《哀元傳》：「使女艾諜澆。」注：「候也。」《宣八傳》：「晉人獲秦諜」。釋文：「今謂之細作。」宊，《廣韻》：「呼晃切。」《集韻》：「虎晃切，音恍。（宊）〔宂〕，㝗也。」宂通㝗，「一曰廣也。」《玉篇》：「㝗，力蕩切，音浪，空虛也。」謂間諜者，必伺候間

隙，覘其空虛，反報其主。兵書謂之反間。是以「偞」爲「宂」也。

尯，劵也。

《疏證》未訓。案：《集韻・四紙》：「尯與尯同，古委切。」引《博雅》。《類篇》同。尯，《博雅》：「倦也，一曰跛也。」劵與倦同。《說文》：「劵，勞也。」徐曰：「今俗作倦。」

怜，綴也。

原注：未詳。案：「怜」，俗「憐」字。怜从令，令古音讀爲連。顧氏《唐韻正》云：「古人憐、隣本是一音。」《廣韻》「憐」字俗書作「怜」，亦以音之同而借之也。怜綴，依音即連綴也。凡相憐愛，則有相人偶連屬之義。

脰，錯也。

原注：未詳。案：「脰」當爲「逗」，偏旁之譌。《說文》：「逗，止也。讀若住。」措，《說文》：「置也。」「措」與「錯」同，或又作「厝」，凡物所住及有所止，皆得爲措置也。

（廣雅疏證拾遺）

《釋訓》

嫛婗，喜也。

《疏證》未訓。案：「㜸」疑通作「婁」。《廣雅》：「婁，喜也。」重言之則曰「婁婁」。《説文》：「婁婁，竦也。」「竦，得志竦竦也。」竦，呼牒反。「竦竦」與「沾沾」音近義同。《史記·魏其武安傳》：「沾沾自喜。」徐廣曰：「沾，又當牒反。」又通作「洩」。《春秋隱元年左傳》：「其樂也洩洩。」杜預注：「洩洩，舒散也。」正義曰：「是樂之狀。」㜸、婁、洩字皆同部聲近而義同。

渢渢、靁靁，雨也。

《疏證》未訓。案：《玉篇》：「渢，先篤切。渢渢，雨聲。」《廣韻·二沃》音義竝同。《集韻》、《類篇》「蘇篤切」，竝引《博雅》。《廣韻·二十三錫》：「靁，徒歷切，音狄，雨也。」重言之則曰「靁靁」。《集韻》引《博雅》。

景景，白也。

《疏證》未訓。案：《廣韻》：「景，明也。」重言之則曰「景景」。明之言明白也。《説文》：「顥从景，白皃。」由「景」會意。《楚辭》：「天白顥顥。」顥顥，猶景景也。洪頤煊曰：「《莊子·人間世》：『虛室生白。』崔注：『白者，日光所照也。』日光即日景，所照謂之白。重言之，則『景景，白也』。」

泓泓，深也。

《疏證》未訓。案：《説文》：「泓，下深也。」《玉篇》：「水深也。」重言之則曰「泓泓」。

奕奕、章章，行也。

《疏證》未訓。案：《廣韻·二十二昔》：「奕，行也。」重言之則曰「奕奕」。《詩·商頌·猗那》篇：「萬舞有奕。」（箋）〔傳〕云：「奕奕然閑也。」萬舞之容，行列得正焉，進退得齊焉，則奕奕者是形容行列之皃。「奕」古又通作「弈」。《方言》：「奕，所以行棊謂之局。」竝是「奕」有行義。木華《海賦》：「湚湙瀲灩。」《文選》李善注：「湚湙，流行之皃。」《玉篇》「湚」訓「水流」，則「湙」訓「行」，是从「奕」之字其義亦同。《（楊）〔荀〕子·法行》篇：「不若玉之章章。」

腜腜、臏臏，肥也。

原注：「腜」通作「畮」。《左傳》「原田畮畮」，謂原田之肥美也。杜注云：「原田之草畮畮然。」失之。案：《詩》：「周原膴膴。」《韓詩》作「腜腜」。「腜腜」與「膴膴」、「每每」音義相同，故毛傳及張載注皆云「美也」，鄭箋云：「膴膴然，肥美皃。」蓋字皆从肉，故《廣雅》亦訓「腜」爲「肥」。若「畮」字从中，故《説文》云：「草盛上出也。」杜注「草畮畮然」，蓋本《説文》，其失惟在不就原田立説，而反以爲喻晉君盛美，則其誤耳。至以「草盛」解「畮畮」，不可譏其失也。蓋「腜」與「畮」音雖同而義則異，自應各从本訓，不可牽合。《玉篇》：「臏，胡

典切，肥也。」重言之則曰「臏臏」。《集韻・二十七銑》引《博雅》。

芊芊，茂也。

《疏證》未訓。案：《説文》：「芊，艸盛也。从艸，千聲。倉先切。」《文選・潘岳〈籍田賦〉》云：「蟬冕頻以灼灼兮，碧色肅其芊芊。」李善注：「芊芊，碧皃。」謝眺《遊東田詩》云：「遠樹曖仟仟。」李注：「《廣雅》：『芊芊，盛也。』仟與芊同。」《高唐賦》李注引《説文》「芊」作「谸」，又云「芊」與「谸」古字通。芊芊、仟仟、谸一也，當以「谸」爲正。《楚辭》：「望遠兮芊眠。」王逸注：「芊眠，遥視闇未明也。」張衡《南都賦》云：「攢立叢駢，青冥盰瞑。」李注：「言林木攢羅，衆色幽昧也。」芊眠、盰瞑一也，亦當作「谸瞑」。

斤斤，仁也。

原注：「斤斤」之下、「仁也」之上，蓋有脱文。案：《後漢書・吴漢傳》：「斤斤謹質形於體皃。」《范史》曰：「子曰剛毅木訥近仁，斯豈漢之方乎？」則「斤斤」是形容謹質之皃，與《論語》「木訥」義同。故《范史》以爲近仁，當即本《廣雅》。李賢注引《爾雅》失之。

誇誇，切切也。

原注：「誇誇」未詳所出。

管管，浴也。

原注：「浴」字於義不可通，未詳何字之譌。濂謹案：「浴」當作「谷」，後加偏旁譌作「浴」。谷，古欲字也。《周易・損》：「君子以懲忿窒欲。」釋文：「欲，孟作谷。」今本亦譌作「浴」字，是其證。「欲」字从谷、从欠。从谷者，取空中之義。故《詩・板》「靡聖管管」毛傳云：「管管，無所依繫。」从欠者，取慕液之義。故鄭箋云：「無聖人之法度，管管然以心自恣。」「恣」即「欲」也，且與下文「思也」相次，《雅》訓亦似連類而及。今姑附一説存攷。或曰：谷、浴古字亦通用。

聱，不入人語也。補一條。

案：《廣雅》無此語。《玉篇・耳部》「聱」字注引《廣雅》：「聱，不入人語也。」《集韻・二十幽》、《韓文・進學解》、朱子《集注》引竝同，今據補。

（廣雅疏證拾遺）

《釋親》

婢，母也。

《疏證》未訓。案：《玉篇》：「婢，卑乙切。」《廣韻・五質》：「卑吉切，音必。」竝引《廣雅》云：「母也。」《集韻》同。

妻謂之嬬。

原注：《説文》：「嬬，下妻也。」案：《易·歸妹》「以須」釋文：「須，荀、陸作嬬。」朱子《本義》引：「或曰須，女之賤者。」李衡《義海撮要》引陸希聲云：「天文織女爲貴，須女爲賤。」《左傳·昭十年》注引《星占》云：「婺女爲既嫁之女，織女爲處女。」「婺」即「須」之叚借。《楚辭》：「女嬃之嬋媛兮。」注：「屈原姊，楚人謂姊爲嬃。」嬃、須、嬬字異義同。《易正義》曰：「歸妹以須者，六三在歸妹之時，處下體之上，有欲求爲室主之象。」是以「嬬」爲「下妻」也。

《廣雅疏證》拾遺（下）

《釋宮》

⿸广敝，舍也。

《疏證》未訓。案：《玉篇》：「⿸广散，先見切，舍也。⿸广敝同。」《廣韻·三十二霰》：「⿸广散，舍也，亦作⿸广敝，先見切。」《集韻》引《博雅》。

反坫謂之埁。

原注：未詳。案：《逸周書·作雒解》：「咸有四阿反坫。」孔晁注：「反坫，外向室

也，其制蓋如屏牆。」《説文》：「坫，屏也。」全祖望《經史問答》云：「屏牆之坫，亦曰反坫。」「㙷」與「序」同。《玉篇》作「㸒」，《阜部》云：「㸒今作序。」《广部》云：「序，東西牆也。」古又假「杼」爲「序」。《尚書大傳》：「天子賁庸，諸侯疏杼。」鄭注：「牆謂之庸。」「杼」亦牆也。《文選》李善注引《雒書》：「天準聽天球、河圖在東杼。」《太平御覽》一百八十五引《廣雅》：「反坫謂之序。」《集韻》、《類篇》：「㙷，象吕切。」引《博雅》：「反坫謂之㙷。」

粗，易，庵也。

《疏證》未訓。案：「粗」與「麤」通。《釋名》：「麤，措也，言草屨所以安措足也。」草圓屋曰庵，則草屋亦所以安措室家。原注：「易之爲庵，未詳所出。」案：「易」與「場」通，或當作「𦥑」，指在田廬舍言。《周易·大壯·六五》：「喪羊于易。」釋文：「易，陸作場，場謂壇場也。」《詩·周頌·載芟》篇傳：「畛，場也。」釋文出「易」，本亦作「場」。《漢書·食貨志》「殖於疆場」之「場」正作「易」，是其證。《詩·小雅·信南山篇》：「疆場翼翼。」傳：「場，畔也。」正義云：「以田之疆畔至此而易主，名之曰場。」《漢書》張晏注：「至此易主，故曰易。」字亦正作「易」。又「中田有廬」、「疆場有瓜」箋云：「中田，田中也。農人作廬焉，以便其田事。」正義曰：「古者農時出而就田，須有廬舍，於田中種穀，於畔上種瓜。」班固曰：「在墅曰廬。」師古曰：「廬各在其田中。」則中田廬舍當在畛易平原之地明矣。「易」

之爲「庵」，或即取「至此易主」之義歟？

棼，閣也。

《疏證》未訓。士濂案：洪頤煊曰：「《説文》：『橒，棼也。』『棼，複屋棟也。』『筰，迫也，在瓦之下棼上。』《文選・西都賦》：『列棼橑以布翼。』《西京賦》：『結棼橑以相接。』」

堗下謂之突。

原注：「各本下俱脱一字，今無攷。」案：《説文》：「突，深也，一曰竈突。」段氏注曰：「《吕氏春秋》云竈突決則火上焚棟，今人謂之烟囱，高出屋上，畏其焚棟也。以其顛言謂之突，以其中深曲通火言謂之突。」《廣雅》今本正奪「突」字，今存之，以備一義。

甍謂之甑。

原注：「『甍』爲霤所從出，故又謂之『甑』。案：《釋名》：『室中央曰中霤。古者寢穴，後室之霤，當今之棟下直室之中，古者霤下之處也。』尋成國之意，謂中霤者，室南壁内東西之中也。謂上古穴居，穴前即水霤之所注，今爲（室）室前壁，猶古之穴前，上當棟，故古之霤，當今之棟也，棟下即室前壁，故曰下直室之中。中，内也，非謂室之正中。《廣雅》：『甍謂之甑。』《釋名》：『屋脊曰甍。』以霤當今之棟徵之，則甍謂之甑者，以不忘古而存其名也。《説文》：『廇，中庭也。』廇、甑、霤古字通用。鄒氏漢勛曰：『案：成國此義，較賈公彦

『棟北楣下爲室』之説爲長。若殿屋，則中霤在室東西南北之中，亦當甍之下，亦象古爲之。蓋穴有二種：穴自旁入者，霤在穴前，夏屋象之；穴自上下者，霤在穴中，殿屋象之也。」

丰，階也。

《疏證》未訓。案：「丰」从丨。《説文》：「丨，上下通也。引而上行讀若囟，引而下行讀若逷。」玩可上可下之義，後世木梯之制或即由此字象形。朱氏駿聲《説文通訓定聲》「丰」字部叚借爲「封」。《廣雅》：「丰，階也。」濂案：《周禮・封人》鄭注及《檀弓》並云：「聚土曰封。」《方言》：「封，場也，楚郢以南蟻土謂之封。」是以「丰」爲土階也。

究，窟也。

《疏證》未訓。案：「究」與「垸」同。《集韻・四十九宥》「垸」字兩見：一居又切，注云耕隴中；一力救切，注云耕地起土也。隴中地空，故可因以爲土穴。

廲，倉也。

《疏證》未訓。案：「廲」與「椷」古同聲。《説文》：「椷，篋也。」「匧，椷藏也。」篋謂之箱，廲亦謂之箱。《廣韻》引《方言》：「廲，箱類。」《釋名》：「倉，藏也。」則凡可以藏穀者皆得謂之倉。《詩・小雅・甫田》篇：「乃求千斯倉」、「乃求萬斯箱」，則「箱」亦得爲穀藏也。

笠、扊，户牡也。

《疏證》未訓。案：《廣韻·二十六緝》：「扊，户鍵也。」《玉篇》：「扊，渠立切，户壯也。」「壯」蓋「牡」字之譌。笠、扊疊韻字。《集韻》引《博雅》。

糂，塗也。

《疏證》未訓。案：《玉篇》：「糂，胡減切，塗也。」《廣韻·五十三豏》：「下斬切。」義同。《集韻》引《博雅》。

芓，隄也。

《疏證》未訓。案：《漢書·食貨志》：「苗生葉以上，稍耨隴草，因隤其土以附根苗。」故《詩》曰「或芸或芓」，言苗稍壯，每耨輒附根，比盛暑，隴盡而根深，能風與旱。古者代田之法，一晦三甽。甽，隴也。芓因隴土壅苗本，亦是依田畦埒爲之。《逸周書·大聚解》：「教芓與樹藝比長。」孔晁注：「根衍曰芓。」盧文弨曰：「謝云：根衍曰芓，未知所出。」士濂案：「芓」即「芓」之譌。近人作《逸周書補注》，以《説文》、《玉篇》釋「芓」解之，蓋未攷《廣雅》「芓，隄」之義。

（廣雅疏證拾遺）

《釋器》

案謂之槁。

原注：案者，棜禁之屬。《儀禮注》曰：「棜之制，上有四周，下無足。」汪氏鐸曰：「案：《一切經音義·六》：『車無輪曰輿。』今之輦輿，形制别於古也。《前漢·溝洫志》：『山行則梮。』韋昭注曰：『梮，木器，如今轝牀，人舉以行也。』《説文》作『輂』，云：『大車駕馬者也。』又云：『輿，車輿也。』輿上有軫，是『上有四周』也；無輪，是『下無足』也。」

⿱氾皿，杯也。

原注：盞或謂之⿱氾皿。案：《漢韓勑碑》云：「遵柢禁壺。」洪氏《隸釋》以「柢」爲「柉」，云音凡。顧藹吉《隸辨》引《廣雅》曰：「⿱氾皿，杯也。」《集韻》音凡，或作⿱泛皿、盕，與柉同音。碑或借柉爲⿱氾皿。

定謂之耨。

《疏證》未訓。案：《太平御覽》八百廿三引舍人注：「定，鋤别名。」《廣雅》引《纂文》云：「耨如鏟，柄長三尺，刃廣二寸，以刺地除草。奴豆切。」亦作「鎒」，今通〔作〕「耨」。《五經文字》云：「經典相承久，故不可改。」《説文》：「鉏，立薅所用。」《釋名》：「鋤，助也，去穖助苗長也。齊人謂其柄曰橿，橿然正直也；頭曰鶴，似鶴頭也。耨似鋤，傴薅禾也。」《毛詩傳》：「鎛，耨也。」《詩疏》引《世本》云：「垂作耨。」郝氏懿行曰：「定，鋤名。但定，傴薅所用，故其柄短。」灝案：定、耨兼虛實二義爲是。人長八尺，立薅則柄尺不宜，是鉏柄長而耨本短也。鎛、耨是一器，斪斸、《爾雅》：「斪斸謂之定。」鎡錤、賈逵注云：「耨，鎡錤也。」定是一器。鉏，今之草鉏。鎛，今之短柄鉏，婦人坐以鉏草者。鎡錤，今之大鉏也。皆耨草器也。

櫡謂之钁。

《疏證》未訓。案：《説文》：「斫謂之櫡。」又作「𥖘」，云：「斫也。」《爾雅》「櫡」字作「鐯」，郝氏懿行曰：「鐯者，櫡之或體也。櫡，立薅所用，其柄長。」釋文「鐯」字又作「櫡」。案：此今之斫刀也，如鉏而大，直金旁鏠，用之芟田亢草。

䉎，筸也。

《疏證》未訓。案：《玉篇》：「䉎，徒郎切，罩也。」《集韻》同。

䋷，絹也。

《疏證》未訓。案：《玉篇》：「䋷，縛也。」《廣韻》：「莫浮切，音謀，縛也。」「縛」皆「縳」之譌。《集韻·二十幽》正作「縳」。《儀禮釋文》：「縳，古絹字。」《集韻·十九侯》：「䋷，墟矦切。」引《博雅》，字正作「絹」，與今本同。

緝，絖也。

《疏證》未訓。案：《玉篇》：「緝，胡貴切，緒也。」《説文》：「緒，絲耑也。」古無木棉，絮皆以絲爲之。凡抽絲者，先引其緒。

假結謂之䯰。

原注：「䯰」通作「副」，（次）次第髮長短爲之，所謂髮髢。汪氏士鐸曰：「《疏證》以爲副之類，非即副也。《後漢書·東平憲王傳》注：『副，婦人首服，三輔謂之緺紒。』亦然。」案：即《後漢志》之翦氂蔮，今揚州人曰鬏次，今江寧人曰頭髦。《少牢》注：「被錫讀爲髲髢。」剔賤者刑者之髮，以被婦人之髮，以被婦人之紒爲飾，因名髲髢采繁之被。《鄘風》及《哀十七》之「髢」同。《説文》：「髲，益髮也。」「鬄，髲也。」《釋名》：「髲，被也，髮少者得以被，助其髮也。」「鬄，剔刑人之髮爲之也。」

纚，幘也。

《疏證》未訓。案：《獨斷》又云：「未入學小童幘句卷屋，示尚幼少，未遠冒也。」《廣韻》：「纚，小幘也。」此非扎巾，扎巾古曰帕頭、幧頭、綃頭。

幗謂之幌。

原注：魯人曰頍，滕、薛名簂爲頍。案：士冠緇布冠無笄者，著頍圍髮際結項中隅爲四綴以固冠。今未冠笄者著卷幘，頍象之所生也。「簂」當作「幗」。魯與滕、薛鄰也。幌、頍古音同部。齊人曰幌，飾形皃也。《釋名》又見二十一頁之右。

晨、辨、逗、宬，侈也。

原注：皆未詳。案：宬，《集韻》：「時征切，《說文》：『屋所容受也。』」《字彙》：「藏書之室也。明大內有皇史宬，貯列聖御筆實録祕典。亦或作宬。」侈，《廣韻》：「奴可切，音娜，宬也。」

縱，襌衣也。

《疏證》未訓。案：《玉篇》：「縱，子蒙切，襌衣也。」《集韻·一東》引《博雅》。

裿作襦，謂之裨襦。

原注：此條有脱誤，未詳其義。案：「裿」疑「縛」字之譌，「裨」疑「襜」字之譌，若今江東婦之卷胖。胖音如滂去聲。《說文》：「縛，薉貉中女子無袴，以帛爲巠空，用絮補核，名曰縛，衣狀如襜褕。」《急就篇》：「襌衣蔽郗布母縛。」「襜褕」當作「襜襦」，祇裯袂小，迫（束）〔東〕於手，縛亦迫（束）〔東〕於脛，故狀相似也。「巠」即「脛」，今套綺徒有兩祠無襠與上，即縛也。

襡、䘶、䄆，袖也。

《疏證》未訓。案：《玉篇》：「襡，衣袖。」《集韻・二十二覃》、《三十四果》竝引《博雅》：「䘶、䄆，袖也。」

裀、袾，裑也。

《疏證》未訓。案：《玉篇》：「裀，衣身。」《集韻》、《韻會》：「衣身曰袾。」《集韻・一東》「衪」下注引《博雅》，《十七真》「裀」同。

衸、袥、褄，膝也。

《疏證》未訓。案：衸，袥也。袥，衣衸。褄音七益反。鄒氏漢勛曰：「此今之跪膝也。布著絮，若膝大，裹之膝上也。」

帠，幡也。

《疏證》未訓。案：「帠」讀若「抑」，各本譌作「帠」。案：「帠」當是「帵」字之譌。《説文》：「帵，幡也。从巾，夗聲。」「幡，書兒拭觚布也。」《糸部》：「繙，宛也。」亦同聲字。

韂，被也。

《疏證》未訓。案：《玉篇》：「韂，呼歛切，胡被也。」《集韻》：「胡被謂之韂。」

幝無襠者謂之䘼。

原注：今之開襠袴也。案：褌，今之單袴也。小兒所著絝，俗名衩袴。《説文》「縛，蕆貉中女子無袴，以帛爲㼌空，用絮補核，名曰縛，衣狀如襜褕」也。《方言》：「無⿰衤同之袴謂之襣⿰衤同。」今時俗語猶然，但音「徒孔反」爾。

⿰糸茸，索也。

《疏證》未訓。案：《集韻·二腫》：「乳勇切，音冗。」引《博雅》。

輅、軲，車也。

《疏證》未訓。案：自「輅」至「柳」皆是車名，則「輅、軲」之下不當更有「車也」二字。洪頤煊曰：「案：『車也』二字，當是『軘』字之譌。《説文》：『軘，兵車也。』屯、也字形相近，轉寫者因譌作『車也』二字。」

⿰韋尃，車也。

《疏證》未訓。案：《説文》：「⿰車巴，裹也。」《集韻》：「平碧切，音欂，韋裹車⿰車巴。」「⿰韋尃」本作「⿰車尃」，《説文》：「車下索也。」《玉篇》或作「⿰車尃」。〔⿰車尃〕，《集韻》：「方縛切，車上囊。」⿰車尃，《集韻》：「車下索也。」

⿰車烏頭，柳車也。

《疏證》未訓。案：《集韻·十一模》：「⿰車烏，汪胡切。」引《博雅》：「⿰車烏頭，柳車也。」《類篇》同。

瞾謂之鈁。

原注：未詳。士濂案：《説文》：「鈁，方鐘也。从金，方聲。府良切。」《玉篇》：「甫王切，鐘也。」《廣韻·十陽》：「鈁，鑊屬。」義別。《集韻》：「瞾，伊盈切，音嬰。」引《博雅》：「瞾謂之鈁。」《類篇》同。

弸轅謂之靳。

原注：《説文》：「靳，當膺也。」不言靳係於轅。此云弸轅，未詳。案：《詩·秦風·小戎》篇：「游環脅驅。」傳：「游環，靷環也。」釋文：「本又作靳。」靳者，言無常處，游在服馬背上，驂馬外轡貫之，以止驂之出。《左傳》云「如驂之有靳，無取於靷也」，似此云「無常處」。又云「在服馬背上」，則靳非在胸之物。既與許説異義，《左傳·僖二十八年》杜預注：「有胸曰靷。」史游《急就篇》顔師古注：「靷，當胸者也。」則許非確詁可知。而《詩》係游環於梁輈之下。《廣雅》：「轅謂之輈，弸轅謂之靳。」其文亦相次，則又似均近於轅。古之駕四馬者，服馬夾轅，其頸負軛。今駕馬之法不傳，遂無可攷。

鞫、鞑、騂，韏也。

原注：《説文》：「韏，馬鞁具也。」鞫、鞑、騂，未詳所出。案：《集韻·十三祭》引《博

雅》：「鞫、鞁、騂，韏也。」《廣韻》：「鞁，紲之俗。」字當作「韘」，从世从枼，古字通用。《說文》「紲」與「緤」同，即其證。《玉篇》：「韘，思叶切。鞊韘，韏具也。」《集韻》：「鞊韘，馬被具。」「騂」通作「靬」。《說文》：「靬，乾革也。」《廣雅》蓋假「騂」爲之。从旱从干，古字通用，以其鞁馬，故字或从馬。《集韻》：「靬音翰，馬被具。」蓋皆本此。

從下枸輻也。補二條。

《疏證》未訓。案：《太平御覽》七百七十六引《廣雅》曰：「從下枸輻也。」今《廣雅》無此文，唯曹憲音内有「扶欲」一切。《疏證》訂爲「轐」字，補作「伏兔」之脱文。攷《御覽》車制子目出「枸心」，「枸心」即「鉤心」也。引《廣雅》作「輻」，「輻」當即「轐」之譌。《說文》：「轐，車軸縛也。」鄭康成《易注》：「轐，輿下縛木，與軸相連。」鉤心之木是也。《釋名》：「鉤心，從輿心下鉤軸也。」史游《急就篇》又謂之「縛」，顔師古注：「縛在車下，主縛軸，令與相連，即今所云鉤心也。」《攷工記·車人》：「凡爲轅三，其輪崇，參分其長，二在前，一在後，以鑿其鉤。」鄭仲師注：「鉤，鉤心。」細繹《記》文及許、鄭諸説，則「轐」非「伏兔」、「鉤心」，當別有木，其上之鑿孔，似當即在小車之輈、大車之轅，其木之通於後者上，其下用革相縛，斷當在輿心與軸相連處。車制，前半關鍵全在輗軏，後半銜制全在鉤心。鉤心，所以限軸，故《通俗文》曰：「軸限者謂之枸。」於此但用革縛之者，固是使輿與軸合一，堅固不離，且以下面不得用鑿正，以利軸之轉也。輹以縛軸而輿乃行，其有時而脱者，或上不能承轅，下革偶絶耳。鉤心只有一木，伏兔分置軫内左右，則輹之不得爲伏兔明矣。戴氏《攷工記圖》認轐、輹爲一字。段氏注《説文》，依許氏，知轐與輹迥然二物，而未指出何物。《研經室·車制圖解》亦未詳及。唯《疏證》指出鉤心，最爲精審。濂又恐讀者誤會補入伏兔之義，故因《御覽》引《廣雅》文據補，而詳説之如此。「扶欲」一音，《疏證》謂因後來脱去「輹」字，移入「轐」下。士濂竊意「輹」字之音或本在「兔」下，别爲一條，後緣脱去此文，無從附麗，因而移入，亦未可知；更意「轐」下亦當自有音，爲後來失去。《廣雅》舊刻各本，傳鈔者不知此處有脱文，遂取「扶欲」一音而併入之。《疏證》音内今不見轐字，蓋從删，抑或寫落歟？

臉，䜭也。

《疏證》未訓。案：洪頤煊曰：「案：《一切經音義》卷十五引《廣雅》：『臉，縣孰也。』《玉篇》：『臘臉，羹也。』《集韻》引《埤蒼》：『臉，膗也。』羹、膗皆是孰也。」《玉篇》：「肷，古文勬。」與「䜭」字形相近。

幗謂之幞。

《疏證》未訓。案：《太平御覽》五百四十八引《廣雅》曰：「幗謂之幞。」《御覽》原注：

「帺音忌。」引見《禮儀部·喪服門》，則與《廣雅》內「簂謂之帨」有別。李昉等所見本，蓋謂婦人喪冠也。今據補。幗、簂、蔮三字古多通用，而《説文》皆無之，唯《木部》「槶」注云：「匡當也。」徐鍇曰：「《蜀史記》：『諸葛亮遺晉宣帝巾槶。』」《疏證》「簂謂之帨」引《續漢書·輿服志》、《後漢書·烏桓傳》、《魏志·明帝紀》注引《魏氏春秋》，皆是以簂爲婦人首飾，字或爲幗，不云喪冠。止《廣韻》「幗」下注云：「婦人喪冠。」未知據何書，疑即本《廣雅》。或曰喪冠之「幗」，本作「簂」。

（廣雅疏證拾遺）

（釋器）

膿謂之脜。

原注：脜之言汁也，字亦作湆。案：《士昏禮》、《公食大夫禮》、《士虞禮》「大羹湇」，《有司徹》「有羊湇、豕湇」，今文「湇」皆作「汁」。《説文·水部》「湇」云从水、音聲，與涇相次，訓幽溼也，而相承音泣。俞氏正燮曰：「案：從音之湆當音陰溼之陰，不當音泣。」羅氏有高曰：「湆之音轉液聲，亦與古無聞。《禮》之『湇』字當从肉、泣聲。脜即此湇字。湇、脜皆古汁字。《禮經》相承作从肉、从泣。《佩觿》亦云：『湆、湇有別。』知《禮》文傳寫甚久，容是

《説文》『汁』下脱古文『湆』，後人乃讀『湆』爲『汁』耳。」濂案：「湆」、「湇」二字微異。《禮經》止作「湆」，其「湇」字乃後來所作之字。又二字並音「去急切」，亦當非鄭讀本音。

腩，脯也。

《疏證》未訓。案：《玉篇》：「腩，奴感切，煑肉。」《廣韻·四十八感》：「奴坎切。」義同。

龍須謂之黕。

原注：未詳。案：《集韻·二十三錫》：「黕，丁歷切，音的。」引《博雅》：「龍須謂之黕。」

粿，糈也。

《疏證》未訓。案：《玉篇》：「粿，古火切，浄米。」《廣韻·三十四果》音義同。

毇、糮，饘也。

《疏證》未訓。案：「毇」與上「粇」通。《詩·周南》：「王室如燬。」《韓詩》「燬」作「焜」，是其例。「粇」之言「微」也。《説文》：「毇，米一斛舂爲八斗。」亦微細之義。糮，《玉篇》：「胡黤切，饘也。」《集韻·五十四檻》引《博雅》：「毇、糮，饘也。」

醸，酢也。

原注：伊尹曰：「酸而不嗛。」案：《説文》：「嗛，食辛嗛也。」「醂」即「嗛」之異文。

麰，麴也。

《疏證》未訓。案：「麰」爲「麳」之譌。《五音集韻》：「麳，煑麴也。」鄭注《天官·籩人》云：「今河間以北，煑(種)種麥賣之，名逄。」案：字本作「麷」，《説文》：「麷，煑麥也。讀若馮。」

醶、醁，醬也。

《疏證》未訓。案：《玉篇》：「醶，在計切。酒有五醶之名。《周禮》或作『齊』。又醬也。」《集韻·十二霽》引《博雅》，《類篇》同。《説文》：「醁，𥟖味也。」段氏云：「疑『𥟖味』下本有『醬』字。」

甞，甘也。

《疏證》未訓。案：《玉篇》：「甞，徒代切，甘也。」《廣韻·十九代》：「徒耐切，音耐。」義同。《集韻》引《博雅》。

風，羽也。

《疏證》未訓。案：《釋名》：「雨，羽也，如鳥羽動則散也。」風亦是取動散之義。案上「䎱翇翈猴翸」，《疏證》皆謂羽之細者短者。風羽蓋羽之能禦勁風者，今人羽箭多用之，與下「狄爲大鳥羽」一類。

鏅、鋁，鋌也。

《疏證》未訓。案：《玉篇》：「鏅，宿由切，鋌也。」《集韻・十八尤》引《博雅》。鋁，《說文》作「梠」，耒端也，或體作「鈶」，弋之切。《玉篇》作「鈶」，辭理切。又作「耜」，《廣韻・六止》：「詳理切，音似。」亦作「鈶」，云鋌鈶。《集韻》引《博雅》。

曲、道、栻，梮也。

《疏證》未訓。案：庾信詩：「楓子留爲式，桐孫待作琴。」《廣韻》：「楓，木名，子可爲式。」孫炎注《爾雅》云：「欇欇生江上，有奇生枝，「奇生枝」，《廣韻》作「⿰耒支」，又作「⿰束支」，云木別生也。高三四尺，生毛，一名楓子。」《周禮・春官・大史》：「抱天時與太師同車。」鄭司農云：「大出師，則太史主抱式，以知天時，處吉凶。」《漢書・藝文志》有《羨門式法》。通作「栻」。栻之爲梮，蓋梮有天地，所以推陰陽，占吉凶，以楓子棗心木爲之。

⿱⺮度謂之簪。

《疏證》未訓。案：《玉篇》：「⿱⺮度，徒故切，⿱⺮蠶也。」《廣韻・二十三談》作「⿱⺮蠶⿱⺮度」，《十一暮》「⿱⺮度」下作「蠶⿱⺮度」。蠶，⿱⺮蠶之譌。案：《玉篇》、《廣韻》皆是綴衣之名。《類篇》：「⿱⺮度，首笄。」蓋誤解《廣雅》。《集韻・十一暮》引《博雅》：「⿱⺮度，簪也。」不誤。

⿱竹閵謂之植。

原注：未詳。案：《集韻・二十三稕》引《博雅》：「⿱竹閵謂之植。」《説文》無「⿱竹閵」字，疑即「閵」下籀文之「⿱二閵」字。許氏不省，而《廣雅》从竹作「⿱竹閵」者也。《説文》：「植，户植也。」徐鍇謂即門户之横鍵所穿木，則「⿱二閵」字之从門从二，當是象横鍵所穿木形。中从隹者，今人門户關鍵加鎖之處猶謂之鐵了鳥，或其意歟？《説文・門部》「⿱二門」篆訓登，謂凡造門者必先自下而後登上之。許蓋會其意，不審諸形，猶之不省「⿱二閵」字也。段氏因登訓以爲當從門二，且以徐氏横鍵之説爲非，殊失之。《爾雅》：「植謂之傳，傳謂之突。」郭璞注：「户持鎖植也。」邵氏《正義》引《墨子・非儒》篇：「争門關抉植。」《淮南子・本經訓》：「縣聯房植。」皆謂門户持鎖之具。唯此文前後俱言治絲器，不當夾入户植。尋曹憲音曲植之植，「直吏」音又在下，傳鈔舛錯，今無可攷。其他名植之器，所未聞也，故以爲户植之植，而就「⿱二閵」字説之，以存一義。

⿱竹辨，⿱竹觚也。

《疏證》未訓。案：「⿱竹辨」與「辨」同，又通作「別」。《周禮・小宰》：「聽稱責以傅別。」注：「鄭司農曰：『傅別謂券書也。故書作傅辨。』鄭康成曰：『謂爲兩大手書於一札，中字別之。』」

簧，籍也。

《疏證》未訓。案：《韻會・九佳》「牌」字注引《博雅》，「簧」作「篁」。案：凡从皇从黄之字古多通用。「煌煌」之「煌」或作「熿」，「艅艎」之「艎」或作「𦪇」，是其例。

杬，椹也。

《疏證》未訓。案：《集韻》：「杬，餘怨切，音願，椹也。」

柊楑、𣪘櫌、鐇錌、椓，椎也。

《疏證》未訓。案：《太平御覽》七百六十三引《廣雅》曰：「柊楑、𣪘櫌、鐇錌、椓，椎也。」「鐇錌、椓」義見卷二。《御覽》原注：「鐇音煩。錌音於業切。椓音卓。」《釋詁》舉其義，《釋器》舉其物也。今補「櫌」，《御覽》亦作「擾」，蓋宋時《廣雅》本已譌。

帥、萯，弦也。

原注：未詳。案：《集韻・二十文》「簣」下注云：「帥、簣，弦也。」與「萯」各見，未知孰譌。

燕支、蔡倫，劒也。

《疏證》未訓。案：《太平御覽》引《廣雅》：「燕支、蔡愉，劒也。」《事類賦》卷十三、《韻會・二十九豔》引《廣雅》竝作「蔡偷」。愉、偷古字通，《廣雅》本作「蔡倫」。

鍾、鏄，鈴也。

原注：鍾，大鍾。鏄，小鍾也。與許、鄭異義，未知孰是。案：《周語》：「伶州鳩對周景王曰：『細鈞有鍾無鏄，昭其大也；大鈞有鏄無鍾，甚大無鏄，鳴其細也。大昭小鳴，龢之道也。』」注：「韋昭曰：鐘，大鐘。鏄，小鐘也。」士濂謹案：《皇朝通典》六十六《樂四金一》鏄鐘，《純廟聖製文初集》有銘。案鏄小於鐘，韋注甚明，而《周禮》、《儀禮》注，鄭康成皆云「鏄如鐘而大」，與《國語》、《通典》皆不合，似誤。

⿰矛建，矛也。

《疏證》未訓。案：《玉篇》：「⿰矛建，几偃切，矛也。」《廣韻・二十阮》：「居偃切，音蹇，⿰矛建矛。」《集韻》、《類篇》竝引《博雅》：「⿰矛建、矟，矛也。」

樻、梂，柎也。

《疏證》未訓。案：樻，《玉篇》作「⿰爿賁」。《集韻・二十文》：「⿰爿賁，符文切，牀柎也。」《十八吻》：「父吻切，牀版。」引《廣雅》：「樻、梂，柎也。」梂，《集韻・十八尤》作「⿰爿求」，引《廣雅》：「⿰爿賁、⿰爿求，柎也。」牀有足，故曰柎。《説文》無爿部，字宜从木。《集韻》所見《廣雅》，或經後人改易，故或作「樻梂」，或作「⿰爿賁⿰爿求」。

⿰黄翏、⿰黄單，黄也。

《疏證》未訓。案：《玉篇》：「黲，力道切，黄色。」《廣韻·三十二皓》：「䵏，盧皓切，音老。」義同。䵝，《玉篇》：「他兼切，黄色也。」《集韻》、《類篇》：「黲，魯皓切。䵝，齒善切。」竝引《博雅》：「黲、䵝，黄也。」

䶇、脂，肪也。補二條。

《疏證》未訓。案：釋玄應《一切經音義》卷三引《廣雅》：「䶇、脂，肪也。」卷九、卷十二引竝同。今據補。

枕、質，碪也。

《疏證》未訓。案：《太平御覽》七百六十二引《廣雅》：「枕、質，碪也。」見《藁砧》目內，則與卷內「杭、櫝，椹也」義別。碪，所以擣衣。謂之枕者，凡物横在前，如卧牀之有枕，故車之軫亦謂之枕。質與碩同。《尚書大傳》：「大夫有石材。」注：「石材，柱下質也。」此(曰)〔謂〕「質」爲「碪」，蓋石材之可以擣衣者。

縝，黑也。

原注引《詩毛傳》云：「鬒，黑髮也。」又引《左傳》：「有仍氏黰黑而甚美。」案：「縝」一作「黰」，杜注：「美髮爲黰。」正義云：「黰即鬒也。」縝、黰古字同。虞氏《易義·既濟·六二》：「婦喪其髴。」注云：「離爲婦，泰、坤爲喪。髴髮謂鬒髮也。坎爲玄雲，故稱髴。」

《詩》曰：「鬒髮如雲。」案坎爲雲，非爲髮也。

其當謂之𦙶。

原注：當謂棺前後蔽也。「𦙶」通作「和」。案：𦙶，棺頭。《玉篇》作「秎」。《吕氏春秋》高誘注曰：「棺題曰和。」《文選·謝惠連〈祭古（冢）〔冢〕文〉》云：「中有二棺，兩頭無和。」

（廣雅疏證拾遺）

《釋樂》

柷，四角有陞鼠。

原注：陞鼠，其制未聞。

（廣雅疏證拾遺）

《釋天》

握譽、持勝、履子。

原注：皆未詳。案：《孝經援神契》曰：「喜則含譽射。」《荆州占》曰：「含譽似彗。」

《通考》曰：「大中祥符七年正月己酉，含譽星見，似彗有尾而不長，與周伯星同占。」徐氏文靖疑即爲握譽也。《宋書・符瑞志》：「金勝，國平盜賊，四夷賓服則出。」持（勝）〔勝〕疑即金勝也。《（柔）〔宋〕史・天文志〔五〕》：「凡黄氣，環在日左右爲抱氣；居日上爲戴氣，爲冠氣；居日下爲（乘）〔承〕氣，爲履氣；居日下左右爲紐氣，爲纓氣。抱氣爲輔臣忠，餘皆爲喜，〔爲〕得地，吉。」履予，「予」字疑「氣」之譌。

天淵謂之紐兹。

原注：「天淵」二字，因下文而誤。偏攷各史志及《開元中經》所載，諸星皆無紐兹之目。但下文「天淵謂之三淵」，此條天淵不宜重出。案：《通攷》曰：「北極五星在紫微宫中，一名天極，一名北辰。其紐星，天之樞也。天運無窮，三光迭耀，而極星不移，故曰居其所而衆星共之。」「天淵」似宜作「天極」。謂之「紐兹」，謂天之樞紐在兹也。

祾，祭也。

《疏證》未訓。案：《玉篇》：「祾音陵，又力登切，祭名，神靈之威福也。」《廣韻・十六蒸》：「力膺切，音陵，祭名，神靈之福。」《十七登》：「音楞，祭也。」《集韻》竝引《博雅》。

（廣雅疏證拾遺）

《釋地》

少原、渚毗、幽都。

原注：皆未詳所在。案：少原，《楚辭》：「乃至少原之野兮，赤松王喬皆在旁。」洪頤煊曰：「少原當作少海。《淮南・墬形訓》：『東方曰大渚，曰少海。』高誘注：『東方多水，故曰少海，亦澤名也。』」幽都，《書》：「（分）〔申〕命和叔，宅朔方，曰幽都。」《山海經》：「北海之内有山，名曰幽都之山，黑水出焉。」韓愈《請上尊號表》：「坐守冀部，旋定幽都。」是幽都在冀州可證。

陚，土也。

《疏證》未訓。案：《説文》：「陚，丘名。从阜，武聲。方遇切。」《玉篇》：「方句切，丘名，又小阜。」

耠，耕也。

《疏證》未訓。案：《玉篇》：「耠，胡荅切，耕也。」《廣韻・二十七合》音合，義同。《集韻》引《博雅》。

廣雅疏證拾遺

《釋水》

浮，著水也。

原注：未詳。案：《乾鑿度》云：「四瀆通，情優游，信潔根，著浮流，氣更相實。」《廣雅》蓋即承上水說，見萬物非水不生也。

舺、䑨、艭、艃，艦、艑，舟也。

《疏證》未訓。案：《集韻》：「舺，古狎切，音甲。艞舺，舟也。」䑨，《玉篇》：「舟也。」

《廣韻·十二霽》：「苦計切，音契，舟名。」《集韻》引《博雅》。艭，《玉篇》：「舟也。」艃，《玉篇》：「舟也。」《廣韻·七之》作「䑻」，又作「艭」。䑻艃、艭艃竝云舟名。《集韻》引《博雅》：「艭、艃，舟也。」洪氏亮吉曰：「《廣雅·釋水》一篇，列舟名至五十餘，俗字居其十八，獨『艑艫』二字《說文》所有者，反不録；又《北堂書鈔》、《藝文類聚》等所引《廣雅》曰：『艦，大船也。』又『吴曰艑』之類，皆今本所無，則《廣雅》已非全書可知。」濂案：洪氏《釋舟》一篇較《廣雅》詳密，謹據以補正。

（廣雅疏證拾遺）

《釋草》

王白，葍也。

原注：未詳。案：《廣韻》：「葍，玉葍草。」「玉」是「王」之譌。黄氏以周曰：「王瓜者，王葍也。王葍之爲物，蔓生籬閒，四月開花，結實謂之王瓜。」濂案：《詩·七月》正義引《本草》：「葍生田中，葉青刺，又有實。七月采，陰乾。或以王葍四月秀華，七月采實。」鄭箋疑「葽」即「王葍」；其注《月令》，又疑「王葍」即「王瓜」。《穆天子傳》：「珠澤之藪，爰有萑葦莞蒲茅葍蒹葽。」則葍、葽明是二物。《禮記·月令》曰：「孟夏之月，王瓜生。」鄭注引今《月令》作「王葍」，與《夏小正》「四月王萯秀」正合。《説文》：「葍，王葍也。」《管子·地員》篇有「大葍」、「細葍」。「王葍」者，大葍也。葍之大者曰蕮，蒝草之大者曰王芻也。《吕覽·孟夏紀》作「王菩」，「菩」爲「蔀」之省體，「葍」之同部字。古音瓜讀如姑，與菩聲亦最近。高誘注曰：「菩或作瓜，瓠瓤也。」又注《淮南子·時則訓》云：「王瓜，栝樓也。」瓠瓤即栝樓之俗體，栝樓爲菩蔞之借字。緩言之曰栝樓，急疾呼之爲葍。如蒺藜即茨，茅蒐即韎，古人自有合音也。葍有大小二種，形本相似，前人多渾言不別，惟《爾雅》分之最明。《爾雅》「果贏之實，栝樓」下即次以「荼，苦菜」，與《月令》「王瓜生，苦菜秀」連文類舉，正合。王瓜即栝樓，爲葍之

大者。《本草》「栝樓一名果蠃」，陶注云「出近道，藤生，狀似土瓜而葉有叉」是也。《爾雅》又云：「鉤，藈姑。」「鉤」又作「𤬪」，古今字。郭注：「實如瓟瓜。瓟瓜者，小瓜也。」《說文》：「瓟，瓝也。」「瓝，小瓜也。」「鉤，藈姑」即葖之細者，謂之土瓜，或亦呼爲王瓜，與栝樓同名。《本草》「王瓜一名土瓜」，陶注「土瓜生籬間，其子熟時大如彈丸」，唐本注「其葉似栝樓而無叉」是也。《廣雅》云：「藈菇、𤬪甊，王瓜也。」藈菇即藈姑之異體，𤬪甊即栝樓之異文。此不別葖之大細，而渾言之曰王瓜。爲其種類本一，不過實有大小，葉有叉不叉之微別，故郭注《爾雅》亦云：「藈姑一名王瓜。」自後人以王瓜爲藈姑之專名，而栝樓之名反爲藈菇所奪。由是《月令》之王瓜不明，郝氏《爾雅義疏》及《廣雅疏證》因謂王瓜與栝樓不同，反斥高誘兩注繩貤紕繆。《疏證》又謂《廣雅》專釋茹甊爲王瓜，不混栝樓之名於内，不知《廣雅》之𤬪甊，即《爾雅》之栝樓。栝𤬪爲雙聲字，樓甊爲叠韻字，何得分之爲二？至於申鄭説者，謂王瓜即萆挈，萆挈即菝挈，本不結瓜謂之瓜者，以根之似。斯説也，郝氏《爾雅義疏》及《廣雅疏證》均已闢之。又案：《唐本草》：「王瓜四月生苗延蔓，五月間黄華，結子如彈丸，生青熟赤。」近有以菰屬之黄瓜當之，非也。黄瓜，胡種，本名胡瓜，見《本草》。又《爾雅》「黄菟瓜」郭注：「似土瓜。」越俗「菟」讀同「穀於菟」之「菟」。近有以菟瓜當栝蔞者，亦非也。菟瓜又別一種，《圖經本草》已辨之。

艾但、鹿何，澤鞠也。

原注：荼姑，葉似菊。餘未詳。案：「但」古通作「亶」。「亶」字篆形上半與「高」字相近。「艾但」疑「艾亶」之訛，實則「艾蒿」之訛。《詩》朱注：「艾，蒿屬。」《爾雅》「一名冰臺」注：「今艾蒿也。」《埤雅》曰：「艾，其字从乂，草之可以乂痛者也。」王安石《字説》：「艾字从乂，其葉似菊，好生水邊及澤中。許慎以蕭爲艾蒿，非也。」《御覽》云：「士蕭，庶人艾。」艾、蕭不同，明矣。蕭，艾屬。陸璣云「蕭荻，今人所謂荻蒿者」是也。或云：「牛尾蒿似白蒿，白葉，莖麤，科生，多者數十莖，可作燭，有香氣。故祭祀以脂爇之爲香。」《御覽》引，下有《禮王度記》曰：「士蕭，庶人艾。」艾、蕭不同。《爾雅·釋草》：「蕭、荻，蔞。」陸璣《疏》：「蒿也。其葉似艾，白色，長數寸，高丈餘。好生水邊及澤中。正月根芽生，旁莖正白。生食之，香而脆美。其氣又可蒸爲茹。」《爾雅·釋草》疏、釋文引馬融：「《毛詩傳》云：『蔞，蒿也。』『蒿，青蒿也。』」《爾雅》郭注：「香中炙啖，荆豫之間、汝南汝陰皆云菣也，生澤田漸茹之處。」「鹿何」疑「鹿銜」之訛。《本草》：「薇銜。」《釋名》：「鹿銜，南人謂之吴風草，一名鹿銜草。言鹿有疾，銜此草即瘥也。」鞠，《廣韻》：「古核切。」《集韻》：「各核切，音隔。」《説文》：「翅也。」《廣雅》：「鞠、翫，翼也。」《玉篇》：「羽也。」「鞠」與「鞠」形近，疑爲「鞠」字之訛。鞠、菊通。《禮·月令》：「鞠有黄華。」釋文：「鞠本作菊。」

飛芝，烏毒也。

原注：未詳。案：白居易詩：「豆苗鹿嚼解烏毒，艾葉雀銜奪燕巢。」注：「鹿若中箭，即嚼豆葉食之，多消解。箭毒多用烏頭，故云烏毒。」此條疑有錯簡，當在「蕉奚毒附子也」之上，或在其下，文勢方順。

蕿

原注：未審何字之譌。案：王應麟《詩攷》：「『焉得蕿草』，出《爾雅音義》。《説文》：『藼，令人忘憂草也。』引《詩》曰：『安得藼草。』重文爲『蕿』，又爲『萱』。今作『焉得諼草』。諼，《集韻》作諠。蕿，通作諼。《釋文》云：『本又作萱，或作藼。』《爾雅·釋訓》釋文：『又作蕿。』《韓詩》亦作諠。是蕿、藼、蕿、萱、諼、諠並通。其作草下諼者，俗字耳。」

椌，稾也。

《疏證》未訓。案：《廣韻·一東》：「椌音空，稻稈。」《集韻》引《博雅》。

筤，箭也。

《疏證》未訓。案：《玉篇》：「筤，竹箭也。」《集韻·十七真》引《博雅》。

菽，根也。

原注：菽通茇，又通蕟。名茇，又名菽。案：《釋文》云：「茇字又作犮。」引《廣雅》

云：「根也。」《玉篇》：「藙，黄茅根。芟同上。」「葯，藙也。今江東人呼藕根爲藙。」《疏證》本作「蔎」。蔎即藙之異文。《廣韻》：「藙，茅也。」《爾雅・釋草》「葯芆」本作「芟」，轉寫譌爲「芆」。《釋文》兩存之。攷《廣雅・三十一巧》「蔎」字兩見，一云草根，亦竹筍也，或作芆；一云郭璞云江東呼藕根，亦作芆。此蓋宋人據誤本《廣雅》闌入者。既有「竹筍」一訓，又出「蔎」字，云「筍」，並謬。

其子謂之⿰兼瓜。

《疏證》未訓。案：《玉篇》：「⿰兼瓜，力玷切，瓜子。」《廣韻》：「瓜名。」《集韻・二十四鹽》：「離鹽切，音廉。」引《博雅》。

夌菜，藻也。

《疏證》未訓。案：夌，古蔆字。朱氏駿聲《説文通訓定聲》「水」誤「夫」。菱，淩之借。「夌」字部叚借爲蔆。《廣雅・釋草》：「菜藻也。」案芰葉亦藻類，初生時可食。濂案：「蔆」字注：「楚謂之芰。」又作蔆、菱。《戰國・秦策》：「至於菱夫。」《史記》作「陵水」，以「陵」爲之。

矜，禽也。

原注：未詳。案：《羣經音辨》：「矜，無妻也，音鰥。」《書》：「有鰥在下。」《史記》作

「矜」。《孟子》：「老而無妻曰鰥。」《王制》：「老而無妻者謂之矜。」注：「本又作鰥。」《詩·序》：「至于矜寡。」《周禮·大僕》鄭注：「窮者有四，曰矜，曰寡，曰孤，曰獨。」《小爾雅》云：「寡夫曰煢。」《孟子》謂「天下之窮民」，則「矜」亦窮民也。「矜」訓窮，與「禽」音叶。「禽」叶居容切，音窮。「窮」又通「煢」。經典「煢」通「睘」。《詩·唐風》傳：「睘睘，無所依也。」音義：「睘本亦作煢。」又通「惸」。《説文》無「惸」。《孟子》：「哀此惸獨。」又通「嬛」。《周頌》箋：「嬛嬛然孤特。」《方言》：「嬛，特也，楚曰㷀。」郭注：「㷀，古煢字。」《説文》無，郭以爲古字，蓋本《三倉》。經傳「矜」又爲「瘝」。《書》：「痌瘝乃身。」《後漢書·和帝紀》：「朕寤寐恫矜。」注引《尚書》：「恫矜乃身。」《易林》：「《吉日》、《車攻》，田弋獲禽。禽音窮。宣王飲酒，以告嘉功。」「矜」訓窮，「禽」又叶窮，同音通用。「矜」疑「窮」之借字。《左宣十二年傳》：「有山鞠窮乎？」杜注：「所以禦溼。」以「窮」爲之。《子虛賦》：「芎藭昌蒲。」藭，今之川芎。

《廣雅疏證拾遺》

《釋木》

道梓，松也。

原注：未詳。士濂案：《水經·汶水》注：「徂徠山西山多松柏。《詩》所謂『徂徠之松』也。《廣雅》曰：『道梓，松也。』《抱朴子》稱《玉策記》曰：『千歲之松，中有物，或如青牛，或如青犬，或如人，皆壽萬歲。』又稱：『天陵有偃蓋之松也，所謂樓松也。』《魯連子》曰：『松樅高十仞而無枝，非憂正室之無柱也。』《爾雅》曰：『松葉柏身曰樅。』《鄒山記》曰：『徂徠山在梁山、奉高、博三縣，猶有美松。』」以上《水經注》所引。竊謂此注先引《詩》，次引《廣雅》，下引羣書，兩引「樅」，蓋古來大廟梁木用此木，故詩人作頌及之。然則《廣雅》「道梓」當爲「樅」矣。樅木直，「道梓」之名或由此。

椋，支也。

原注：《集韻》、《類篇》引此云：「椋，枝也。」諸書無以「椋」爲「枝」者，「支」未審何字之譌。案：《禮記·明堂位》：「俎，有虞氏以椋。」鄭注：「斷木爲四足。凡物之有足者，皆是相支柱擎起之象。」《禮記》又云：「殷以椇。」《正義》即取木枝曲橈爲説，引陸璣《詩疏》云：「枳曲來巢，殷俎似之。」則「椋」之言「枝」，亦取虞椋之似歟？

桀，條也。

《疏證》未訓。案：《韻會》：「桀，如戟。」《説文》：「戟，有枝兵也。」《釋名》：「戟，格也，旁有枝格也。」《增韻》：「雙枝曰戟。」凡言「枝」及「枝格」者，皆謂兵上歧出之形，如木上之别生小枝也。釋「㮚」爲「條」者，正與上「梡，枝」相類，蓋皆借他物以形容木上杈枝大小。

秀，龍巢也。

原注：未詳。案：「秀」疑「秋」之譌。「龍巢」疑「烏巢」之譌。秀字，許氏《説文》空其篆，而繫之曰：「上諱。」避光武諱也。故義形聲皆不言。段氏注曰：「許既不言，當補之曰：不榮而實曰秀。从禾、人。」禾，黍是也。「人者，米也。出於稃謂之米，結於稃内謂之人。凡果實中有人，《本草》本皆作『人』，明刻皆改作『仁』，殊謬。禾稃内有人，是曰秀。《玉篇》、《集韻》、《類篇》皆有『𥝌』字：『欲結米也，而鄰切。』本『秀』字也，隸書『秀』从乃，而『𥝌』别讀矣。」秋字移禾旁於上，與𥝌字近，但多兩畫耳。左右相配之字移作上下書，古人多有此例。疑「𥝌」爲「秀」字，或缺落其兩畫耳。《左傳·襄公十八年》：「秦周伐雍門之萩。」「萩」即「楸」。「楸」可借「萩」，省文不可作「秋」乎？《爾雅》：「槐小葉曰榎。大而皵，楸；小而皵，榎。」郭注：「槐當爲楸。楸小葉者曰榎。」郝氏注引《説文》云：「楸，梓也。」「檟，楸也。」「榎」與「檟」同字之或體，楸、檟同物異名。《廣雅》「楸」、「檟」俱未釋，故疑「秀」爲「楸」之譌也。然此非望文生義，仍從《説文》求之。《説文》諱「秀」之字爲「茂」，秀實曰茂實。《爾雅》「如竹箭曰苞，如松柏曰茂」二句連文。上文「如木楸曰喬」，下文「如槐曰茂」。

「如槐曰茂」之「茂」疑爲「楸」字，或連上文而誤爲「茂」。「茂」原爲「秀」，「秀」原爲「楸」，展轉傳譌，幾令人莫解也。《詩》「南山有楊，北山有楰」，毛傳：「楰，鼠梓。」正義引《義疏》云：「其樹葉木理如楸。山楸之異者，今人謂之苦楸。所謂異者，異於槄山榎也。」《爾雅》郭注云：「楸屬也。今江東有虎梓。」郝氏云：「今一種楸，大葉如桐葉而黑，山中人謂之檟楸，即郭所云虎梓。」鄭樵《通志·〔昆蟲草木〕略》：「鼠李曰牛李，曰鼠梓，曰椑，曰山李，曰楰，曰苦楸，即烏巢子也。」又云：「梓與楸相似，《爾雅》以爲一物（者）誤〔矣〕。」「梓與楸〔自〕異，生子不生角。」《齊民要術》亦以爲楸梓有別。其實楸也，檟也，椅也，梓也，皆同類而異名。烏之古文□，《汗簡》作□；龍之古文，《繹山碑》作□，《博古圖》作□，二字古篆形近而譌。《廣雅》之原文當曰「楸，烏巢也」。

（廣雅疏證拾遺）

《釋蟲》

蚲、蠪、⿰虫盍、蝔，蛘也。

《疏證》未訓。案：《玉篇》：「蚲，皮兵切，蠪也。」「蠪，蛘也，蚲也。」「⿰虫盍，公盍切。」引《廣雅》云：「羊、⿰虫盍，蝔。」「蝔，徒合切。⿰虫盍蝔。」《廣韻·二十八盍》：「⿰虫盍，古盍切。」義同。

蝔蠩，疊韻字。《集韻・十二庚》引《博雅》：「蛢、蠽，蛘也。」《二十七合》引《博雅》：「蝔、蠩，蛘也。」《篇海》：「蛢、蠽，可以飾劍。」《晉書・輿服志》：「漢制，百官朝帶劍。晉始代之以木，貴者猶用玉首，賤者亦用蛢。」

（廣雅疏證拾遺）

《釋魚》

鯸、鮔，魨也。

《疏證》未訓。士濂案：《類篇》引《廣雅》云：「鯸、鮔，魨也。背青腹白，觸物即怒。食其肝，殺人。」陶宗儀《輟耕録》謂「河豚」之「豚」當作「魨」，引《類篇》轉引《廣雅》同。今本作「鯸、鮔、魺、䱀、魧、䲖，魠也」。字書、《集韻》所引極多踳駮。據《類篇》，則「鯸鮔」下宜補「魨也」二字。據《集韻》「魺魠也」，魠，《說文》：「哆口魚也。」與魺義正合。《類篇》「魺」注引「魺、䱀，魠也」，「䲖」注引「魧、䲖，魠也」，則「魺䱀魧䲖魠也」别爲一條。余蕭客《文選音義》出「鯸鮐」，云《博雅音》釋「鯸」音矦。葉寘《筆衡》：「楊廷秀舉河豚所原起，古書未見有載叙者。尤延之曰：《吴都賦》『王鮪鯸鮐』，劉淵林注：『鯸鮐，魚狀如科斗，大者尺餘，腹下白，背上青黑，有黄文。性有毒，雖小獺不敢餤之。蒸煮餤之肥美，豫章人珍之。』以是攸之河豚，莫明白於此。廷秀檢視之，無殊。」是余亦以《博雅》「鯸鮔」爲鲀，又可以備一證。

爪，龜也。

原注：未詳。案：「爪」亦作「㕚」。《説文》段氏注：「㕚、爪古今字。古作㕚，今用爪。《禮經》叚借作蚤。」《説文》云：「㕚，手足甲也。」與「叉」相次，同隸《又部》。「叉」，手指相錯也。」「㕚」與「叉」形近，疑「爪」本作「㕚」，因「㕚」譌「叉」，是「叉」字。首笄曰叉，今字作釵。《魚部》「鰸」下：「大如釵鼓。」劉淵林注《蜀都賦》引譙周《異物志》曰：「涪陵多大龜，其甲可以卜，其緣中叉，似瑇瑁，名曰靈叉。」常璩述《華陽國志》、郭璞注《爾雅》皆用其語。緣中叉，謂緣可爲釵也。今《爾雅注》譌作「緣中文似瑇瑁，俗呼爲靈龜」，自爾公彦所引《爾雅疏》已然矣。《十三經注疏》阮氏《爾雅校勘記》可證。

〔廣雅疏證拾遺〕

《釋鳥》

皁帔，雚雀也。

原注：《釋器》云：「帔，帬也。」故又謂之皁帔。案：陸璣《毛詩疏》：「鸛一名皁帬。」

白傳《六帖》作「旱羣」。攷陳藏器《本草》：「人探巢取䧭子，六十里旱，能羣飛激雲，雲散雨歇。」陸《疏》亦云：「若殺其子，則一村致旱災。」《御覽》「鸛」引同《廣博物志》。是「旱帬」乃「旱羣」，「皁帔」與「皁帬」意同。《方言》：「繞衿謂之帬，陳魏之間謂之帔。」

鴲鷟、廣昌。

原注：皆未詳。案：《爾雅・釋鳥》：「鶬，麋鴰。」郭注：「今呼鶬鴰。」疏：「鶬亦名麋鴰。」《江賦》：「奇鶬九頭。」《詩》：「八鸞鶬鶬。」鄭箋：「聲和也。」《漢書・律曆志》：「黄帝使泠綸制十二筩，以聽鳳凰之鳴。其雄鳴爲六，雌鳴亦六，以比黄鐘之宫。」鶬鴰之鳴，其聲有似於鳳之和，或名鴲鷟乎？廣，叚借作光。光者，幽之對也。《説文》：「五方神鳥，北方幽昌。」《續漢書・五行志》注：「言似鳳者有四：一曰鸕鷀，二曰發明，三曰焦明，四曰幽昌。」此言鳳凰之屬，鸕鷀、焦明皆在其中，安知「廣昌」非「幽昌」乎？

鴭，禽也。

原注：未詳。案：陸璣《詩疏》：「小鳩，一名鵧鳩。」《續方言》：「幽州人謂之鶻鵰，梁宋之間謂之隹，揚州人亦然。」攷「鵧」字从孚卵，孚之義即小也。「鵧」通作「鳺」，「隹」通作「鵻」。《方言》云：「鳩，自關而東，其小者或謂之鵧鳩，梁宋之間謂之鵻。」《爾雅》：「隹其，鳺鴀。」郭注：「今鵧鳩。」《詩》：「翩翩者鵻。」毛傳：「鵻，夫不也。」「不」即「鴀」之省。

鵻、鶉聲相近。《左傳疏》引舍人云：「隹一名夫不，今楚鳩也。」《詩疏》引李巡同。《左傳》杜注云：「鷦鳩孝，故爲司徒，主教民。」釋文云：「鷦音焦，或作鵻。」是作「鷦」者譌字耳。《廣雅》有鶉、鳩各種，（焦）〔隹〕似鶉而小，當别是鳩之一種。《玉篇》：「隹，之惟切，鳺鵻也。又鳥短尾之總名。」《玉篇》：「禽，其林切，二足而羽也。亦鳥獸總名。」《字鑑》引《説文》：「隹，鳥之短尾者。」與佳美字異，是以鷦爲禽也。

（廣雅疏證拾遺）

《釋獸》

蹋，足也。

《疏證》未訓。案：《玉篇》：「蹋，祖流切，獸足。」

犃，雄也。

《疏證》未訓。案：《玉篇》：「犃，步后切，雄也，短頭牛。」《廣韻·四十五厚》：「犃牛頭短。」犃亦特牛也，故犃、犃並稱。《集韻》引《博雅》。

犗，犗也。

《疏證》未訓。案：《説文》：「犗，騬牛也。从牛，害聲。」《唐韻》音古拜切。《方言》：

「犍，犗牛也。从牛，建聲。亦郡名。居言切。」曹憲「⿰牛曷」音居言反，是⿰牛曷、犍一也。古害、曷通用字，从害者，多可从曷，聲類同也，則犗、⿰牛曷、犍又一也。《廣雅》分犗、⿰牛曷爲二者，蓋當時讀「犗」音如戒，而「⿰牛曷」尚存舊讀，遂別爲二也。

（廣雅疏證拾遺）

《釋鼠》

⿰鼠穀

原注：《玉篇》：「公祿切，鼬鼠也。」案：《本草綱目》：「鼬鼠一名⿰鼠穀鼠。」想即據《玉篇》也。《集韻》、《類篇》「⿰鼠穀」字注云：「⿰鼠穀⿰鼠菐，鼠名。」恐是下一字誤割，連引成文。

⿰鼠菐⿰鼠支

原注：未詳。案：《玉篇》：「⿰鼠菐，補木切，鼠名。」「⿰鼠支，普木切，鼠。」《廣韻・一屋》：「⿰鼠菐⿰鼠支，鼠名。」《集韻》、《類篇》竝引《廣雅》：「⿰鼠菐⿰鼠支，鼠屬。」⿰鼠菐⿰鼠支疊韻字。《本草綱目》有土撥鼠，一名鼧鼥。李時珍曰：「《唐書》有鼧鼥鼠，即此鼠。鼧鼥言其肥也。《唐韻》有⿰鼠菐⿰鼠支，音僕扑，俗譌爲土撥。土撥鼠生西番山澤間，穴土爲窠，形如獺，夷人掘取食之。」據此，則是土撥、鼧鼥、⿰鼠菐⿰鼠支一物而異名也。土撥、鼧鼥一聲之轉。時珍叄引《唐韻》爲證，今附存

其説備攷。

（廣雅疏證拾遺）

《釋嘼》

走狐

原注：未詳所出。案：《太平御覽》八百九十三引《廣雅》曰：「飛兔、飛鴻、野麋、娥鹿、騶吾、走狐、桃駼、金喙，馬屬也。」

野麋腹丹。

原注：皆未詳。案：野麋，馬屬。見上。

重顱

原注：未詳。案：《淮南子》：「牛蹏、彘顱亦骨也，而世弗灼。」

狼狐

原注：未詳。濂案：《史記·秦始皇紀》：「吕政蓋得聖人之威，河神授圖，據狼狐，蹈參伐，佐攻驅除。」

楚茹黄

原注：未詳。案：《太平御覽》九百四引《廣雅》有「茹」字，今據補。

【説明】

此稿原爲鶴壽堂藏書，原稿在復旦大學。一九八八年，臺灣新文豐出版公司採入《叢書集成續編》第七三册。作者是清代高郵人王士濂，字望溪。王氏就原注未詳及漏注者，采羣書及全祖望、杭世駿、余蕭客、錢繹、洪頤煊、鄒漢勛、俞正燮、汪士鐸、洪亮吉、錢大昕、戴震等説補釋。

【校注】

〔一〕此爲張曾勤叙王士濂《〈四書集注〉攷證》，其中涉及《〈廣雅疏證〉拾遺》。

〔二〕毛西河，即毛奇齡，一六二三—一七一六。字大可，號西河，浙江蕭山人。有《古今通韻》、《四書改錯》、《古文尚書冤詞》等著作。

〔三〕引文見《説文解字》「巳」之説解。

駮《春秋名字解詁》

胡元玉〔一〕

叙

六經資故訓以明，故訓緣聲音而顯。是故不知古音，不足與言假借；不知假借，不足與治經。第假借之術，實有二端：一曰古假借起于未造本字之先，最初之假借也。上古字少，一字恒假爲數字之用。後世始各就其事類益以偏旁，以爲本字。至許君時，本字孳乳寖多，故往往《説文》有本字，而經典猶用古借字者。如「噬齊」、「齊盛」、「攝齊」、「齊戒」，經典同用「齊」字，《説文》則各有作「齎」、作「齍」、作「齌」、作「齋」之本字，即其例矣。一曰傳寫通假，或以聲義並近而相通，或專取聲近而相假。起于既造本字之後，而非所謂「本無其字，依聲託事」之假借也。二者並由聲起，皆學者所宜知，然而輕重懸殊矣。蓋實從一字得聲之字有窮，而僅聲近之字無窮。苟本字有所難通，不先求之古假借，而專求之聲近通假，則其弊必至使本字茫乎無據。如譯音之無定字，而無不可附會之謬説矣。故以聲近破本字，非于經文上下實有明證不可。近儒混而一之，不别白其輕重，此所以小學日隆，而支離破碎之風亦因以日盛也。高郵王氏，小學巨儒，諸所譔述，喜言聲近。《名字解詁》破字尤多，雖合于古假借者不少，如云「句」與「拘」通，「周」讀爲「輖」，「帶」讀爲「懘」之類皆是。而專取同音之字爲説者，頗不免輕易本字之失。人之名字非若詩書，文理不屬，難可尋繹。全棄本字，悉取同音，心所不安，病之久矣。今以《左氏》授從弟輩，爲講古人名字相輔之故，乃取此書駁正數十人。先録元文，次下己意，俾覽者得以參校得失。其疑而無説易之者，則置不駁，略施匡弼，以遏流弊。趣舍既明，固不必一一求通也。王氏元有闕疑未釋者二十五人，今亦仍其舊目，悉爲補之。光緒甲申，胡元玉題記。

齊東郭賈，字子方。《哀十四年左傳》。

賈、夏古字通。《史記·趙世家》：「北登夏屋。」《漢書·地里志》作「賈屋」。夏，大也。韋昭《晉語》注曰：「方，大也。」方之言旁。《廣雅》曰：「旁，廣也。」又曰：「旁，大也。」方、旁古字通。《堯典》：「共工方鳩僝功。」《史記·五帝紀》作「旁」。《皋陶謨》：「方施象刑惟明。」《新序·節士》篇作「旁」。是夏與方皆大也。

駮《周禮·賈師》：「各掌其次之貨賄之治，〔辨其物而均平之〕，展其成而奠其賈，然後令市。凡天患，禁貴儥者，使有恒賈。四時之珍異亦如之。」「賈」即古「價」字。奠其賈，定其價也。恒賈，常價也。物賈不可無常，故賈師定之。方亦常也。鄭注《禮記·檀弓》、《論語·里仁》皆云：「方猶常也。」古者，字義不隨音區別。「賈」字得兼「商賈」之「賈」、「物賈」之「賈」，二音二義。賈人易其常業，則不能阜財；百物失其常價，則不能徵儥。名賈字方，二義可並通也，不煩改字。

曹卹，字子循。《仲尼弟子傳》。

卹讀爲率，古字卹與率通。卹即恤之别體。《多士》：「罔不明德恤祀。」《史記·魯周公世家》「恤」作「率」。《爾雅》：「率，循也。」故名率字子循。

駁《說文》「卹」、「恤」皆云憂也。孫炎《爾雅》：「恤，救之憂也。」據恤字從心，則憂當由己致；恤字從邑，則憂當由人生。相救之憂，當以「卹」爲本字，「恤」爲借字；切己之憂，乃以「恤」爲本字耳。《說文》云：「循，行順也。」《淮南·說山訓》注、《原道訓》注皆云：「循，隨也。」凡民有凶荒災患，上之卹之，必當順行其地，隨宜相救。」《後漢書·質帝紀·詔》云：「今遣使者案行，若無家屬及貧無資者，隨宜賜卹。」是猶沿古人卹凶荒之常法也。名卹字循，乃以循字足救卹之義，猶向宜字禄，以禄字實所宜之事爾。

楚郤宛，字子惡。《昭二十七年左傳》。

宛當讀爲怨，宛、怨古同聲，故借宛爲怨。字又作惋。《秦策》曰：「受欺于張儀，王必惋之。」《史記·楚世家》「惋」作「怨」是也。怨、惡義相近，故名怨字子惡。《大雅·假樂》曰：「無怨無惡。」《夏官·合方氏》曰：「除其怨惡。」

駁 宛，古婉字。《管子·五行》篇：「然則天爲粵宛。」注：「宛，順也。」即假宛爲婉。《說文》：「婉，順也。」惡者，貌醜陋之稱。《左氏襄二十六年傳》：「生佐惡而婉。」服注：「佐，貌惡心順。」《昭二十八年傳》：「鬷蔑惡。」又云：「昔賈大夫惡。」皆其證。貌惡則欲其性婉，蓋郤宛貌陋，故名婉字惡以警之。《左氏》稱「郤宛直而和」，可知其克副命名之意矣。以怨惡爲名字，恐未必然。

郲子顔，字夷父。《莊五年左傳》正義引《世族譜》。

顔，高不平也。夷，平也。顔、岸古字通。《史記·晉世家》「屠岸賈」，《漢書·古今人表》作「屠顔賈」。《爾雅》曰：「重厓，岸。」又曰：「望厓，洒而高。」岸高則險峻，故字夷父，以相反爲義也。《漢書·儒林傳》「戴崇字子平」，與此同意。

駁《説文》：「顔，眉目之閒也。」《曲禮》「執爾顔」，注云：「執猶守也。」《少儀》「不戲色」，注云：「暫變傾顔色爲非常，則人不長，失敬也。」是人顔面之閒，有一定之容止，不可變傾改易，以失其常度。《詩·皇矣》、《瞻卬》傳皆云：「夷，常也。」顔貴守常，故字夷父矣。古人名字雖多同者，然其取義不必一致，不可執一説以概之。此之夷父，不必與樂傾之字夷父同取義于平也。

魯冉孺，字子魯。《仲尼弟子傳》。

孺與濡通。《孟子·公孫丑》篇：「三宿而後出晝，是何濡滯也！」趙岐注曰：「濡滯猶稽也。既去，留于晝三日，怪其猶久。」濡之言需也。《需・彖傳》曰：「需，須也。」《爾雅》：「頾，待也。」頾與須同。《雜卦傳》曰：「需，不進也。」是濡爲遲鈍也。魯亦遲鈍也，《説文》：「魯，鈍詞也。」《論語・先進》篇：「參也魯。」孔注曰：「魯，鈍也。曾子性遲鈍。」孺又愚也，《方言》：「儒、輸，愚也。」儒與孺通，魯鈍亦愚也，大顔注《漢書・周勃傳》曰：「俗謂愚爲鈍椎。」見《史記・周勃世家》索隱。

陳公良孺，字子正。《仲尼弟子傳》。

孺讀爲需，「正」當爲「止」字之誤也。《雜卦傳》曰：「需，不進也。」《説文》曰：「需，頾也，遇雨不進，止頾也。」是「需」有「止」義。

駁 《説文》：「孺，乳子也。」《釋名》：「兒始能行曰孺子。」《論語・先進》篇皇疏引王弼曰：「魯，質勝文也。」《説文》訓「魯」爲「鈍詞」，即是「質勝文」之意。言樸魯之人，不知巧佞，其言訥訥，拙而無文也。小兒甫爾能言，未知諼詐，其言類皆樸質魯鈍。及其既長，雖不必盡魯，而方爲孺子，則無不魯者。《周禮・小宰》：「四曰廉正。」注云：「正，行無傾邪也。」《孟子・盡心》篇：「孩提之童，無不知愛其親也。及其長也，無不知敬其兄也。」夫愛親敬長，仁義之大端也。而孺子不慮而知之，不學而能之，行無傾邪，孰大于是？故《易》

曰：「蒙以養正，聖功也。」《孟子》曰：「大人者，不失其赤子之心者也。」可知孺子之心，正之至矣。養之于蒙，保而勿失，則其功所就，與聖同歸。言魯心正，孺子所同，故各依以爲名字。孺固不必改讀，正尤不必爲誤字也。

晉解揚，字子虎。《史記·鄭世家》、《説苑·奉使》篇。

虎讀爲盱，古音虎與盱同。《昭三十一年公羊傳》：「人未足而盱有餘。」《説文》引作「虍有餘」，見《繫傳》。案：《公羊釋文》：「盱，許于反，又許孤反。」許孤反，正與虍同音。《玉篇》：「虍，火乎切。」「火乎」與「許孤」同。是其例也。《方言》：「盱、揚，雙也。䰐瞳子。今本「子」上衍「之」字，當據《説文》删。燕代朝鮮洌水之閒曰盱，或謂之揚。」郭注曰：「盱，舉眼也。揚，《詩》曰『美目揚兮』是也。」

駮《説文》：「揚，飛舉也。」《爾雅》：「越，揚也。」《易·夬》：「揚于王庭。」鄭注云：「揚，越也。」揚有飛越之義，故《禮記·鄉飲酒義》及《射義》「揚觶」注皆云：「今《禮》揚皆作騰。」物之善飛越騰躍者，莫如虎。名揚字虎，尚威武也，猶詩人之詠鷹揚矣。《漢書·古今人表》作「解陽」，通假字也。

晉韓不信，字伯音。《昭三十二年左傳》。

「音」當爲「言」，字之誤也。《困・象辭》曰：「有言不信。」《墨子・經》篇曰：「信，言合于意也。」

駮《樂記》：「凡音之起，由人心生也。人心之動，物使之然也。感于物而動，故形于聲。」《詩・關雎・序》：「在心爲志，發言爲詩，情動于中而形于言。」是音與言，皆生于人心者也。言斯有聲，有聲斯可謂之音矣。故《管輅別傳》云：「生民之音曰言，鳥獸之音曰鳴。」見《魏志》本傳注。音之叩宮即宮應，叩角即角應，與言之必信正相似，故《鶡冠子・學問》篇云：「所謂信者，無二響者也。」以音之「無二響」詮信字，最爲切當。不，語詞。不信，信也，與伯音義自不背，不必斥「音」爲誤字。

鄡單，字子家。《仲尼弟子傳》。

單讀爲廛。古聲單與廛相近。《說文》：「廛，一家之居也。」

齊慶封，字子家。《襄二十八年左傳》。

封讀爲邦。《康誥》正義曰：「古字邦、封同。」《商頌・玄鳥》篇：「邦畿千里。」李善《西京賦》注引作「封畿千里」。《論語・季氏》篇：「且在邦域之中矣。」釋文：「邦，本作封。」「而謀動干戈于邦内。」釋文：「邦，鄭本作封。」「邦」與「家」相對爲文。

駁《説文》：「單，大也。」《史記・匈奴傳》集解引《漢書音義》云：「單于者，廣大之貌。」《詩・烈文》、《殷武》傳皆云：「封，大也。」單、封均有大義。字子家者，蓋取大家之意。《書・梓材》：「以厥庶民，暨厥臣，達大家。」《昭（四）〔五〕年左傳》：「箕襄、邢帶、叔禽、叔椒、子羽，皆大家也。」《孟子・離婁》篇：「不得罪于巨室。」注云：「巨室，大家也。」《禮記・檀弓》：「我喪也斯沾。」注云：「國昭子自謂齊之大家。」皆以大家爲卿大夫尊顯者之稱。

秦壤駟赤，字子徒。《仲尼弟子傳》。《廣韻》「壤」字注以「壤駟」爲複姓。

徒讀爲赭。《説文》曰：「赭，赤土也。」古聲赭、徒相近。《爾雅》：「杜，赤棠。」杜與徒聲亦相近。故赤謂之徒，又謂之杜。

駁「赤」蓋「𧹞」字之誤。𧹞者，赫之隷省也。《孔龢碑》：「𧹞𧹞彌章。」《孝經》：「赫赫師尹。」釋文云：「赫本又作𧹞。」此盧本也。通志堂本「𧹞」作「赤」，亦傳寫之誤也。《詩・節南山》傳云：「赫赫，顯盛貌。」《常武》傳云：「赫赫然盛也。」《公羊昭八年傳》注云：「徒，衆也。」衆則盛矣，故名𧹞字徒。若僅以聲近爲説，則荼、徒亦聲近字，何「杜」得爲赤色之棠，「荼」乃爲白茅之秀耶？可知專以聲近爲説，拘牽附會，不足據也。

楚鬭般，字子揚。《宣四年左傳》。《漢書・叙傳》曰：「班氏之先，與楚同姓，令尹子文之後也。子文初生，棄于瞢中，而虎乳之，楚人謂虎班，其子以爲號。」師古曰：「子文之子鬭班，亦爲楚令尹。」胡三省曰：「《左傳・莊三十年》申公鬭班殺令尹子元，而鬭穀於菟爲令尹。恐班非子文之子。」按：子文之子爲令尹者，鬭般也。般與班雖同音，而般字子揚，則非謂虎也。孟堅之説，殆不可信。

般與播古字通，古音元與戈相出入，故《史記・賈生傳》「大鈞槃物」，《漢書》「槃」作「播」。般即播之假借也。《春官・大師》：「皆播之以八音。」鄭注曰：「播猶揚也。」《昭四年左傳》：「播于諸侯。」杜注亦曰：「播，揚也。」《三十年傳》：「將焉用自播揚焉。」注曰：「播揚，猶勞動也。」《呂氏春秋・必己》篇：「舟中之人盡揚播入於河。」高注曰：「揚，動也。播，散也。」按：播亦揚也，古人自有複語耳。揚謂之播，因而揚米去康謂之簸。《説文》：「簸，揚米去康也。」《小雅・大東》篇曰：「維南有箕，不可以簸揚。」

駁 攷《左氏傳・桓公六年》，鬭伯比從楚武王侵隨，始見于傳，越四十三年，當莊三十年，而子文爲令尹。據子文生于伯比從母畜邔時，其爲仕楚侵隨以前事無疑。子文爲令尹時，其年當已在四十四五以外。鬭班以莊二十八年始見于傳，宣四年鬭椒作亂而死，其代子揚爲令尹，當在成公末年。上距莊二十八年，不過五十餘年爾。時子揚大約不過二十歲，合計前後亦不過七十餘歲，其爲一人明矣。按之子文之年，其爲子文之子又明矣。班、般同音通假字，猶公輸般之稱魯班也。楚人雖謂虎爲於菟，容或又謂虎爲般，俗語一物有數名，本不足異，觀揚雄《方言》自見。孟堅之言，必非無據。司馬相如《封禪文》稱騶虞爲般般之獸，亦以騶虞本虎類故耳。《詩·騶虞》傳、《説文》皆云：「騶（虞），白虎（虞）黑文。」般爲楚人，呼虎之方言，則其字子揚也，與解揚字子虎同矣。胡身之未細攷其年，因疑班非子文子，此又誤分班、般爲二人，均失之。

楚薳罷，字子蕩。《襄二十七年》、《三十年左傳》。

罷讀爲播，罷、播古音相近，罷古音婆，説見《唐韻正》。故借「罷」爲「播」也。《公羊》「罷」作「頗」，「頗」之爲「播」，猶「波」之爲「播」也。波與播通，見《左傳》「波及晉國」下。《襄二十五年左傳》：「成公播蕩。」杜注云：「播蕩，流移失所。」《昭二十六年左傳》：「茲不穀震盪播越，竄在荆蠻。」亦謂流移也。盪與蕩同，播或作波。《莊子·外物》篇：鮒魚對莊周曰：「我東海之波臣也。」司馬彪云：「謂波蕩之臣。」波蕩即播蕩也。東海之波臣，猶《齊策》云「大魚蕩而失水」耳。流移謂之播蕩，搖動亦謂之播蕩。家大人曰：「司馬相如《上林賦》：『山陵爲之震動，川谷爲之蕩波。』『蕩波』與『震動』對文。張衡《西京賦》：『河渭爲之波盪，吴嶽爲之陁堵。』『波盪』與『陁堵』對文。蕩波即波蕩，波蕩猶播蕩耳。」謹案：李善注《西京賦》曰：「波盪，摇動也。」《後漢書・公孫述傳》：「方今四海波蕩。」亦謂四海摇動也。《論語・微子》篇孔注云：「播，摇也。」《僖三年左傳》杜注云：「蕩，摇也。」

較《公羊》作「頗」，此正字也。《左氏》、《穀梁》作「罷」，別本《公羊》作「跛」，見《釋文》。皆同音通假字。《説文》：「頗，頭偏也。」《離騷經》王逸注：「頗，傾也。」《廣雅・釋詁二》：「頗，衺也。」偏、傾、衺，皆不平之謂，故《昭二年左傳》「君刑已頗」注云：「頗，不平。」《詩・南山》傳：「蕩，平易也。」《廣雅・釋訓》：「蕩蕩，平也。」名頗字蕩，以相反爲義。改爲播蕩，迂回甚矣。

魯公子彄，字子臧。《隱五年左傳》正義引《世本》。

臧，古藏字。彄讀曰區。《説文》：「區，踦區，藏匿也。」《昭七年左傳》：「吾先君文王作僕區之法。」服虔注云：「僕，隱也。區，匿也。」見《釋文》。《荀子・大略》篇：「言之信者，在乎區蓋之間。」楊倞注云：「區，藏物處。蓋，所以覆物者。」是「區」爲「藏」也。《哀十三年公羊春秋》：「盗殺陳夏彄夫。」《左氏》、《穀梁》並作「夏區夫」，則二字古通用。

駮《説文》：「彄，弓弩耑弦所居也。」《内則》注：「管，筆彄也。」蓋管所以藏筆，故與弓弩耑藏弦處同名。彄爲藏弦、藏筆之物，故以臧爲字。「彄」之取義，誠由「區」得，但既以「彄」命名，則亦無庸破「彄」爲「區」矣。至「彄夫」、「區夫」之異，則一本字，一古假借字也。

魯南宮括，字子容，《仲尼弟子傳》。一名韜。《論語·公治長》篇王注。《釋文》作「韜」，云「本又作縚」。

括者，包容之稱也。《史記·秦始皇本紀·贊》：「秦孝公有囊括四海之意。」張晏云：「括，括囊也，言其能包含天下。」集解引。《後漢書·蔡邕傳》：「包括無外。」皆容受之義也。韜亦容受之稱。《廣雅》：「韜、容，寬也。」《玉篇》：「韜，藏也，寬也。」劍衣謂之韜，《説文》。弓藏謂之韜，《廣雅》。皆取包容之義。

駮 括，箭括也，字本作桰。《説文》：「桰，矢桰，築弦處。」通作括。《淮南·人閒訓》注：「括，箭也。」薛綜《西京賦》注：「括，箭括之御弦者。」容者，射時唱獲者自隱蔽之物也。《周禮·射人》：「王三獲三容。」鄭司農云：「容者乏也，待獲者所蔽也。」《儀禮·鄉射禮》注：「容謂之乏，所以爲獲者御矢也。」韜者，射畢藏弓之物也。」《射義》曰：「射者，男子之事也。」故依于射時所用之物爲名字。

楚薳吕臣，字叔伯。《僖二十三年左傳》注。

吕與旅、伯與百，古字並通。《宣十八年左氏經》：「楚子旅卒。」《穀梁》「旅」作「吕」。《僖三十三年穀梁傳》「百里子」，釋文：「百或作伯。」《孟子》「百里奚」，《韓子·難言》篇作「伯里子」。《莊二十二年左傳》：「庭實旅百，奉之以玉帛，天地之美具焉。故曰：利用賓于王。」杜注曰：「諸侯朝王，陳贄幣之象。旅，陳也。百言物備。」《僖二十二年傳》：「楚子入饗于鄭，九獻，庭實旅百。」注曰：「庭中所陳品數百也。」是其義。

駁 伯讀如「五官之長曰伯」之伯。吕臣謂心吕之臣，取四嶽佐禹得國之事爲名字也。《說文》：「吕，脊骨也。象形。昔大嶽爲禹心吕之臣，故封吕侯。膂，篆文吕，从肉、从旅。」《周語》：「祚四嶽，國命以侯伯。注：「使長諸侯也。」賜姓曰姜，氏曰有吕，謂其能爲禹股肱心膂，以養物豐民人也。又稱四嶽爲四伯。」注：「爲四嶽伯，故稱四伯。」是其事也。

晉狐偃，字子犯。《僖二十三年左傳》注、《晉語》注。

偃當讀爲隱，古字偃與隱通。《齊語》「隱五刃」，《管子·小匡》篇作「偃五兵」。《漢書·古今人表》「徐隱王」，顔注曰：「即偃王也。」《檀弓》：「事親有隱而無犯，事君有犯而無隱，事師無犯無隱。」鄭注曰：「隱謂不稱揚其過失也。犯，犯顔而諫。」名隱字犯，以相反爲義也。

駁《呂覽・蕩兵》篇、《應言》篇「偃兵」，高注皆云：「偃，止也。」《吴語》：「以犯獵吴國之師徒。」注：「犯，陵也。」《左氏傳》：「若先犯之，必奔。」《桓五年》。「蒙皋比而先犯之。」《莊十年》。「先犯陳、蔡。」《僖二十八年》。「先犯胡、沈與陳。」《昭二十二年》。皆謂以兵侵陵彼也。止不相侵，即謂之偃矣。名偃字犯，本以相反爲義，但不煩改讀耳。

鄭公子魚臣，字僕叔。《宣十二年左傳》。

魚讀爲御，古聲魚與御通。《天官・叙官》釋文：「𢿊音魚，本又作魚。」又音御。《史記・宋世家》：「此言乃公子〔子〕魚教湣公。」謂公子御説也。《説文》：「御，使馬也。」《小雅・出車》傳曰：「僕夫，御夫也。」魯武公子有伯御，《周語》。魯大夫有御孫，《莊二十四年左傳》。皆以御爲名。

駁魚，馬名也。《爾雅・釋畜・馬屬》：「（一）〔二〕目白，魚。」《詩・駉》篇：「有驔有魚。」《漢書・西域傳・贊》：「蒲梢、龍文、魚目、汗血之馬。」孟康云：「四駿馬之名。」《説文》：「臣，牽也，事君也。象屈服之形。」名魚臣字僕叔，蓋取御者能使良馬屈服，進退如志之意。《史記・宋世家》稱公子御説爲公子〔子〕魚，義與此近，一名一字也，不得破「魚」爲「御」。

楚爲艾獵，字叔敖。《宣十一年左傳》。

艾讀爲弋，艾獵即弋獵也，古聲艾與弋通。《爾雅》：「太歲在壬曰玄黓。」音弋。《史記・曆書》作「横艾」，是其例也。弋獵者，游田之事，故字曰敖。《説文》曰：「敖，出游也。」

駮 艾，相也。相，助也。助人田獵，即出游矣。《史記》歲陽名稱，多與《爾雅》不合。《爾雅》以己爲屠維，《史記》以戊爲徒維。《爾雅》以庚爲上章，《史記》以癸爲尚章。《爾雅》以癸爲昭陽，《史記》以辛爲昭陽。《爾雅》以戊爲著雍，以辛爲重光，以壬爲玄黓，而《史記》無此三名。《史記》以己爲祝犁，以庚爲商横，以壬爲横艾，《爾雅》亦無此三名也。 玄黓、横艾，直是名稱不同，非聲有通假也。

魯公尾，字施父。 宋鄧名世《古今姓氏書辯證》、鄭樵《氏族略》。

施讀爲拕。《吕氏春秋・悔過》篇：「鄭賈人奚施。」《淮南・人閒訓》作「蹇他」，是「施」字古讀如「他」，正與「拕」同音。《説文》：「拕，俗作拖。曳也。」《莊子・秋水》篇：「此龜者，寧其死爲畱骨而貴乎，寧其生而曳尾於塗中乎？」取曳尾之義，故名尾字拕。

駮《説文》：「施，旗皃。」又云：「㫃，旌旗之游，㫃蹇之皃。」「旗皃」蓋即指「旂游之貌」言之。《爾雅》：「繼旐曰旆。」注：「帛續旐末爲燕尾者。」《公羊宣十二年傳》注：「繼旐如燕尾曰旆。」《左氏昭十三年傳》：「建而不旆。」注：「旆，游也。」正義云：「旐是旗身，旆是旗尾。」《詩・出車》傳：「旆旆，旒垂貌。」然則「旆」乃旗尾之名，而「施」即旗尾之貌矣。

楚馯臂，字子弓。《仲尼弟子傳》。

弓讀爲肱，古字弓與肱通。《鄉射禮》：「侯道五十弓。」鄭注云：「今文弓爲肱。」《昭三十一年春秋》：「邾黑肱以濫來奔。」《公羊》作「黑弓」。

駮 臂，弩柄之名也。《説文》：「弩，弓有臂者也。」《釋名》：「弩，其柄曰臂，似人臂也。」弩爲有臂之弓，故以臂弓爲名字。《史記》作「子宏」，通假字也。《漢書・儒林傳》乃作「子弓」耳。

陳諸，字伯爰。《唐書・宰相世系表》。

諸讀爲堵，爰讀爲垣。《小雅・鴻雁》篇：「之子于垣，百堵皆作。」傳云：「一丈爲板，五板爲堵。」箋云：「徵民起屋舍，牆壁百堵同時而起。」《射義》：「蓋觀者如堵牆。」牆亦垣也。

駮 《爾雅・釋訓》：「諸諸，辯也。」《説文》：「諸，辯也。」《公羊桓六年傳》注：「其諸，辭也。」《爾雅・釋詁》：「爰，曰也。」《説文》：「曰，詞也。」「諸」爲辯論之詞，「爰」爲言説之辭，故名諸字爰。

齊公孫竈，字子雅。《昭三年左傳》「子雅」，《韓子・外儲説》篇作「子夏」。

雅讀爲竊，竊、雅古同聲，雅，古音伍，説見《唐韻正》。故竊通作雅。《玉篇》引《倉頡篇》曰：「楚人呼竈曰竊。」

駮 子雅、子夏非同音通假，乃實係兩字，猶子産又字子美也。雅即柷也。《周禮・笙師》：「掌春牘應雅。」鄭司農云：「雅狀如漆筩而弇口，大二圍，長五尺六寸，此處脱「其中有椎」四字，誤衍在上文「應長六尺五寸」下。觀《樂記》及《益稷》注自見。以羊韋鞔之，有兩紐，疏畫。」《禮記・樂記》：「訊疾以雅。」鄭注：「雅，樂器名也，狀如漆筩，中有椎。」《書・益稷》鄭注：「柷狀如漆筩，中有椎。」與《樂記》注正同，可知柷一名雅矣。《左氏隱五年傳》：「夫舞，所以節八音而行八風。」疏引服虔注云：「巽音木，其風清明。」又引《易緯通卦驗》云：「立夏，清明風至。」柷，木音也，應立夏之風者也。」竈，夏月所祀者也，故依以爲名，字子雅。齊人無取楚之方言，況又必破字乃通乎？其不然，明矣。

魯公孫宿，字成。《哀十五年左傳》注。

成與城通。《隱元年春秋》：「及宋人盟于宿。」杜注曰：「宿，小國，東平無鹽縣也。」《僖二十一年左傳》所謂「任宿、須句、顓臾，風姓也」。國必有城，故字城。

【駁】《楚辭·七諫》注："夜止曰宿。"《莊子·大宗師》篇："成然寐，蘧然覺。"郭注："寤寐自若，不以死生累心。"釋文引李頤注："成然，縣解之貌。"按：上文"此古之所謂縣解也"，釋文引向秀注："縣解，無所係也。"然則成然者，睡熟而心無所係累之狀也。今俗呼睡熟爲睡成，古之遺言矣。夜止，所以寐也，故名宿字成。齊公子固字子城，《左傳》成、城兩見，則作"成"者自是"城"之古假借。此無作"城"之處，即不必以彼例此，而以宿國有城爲説也。

宋公子何，字弗父。《昭七年左傳》。

何讀爲枷，音加。弗讀爲柫。音拂。《説文》："柫，擊禾連枷也。""枷，柫也。"《釋名》："枷，加也，加杖于柄頭，以撾穗而出其穀也。"《方言》："僉，自關而西謂之柫，齊楚江淮之閒謂之柍。"音勃。按：柫之言拂也，擊物之名也。《説文》："拂，過擊也。"擊謂之拂，故擊禾者謂之柫。柫、柍聲近，故又謂之柍耳。古音何與枷通，故枷通作何。《陳風·澤陂》篇："有蒲與荷。"樊光《爾雅注》引作"有蒲與茄"，見《澤陂》正義。茄音加。是其例也。枷之爲何，猶加之爲柯也。《爾雅》："陵莫大于加陵。"即《春秋·成十七年》之"柯陵"。《齊語》："耒耜枷芟。"《漢書·王莽傳》："予之北巡，必躬載柫韋。"顏注與《説文》同。

駮古擔荷字作儋何。《説文》：「何，儋也。」「儋，何也。」《左氏昭七年傳》：「子産曰：『古人有言曰：其父析薪，其子弗克負荷。』」此蓋依古語爲名字，所以自儆也。

齊田廣，字駢。《莊子·天下》篇釋文引《慎子》曰：「田駢名廣。」

駢讀爲苹。《春官·車僕》：「掌廣車之萃，苹車之萃。」釋文：「苹，薄經反，又薄田反。」鄭注云：「皆兵車也。廣車，横陳之車也；苹猶屏也，所用對敵自蔽隱之車也。」《春秋傳》曰：「其君之戎，分爲二廣。」則諸侯戎路廣車也。《孫子》八陳，有苹車之陳。故書「苹」作「平」。杜子春云：「平車當爲軿車。」釋文：「軿，薄經反。」按：廣與苹皆兵車之名，故名廣字苹。

駮《説文》：「駢，駕二馬也。」引申其義，則凡物連并皆稱駢。《莊子·駢拇》篇釋文引《廣雅》云：「駢，並也。」司馬彪云：「駢拇，謂足拇指連第二指也。」《史記·管蔡世家》：「欲觀其駢脅。」集解引韋昭云：「駢者，并幹也。」凡物連並則廣矣，此義甚明，不煩改字。

齊梁丘據，字子猶。《昭二十年左傳》。

據讀爲遽，猶讀爲輶。遽也，輶也，皆車之輕且速者也。《爾雅》：「遽，傳也。」《僖三十三年左傳》：「且使遽告于鄭。」《吴語》：「徒遽來告孤，日夜相繼。」杜、韋注並云：「遽，傳車也。」《昭二年左傳》：「子産懼，弗及乘遽而至。」則遽爲車之最速者。遽者疾也，車輕行疾，故謂之遽也。《爾雅》：「輶，輕也。」《説文》：「輶，輕車也。」《秦風・駟鐵》篇：「輶車鸞鑣。」毛傳與《爾雅》同。

【駮】猶，獸名也。《爾雅・釋獸》：「猶，如麂，善登木。」《説文》：「猶，玃屬，一曰隴西謂犬子爲猶。」《顔氏家訓・書證篇》引《尸子》云：「五尺犬爲猶。」是犬及似犬之獸，《爾雅》：「麔，狗足。」麂即麔之或體。猶狀如麂似犬，明矣。皆有猶名。《禮記・投壺》注：「晏子時以罰梁丘據。」釋文：「據，本又作處。」「處」即「豦」字之誤，亦獸名也。《爾雅・釋獸》：「豦，迅頭。」郭注：「今建平山中有豦，大如狗，似獼猴，黄黑色，多髯鬣，好奮迅，其頭能舉石擿人，玃類也。」《説文》引司馬相如説，以豦爲封豕之屬，與郭注異，蓋亦猶「猶」之有二説矣。邵二雲《爾雅正義》云：「高誘《淮南注》以梟羊似遽類，遽即豦也。」今撿《淮南注》，未見此文，未審何據。據邵釋遽爲豦，則此語必確是漢人注義也。《初學記》二十九引《説文》：「𥝫𥝫，一曰梟羊，如麂，善登木。」今本《説文》無此五字。是梟羊似猶，亦玃類也。豦亦玃類，皆似犬之猛獸，故注家有梟羊似遽類之文。子猶之名，當以《禮記釋文》所載作「豦」之本爲正，「遽」、「據」皆「豦」傳寫通假字。《史記・魯世家》稱爲子將，蓋又是一字。將，古獎字。《漢書・衡山王賜傳》：「皆將養勸之。」顔注云：「將讀爲獎。」《説文》：「獎，嗾犬厲之也。从犬，將省聲。」獎爲使犬之名，猶、豦爲似犬之獸，故依以爲名字。

宋樂轡，字子蕩。《襄六年左傳》。

蕩讀爲鞨。《廣韻》：「鞨，與章切。馬額上靻。」靻，則古切。勒名。《説文》：「勒，馬頭絡銜也。」按：鞨，勒之在額上者也，疑即《詩》「鉤膺鏤鍚」之鍚字，或從革耳。《廣韻》：「鍚，與章切。馬額飾。」聲義正同。轡與勒相近，故名轡字鞨。鞨與蕩聲相近，故通作蕩。鞨之爲蕩，猶暘谷之爲湯谷也。《史記·五帝紀》索隱。

駁《詩·車舝》：「六轡如琴。」箋：「持其教令，使之調均，亦如六轡緩急有和也。」《皇皇者華》：「六轡如絲。」傳：「言調忍也。」「六轡既均。」傳：「均調也。」如琴如絲，皆以樂聲之緩急均調，況轡動之緩急均調也？《禮記·郊特牲》：「滌蕩其聲。」注：「滌蕩猶搖動也。」御馬者，搖動其轡，猶調樂者搖動其聲，故以蕩轡爲名字。蕩轡猶振轡，孫綽《蘭亭後序》云：「振轡于朝市。」《晉書·地里志》云：「黄帝崑峯振轡。」今世乘馬之法，兩手分持馬韁，搖動而前縱之，馬即飛奔，名曰放轡。放即蕩也。

齊公子于，字且。《哀六年左傳》：「南郭且于。」杜注：「且于，齊公子鉏也。」案：且與鉏通。鉏，其字也；

于，其名也。《文十一年傳》正義曰：「古人連言名字者，皆先字後名。」故稱且于。

于讀爲芋，且讀爲菹。《釋文》：「且，子餘反。」聲與菹相近。《説文》：「菹，酢菜也。」《士喪禮》：「毼豆兩，其實葵菹芋，蠃醢。」鄭注云：「齊人或名全菹爲芋。」公子齊人，故取以爲名字與？

駁 且于，莒邑名。《左氏襄二十三年傳》「齊侯襲莒門于且于」，即其地。「鉏」即「且于」之合聲。此分「且于」爲二，殊誤。又按：王氏于古人二名者，多强分爲名字。如南宫長萬之稱宋萬，解張之稱張侯，此二人者正猶巫臣之稱屈巫，重耳之稱晉重，展輿之稱莒展，樂祁犂之稱樂祁，皆實係二名，但有省稱耳，不得誤指爲名字連言也。至如公子高祁、公子欒堅、孟施舍、公子捷菑、公南楚，則更無互見分合之處，王氏皆强分而曲爲之説。且于之分，誤最明顯，故特出而正之，並備論其失于此。

鄭公子平，字子豐。《春秋世族譜》。

平，疑當作年，隷書「年」字(成)〔或〕作「秊」，見《北海相景君銘》及《孔龢碑》。與「平」相似而誤。名年字豐，取豐年之義也。齊僖公之母弟夷仲年，亦以年爲名。

駁 平、豐皆席名也。《書·顧命》：「敷重厎席。」馬注：「厎，青蒲也。」僞孔傳：「厎，蒻苹。」按：《禮記·閒傳》注：「苄，今之蒲苹。」《説文》：「蒻蒲子可以爲平席也。」《釋名》：「蒲平，今本誤作「蒲草」也，此從《太平御覽》所引。以蒲作之，其體平也。」馬訓「底」爲「青蒲」，蓋以「底」爲「蒲平」，故僞孔本以爲説。蒲平，以席之平得名，自當以作「平」者爲正，作「苹」者，後人誤以爲草名而妄加艸也。《顧命》又云：「敷重豐席。」王肅及僞孔皆以豐爲莞，鄭注則以底席爲篾纖致席，豐席爲刮涷竹席。涷，《書疏》引作「凍」，誤。今從孫淵如説改。以底豐爲席名，不以爲草名，與馬、王異説。今攷蒲之名底，莞之名豐，實所未見，鄭義爲優矣。

秦秦祖，字子南。《仲尼弟子傳》。

祖讀爲楚，聲近假借也。荆楚之楚通作祖，猶《詩》「衣裳楚楚」之楚，《説文》引作「䱐」也。祖、䱐皆以且爲聲。秦祖字子南，猶游楚之字子南也。或曰祖讀爲沮。《漢書·地里志》：「漢中郡房陵縣東山，沮水所出，東至郢入江。」字或作睢。《定四年左傳》：「楚子涉睢濟江，入于雲中。」《哀六年傳》：「江漢睢漳，楚之望也。」杜注云：「四水在楚界。」故字子南。

駮《説文》：「南，艸木至南方有枝任也。」《尚書大傳》：「南者何也？任方也。任方者，物之方任。」《白虎通·五行》篇：「南方者，任養之方，萬物懷任也。」《淮南·天文訓》：「南吕者，任包大也。」是南之本義爲任，古妊字。萬物懷任于南方，因以南（其）爲

〔其〕方之專名矣。祖爲子孫之始，南爲萬物之始，義自相近，必不拘于南方之國名、水名而改字也。

齊東郭牙，《吕氏春秋・重言》篇。字垂。《説苑・權謀》篇。

牙讀爲圉。牙古讀如吾，與圉聲近而通。《爾雅》：「圉，垂也。」孫炎云：「圉，國之四垂也。」《詩・桑柔》正義。

駁《禮記・玉藻》：「佩玉有衝牙。」疏引皇氏云：「衝居中央，牙是外畔兩邊之璜。」《大戴禮記・保傅》篇：「上有蔥衡，下有雙璜衝牙。」盧注：「衝在中，牙在傍。」是牙爲佩玉下垂兩半璜之名。《曲禮》：「立則磬折垂佩。」佩玉常垂，牙又佩玉之在下者。《荀子・富國》篇注：「垂，下也。」故名牙字垂。

宋公子圍龜，字子靈。《成五年左傳》。

圍讀爲違，同聲假借也。《易・繫辭傳》：「範圍天地之化而不過。」釋文：「範圍，馬、王肅、張作『犯違』。」《管子・形勢》篇：「其功逆天者，天違之。」宋本作「圍」。《表記》「不廢日月，不違龜筮，違龜猶違卜也」、《大誥》曰「王害不違卜」是也。靈猶神也。《頤・初九》曰：「舍爾靈龜。」《春官・龜人》：

「天龜曰靈屬。」《爾雅》：「龜俯者，靈。」

駁《莊子・人間世》：「絜之百圍。」釋文引李頤注云：「徑尺爲圍。」《白虎通・蓍龜》篇引《禮三正記》曰：「天子龜長一尺二寸，諸侯一尺，大夫八（尺）〔寸〕，士六寸。」是龜之大者不過尺二寸。龜體狹而長，分其長以益其狹。長尺二寸者，徑實不過一尺。《爾雅・釋魚》：「二曰靈龜。」注云：「涪陵郡出大龜，甲可以卜，緣中文似瑇瑁，俗呼爲靈龜，即今觜蠵龜，一名靈蠵，能鳴。」《初學記》引《廣志》云：「觜蠵，形如龜，出交州。山龜在山上，食草，長尺餘。」由是言之，靈龜即天子所用之龜，龜之最大者也。以其圓徑一尺，故有圍龜之名。楚有鬬韋龜，見《昭四年左傳》。韋，古圍字，《漢書・成帝紀》：「大木十韋以上。」皆取靈龜之名以爲名也。古人最重卜筮，《表記》、《大誥》明云不違，何得轉有取于違龜耶？

越文種，字禽。《呂氏春秋・當染》篇注。

種讀爲雔。《玉篇》：「雔，充聾切。雀也。」《廣韻》：「雔，小鳥飛也。」故字禽。

駁 禽者，鳥獸通名。說詳《曲禮》疏。人以族姓分，禽以種類別，故名種字禽。

《駁春秋名字解詁》補

胡元玉

晉寺人勃鞮，字伯楚，《晉語》。一名披。《僖五年左傳》。按：「勃鞮」之合聲爲「披」。

補 自此以下，皆王氏有録無説者。《淮南·天文訓》：「賁星墜而勃海決。」注：「勃，大也。」《説文》：「鞮，革履也。」勃鞮即大革履之名，《史記·晉世家》又稱爲「履鞮」，履當讀如「登臺履薪」之履，亦「披」之合聲。《禹貢》：「唯荆、楊二州貢齒革羽毛。」攷荆州及楊之東境皆古楚地，故《左氏傳》晉文公對楚子云：「羽毛齒革，則君地生焉。」蔡聲子對楚子木云：「如杞梓皮革，自楚往也。」春秋時言革，必推楚産，則革履亦必以楚革所爲爲最，故字伯楚。

宋公子目夷，字子魚。《僖八年左傳》。

補 《爾雅·釋畜·馬屬》：「一目白，瞯；二目白，魚。」注：「似魚目也。」《詩》曰：「有驔有魚。」馬具魚目，神駿之狀，故《漢書·西域傳·贊》以魚目爲駿馬之名。邵二雲見《釋文》引《倉頡篇》云「瞯，目病也」，此自指人目病言之。馬名，《説文》本作「驏」，《爾雅》作「瞯」，通假字也。遂以馬目白爲病，誤矣。《禮記·曲禮》：「在醜夷不争。」注：「夷猶儕也。四皓曰陛下之等夷。」《詩・桑柔》傳：「夷，平也。」疏云：「夷是齊等之言。」魚馬二目俱白，異于瞯馬，故名目夷。言二目皆如是，猶等夷之無別爾。

魯公子買，字子叢。《僖二十八年左傳》。

補 買，鳥名也。《離騷經》：「恐鵜鴂之先鳴兮。」王逸注：「鵜鴂，一名買鵤。」《漢書・楊雄傳》：「徒恐鷤搗之將鳴兮。」注：「鷤搗鳥，一名買鵤，一名子規。」即其物，字或作鶗。《廣雅》：「鶗鵤，子規也。」古者物名經籍互見，多緐省不同。蓋聲有長短轉合之殊，語有五方中國之別，其名稱非《爾雅》、《方言》諸書所能盡。故二名之物，多單稱之。如蘢古之稱蘢，《爾雅》：「紅，蘢古。」《詩・山有扶蘇》：「隰有游龍。」傳：「龍，紅草也。」龍即蘢之古假借。萹蓄之稱萹，《爾雅》：「竹，萹蓄。」《楚辭・九章》：「解萹薄與雜菜兮。」注：「萹，萹畜也。」畜，古蓄字。芎藭之稱芎，《楚辭・九歎》：「莞芎棄于洲澤兮。」注：「芎，芎藭也。」杜若之稱若，《楚辭・九歌》：「華采衣兮若英。」注：「若，杜若也。」蠑螈之稱螈，蜥蜴之稱蜴，《爾雅》：「蠑螈，蜥蜴。」《詩・正月》：「胡爲虺蜴。」傳：「蜴螈也。」孔雀之稱孔，《楚詞・七諫》：「鸞皇孔鳳。」注：「孔，孔雀也。」不可枚舉，皆省稱也。買鵤之稱買，亦此例也。《淮南・俶真訓》注：「聚木曰叢。」《周禮・大司徒》注：「叢物，萑葦之屬。」叢是草木聚生之處，鳥所棲止，故《孟子・離婁》篇云：「爲叢敺爵者，鸇也。」

楚公子嬰齊，字子重。《宣十一年左傳》注。

補 齊，古臍字。《左氏莊六年傳》：「若不早圖，後君噬齊。」注：「若齧腹齊，喻不可及。」《史記·封禪書》：「天齊，淵水居臨菑山下者。」索隱引解道彪《齊記》云：「臨菑城南有天齊，五泉並出，有異于常，言如天之腹齊也。」《玉篇·女部》引《倉頡篇》云：「女曰嬰，男曰兒。」《釋名》：「人始生曰嬰兒。」嬰齊，蓋謂嬰兒方震，適當腹齊也。重者孕也。《詩·大明》：「大任有身。」傳：「身，重也。」箋：「重謂懷孕也。」《説苑·修文》篇：「取禽不取麛卵，不殺孕重者。」《漢書·匈奴傳》：「孕重墮殰。」《素問·奇病論》：「人有重身，九月而瘖。」懷孕者，身中復有一身，故有重名矣。

楚公子貞，字子囊。《成十五年左傳》注。

補 貞之與囊，義頗不相應。求之本字及古假借，均不能通，不得不以聲近字爲説矣。「貞」蓋楚俗方言呼「胇」之聲轉也。據《檀弓》鄭注云：「陳或作陵，楚人聲。」疏云：「楚人呼『陳』及『陵』聲相似，故云楚人聲。」《左氏哀十四年傳》注云：「承音懲，蓋楚言。」疏云：「『承』、『懲』音相近。」蓋是楚人之言，聲轉而字異耳。今以音近求之，「貞」之于「胇」，正猶「陳」之于「陵」、「承」之于「懲」。《説文》：「胇，囊也。」《離騷經》王逸注：「幃謂之胇。胇，香囊也。」《説文》：「幃，囊也。」《後漢書・儒林傳・序》：「大則連爲帷蓋，小乃制爲縢囊。」則又以勝、縢音近，而假「縢」爲「勝」矣。

鄭良霄，字伯有。《襄十一年左氏經》注。

補《爾雅》：「雨霓爲霄雪。」「雪」字衍文。《説文》：「霄，雨霓爲霄。齊語也。」霓即霰之或體。《説文》：「霰，稷雪也。霓或从見。」《詩・頍弁》：「如彼雨雪，先集維霰。」箋：「將大雨雪，始必微温，雪自上下，遇温氣而摶謂之霰。久而寒勝，則大雪矣。」雨霰爲大雪之漸，猶履霜爲堅冰之漸。冰雪皆陰勝陽之象，故古人以霜霰喻危機之萌，而致戒焉。《説文》：「有，不宜有也。《春秋傳》曰：『日月有食之。』」霄爲雪漸，有類危機，故比于日月之食，而以「有」爲字。

鄭罕嬰齊，字子齹。《昭十六年左傳》注。

補齹，《説文》作「䶩」，云「齒差跌皃。《春秋傳》鄭有子䶩。」《淮南・要略》注：「嬰，繞抱也。」差跌是不齊之貌，嬰齊蓋言齒繞抱口中皆齊也。名嬰齊字齹，以相反爲義，與楚子重雖同名，而取義各别。

楚伍員，字子胥。《昭二十年左傳》注。

補《詩・正月》：「員于爾輻。」傳：「員，益也。」《爾雅》：「胥，相也。」「相」字兼相見、輔相二音二義，故「胥」又有輔義。《方言》六：「胥、由，輔也。吴越曰胥。」《廣雅・釋詁二》：「由、胥、輔，助也。」求賢自輔，所以致益，故《論語》曰「以友輔仁」，又曰「益者三友」。車棄其輔，無益于載，故《詩》曰：「無棄爾輔，員于爾輻。」

魯季公亥，字若。《昭二十五年左傳》。

補《説文》：「若，擇菜也。从艸、右。右，手也。」亥，古荄字。《説文》：「亥，荄也。十月微陽起，接盛陰。」陽至亥而起，艸緣荄而萌。二者正相似，故未造「荄」字時即假「亥」爲「荄」。觀「荄」以「亥」爲聲，而「亥」反以「荄」爲義自見。《爾雅・釋艸》：「荄，根。」注：「俗呼韭根爲荄。」《大平御覽》九百七十六引《通俗文》云：「韭根曰荄。」是郭注所本。究之荄實通名，不必泥于韭根之俗稱也。《禮記・少儀》：「爲君子擇蔥薤，則絶其本末。」本即荄，絶而去之，固擇菜者之要務爾。

宋樂祁，字子梁。《定八年左傳》。

補《昭二十七年》、《定六年》經並作「樂祁犂」，三傳同。《左氏傳》作「樂祁」，此省稱耳，當以經文爲正。《詩·七月》傳、《玄鳥》箋皆云：「祁祁，衆多也。」犂，《説文》作「𥝢」，云「耕也」。祁犂，蓋取耕者衆多之意，猶云「十千維耦」也。梁，古粱字。《素問·生氣通天論》、《通評虚實論》、《腹中論》「膏粱」皆作「高梁」。《説文》：「粱，米名也。从米，梁省聲。」

衞公孫彌牟，字子之。《哀十二年左傳》注。

補《吕覽·貴生》篇、《論人》篇注皆云：「彌，益也。」《謹聽》篇：「牟而難知。」注：「牟，猶大也。」《淮南·詮言訓》：「善博者，不欲牟。」《大平御覽》七百五十四引此文，並注云：「牟，大也，進也。」今本無此注，蓋許注也。彌牟，蓋取益大之意。《説文》：「之，出也。象艸過中，枝莖〔漸〕益大，有所之〔也〕。一者，地也。」是「之」本艸枝莖出地益大之名，引申之，則自此往彼亦謂之之。名彌牟字之，蓋以此也。又《廣雅·釋訓》：「牟牟，進也。」與《御覽》所引《淮南注》同。牟訓進，與之訓往，義亦近。

齊顔涿聚，字庚。《哀二十三年左傳》注。

補《漢書·古今人表》作「顔燭雛」，本或作「顔濁鄒」。○《説苑·正諫》篇亦作「燭雛」。《晏子春秋·外篇》作「燭鄒」，《淮南·氾論訓》作「喙聚」，「喙」蓋「啄」之誤字。《説文》：「啄，鳥食也。」啄與噣通，《爾雅・釋鳥》「生哺，鷇；生噣，雛」是也。「燭雛」即「啄雛」，涿、燭、濁、噣皆啄之通假，聚、鄒皆雛之通假。據《方言》八「爵子及雞雛皆謂之鷇」，則雛、鷇皆鳥子通稱。《爾雅》之分，互文則異耳。啄雛之名，蓋泛指啄食之鳥子，不必專屬「生而能啄之雛」也。「庚」蓋「倉庚」之省稱。又《孟子・萬章》篇「于衛主顔讎由」，《史記・孔子世家》作「主于子路妻兄顔濁鄒家」。此自是衛人，其名當以《孟子》爲正，《史記》蓋傳寫聲誤，與此無涉。

宋樂茷，字子潞。《哀二十六年左傳》。

【補】《說文》云：「茷，艸葉多。」字義與「潞」不相應，疑「茷」當作「伐」，緣晉有羅茷而誤也。《詩・泮水》：「其旆茷茷。」釋文：「本作伐伐。」亦當以「茷」爲「伐」字之誤。伐即參伐。《公羊昭十七年傳》：「伐爲大辰。」注：「伐謂參伐也。」伐與參連體，同實而異名，故《詩・小星》「維參與昴」傳云：「參，伐也。」《左氏昭元年傳》：「遷實沈于大夏，主參。唐人是因。」「及成王滅唐，而封大叔焉，故參爲晉星。」注云：「大夏，今晉陽縣。」《說文》：「潞，冀州浸也。上黨有潞縣。」今按：晉陽即今太原府太原縣，潞縣即今潞安府潞城縣。《春秋・宣十五年》「晉師滅赤狄潞氏」，即其地，皆晉地也。參爲晉星，故名伐字潞。

晉士蔿，字子輿。《晉語》注。

補 《方言》三：「蔿，化也。」注：「蔿音花。」按：蔿即古花字，郭音極是。古音爲、化同讀如訛，故从爲、化得聲之字多通用，如「南訛」之作「南僞」，即其例。草木著花，非所本有，忽有忽無，有似人爲，更同物化，故字作「蔿」，而《方言》訓爲「化」。《廣雅·釋詁三》：「蔿，七也。」七即古化字。《釋草》又云：「蘤、花，華也。」蘤、花即蔿之或體矣。《後漢書·張衡傳》：「百卉含蘤。」注引張揖《字詁》云：「蘤，古花字也。」據此可知蔿、蘤、花即一字。《説文》：「蔿，艸也。」今偏按書傳，蔿艸形狀及其別名，絶不可攷見。證以《方言》、《廣雅》，當是「艸」下脱去「華」字耳。蔿爲古花字，故春秋時有蔿姓，後世無蔿姓，有花姓矣。「輿」即「芞輿」之省稱。芞輿一名藒車，見《爾雅》。有花之香草也。《大平御覽》引《廣志》云：「藒車香，味辛，生彭城，高數尺，黄葉白華。」

晉祁奚，字黄羊。《呂氏春秋·去私》篇注。

補 奚，古騱字。《爾雅·釋畜·馬屬》：「前足皆白，騱。」釋文：「騱，郭音雞。舍人本作雞。」劉邵《趙都賦》所稱「良馬奚斯」，《文選·赭白馬賦》注引。《淮南·道應訓》所稱「雞斯之乘」，即《爾雅》之騱也。斯，白也，《詩》「有兔斯首」箋。即指其前足皆白言之。黄羊即《爾雅》之播羊，黄腹之羊也。騱及黄羊皆畜類，以爲名字，猶晉郤豹之字叔虎，羊舌虎之字叔羆，楚成熊之字虎，皆取獸類爲名耳。

齊雝人巫，字易牙。《史記·齊世家》索隱引賈逵《左傳注》。

補 巫即醫也。《説文》：「醫，治疾工也。古者巫彭初作醫。」《淮南·説山訓》注：「醫師，在女曰巫，在男曰覡。」《廣雅·釋詁四》：「醫，巫也。」《説文》：「齷，齗腫也。」「䶏，齒蠹也。齲，䶏或从齒。」《史記·倉公傳》：「齲齒病得之風，及卧，開口食而不漱。」是人之齒牙亦常有疾。《詩·甫田》：「禾易長畝。」傳：「易，治也。」易牙蓋治牙疾之謂，醫者之事也。《大戴禮·保傅》篇、《論衡·譴告》篇皆作「狄牙」，通假字。

魯孔箕，字子京。《史記·孔子世家》。

補 箕，所以簸穀者也。《説文》：「箕，簸也。」《詩·小東》：「維南有箕，不可以簸揚。」京，所以藏穀者也。《説文》：「圜謂之囷，方謂之京。」《廣雅·釋宫》：「京，倉也。」《史記·倉公傳》：「見建家京下方石。」集解引徐廣云：「京者，倉廩之屬也。」

魯冉雍，字仲弓。以下並見《史記·仲尼弟子列傳》。

補 雍即雝之隸省。《禮記·樂記》引《詩》「肅雍和鳴」而釋之曰：「雍雍，和也。」名雍字弓，蓋取和弓之意。《攷工記·（工）〔弓〕人》：「六材既衆，巧者和之。」又云：「材美，工巧，爲之時，謂之參均。角不勝幹，幹不勝筋，謂之參均。量其力有三均，均者三，謂之九和。」此作弓者之和弓也。又云：「和弓轂摩。」注：「和猶調也。轂，拂也。將用弓，必先調之，拂之，摩之。」此用弓者之和弓也。

武城澹臺滅明，字子羽。

補《公羊隱五年傳》：「六羽者何？舞也。」注：「持羽而舞。」《淮南·時則訓》：「執干戚戈羽。」注：「羽，舞者所持翿也。」《詩·君子陽陽》傳：「翿，纛也，翳也。」《爾雅·釋言》：「纛，翳也。」注：「舞者所以自蔽翳。」是羽、翿、《爾雅》作「翢」，《説文》作「翳」，即一字。纛、翳即一物矣。《周禮·鄉師》先鄭注：「翿，羽葆幢也。」《釋名》：「翳，陶也，其貌陶陶下垂也。」羽葆幢之狀陶陶下垂，故可以自蔽翳而名翳。翳者，掩障之名也。《莊子·應帝王》篇：「已滅矣，已失矣。」釋文引崔注云：「滅，不見也。」《荀子·臣道》篇：「而滅其功。」注：「滅，掩没也。」滅明，蓋指舞者持羽自掩障不見光明言之。

江東矯疵，字子庸。

補《漢書·儒林傳》作「魯橋庇子庸」，橋、矯通假字，疵即庇之誤字也。庸，古傭字。《楚辭·懷沙》：「固庸態也。」王逸注：「庸，厮賤之人也。」《漢書》屢言「庸保」，皆以庸爲役力而受雇值之名。《一切經音義》六引蔡邕《勸學》注云：「傭，賣力也。」賣力而役于人，即寄于其家。《方言》二：「庇、寓，寄也。齊、衛、宋、魯、陳、晉、汝潁、荆州、江淮之閒曰庇，或曰寓。」

淳于光羽，字子乘。

補《方言》六：「飛鳥曰雙，鴈曰乘。」《詩·韓奕》箋：「光猶榮也。」《内則》注：「羽，雁也。」光羽蓋謂鴈，獨名乘，于羽鳥中獨有光榮也。

魯公夏首，字乘。

補《詩·七月》「亟其乘屋」傳、《晉語》「郤叔虎將乘城」注皆云：「乘，升也。」《釋名》：「乘，陞也。登亦如之也。」《禮記·郊特牲》：「升首于室。」注：「制祭之後，升牲首于北墉下，尊首尚氣也。」此蓋取升首之義。

魯縣成，字子祺。上與「縈旂字子祺」相連，疑因此誤衍「字子祺」三字。

補《爾雅》、《説文》皆云：「祺，吉也。」《詩・摽有梅》、《天保》傳、《説文》皆云：「吉，善也。」《禮記・檀弓》、《王制》、《少儀》注皆云：「成猶善也。」成、祺義近，不必以「字子祺」三字爲誤衍。

衛廉絜，字庸。

補絜，矢名也，守城所用。《周禮・司弓矢》：「枉矢、絜矢利火射，用諸守城、車戰。」注：「絜矢，弩所用也。」庸，古墉字。《詩・崧高》：「以作爾庸。」傳：「庸，城也。」《説文》：「墉，城垣也。」

魯公西葴，字子上。上與「公西(與)〔輿〕如字子上」相連，疑因此誤衍「字子上」三字。

補葴，蓋箴字之誤，隸書从竹从艸之字多混寫無別，因譌「箴」爲「葴」爾。《書・盤庚》馬注：「箴，諫也。」《左氏襄四年傳》「命百官，官箴王闕」，《襄十四年傳》「工誦箴諫」，《周語》「師箴」，是箴爲自下刺上之稱。《中庸》鄭注：「上謂君也。」亦不必以「字子上」爲誤衍。

【説明】

文二篇，原載《清經解續編》卷一四二七。稿成於光緒十年甲申。胡元玉，字子瑞，湖南湘潭人。與皮錫瑞交友。有《雅學考》等書。

《〈廣雅·釋詁〉疏證》拾遺

俞樾

王懷祖先生作《廣雅疏證》，其致力勤矣。然《廣雅》字義實有難曉者，王氏之書遺漏尚多。其以習見而不及者固有之，而隱僻之義無可疏證，姑從蓋闕者，亦十二三也。余從前著《廣雅疏證拾遺》，於《釋詁》四卷頗有補苴，餘則未及也。以未卒業，久藏篋中。今精力益衰，難乎爲繼，而前功可惜，又未忍棄之。因取舊稿刻入《襍纂》中，題曰《〈廣雅·釋詁〉疏證》拾遺》。

匯　㧝、㔸　𦟼　大也。凡本文不相連屬者，空一格，下放此。

樾謹按：匯者，器之大也。《説文·匚部》：「匯，器也。從匚，淮聲。」據《釋名》云：「淮，圍也，圍繞揚州北畔東至海也。」匯從淮聲，則亦有圍繞之義，故訓大矣。《禹貢》：「東匯澤爲彭蠡。」言澤之畜水，同於器之容物也。 㔾、𠡠二字，《説文》所無，古字蓋止作「并」、「阰」。《莊子·在宥》篇釋文云：「阰，并也。」然則并、阰同義矣。《釋言》云：「并，兼也。」凡物分之則小，合之則大，故并訓大也。《詩·節南山》篇：「天子是阰。」毛傳：「阰，厚也。」《墨子·經》篇云：「厚有所大也。」阰訓厚，故訓大也。《采菽》篇：「福禄膍之。」毛傳：「膍，厚也。」阰與膍通。 𡙇者，《玉篇·多部》云：「𡙇，大也。」字亦從大作「奝」。

望 至也。

樾謹按：《説文·亡部》：「望，出亡在外，望其還也。」故望有至義。

惢 長 善也。

樾謹按：惢者，《説文》云：「心疑也。從三心。」蓋亦審慎之意，故得訓善矣。 長猶大也。《禮記·表記》篇：「義有長短大小。」是長與大同類，故古人謂大爲長。 高誘注《吕氏春秋·任數》篇曰：「長，大也。」長爲大，而亦爲善，猶佳爲善，而又爲大也。

言　從也。

樾謹按：《洪範》：「言曰從。」

猷　順也。

樾謹按：《爾雅·釋言》：「猷，若也。」字通作猶。《詩·小星》篇：「寔命不猶。」《鼓鐘》篇：「其德不猶。」毛傳並曰：「猶，若也。」猷訓若，故訓順。《尚書·堯典》篇：「曰若稽古。」枚《傳》曰〔一〕：「若，順也。」

危　集　正也。

樾謹按：危者，《禮記·喪大記》：「中屋履危。」鄭注云：「危，棟上也。」是棟上謂之危。《釋名·釋宫室》曰：「棟，中也，居室之中也。」中則無不正，危之訓正，義本乎此。《莊子·繕性》篇：「危然處其所郭。」注云：「危然，獨正之貌。」亦足證危正之義。王氏所説未盡。集之言齊也。《漢書·鼂錯傳》師古注云：「集，齊也。」《詩·小宛》篇：「人之齊聖。」毛傳訓「齊」爲「正」。集訓齊，故亦訓正。今俗語猶云齊集及齊正，足知其義之通矣。王氏疑「集」爲「準」字之誤，非是。

穌　滿也。

檝謹按：下文「穌，取也」。字通作蘇。《管子·法禁》篇：「漁利蘇功。」尹知章注曰：「因少搆多謂之蘇功。」取之不已，由少而多，故爲滿也。《離騷》：「蘇糞壤以充幃兮。」王逸注曰：「蘇，取也。」充猶滿也，充滿必由於穌取，故其義得通矣。

祖、毖、征　遠也。

檝謹按：祖對禰而言。《襄十三年左傳》正義曰：「禰，近也。」禰爲近，則祖爲遠矣。毖之訓遠，不見於經典。《詩·泉水》篇：「毖彼泉水，亦流于淇。」鄭箋云：「泉水流而入淇，猶婦人出嫁於異國。」疑三家《詩》必有訓毖爲遠者。蓋以泉水之遠流，興婦人之遠嫁，故下云：「女子有行，遠父母兄弟也。」毛傳但云：「泉水始出，毖然流也。」猶未得毖(宇)〔字〕之義。征者，《詩·小宛》篇云：「我日斯邁，而月斯征。」鄭箋云：「邁、征皆行也。」是征與邁同義。《說文·辵部》：「邁，遠行也。」故征亦有遠義矣。

毒　幹、焉　安也。

檝謹按：《周易·師·彖傳》：「以此毒天下，而民從之。」釋文引馬注曰：「毒，治也。」

治與安義相近。幹、焉並訓安者，安猶何也，如《禮記》「安取彼」之類是也。焉訓安，猶訓何也，如《論語》「焉用佞」之類是也。幹亦何也，《詩・韓奕》篇：「幹不庭方，以佐戎辟。」言何不直方以佐汝君也。「幹不庭方」，與「曷不肅雍」句法相似，説詳《羣經平議》[二]。此條所詁安字皆實義，獨幹、焉二字則爲語詞。自古訓失傳，而幹之爲語詞無知者矣。《説文》無「幹」字，當從《詩》作「榦」。

菅　疏、亨　通也。

樾謹按：「菅」不知何字，其下之「亯」即「享」字也。古享、亨同字。訓亨爲通，猶訓亨爲通耳。疏通之與亨通，今語猶然，不煩詮釋。疑古本止有「亯」、「疏」二字，「亯」字誤加艸頭，校者依篆文旁註「亨」字，傳寫誤入「疏」字下耳。

杭　張也。

樾謹按：王氏改「杭」爲「抗」，然據《説文》，抗、杭實一字，不煩改正。

充　行也。

樾謹按：《釋訓》：「衝衝，行也。」重言之爲衝衝，單言之即爲衝。此曰「充，行也」，充與衝通。《漢楊君石門頌》：「八方所達，益域爲充。」《隸釋》謂以「充」爲「衝」。衝即俗書衝字，是漢人充、衝通用也。

㾘　病也。

樾謹按：《釋言》：「尯，券也。」㾘與尯同訓券，故從尢。訓病，故從歺也。

㮚　一也。

樾謹按：㮚不訓一，「㮚」乃「桀」字之誤。《吕氏春秋·下賢》篇：「桀乎其必不渝移也。」高注曰：「桀，特也。」凡經傳言特牛、特羊、特豚，皆謂一也。桀訓特，故亦得訓一矣。

高　旅　養也。

樾謹按：高字經典無訓。養者，據與亯連文，疑即亯字之誤而衍也。旅者，《吕氏春秋·季冬》篇：「律中大吕。」高誘注曰：「吕，旅也。所以旅陰，即養助其成功。」此旅訓養之義，然高注語意未明。其注《淮南・時則》篇云：「吕，旅也。萬物萌動於黄泉，未能達見，所以旅。旅去陰，即陽助其成功，故曰大吕。」則疑彼注「養」字有誤，然並云「助其成功」，則固得有養義矣。

震，愛也。

樾謹按：震無愛義。據《釋言》云：「㕽，隱也。」疑「震」即「㕽」之叚音。㕽字從氏得聲，震通作㕽，乃一聲之轉。《尚書・無逸》篇：「治民祗懼。」《史記・周公世家》「祗」作「震」，是其例矣。又《禮記・内則》篇：「祗見孺子。」鄭注曰：「祗或作振。」是從氏從辰之字，古每通用也。㕽訓隱，而得訓愛者，正與上文「翳」字同。王氏曰：「愍惜諸字爲親愛之愛，翳爲隱愛之愛。」是此條「愛」字固有二義也。

㱦 極也。

樾謹按：《一切經音義》卷十引《字書》曰：「㑊，倚也。」今言㑊息、㑊卧皆是也。疑此㱦字即與㑊通，疲極而卧息，事正相因矣。

刻　分也。

檝謹按：《爾雅・釋器》：「木謂之刻。」王氏於上「嚳」字引《爾雅》「象謂之鵠，角謂之觷」，於上「劇」字引《爾雅》「木謂之劇」，此未及引，故爲補之。《詩・南山》篇：「析薪如之何？匪斧不克。」克與刻通。毛傳訓「能」，非是。上文「斯」字即「斧以斯之」之「斯」，此文「刻」字即「匪斧不克」之「克」。

劃（剌）〔剌〕也。

檝謹按：《文選・謝玄暉〈鼓吹曲〉》：「疊鼓送華輈。」李善注：「小擊鼓謂之疊。」疊無擊義，疑即劃字也。劃本訓（剌）〔剌〕，而亦得訓擊者，擊與剌義相近。如此文云：「挑，剌也。」下文云：「挑，擊也。」即其例矣。《説文・手部》：「抌，深擊也。」而此則訓爲（剌）〔剌〕，然則（剌）〔剌〕謂之劃，而擊亦謂之劃，猶擊謂之抌，而（剌）〔剌〕亦謂之抌也。

㓨　㓨　斷也。

檝謹按：㓨古字止作㮚，隸變作栗。《詩・東山》篇：「烝在栗薪。」鄭箋云：「栗，析也。古者聲栗裂同也。」《考工記・弓人》：「菑栗不迆。」鄭注云：「栗讀爲裂繻之裂。」賈疏云：

「栗者，亦取破之義。」是栗與裂，古以聲近而得通用。栗通作裂，故得訓爲斷，乃即變其字從刀。此字之所以孳乳寖多矣。㓾者，《淮南子·原道》篇：「堅强而不㓾。」《本經》篇：「剛而不𨐋。」高注並曰：「𨐋，折也。」㓾與𨐋聲近。《説文·耳部》「聵」或體作「聹」。《昭九年左傳》「屠蒯」，《禮記·檀弓》篇作「杜蕢」，竝其證也。𨐋無折義，《淮南子》兩用「𨐋」字，疑皆當作「㓾」矣。

蹂　疾也。

樾謹按：蹂即厹之篆文，其本義爲「獸足蹂地」，故訓疾也。《説文·言部》：「訄，迫也。」《漢書·楊雄傳》：「杳旭卉兮。」師古曰：「旭卉，疾速也。」訄、旭與厹竝從九聲，義得通矣。

䟃　慙也。

樾謹按：《説文》「䟃」篆説解曰：「顔色䟃𪉊慎事也。」初無慙義。乃本書卷四云：「𪉊，恥也。」𪉊即𪉊字，𪉊訓恥，故䟃訓慙矣。蓋謹慎之至，近乎慙恥，義固得通也。

肆　信也。

樾謹按：此條所詁，皆忠信之信。而「肆」之訓「信」，則信當讀爲伸。《周易·繫辭傳》：「往者屈也，來者信也。」是屈伸之伸，可以信爲之也。《周官·掌戮》：「肆之三日。」鄭注云：「肆猶申也。」即《廣雅》所本。卷四云：「肆，伸也。」與此文字異而義同。《漢書·律曆志》云：「引者，信也。」《文選·長笛賦》注引《廣雅》云：「引，伸也。」然則肆之訓信，本於《周官》鄭注之訓「申」，猶引之訓伸，本於《漢書·律曆志》之訓「信」矣。

实　嬭　㛐　好也。

樾謹按：王氏訂「实」爲「妖」之譌，因下文「窈窕」而誤。然妖從女，此不從女，則非妖字也。实去宀當作夭，《禮記·大學》篇引《詩》：「桃之夭夭。」鄭注曰：「夭夭，美盛貌。」此云「夭，好也」，正合鄭義。《論語·述而》篇集解引馬注曰：「申申夭夭，和舒之貌。」和舒亦好也。嬭者，王氏以《説卦傳》「萬物絜齊」説之，於義未盡。今按：《詩·采蘋》篇：「有齊季女。」《玉篇·女部》引作「有嬭季女」。嬭之訓好，疑本於三家《詩》。毛傳訓「齊」爲「敬」，然《車舝》篇：「思孌季女逝兮。」傳曰：「孌，美貌。季女謂有齊季女也。」則又似采三家《詩》義，字雖作「齊」，義實同「嬭」。鄭箋申之云：「思得孌然美好之少女，有齊莊之德者。」

則泥毛傳爲説，未必得毛意也。古人言婦女不諱言容貌之美。《思齊》篇云：「思齊大任，文王之母。思媚周姜，京室之婦。」兩「思」字皆語詞。曰齊曰媚，皆言其美也。「齊」即「齌」之叚字。《廣雅》「齌」與「媚」並訓「美」，正可以説此《詩》矣。先大任後周姜者，由大姒嗣徽音而上溯之，故先近而後遠也。傳訓「齊」爲「莊」，「媚」爲「愛」；鄭説兩「思」字，均未合。婽者，楊雄《蜀都賦》云：「瑕英江珠。」左思《蜀都賦》云：「江珠瑕英。」皆以瑕英並言。劉淵林注左思《賦》云：「瑕，玉屬也。」是瑕英並玉名。《齊風・著》篇毛傳曰：「瓊英，美石似玉。」《魏風・汾沮洳》篇次章曰「美如英」，卒章曰「美如玉」，英亦玉也。蓋以玉之美，比人之美也。據《説文・玉部》「瑛，玉光也」，則字本從玉作「瑛」。乃以比人之美，遂變其字從女作「媖」。《玉篇》：「媖，女人美稱也。」然則「婽」亦即「瑕」之變也。以玉言之，則爲瑕瑛。以人言之，則爲婽媖矣。上文曰「英，美也」，此文曰「婽，好也」，其義正同。「英」不從女，而「婽」從女，字有今古耳。

俙、屬　解也。

檝謹按：俙與稀同。《説文・禾部》：「稀，疏也。」疏則有分解之義。以禾之行列言，則從禾作稀。以人之行列言，則從彳作俙矣。屬之言注也。《襄二十三年左傳》杜注曰：「注，屬矢於弦。」《荀子·禮論》篇楊倞注曰：「注續即屬續也。」屬矢謂之注，屬續謂之注，是屬與注聲近義通。《詩正義》曰：「注者著也，言爲之解説，使其義著明也。」《禮記正義》曰：「注者即解書之名。」《一切經音義》卷六引《字林》曰：「註，解也。」註即注字。注爲解，故屬亦爲解矣。

鬒　强也。

樾謹按：《考工記·輪人》：「稹理而堅。」鬒、稹同聲。《廣雅》「鬒」與「堅」並訓「强」，然則此「鬒」字即讀如「稹理而堅」之「稹」矣。《考工記》釋文曰：「稹，本又作縝。」《文選·謝玄暉〈晚登三山詩〉》：「誰能縝不變？」李善注：「縝與鬒同。」《考工記》既有作「縝」之本，或亦有作「鬒」之本也。

澰　清也。

樾謹按：澰即瀲字。《文選·西征賦》：「青蕃蔚乎翠瀲。」李善注：「瀲，波際也。」

叢　遽也。

樾謹按：《書（益）·益稷》：「元首叢脞哉。」枚《傳》曰：「叢脞，細碎無大略。」細碎則有煩劇之意，故叢爲遽也。《漢書·酷吏傳》：「罔密事叢。」此「叢」字當訓遽。師古注曰：「叢謂衆也。」衆與遽義亦相因。衆謂之叢，而遽亦謂之叢，猶疾謂之劇，而繁多亦謂之劇也。

揥　語也。

樾謹按：《漢書·劉向傳》：「乃著《疾讒》、《擿要》、《救危》。」師古注曰：「擿謂指發之也。」《廣雅》此文「指」、「揥」二字相連，揥即擿也，正取指擿之義。字亦作謫。《列子·力命》篇：「不相謫發。」《方言》：「謫，過也。南楚凡相非議人謂之謫。」蓋從言者，以其非議人也。從手者，以其指發之也。雖二字而實一義矣。

娍　愚也。

樾謹按：《集韵》引《字林》：「怴，戇皃。」娍與怴通。

爽　責也。

樾謹按：《方言》：「爽，過也。」是爽有過義。故此與過同訓責。

㦹　晛　䁡　視也。

樾謹按：《書・堯典》篇：「在璿璣玉衡。」枚傳：「在，察也。」此「㦹」字疑即「在璿璣玉衡」之「在」。漢人書「在」字或作「𢦏」，《州輔碑》「𢦏貴不濡」是也。「在」本從才聲，「𢦏」則變從戈聲。此作「㦹」者，又變從土，而從目以合於在察之義也。殆漢魏閒俗書與？或「㦹」本古字，因經典皆假「在」爲之，而本字獨存於此書與？晛者，《説文》云：「目出皃也。」䁡者，《説文》云：「目陷也。」以其從目，故皆得有視義。

潛　營，上也。

樾謹按：潛無上義，疑僭之誤。《隱五年穀梁傳》：「始僭樂矣。」范注曰：「下犯上謂之僭。」下犯上，故爲上矣。《漢書・五行志》：「庶位踰節茲謂僭。」踰亦上也。營者，《詩・樛木》篇：「南有樛木，葛藟縈之。」據首章「南有樛木，葛藟纍之」毛傳曰「木下曲曰樛」，箋云「喻后妃能以意下逮衆妾，使得其次序，則衆妾上附事之」，然則樛木喻后妃下逮，葛藟喻衆妾上附。首章「纍之」言纍綴而上也，卒章「縈之」言縈繞而上也。營與縈古字通。《莊二十五年公羊傳》「朱絲營社」，釋文曰「營本亦作縈」是也。疑「葛藟縈之」，三家《詩》有作「營」而訓「上」者，故《廣雅》用其説與？《方言》「祖，上也」，又曰「祖，轉也」，祖訓轉而亦訓上，則「營」之訓「上」，與毛傳訓「縈」爲「旋」，義固得通矣。

禢　移　褲也。

樾謹按：《説文·衣部》：「䙕，衣裏也。」「禢」疑即「䙕」之異文，變從衣而從衣耳。移與沾兩字相連，移當作㛖，沾當作姑。《廣韵》：「姑㛖，輕薄皃。」此朱氏駿聲説。

挰　虞　擇也。

樾謹按：挰即程字。《禮記·儒行》篇：「不程勇者。」鄭注曰：「程猶量也。」《吕氏春秋·慎行》篇：「後世以爲法程。」高注曰：「程，度也。」程有度量之義，故得訓擇。《文選·西京賦》：「程角觝之妙戲。」薛注曰：「程謂課其技能也。」課其技能，即有擇意矣。因其訓擇而變從手，後出字也。虞亦度也。《爾雅·釋言》：「虞，度也。」故亦訓擇矣。

句　下也。

檝謹按：《説文·句部》：「句，曲也。」句曲故有自卑下之意。《荀子·宥坐》篇「其流也埤下裾拘」，句與拘通。

潼，益也。

檝謹按：《説文·系部》：「緟，增益也。」潼與緟通。

撡　動也。

檝謹按：撡猶躁也。《禮記·月令》篇：「處必掩身毋躁。」鄭注曰：「躁猶動也。」《淮南子·主術》篇：「人主静漠而不躁。」高注曰：「躁，動也。」躁之訓動，經典屢見。此作「撡」者，巢聲與喿聲相近，如藻或作藻，即其例也。《説文·刀部》引《書》「天用剿絶其命」，今《甘誓》篇作「勦」。然則躁之爲撡，猶藻之爲藻，剿之爲勦。至從手從足，以動而言，義皆得通耳。

罰　折也。

樾謹按：罰當作伐。《管子·霸形》篇：「於是伐鍾磬之縣。」尹注曰：「伐謂斫斷也。」是其義也。卷四曰：「罰，伐也。」則罰與伐義亦得通。

嗞　吺　笑也。

樾謹按：嗞爲嗟嗞，吺爲烏呼。而得訓笑者，《説文·欠部》：「歎，吟也。」段氏玉裁據《文選·盧諶〈覽古詩〉》注，補其下曰：「謂情有所悦，吟歎而歌詠。」且爲之説其義曰：「古歎與嘆〔義〕别。歎與喜樂爲類，嘆與怒哀爲類。如《樂記》云：『一唱而三歎，有遺音者矣。』又云：『長言之不足，故嗟歎之；嗟歎之不足，故不知手之舞之，足之蹈之。』《論語》『喟然歎曰』皆是此歎字。《檀弓》曰『戚斯嘆』，《詩》云『而無永嘆』、『慨我寤嘆』，皆是嘆字。」以段説推之，「嗞」也、「吺」也蓋皆「歎」而非「嘆」也。《尚書·堯典》篇：「僉曰：於，鲧哉！」《管子·小稱》篇：「嗟兹乎，聖人之言長乎哉！」並是情有所悦，吟歎而歌詠之詞。歎、嘆不分，由來已久。古書所用，亦未必不混於所施。《詩·雲漢》篇「王曰於乎」，與「僉曰於」異矣。《説苑·貴德》篇「嗟兹乎，我窮必矣」，與「嗟兹乎聖人之言」又異矣。而《廣雅》「嗞」與「吺」並訓「笑」，則尚與古義有合，是宜表而出之。吺即於字，因訓笑，故從口耳。

嬸　妬也。

樾謹按：嬸與下婷字意蓋相近。上文嬸與嫮並訓好，此文嬸與婷竝訓妬。婷即嫮字。美好與嫉妬事本相因，《漢書・楊雄傳》：「知衆婷之嫉妬兮。」是其義也。

觸　出也。

樾謹按：觸字從角從弱會意，蓋謂新出之角也。《釋器》云：「膈，肉也。」王氏云：「膈之言弱也。」《廣韵》：「膈，脃腝也。」然則肉弱謂之膈，角弱謂之觸，其義正同。《説文》無「觸」字而有「觸」字，從角，從弱省聲。説解云：「調弓也。」然角之新出者必柔，而調弓亦欲使之柔，兩義本是一貫耳。

急　盡也。

樾謹按：《釋名・釋言語》曰：「急，及也，操切之使相逮及也。」故急有窮極之義。《賈子・憂民》篇曰：「無六年之蓄，謂之急。」

擤　懆　餵，貪也。

樾謹按：《禮記·王制》篇釋文：「擐衣，舊音患，今讀宜音宣，依字作擤。《字林》云：擤，擤臂也。先全反。」然擤字不見於《説文》，不知何字。今俗作揎，亦《説文》所無。《説文·二部》：「亘，求回也。上下所求物也。」疑「擤」即「亘」之假音。卷四云：「尋，循也。」亦即上下求物之意。懆與下慘字同，慘、懆一聲之轉。《毛詩·白華》篇釋文「懆懆」，亦作「慘慘」，是其證矣。王氏云：「《説文》：『𡟱，婪也。』𡟱與慘通。」而不知慘、懆亦通，偶不照耳。餵者，《吕氏春秋·重己》篇：「胃充則中大鞔。」高注曰：「鞔讀曰懣，不勝食氣爲懣病也。」餵即鞔字，不勝食氣蓋是貪食之病，故訓爲貪矣。

敹　進也。

樾謹按：《尚書·皋陶謨》篇「敹天之命」，《史記·夏本紀》作「陟天之命」，是「敹」與「陟」通，故與「陞」並訓進也。

慮，廣也。

樾謹按：卷一云：「攄，張也。」卷四云：「攄，舒也。」張、舒並有廣義。慮與攄通。

《詩·六月》篇："以奏膚公。"毛傳："膚，大也。"膚、慮聲亦相近。

悖　喤　怒也。

樾謹按：《楚辭·悼亂》篇："惶悖兮失氣。"喤與惶通。怒甚亦傷氣，故"悖"與"喤"得訓怒也。《説文·疒部》："痵，氣不定也。"痵與悖，義亦相通，故今俗語猶以怒爲動氣矣。《説文·火部》："煌煌，煇也。"《金部》："鍠，鐘聲也。"光盛謂之煌，聲盛謂之鍠，怒盛謂之喤，其義一也。

巟　圹　居也。

樾謹按：《詩·天作》篇："天作高山，太王荒之。"毛傳："荒，大也。"然"太王大之"，義實未安，疑三家《詩》有作"太王巟之"，而訓"巟"爲"居"者，故《廣雅》載之也。圹字，字書所無，疑即"厈"字之誤。《説文·厂部》："厂，山石之厓巖，人可居。"厈，籀文，從干。是厈之訓居，與《説文》本義合。"厈"誤作"圧"，又誤作"圹"耳。王氏以爲"广土"二字之合誤，殆非。

養　飾也。

樾謹按：養與上襐字音近義通。《説文·人部》：「像，象也。」讀若「養字」之養。像讀若養，故養亦得通作襐。

㦮　健也。

樾謹按：字書無㦮字。《周易·咸》：「亨，利貞，取女吉。」疑「㦮」即《咸卦》之「咸」，以其「取女吉」，故變從女，漢時俗書也。《襍卦傳》曰：「咸，速也。」故有健義。且上經始乾、坤，下經始咸、恒。《莊子·盜跖》篇：「而恒民畜民也。」釋文曰：「恒民，一本作順民。」是咸有健義，恒有順義，正與乾、坤同。殆古《易》説與？

𤺌　癰也。

樾謹按：𤺌即今俗書癤字。𤺌從截聲，截與即一聲之轉。《漢司隸校尉楊孟文頌》：「未秋截霜。」言未秋即霜也。《釋名·釋天》曰：「札，截也。」《釋書契》曰：「札，櫛也。」《釋名》一書，皆以聲訓。札訓截，亦訓櫛，故𤺌本從截者，得變而從即矣。

澇　洒也。

樾謹按：澇與汏連文，澇汏即洮汏也。《一切經音義》卷七引《通俗文》云：「淅米謂之洮汏。」王氏以説「汏」字，而不知并説「澇」字，乃其小疏矣。澇從勞聲，洮從兆聲，本同部字，故聲近而義通。《淮南子·要略》篇：「所以洮汏滌蕩至意。」此云澇汏即洮汏也，下云滌潒即滌蕩也。澇之爲洮，猶潒之爲蕩矣。王氏云：「潒與蕩通。」

肆　減也。

樾謹按：肆無減義，肆當音他歷反。《周官·小子》：「羞羊肆羊殽肉豆。」鄭注曰「肆讀爲鬄」，釋文曰「羊肆，依注音鬄，他歷反」是也。依《説文》，本當作鬄，鬀髮也。字通作鬄，亦或作剔。《漢書·司馬遷傳》「鬄毛髮」，《文選》作「剔毛髮」。《詩·皇矣》篇：「攘之剔之。」《泮水》篇：「狄彼東南。」釋文云：「狄，《韓詩》作鬄，除也。」《莊子·馬蹄》篇：「燒之剔之。」《淮南子·要略》篇：「剔河而道九岐。」竝與減義相近。

隋　歸也。

樾謹按：隋與墮通。《昭四年左傳》：「寡君將墮幣焉。」服注：「墮，輸也。」《周官·司兵》：「及其受兵輸，亦如之。」鄭注曰：「兵輸謂師還有司還兵也。」是輸有還義。墮訓輸，故亦訓歸矣。《淮南・氾論》篇高注曰：「墮，入也。」入與歸義亦相近。

蹳　跳也。

樾謹按：蹳與惙通。《詩・草蟲》篇首章「憂心忡忡」，次章「憂心惙惙」，忡忡、惙惙文異義同。《方言》曰：「惙，中也。」「中」即「忡」之壞字。毛傳曰：「忡忡猶衝衝也。」然則忡忡、惙惙並心動之貌。此作蹳者，文隨義變。心動謂之惙，以心言故從心；足動謂之蹳，以足言故從足。

婄　醜也。

樾謹按：婄與㑪連文，蓋二字同義。《昭七年左傳》：「是無陪臺也。」婄㑪即陪臺。變「陪」作「婄」，變「臺」作「㑪」，文字之異耳。王氏引《方言》「㑪䍌，農夫之醜稱也」，以說「㑪」字，是止知「㑪」字下屬「䍌」字爲義，而不知「㑪」字亦上屬「婄」字爲義也。又按：陪臺本疊韵字，而㑪䍌亦疊韵字。據《說文》「趏讀若匐」，是音聲之字得有匐音，而䍌從服聲，服亦得有匐音。扶服爲匍匐，萊服爲蘿蔔，並其例也。以是言之，《方言》之「㑪䍌」，實即《左傳》之

「陪臺」。然則《廣雅》之「婄儓」實即《方言》之「儓䑌」，從可知矣。

詾　欺也。

樾謹按：《說文·言部》：「訇，騃言聲。从言，匀省聲。」「又讀若(𤣥)〔玄〕。訇，籀文，不省。」此「詾」字當即「訇」字。惟許君所謂「騃言聲」，未知何義。據上文詎、譺二篆相連，「詎，欺也」；「譺，騃也」，是騃義必與欺義相近。《廣雅》「詾」下即繼以「詎」字。觀張書之詾、詎並訓欺〔三〕，可知許書之訓騃即是欺矣。又按《說文》「讀若(𤣥)〔玄〕」，疑此字與眩同。《禮記·中庸》篇：「尊賢則不惑，敬大臣則不眩。」正義曰：「眩，亦惑也。」此詾亦是相眩惑之意。惑人以形則從目作眩，惑人以聲則從言作詾也。

侹　俠也。

樾謹按：此條云「俜侹、遊挑，俠也」，王氏逐字釋之，而不釋「侹」字。愚則謂王氏所釋，皆未得也。此條俜侹疊韵字，遊挑亦疊韵字。據段氏說，兆在第二部，游在第三部，兩部相近。俜侹疊韵，猶杜詩所用「娉婷」字也。遊挑疊韵，猶「太歲在丙曰柔兆」，《史記·曆書》作「游兆」，又作「游桃」也。古書中疊韵之字，當合兩字爲一義，不當以一字爲一義。《說文》云：

「三輔謂輕財者爲甹。」單言之曰甹，重言之曰俜侹矣。太史公立《游俠傳》，「俠」上配以「游」字，單言之曰游，重言之曰遊挑矣。此蓋古之遺語，幸存於張書者，王氏未見及此也。

惏　忘也。

樾謹按：此與下忽字同義。惏猶奄也，奄忽本雙聲字，《文選·長笛賦》「奄忽滅没」是也。奄字從心作惏，猶忽字亦或從心作惚，並後出字也。此條忽慌連文，王氏引《淮南子·人閒》篇「忽怳」爲證，謂怳與慌通，而於惏字闕而不論。不知以奄忽説之，蓋因惏與忽文不相連，故偶不照耳。

剔　罵也。

樾謹按：剔無罵義。《方言》曰：「脈蜴，欺謾之語也。」此「剔」字疑即「脈蜴」之「蜴」。

調　賣也。

樾謹按：《詩·谷風》篇：「賈用不售。」箋云：「如賣物之不售。」售與調古音相近，或三家《詩》有作「調」者與？

羲　戲　施也。

檝謹按：《尚書·序》釋文：「羲亦作戲。」引張揖《字詁》曰：「羲，古字；戲，今字。」此條羲、戲並訓施，必是説伏羲之義。據《書·序》正義引《律曆志》曰：「結作網罟，以取犧牲，故曰伏羲。」又引顧氏讀包爲庖，取其犧牲以供庖厨。所説皆淺陋。《白虎通·號》篇曰：「伏而化之，故謂之伏羲。」《風俗通·皇霸》篇曰：「伏者别也，變也；戲者獻也，法也。伏羲始别八卦，以變化天下。天下法則，咸伏貢獻。故曰伏羲也。」二説較有理。張書羲、戲並訓施，殆古説伏羲有此義與？

攻，伏也。

檝謹按：攻無伏義，乃攺字之誤。《玉篇·攴部》：「攺，丁禮切，隱也。」即此字也。攺訓隱，故得訓伏。隸書「工」字或作「乊」，「氐」字或作「互」，二形相似。《淮南子·説林》篇「使氐厭竅」，《文子·上德》篇作「使工捻竅」，此工、氐二字相混之證。「攺」旁本作「氐」，誤作「工」，因爲「攻」矣。

魯　道也。

樾謹按：魯讀爲旅。《説文・㫃部》「旅」篆下重文「𣃨」，曰：「古文旅，古文以爲魯衞之魯。」是魯字古與旅通。《爾雅・釋宫》：「旅，道也。」《禮記・郊特牲》：「臺門而旅樹。」鄭注亦曰：「旅，道也。」張書訓魯爲道，蓋即旅之叚字。王氏謂當在下文「鈍也」一條，未見及此也。

效　具也。

樾謹按：效，曹憲音教。據《説文》，「效」爲「教」重文也。然教字實無具義，疑「效」乃「殺」之誤。《説文》：「殺，相雜錯也。」雜錯故有具義。卷一云：「殺，雜也。」各本「殺」誤作「敎」，然則此文「殺」又誤作「效」，亦不足異矣。

躜　止也。

樾謹按：《禹貢・荆州》：「沱潛既道。」釋文引馬注曰：「沱，湖也。其中泉出而不流者謂之潛。」躜字疑與潛通。水不流謂之潛，以水言故從水；人不行謂之躜，以人言故從足。

拊、藪　求也。

樾謹按：「拊」當作「府」。卷一曰：「府，取也。」府訓取，故亦訓求矣。《爾雅》有八藪，有九府，此府、藪二字疑本《爾雅》舊訓。《周禮・春官》疏曰：「凡物所聚曰府。」《國語・周語》曰：「藪，物之歸也。」府、藪皆聚物之處，人之有求者必取之。此故府訓取，亦訓求，推之於藪，亦然矣。

陶　除也。

樾謹按：「陶」當作「淘」，古字作「洮」。《後漢書・陳元傳》「洮汰學者之累惑」，是其義也。張書「陶」與「寫」並訓「除」。今人言陶寫猶作陶，言淘汰則作淘，蓋叚「陶」爲「洮」，而又變「陶」爲「淘」，由來久矣。

風　衆也。

樾謹按：風乃凡之叚字。風本從凡聲，故得通作凡。《莊子・天地》篇：「願先生之言其風也。」風即凡字，猶云言其大凡也。《儀禮・公食大夫禮》「凡宰夫之具」，鄭注曰：「凡，非一也。」非一故爲衆。本書卷三云：「凡，皆也。」即其義矣。

⿱巩木　諧也。

樾謹按：「⿱巩木」疑當作「⿱巩手」。《説文・丮部》：「巩，褎也。」或作「⿱巩手」。《手部》又有「⿱巩手」字，曰「擁也」。是「⿱巩手」有擁抱之義。張書「⿱巩車」與「耦」同訓「諧」，義取之此也。《爾雅・釋地》：「西方有比肩獸焉，與邛邛岠虛比，其名謂之蟨。」比肩之獸名曰邛邛，亦其義矣。

贅　定也。

樾謹按：《詩・桑柔》篇：「具贅卒荒。」傳曰：「贅，屬也。」《襄十六年》：「君若贅旒然。」注曰：「贅，繫屬之辭。」凡物有所繫屬則定，故「贅」爲「定」也。又贅與綴通，故「贅旒」亦作「綴旒」。《説文・（系）〔糸〕部》云：「綴，合著也。」合著亦有定義。

奠　調也。

樾謹按：《儀禮・士冠禮》：「贊者奠纚笄櫛于筵南端。」《士昏禮》：「坐奠觶。」鄭注並曰：「奠，停也。」《禮記・内則》篇：「奠之而后取之。」注曰：「奠，停地也。」《釋名・釋喪制》曰：「喪祭曰奠。奠，停也，言停久也。」奠與停本一聲之轉，故古訓奠爲停。然則「奠，調也」，猶曰「停，調也」，停與調亦一聲之轉。宋時有「調停」之言，蓋古語然矣。

都　藏也。

檝謹按：本書卷三曰：「都，聚也。」都訓聚，故有藏義。字通作豬。《禮記·檀弓》篇：「洿其宮而豬焉。」注曰：「南方謂都爲豬。」《禹貢》：「大野既豬。」傳曰：「水所停曰豬。」水所停，亦藏義也。《襄三十年左傳》：「取我衣冠而褚之。」注曰：「褚，畜也。」《釋名·釋飲食》曰：「桃諸，藏桃也。諸，儲也。藏以爲儲待，給冬月用之也。」《説文·人部》：「儲，偫也。」然則「都」也、「諸」也、「豬」也、「褚」也，並「儲」字之叚音。

韥　强也。

檝謹按：上文「礦」字，王氏説以《毛詩》「武夫洸洸」，愚謂《谷風》篇「有洸有潰」，毛傳曰：「洸洸，武也。潰潰，怒也。」此條「礦」字即「有洸」之「洸」，「韥」字即「有潰」之「潰」。洸與潢、潰與韥，古同聲而通用。

心　容也。

檝謹按：心不訓容，「心」乃「思」之壞字。《尚書·洪範》篇「思曰睿」，伏生《五行傳》作「容」，蓋《今文尚書》作「思曰容」也。此云「思，容也」，即本今文家説。

恩　隱也。

樾謹按：此條「废蔽潛匿遁」皆隱藏之隱，「恩」則爲惻隱之隱。《周書・謚法解》曰：「隱，哀之方也。」《禮記・檀弓》篇曰：「拜稽顙，哀戚之至隱也。」《孟子・梁惠王》篇「王若隱其無罪而就死地」，趙注曰：「隱，痛也。」並其義也。《詩》曰：「恩斯勤斯，鬻子之閔斯。」以恩勤故閔，是恩得訓隱矣。

標　書也。

樾謹按：《説文・巾部》：「幖，幟也。」《一切經音義》引《通俗文》曰：「徽號曰幖。」字通作剽。《周禮・肆師職》注：「剽、表皆謂徽識也。」亦通作標。《文選・江賦》：「標之以翠翳。」注曰：「標猶表識也。」古人所謂徽識，蓋書其官族於旌旗以爲識別，故標得訓書也。

譫　陷也。

樾謹按：「譫」疑即「阽」之異文。《説文・𨸏部》：「阽，壁危也。」《漢書・文帝紀》：「或阽於死亡。」孟康注：「音屋檐之檐。」蓋占聲、詹聲本相近，阽有檐音，故或變作譫矣。

堪　低也。

樾謹按：《説文・土部》：「堪，地突也。」即繼以「堀」篆，曰「突也」，引《詩》曰：「蜉蝣堀閲。」然則堪、堀二字同義。《説文》又有「堀」篆，曰「兔堀也」，徐鍇《繫傳》引《文子》「兔走歸堀閲」證之。愚謂「堀閲」即「堀穴」，穴、閲古通用。《漢書・鄒陽傳》曰：「士有伏處堀穴巖藪之中耳。」即此「堀閲」之義也。毛、鄭説《詩》，均未得旨。詩人之意，謂昭公任用小人，入其朝者，如入蜉蝣之堀穴也。説詳《羣經平議》。「堪」訓「地突」，「堀」亦訓「突」，然則地突猶言地堀耳。地本卑下，堀則更甚，故曰「堪，低也」。自堪字本義不明，而疏證張書者，亦莫得其説矣。

【説明】

文載《俞樓襍纂》第三十三。題名「拾遺」，意在補釋王念孫漏釋之詞條、未盡之詞義。

【校注】

〔一〕枚傳，即晉人梅賾所奏漢孔安國《尚書傳》。

〔二〕俞樾《群經平議》，三十五卷，仿《經義述聞》體例，平議《周易》等十五經。含《國語》、《大戴禮》。此條在《詩經平議》。

〔三〕張書：張揖《廣雅》。

《春秋名字解詁》補義

俞樾

鄭渾罕，字子寬。

王氏《解詁》曰：「罕讀爲衎。《漸·六二》：『飲食衎衎。』馬融注曰：『饒衍。』王肅注曰：『衎衎，寬饒之貌。』」樾謂：王謂「罕讀爲衎」，非也。「罕」者，「軒」之叚字。《韓非子·外儲説左》篇正作「渾軒」，是其明證也。《昭元年》「鄭罕虎」，《公羊》作「軒虎」。《定十五年》「罕達」，《公羊》作「軒達」。是古字「罕」與「軒」通。《左傳·閔二年》：「鶴有乘軒者。」《僖二十八年》：「乘軒者三百人。」《哀十五年》：「服冕乘軒。」杜注並曰：「軒，大夫車。」《毛詩·大車》篇傳曰：「大車，大夫之車。」名軒而字子寬，從車取義，言車之寬大也。

鄭公子吕，字子封。

王氏《解詁》曰：「吕之言甫也。《爾雅》：『甫，大也。』《商頌》『封建厥福』，毛傳：『封，大也。』」樾謂：春秋之世，若晉侯周、衞侯鄭、陳侯吴、衞侯晉之類，以他國爲名者甚衆。吕乃姜姓之國，《鄭語》所謂「南有荆蠻申吕」是也。是時已爲楚縣矣。公子吕，蓋取古國名爲名，故字子封。《楚語》韋注曰：「封，國也。」

鄭國參，字子思。

王氏《解詁》曰：「參讀爲慘。《爾雅》曰：『慘，憂也。』『憂，思也。』又曰：『惄，思也。』《周南・汝墳》篇：『惄如調飢。』《韓詩》『惄』作『愵』，云『憂也』。是憂亦謂之思。」樾謂：如王說，則非令名矣。《莊子・天下》篇曰：「聖人之法，以參爲驗，以稽爲決。」《史記・禮書》曰：「參是豈無堅革利兵哉？」索隱曰：「參者驗也。」《荀子・解蔽》篇曰：「參稽治亂而通其度。」楊倞注亦以「參驗」釋之。是「參」有參驗之義，故名參字思。明既參驗之於物，又必思之於心，然後可以得天下之理也。或曰「參」與「傪」通，「思」與「偲」通，古書省人旁耳。《說文》曰：「傪，好貌。」名傪字偲，猶《詩》云「美且偲」。

燕級，字思。　魯孔伋，字子思。

王氏《解詁》曰：「級與伋，皆急字之叚借也。急者，憂恐迫切之意。《莊子・天地》篇：『汲汲然，惟恐其似己也。』汲與急通，是急爲憂恐，思亦憂也，故名急字子思。」樾謂：王說非也。古人何取乎憂思之義，而輒以爲字乎？《說文・人部》：「伋，人名。」「伉，人名。」許君每字必著本義，而此二字止曰人名。明其爲人名，故從人，無它義也。「伉」篆下引《論語》有陳伉，今《論語》作「陳亢」，鄭注曰：「字子禽。」蓋取《爾雅》「亢，鳥（朧）〔嚨〕」之義，是「伉」即「亢」字也。然則「伋」即「及」字明矣。《史記·齊太公世家》「丁公呂伋」，徐廣曰：「伋一作及。」蓋作及者，本字也。以其爲人名，故加人旁。猶山名皆加山旁，水名皆加水旁，邑名皆加邑旁。古人作書，自有此例也。燕級之級，王氏從單行《索隱》本，故作「級」。今《史記·仲尼弟子列傳》止作「伋」，與孔伋同名同字。昔孔子之教人也，曰：「未之思也，夫何遠之有？」《詩》曰：「雖不能至，心嚮往之。」名及字思，即此義也。《禮記·文王世子》篇正義曰：「冀，及也。」思之爲及，猶冀之爲及矣。《索隱》本燕伋作「級」，即「伋」之叚字。《荀子·解蔽》篇曰：「空石之中有人焉，其名曰觙。其爲人也，善射以好思。」「觙」亦「伋」之叚字。蓋古人名伋字思，故設言好思之人亦曰伋也。「觙」與「級」並當爲「伋」，而「伋」即「及」字。名及字思，乃取冀及之義。段氏玉裁《説文解字注》因《荀子》之文，疑「伋」字自有本義。朱氏駿聲作《説文通訓定聲》曰：「當訓爲急，思殆未免乎？」鄉壁虛造矣。

魯原憲，字子思。

王氏《解詁》曰：「《説文》：『憲，敏也。』《僖三十三年左傳》杜預注曰：『敏，審當於事也。』憲有審當於事之義，故字子思。或曰憲與獻通，思與偲通，皆謂多才能也。」樾謂：王氏二説皆近迂曲。憲字蓋自有思義，《禮記・學記篇曰》：「發慮憲，求善良。」鄭注訓「憲」爲「法」，非也。善、良二字同義，慮、憲二字亦必同義。《爾雅・釋詁》曰：「慮，思也。」然則「憲」亦「思」也。《大戴記・文王官人》篇：「其老觀其意憲慎。」《周書・官人》篇作「其老者觀其思慎」。是「意憲」即「思」也。名憲字思，義正相應矣。

楚郤宛，字子惡。

王氏《解詁》曰：「宛當讀爲怨，怨、惡義相近，故名怨字子惡。」樾謂：如王説，則非令名也。「宛」讀如「宛丘」之「宛」，毛傳曰「四方高中央下曰宛丘」是也。「惡」讀爲「亞」，《説文》曰：「亞，醜也。象人局背之形。」楚郤宛蓋局背者，故名宛字亞，皆肖其形，所謂以類名也。惡與亞古字通。《尚書大傳》「鐘鼓惡」注曰：「惡當爲亞。」《易・繫辭傳》「言天下之至賾而不可惡也」，荀本「惡」作「亞」，並其證矣。

顔高，字子驕。

王氏《解詁》曰：「《史記・孔子世家》、《漢書・古今人表》皆作『顔刻』。《仲尼弟子傳》作『顔高』，『高』乃『亯』之誤。『亯』隸作『克』，克、刻同聲，古字通用。《論語・憲問》篇馬注曰：『克，好勝人也。』意與『驕』相近，故字子驕。」樾謂：王以「高」爲「克」之誤，是也。至以「克」爲「好勝」，故字子驕，則是驕矜之義，非美德也，何取而以爲名字乎？《隱元年左傳》正義曰：「克者，戰勝獲賊之名。」「驕」當讀爲「矯」，《爾雅・釋訓》曰：「矯矯，勇也。」釋文引舍人注曰：「矯矯者，得勝之勇。」然則名克字矯，正合古訓矣。

齊陳逆，字子行。

王氏《解詁》曰：「行，官名，謂行人也。《秋官・小行人》：『凡諸侯入，王則逆勞于畿。』」樾謂：王説非也。「逆」讀爲「縌」，《説文》曰：「縌，綬維也。」《續漢書・輿服志》曰：「縌者，古佩璲也。」佩綬相逆受，故曰縌。「行」讀爲「珩」，《説文》曰：「珩，佩上玉也。」然則名縌字子珩，義正相應，古文省偏旁耳。

楚屈到，字子夕。

王氏《解詁》曰：「到，至也。到字子夕，蓋取朝發夕至之義。《楚辭·離騷》：『朝發軔於蒼梧兮，夕余至乎縣圃。』」樾謂：《離騷》之文，非可以爲詁訓。謂到字子夕，即取此義，斯不然矣。今按：「到」即「顛倒」之「倒」，古無「倒」字，以「到」爲之。《莊子·外物》篇：「草木之到植者。」《太玄·事·上九》：「到耳順止。」並即「倒」字也。夕者，不正也。《廣雅·釋詁》曰：「夕，衺也。」《吕氏春秋·明理》篇曰：「是正坐於夕室也。」高注曰：「夕者，邪夕不正。」是其誼也。名到字子夕，猶名側字子反。反猶到也，《周易·復·彖傳》：「反復其道。」正義曰：「反謂入而倒。」側猶夕也，《詩·雲漢》篇序曰：「側身修行。」正義曰：「側者不正之言。」

齊慶舍，字子之。

王氏《解詁》曰：「《夏官·司戈盾》鄭注、《桓十六年公羊傳》何注並曰：『舍，止也。』『之』當爲『止』，二字篆書相似而誤。」樾謂：王説非也。《爾雅·釋詁》：「之，往也。」往必有所舍，故名舍而字子之，與楚令尹舍字子發同義。若必改讀爲子止，則楚令尹不當字子發矣。

魯秦非，字子之。

王氏《解詁》曰：「非與飛通，字亦作蜚。之當爲止，字之誤也。《小雅・四牡》篇曰：『翩翩者鵻，載飛載止。』」樾謂：王説「非」字是矣，以「之」爲「止」字之誤，非也。「之」當讀爲「歭」，《説文・羽部》：「歭，飛盛皃。從羽，之聲。」然則名飛字歭，義正相應。作「之」者，古文以聲爲主，省不從羽耳。「歭」省羽而爲「之」，猶「蜚」省虫而爲「非」也。

公祖句茲，字子之。

王氏《解詁》曰：「句與拘通。《説文》曰：『拘，止也。』『茲』如《詩》『昭茲來許』之『茲』，語詞也。『之』亦當爲『止』。句訓爲止，故字子止也。」樾謂：王説非也。「句」乃「句萌」之「句」。《月令》篇：「句者畢出。」鄭注曰：「句，屈生者。」「茲」乃「茲益」之「茲」。《説文・艸部》：「茲，草木多益。從艸，絲省聲。」是句、茲二字並從艸木取義。《説文・之部》：「之，出也。象艸過屮，枝莖〔漸〕益大，有所之〔也〕。一者，地也。」然則名句茲字子之，義正相應，不必改字。

宋樂溷，字子明。

王氏《解詁》曰：「溷當讀爲焜。《昭三年左傳》：『焜燿寡人之望。』服注曰：『焜，明也。』故名焜字明。」樾謂：王氏因「溷」無「明」義，故讀爲「焜」，殊近迂曲。今按：《説文・水部》：「溷，亂也。一曰水濁皃。」是「溷」有「濁」義。《楚辭・離騷》曰：「世溷濁而不分兮。」《涉江》篇曰：「世溷濁而莫余知兮。」皆其證也。《禮記・樂記》篇曰：「清明象天。」《孔子閒居》篇曰：「清明在躬。」是「明」與「清」義相近，故《淮南・原道》篇曰：「清目而不以視。」高注曰：「清，明也。」溷濁、清明義正相對。樂溷字子明，猶晉閻沒字明，蓋取相反者爲義，《周易・噬嗑》注曰「不溷乃明」是也。

魯冉孺，字子魯。

王氏《解詁》曰：「孺與濡通。《孟子・公孫丑》篇：『是何濡滯也！』趙岐注曰：『濡滯猶稽也。』是濡爲遲鈍也。魯亦遲鈍也，《説文》：『魯，鈍詞也。』《論語・先進》篇孔注曰：『魯，鈍也。』」樾謂：王氏讀「孺」爲「濡」，非其本義。且古人多名孺者，如《史記・佞幸傳》籍孺、閎孺之類是也。濡滯初非美談，古人何取乎此，而輒以命名乎？蓋孺者幼稚之稱，如今人小名耳。及長，遂以爲名，因配之以字。其曰魯者，言幼稚無知識也。是故冉孺字子魯，猶晉胥童字之昧也。童、孺皆言幼稚也。《白虎通·嫁娶》篇曰：「夫人自稱曰小童。」言己智能寡少，如童蒙也。此胥童字昧之義，亦即冉孺字魯之義矣。

陳公良孺，字子正。

王氏《解詁》曰：「孺讀爲需，正當爲止字之誤也。《雜卦傳》曰：『需，不進也。』《説文》曰：『需，䇓也，遇雨不進，止䇓也。』是需有止義。」樾謂：王氏讀「孺」爲「需」，與讀「孺」爲「濡」同，並非古人命名之意也。孺亦當爲幼稚之稱。《易·蒙·彖傳》曰：「蒙以養正，聖功也。」賈誼有言：「習與正人居之，不能毋正，猶生長於齊，不能不齊言也；習與不正人居之，不能毋不正，猶生長於楚，不能不楚言也。」然則名孺而字之曰正，蓋即所以爲教矣，不當徒以訓詁求其義也。

晉解揚，字子虎。

王氏《解詁》曰：「虎讀爲盱，古音虎與盱同。《昭三十一年公羊傳》：『人未足而盱有餘。』《説文》引作『虍有餘』，是其例也。《方言》：『盱、揚，雙也。䁖瞳子。燕代朝鮮洌水之閒曰盱，或謂之揚。』郭注曰：『盱，舉眼也。揚，《詩》曰美目揚兮是也。』」樾謂：王氏所說，非其本義。「揚」當讀爲「陽」，《禮記・玉藻》篇：「盛氣顛實揚休。」鄭注曰：「揚讀爲陽，聲之誤也。」是其例矣。《釋名・釋天》曰：「陽，揚也。氣在外，發揚也。」然則「揚」與「陽」聲近而義通，故《昭二十五年公羊春秋》「次于揚州」，《左氏》、《穀梁》並作「陽州」。《詩・野有蔓草》篇：「清揚婉兮。」《説苑・尊賢》篇作「清陽婉兮」。蓋古字通用，非必盡爲聲誤。《漢書・古今人表》正作「解陽」，可證也。《風俗通・祀典》篇曰：「虎者陽物，百獸之長也。」《楚辭（繆稱篇）・〔謬諫〕》王注曰：「虎，陽物也。」《易・革・九五》：「大人虎變。」陸注曰：「《兑》之陽爻稱虎。」然則解陽字子虎，義正相應。王氏未檢《古今人表》，不知「揚」爲「陽」之叚字，因讀爲「盱」，轉涉迂曲矣。

晉韓不信，字子音。

王氏《解詁》曰：「音當爲言字之誤也。《困・彖辭》曰：『有言不信。』」樾謂：不信非美德，古人何取而以爲名哉？「不」乃語詞，魯密不齊，楚任不齊，王氏並以「不」爲語詞是也。「信」讀爲「呻」。以「信」爲「呻」，猶以「信」爲「伸」也。《説文・口部》：「呻，吟也。」名呻字音，與樂欬字子聲一例。

晉荀盈，字伯夙。

王氏《解詁》曰：「盈讀爲嬴，夙讀爲肅。嬴，寬緩也。肅，嚴急也。」樾謂：王説非也。「盈」當讀如本字，「夙」讀爲「縮」。縮從宿聲，宿從㐁聲，㐁即古文夙字也。是「縮」本從「夙」得聲，故可叚「夙」爲之。《周官・馮相氏》疏曰：「晷進爲盈，晷退爲縮。」《文選・東京賦》「不縮不盈」，薛綜注曰：「縮，短也。盈，長也。」是「盈」與「縮」正相對，故名盈字縮也，不必讀爲「嬴」、「肅」始得其義。

魯孔求，字子家。

王氏《解詁》曰：「《玉篇》：『求，索也。』《説文》：『索，入家挼也。』」樾謂：如王説，則以入家探索爲義，古人命名何取此義乎？今按：「求」讀爲「逑」，《爾雅・釋訓》：「惟逑鞫也。」釋文曰：「『逑』，本作求。」是求、逑古字通用。《詩・關雎》篇毛傳曰：「逑，匹也。」《周官・小司徒職》鄭注曰：「有夫有婦，然後爲家。」孔求字子家，正取此義。

楚蔿賈，字伯嬴。

王氏《解詁》曰：「嬴當讀爲贏。《説文》：『贏，賈有餘利也。』《昭元年左傳》：『賈而欲嬴而惡囂乎？』」樾謂：王説非也。「賈」當讀爲「夏」。齊東郭賈字子方，王氏曰：「賈、夏古字通。《史記·趙世家》：『北登夏屋。』《漢書·地理志》作『賈屋』。」今按：蔿賈之賈，亦當作夏，與東郭賈同名。王氏偶未照耳。《爾雅·釋木》：「槄，山榎。」釋文曰：「榎，本作檟。」然則「賈」之爲「夏」，亦猶「檟」之爲「榎」也。《爾雅·釋天》曰：「夏爲長嬴。」名夏字伯嬴，正取此義。

楚鬭般，字子揚。

王氏《解詁》曰：「《漢書·叙傳》曰：『班氏之先，與楚同姓，令尹子文之後也。子文初生，棄於瞢中，而虎乳之。楚人謂虎班，其子以爲號。』師古曰：『子文之子鬭班，亦爲楚令尹。』胡三省曰：『《左傳·莊三十年》申公鬭班殺令尹子元，而鬭穀於菟爲令尹。恐班非子文之子。』案：子文之子爲令尹者，鬭般也。般與班雖同音，而般字子揚，則非謂虎也。孟堅之説，殆不可信。般與播古字通，般即播之叚借也。《春官·大師》：『皆播之以八音。』鄭注曰：『播猶揚也。』」樾謂：王説非也。般、班古通用。《成十三年左傳》「鄭公子般」，《襄三十年穀梁傳》「蔡世子般」，釋文並云：「般，本作班。」《禮記·檀弓》「公輸般」，《孟子·離婁》篇注作「魯班」；《漢書·楊雄傳》「般倕棄其剞劂兮」，顔注曰：「般讀與班同。」然則鬬般之即鬬班，猶魯般之即魯班，王氏以爲二人，誤矣。「揚」當讀爲「陽」，楚鬬班字子陽，猶晉解陽字子虎也，並取虎爲陽物之義。其説見前。《左傳》晚出之書，不盡可據。班氏叙述先世，自當無誤，不得轉據左以疑班也。

邾公子蕾，字捷。

王氏《解詁》曰：「捷讀爲插。《説文》：『插，刺内也。』蕾之言倳也，插也。李何注《漢書·蔽通傳》曰：『東方人以物插地中爲傳。』顔師古曰：『傳音側吏反。』《周官·考工記》又作『蕾』，音皆同耳。」樾謂：王説非也。「捷」當讀爲「㨗」，《説文·甾部》：「㨗，斛也，古田器也。」又《斗部》：「斛，一曰利也。」《爾雅》曰：「斛謂之㨗，古田器也。」按：《爾雅·釋器》「斛謂之㨗」，《文選·祭古冢文》引作「鍬謂之鍤」，是㨗爲古鍤字，《釋名·釋用器》曰：「鍤，插也，插地起土也。」蕾者，反草之名，《周易·无妄》釋文引董遇曰：「蕾，反草也。」《爾雅·釋地》：「田一歲曰蕾。」郭注曰：「今江東呼初耕地反草爲蕾。」然則名蕾字㨗，義正相應。㨗作捷者，音同叚借耳。

郳子克，字儀父。周王子克，字子儀。楚鬬克，字子儀。宋桓司馬之臣克，字子儀。

王氏《解詁》曰：「克與刻通。《説文》：『克，象屋下刻木之形。』故以克爲刻也。儀讀如娑，字或作犧、作獻。《淮南·俶真》篇：『斬而爲犧尊。』高注曰：『犧尊，疏鏤之尊。』《明堂位》：『周獻豆。』鄭注曰：『獻，疏刻之。』犧、獻皆爲疏刻，而與儀通，此猶《周語》『犧人薦醴』，賈逵本作『儀人』；《大誥》『民獻有十夫』，《尚書大傳》作『民儀』也。儀爲疏刻，故名刻字子儀。」樾謂：王説非也。疏刻之義，古人何所取，而名克字儀者如此其衆乎？今按：《爾雅·釋言》曰：「克，能也。」《釋詁》曰：「儀，善也。」善與能同義，故《荀子·勸學》篇「非能水也」，楊注曰：「能，善也。」又《廣雅·釋言》曰：「儀，賢也。」賢與能亦同義。故《老子·上篇》「不尚賢」，王注曰：「賢猶能也。」然則名克字儀，義正相應，且其義甚美，故往往以爲名字矣。

楚薳呂臣，字叔伯。

王氏《解詁》曰：「呂與旅、伯與百古字並通。《莊二十二年左傳》：『庭實旅百。』杜注曰：『旅，陳也。百言（百）物備。』《僖二十二年傳》：『庭實旅百。』注曰：『庭中所陳品數百也。』」樾謂：王説非也。「吕」當讀爲「閭」，古字省，不從門耳。閭與伯皆古軍中部曲之名。《周書·武順》篇曰：「左右一卒曰閭。」又曰：「四卒成衛曰伯。」

齊王驩，字子敖。

王氏《解詁》曰：「驩讀爲讙，敖讀爲嚻。《説文》：『讙，譁也。』《荀子·彊國》篇：『百姓讙敖。』楊注曰：『讙，喧譁也。敖，喧噪也。』《地官·司獻》：『禁其鬭嚻者。』鄭注曰：『嚻，譁也。』《墨子·號令》篇：『讙嚻駴衆，其罪殺。』」樾謂：如王説，則非美名也。「驩」當讀爲「歡」，《孟子·盡心》篇：「驩虞如也。」音義引丁音曰：「驩虞當作歡娱，古字通用耳。」《荀子·大略》篇：「夫婦不得不驩。」楊注曰：「驩與歡同。」《文六年左氏春秋》「晉侯驩」，《史記·晉世家》作「歡」。然則王驩本名歡，此其例矣。《説文·欠部》：「歡，喜樂也。」《出部》：「敖，出游也。」出游則有喜樂之義。《吕氏春秋·貴直》篇：「在人之游。」高注曰：「游，樂也。」故名歡字子敖也。

陳顓孫師，字子張。

王氏《解詁》曰：「張讀爲長，知丈切。《皋陶謨》：『州十有二師。』鄭注曰：『師，長也。』故名師字長。」樾謂：顓孫子之字，自來不讀知丈切，王説非是。師者，衆也，義本《周易・序卦傳》，經典屢見，無事博引。凡有衆多義者，即有大義。《玉篇・多部》「㚊」、「㚇」、「䏧」、「䡗」四字，並曰大也，而其字皆從多。至「䏧」、「䡗」二字亦作「奓」、「奝」，又從大。是可見其義之通矣。《詩・韓奕》篇：「魴鱮甫甫。」毛傳曰：「甫甫然大也。」《廣雅・釋訓》曰：「甫甫，衆也。」甫甫爲大，而亦爲衆。然則師爲衆，亦爲大矣。《韓奕》傳曰：「張，大也。」《廣雅・釋詁》亦曰：「張，大也。」名師字子張，猶伯嚭字子餘，嚭之言丕也，大也；餘，多也。

魯顔何，字冄。

王氏《解詁》曰：「古耼字或省作冄。耼與儋通，《史記・老耼傳》『或曰儋即老子』是也。《説文》：『何，儋也。』『儋，何也。』故名何字儋。」樾謂：如王説，則破「冄」爲「耼」，又破「耼」爲「儋」，其義迂曲矣。「何」當讀爲「阿」，「冄」當讀爲「那」。阿那疊韻字，古有此語。《文選・南都賦》：「阿那蓊茸。」注云：「柔弱之貌。」亦作「猗那」，《商頌》曰「猗與那與」是也。名阿字那，蓋依聲取義耳。

鄭公子魚臣，字僕叔。

王氏《解詁》曰：「魚讀爲御。《小雅·出車》傳曰：『僕夫，御夫也。』」樾謂：魚、御雖聲近，然讀「魚」爲「御」，於古無徵。今按：「魚」讀爲「吾」，《國語·晉語》曰：「暇豫之吾吾。」韋注曰：「吾讀如魚。」《水經·濟水》注曰：「魚山，吾山也。」《列子·黄帝》篇「姬，魚語女」，即「居，吾語女」。此古人魚、吾通用之明證。鄭公子名吾臣，猶周有王子余臣也。曰吾曰余，蓋發聲之詞，其命名之義，止在臣字。名臣，故字僕叔。《書·微子》篇曰：「我罔爲臣僕。」《禮記·禮運》篇曰：「仕於公曰臣，仕於家曰僕。」

燕周豎，字子家。

王氏《解詁》曰：「豎，内豎也。内豎，給事於内，故字子家，家猶内也。《爾雅》：『牖户之閒謂之扆，其内謂之家。』」樾謂：豎字初無内義。《國語·楚語》：「使富都那豎贊焉。」韋注曰：「豎，未冠者也。」《周官·天官·内豎》鄭注亦曰：「豎，未冠者之官名。」蓋以其未冠，故謂之豎；以其給事於内，故謂之内豎。今但名豎，安得以「内」爲命名之義而字子家乎？蓋豎者，幼小之稱。故未冠曰豎，以豎命名，猶冄孺、公良孺之名孺也。子生三月，咳而命之，或曰孺，或曰豎。孺猶言孺子，豎猶言豎子，無它義也。古人質樸，及長，遂以爲名，不復更易，因配之以字。周豎字子家者，鄭君注《周官·小司徒》曰：「有夫有婦，然後爲家。」然則名豎字家，蓋望其成立之意。豎者弱而未冠之稱，家者壯而有室之謂矣。此乃古人名字之別一例，在王氏所陳五體六例之外，不當僅以訓詁求之也。

鄭駟歂，字子然。

王氏《解詁》曰：「歂讀爲媏。《方言》：『媏，赫也。』郭注曰：『火熾盛之皃。』《説文》：『然，燒也。』或曰：歂讀爲顓，然讀爲僛，皆敬慎之義也。《説文》：『顓，頭顓顓謹皃。』《玉篇》引《説文》曰：『僛，意曆也，一曰意急而懼也，一曰戁也。』」樾謂：王氏二説，皆近迂曲。《説文·欠部》：「歂，口气引也。」《口部》：「嘫，語聲也。」鄭駟歂當字子嘫，經傳無「嘫」字，皆以「然」爲之，如語詞之「然」，本當作「嘫」，而今作「然」是也。然乃嘫之叚字。名歂字嘫，猶樂欬字子聲，其義正相應矣。

楚王子鉤，字發。

王氏《解詁》曰：「《成十六年左傳》：『囚楚公子茷。』正義曰：『《晉語》謂之王子發鉤，蓋一名一字也。』」案：茷、發古同聲，茷即發之叚借。發，字也；鉤，名也。古人名字並稱，皆先字而後名，故謂之王子發鉤。鉤讀爲彀。《説文》：『彀，張弩也。』『發，䠶發也。』」樾謂：王氏謂鉤名而發字，是也。讀「鉤」爲「彀」，非也。「鉤」仍讀如本字，「發」當讀爲「伐」。發、伐聲近而義通。《周頌·噫嘻》篇鄭箋曰：「發，伐也。」《考工記·匠人》鄭注曰：「伐之言發也。」《左傳》作「茷」，亦「伐」之叚字。《詩·泮水》篇：「其旂茷茷。」釋文作「伐伐」，云：「本又作茷茷。」是古字通用之證。《大雅·皇矣》篇曰：「以爾鉤援，以爾臨衝，以伐崇墉。」名鉤字伐，即取《詩》義耳。毛傳曰：「鉤，鉤梯也，所以鉤引上城者。」正義曰：「鉤、援一物，正謂梯也。」按：下句「與爾臨衝」傳曰：「臨，臨車。衝，衝車。」臨、衝既非一車，則鉤、援當亦二物，蓋皆兵器也。「鉤」讀爲「句」，兵器，曲者謂之句，直者謂之援。《考工記·廬人》注曰：「句兵，戈戟屬。」又《冶氏》注曰：「援，直刃也。」《晏子春秋·襍篇》：「曲刃鉤之，直兵推之。」古言兵器，必兼曲直，故《詩》以鉤援並言，説詳余所著《羣經平議》。《説文·人部》：「伐，擊也。從人持戈。」鉤爲戈戟之屬，然則名鉤字伐，正相應矣。

魯公子尾，字施父。

王氏《解詁》曰：「施讀爲拕。《説文》：『拕，曳也。』《莊子·秋水》篇曰：『此龜者，甯其死爲留骨而貴乎，甯其生而曳尾於塗中乎？』取曳尾之義，故名尾字拕。」樾謂：古人名字，誠有取之於物者，然何取乎鼀之曳尾而以爲名字乎？其説迂曲，殆非也。又按：王氏念孫《讀書襍志餘編》曰：「魯公子尾字施父，是施與尾同意。」然施、尾同意，不知所據，恐亦臆説也。今按：《説文・㫃部》：「施，旗皃。」古人名施者多字旗，如鄭豐施、齊欒施並字子旗是也。施父之字，亦當取義於旗。《説文・犛部》：「犛，西南夷長髦牛也。」「氂，犛牛尾也。」徐鍇曰：「其牛曰犛，其尾曰氂，以飾物曰旄。」蓋古人多以犛牛尾注于竿首，用以指麾，《書・牧誓》「右秉白旄以麾」是也。《詩・干旄》篇傳曰：「注旄於干首，大夫之旃也。」《説文・㫃部》：「旄，幢也。從㫃、從毛。」然則公子尾字施父，即旄字從㫃、從毛之意。尾猶毛也，施猶㫃也。尾之爲用，莫大於旄，故取以爲名字耳。

秦西術，字乞。

王氏《解詁》曰：「術讀爲遂。《文十二年公羊經》正作遂。乞讀爲訖。遂，終也，竟也。《逸周書・太子晉》篇孔注曰：『遂，終也。』《廣雅》云：『遂，竟也。』訖亦終也，竟也。《爾雅》云：『訖，止也。』止亦終也。《漢書・西域傳》顔注曰：『訖，竟也。』」樾謂：王氏讀「術」爲「遂」，是也；其説非也。《廣雅・釋詁》：「遂，往也，行也。」《禮記・緇衣》篇鄭注曰：「遂猶達也。」「遂」之爲義，有往而必達之義，故《襄十二年公羊傳》曰：「大夫無遂事。」疏曰：「遂者，專事之辭。」《襄十年穀梁傳》曰：「遂，直遂也。」名遂，蓋取勇往之義，故字乞。「乞」讀爲「仡」，《説文》曰：「仡，勇壯也。」字亦通作「矻」，《漢書・王褒傳》注曰：「矻矻，健作貌。」《爾雅・釋訓》曰：「遂遂，作也。」然則名遂字仡，正相應矣。《説文・走部》：「趌，直行也。」亦與直遂之義相應，趌與仡聲同。

齊杞殖，字梁。

王氏《解詁》曰：「殖讀爲植。立者謂之植，横者謂之梁。」樾謂：王氏讀「殖」爲「植」，是也，《古今注》正作「杞植」；其説非也。《禮（説）〔記〕・檀弓》篇：「行并植於晉國。」鄭注曰：「植謂剛而專己。」蓋植之言直也，《易・繫辭傳》：「其動也直。」王注曰：「直，剛正也。」《考工記・弓人》：「骨直以立。」鄭注曰：「骨直謂强毅。」是直有剛强之義，《周書・謚法》篇「剛彊理直曰武」是也。梁之言强梁也，《釋名・釋宫室》曰：「梁，彊梁也。」《爾雅・釋地》釋文引《晉太康地記》曰：「梁州者，言西方金剛之氣彊梁，故因以爲名。」杞植字梁，蓋亦取此義，猶孔紇字叔梁也。王氏曰：「紇讀爲仡，强壯謂之仡，亦謂之梁。古人以王父字爲氏。《潛夫論・氏姓》篇：『鄭共叔之後爲彊梁氏。』《元和姓纂》引《世本》：『衛將軍文子生慎子，會生强梁，因氏焉。』是古人名字多取彊梁之義。梁或作良，良亦彊也，故齊高彊字子良。」今按：杞植與孔紇、高彊同字，正當依王氏此義説之矣。

陳諸，字伯爰。

王氏《解詁》曰：「諸讀爲堵，爰讀爲垣。《小雅·鴻雁》篇曰：『之子于垣，百堵皆作。』」樾謂：王説非也。「諸」與「爰」竝大也。古字「諸」與「都」通，故《史記·夏本紀》「明都」，《漢書·地理志》作「盟諸」，是其例也。《漢書·武五子傳》：「將軍都郎羽林。」師古注曰：「都，大也。」《廣雅·釋詁》「觰」與「都」竝訓「大」。《説文·角部》：「觰，下大者也。」「諸」與「觰」、「都」竝從者聲，義得相通。又《説文·奢部》：「奢，張也。」張亦張大之意。《老子》曰：「是以聖人去甚、去奢、去泰。」「奢」與「甚」、「泰」同義，竝言大也。古書都字或通作奢，《荀子·賦》篇「閭娵子奢，莫之媒也」，楊注曰「子奢當作子都」是也。諸與都通，則亦得與奢通矣。《説文·玉部》：「瑗，大孔璧也。」《目部》：「暖，大目也。」《見部》：「䙾，大視也。」凡從爰得聲之字，每有大義，是爰亦大也。蓋爰聲與亘聲相近，藼之或體作蕿，亦作萱，是其例也。《説文·大部》：「奆，奢奆也。從大，亘聲。」經傳無「奆」字，以「桓」爲之。《詩·長發》篇：「元王桓撥。」傳曰：「桓，大也。」蓋桓亦從亘聲也。許君以「奢奆」説「奆」字，是古有奢奆之語。然則陳諸字伯爰者，諸即奢也，爰即奆也，猶名奢而字伯奆矣。

齊公孫竈，字子雅。

王氏《解詁》曰：「雅讀爲寤。《玉篇》引《倉頡篇》曰：『楚人呼竈曰寤。』」樾謂：王説非也。《韓子·外儲説》篇作「子夏」，當從之。夏者正字，雅者叚字也。雅、夏古字通。《荀子·榮辱》篇曰：「越人安越，楚人安楚，君子安雅。」又《儒效》篇曰：「居楚而楚，居越而越，居夏而夏。」是「雅」與「夏」通用之證。古人五祀，夏則祀竈。蔡邕《獨斷》曰：「夏爲太陽，其氣長養，祀之於竈。」然則名竈字夏，義正相應。

魯公孫宿，字成。

王氏《解詁》曰：「成與城通。《隱元年春秋》：『及宋人盟于宿。』杜注曰：『宿，小國。』國必有城，故字城。」樾謂：如王説，則當字國，於義方合。今字城，殆非取之國名矣。「成」當讀如本字。「宿」之言縮也，縮者收縮之謂也。《詩·七月》篇：「九月肅霜。」傳曰：「肅，縮也，霜降而收縮萬物。」名宿字成，乃取收縮之義。又按：「宿」與「就」聲近，《説文·糸部》：「縮，一曰蹴也。」《手部》：「摍，蹴引也。」古字聲近者，義即相通。然則宿有就義矣，故名宿字成也。

宋大宰盈，字蕩。

王氏《解詁》曰：「盈讀爲桯。《方言》：『榻，前几。江沔之閒曰桯。』《説文》：『桯，牀前几也。』『桱，桯也，東方謂之蕩。』」樾謂：王説迂曲，殆非也。「盈」與「蕩」義本相因，凡物盈滿，則必動蕩，故曰盈而蕩，天之道也。名盈字蕩，即取此義。又按：盈之言充也，充之言大也。《廣雅·釋詁》曰：「盈，充也。」高誘注《吕氏春秋·必己》篇、《淮南子·説山》篇，竝曰：「充，大也。」《襄二十九年左傳》曰：「美哉蕩乎。」正義曰：「蕩，寬大之意。」《論語·泰伯》篇：「蕩蕩乎。」包注曰：「蕩蕩，廣遠之稱。」《荀子·非十二子》篇：「蕩蕩然。」楊注曰：「蕩蕩，恢夷之皃。」然則蕩亦大也。故名盈字蕩也。

宋公子何，字弗父。

王氏《解詁》曰：「何讀爲枷，弗讀爲柫。《説文》：『柫，擊禾連枷也。』『枷，柫也。』」樾謂：王説非也。「何」當讀爲「阿」，何與阿聲近而義通。《釋名·釋丘》曰：「偏高曰阿丘。阿，何也。」是其證也。《國語·周語》曰：「弗諫而阿之。」《晉語》曰：「從其義，不阿其惑也。」韋注竝曰：「阿，隨也。」《吕氏春秋·長見》篇曰：「阿鄭君之心。」《君守》篇曰：「舍職而阿主之爲矣。」高注竝曰：「阿，從也。」是阿有隨從之義。《説文·丿部》：「弗，撟也。」

《口部》："「咈，違也。」「弗」與「咈」義相近，古書每以「拂」爲之。《賈子·保傅》篇曰："「潔廉而切直，匡過而諫邪者，謂之拂。拂者，拂天子之過者也。」《荀子·臣道》篇曰："「有能抗君之命，竊君之重，反君之事以安國之危，除君之辱，功伐足以成國之大利，謂之拂。」然則名阿字弗，以相反爲義。幼而名之曰阿，義取乎隨從也；冠而字之曰弗，即所以爲教矣。或曰："「何」讀爲「痾」，竝從可聲，故字得通用。《説文·疒部》："「痾，病也。」「弗」讀爲「祓」，《詩·生民》篇："「以弗無子。」箋曰："「弗之言祓也。」《説文·示部》："「祓，除惡祭也。」名痾字祓，乃取祓除之義，猶鄭公子名去疾也。

齊梁丘據，字子猶。

王氏《解詁》曰："「據讀爲遽，猶讀爲輶。遽也，輶也，皆車之輕且速者也。《爾雅》："『遽，傳也。』『輶，輕也。』《説文》："『輶，輕車也。』」樾謂："王説非也。據乃𧇾之叚字。《爾雅·釋獸》："「𧇾，迅頭。」郭注曰："「今建平山中有𧇾，大如狗，似獼猴，黄黑色，多髯鬣，好奮迅，其頭能舉石（撻）〔擿〕人，玃類也。」《説文·犬部》："「猶，玃屬。」然則名𧇾字猶，義正相應。王釋爲車，則反迂曲矣。

齊宗樓，字子陽。

王氏《解詁》曰：「樓讀爲鏤，陽讀爲鍚。《大雅·韓奕》篇：『鉤膺鏤鍚。』」樾謂：王説非也。「樓」與「陽」均當讀如本字。《釋名·釋宫室》曰：「樓，言牖户諸射孔婁婁然也。」按：《説文·女部》：「婁，空也。」射孔婁婁，言其牖户之洞達也，是故樓之言麗廔也。《説文·广部》：「廔，屋麗廔也。」《囧部》：「囧，窗牖麗廔闓明也。」字亦作「䕻廔」，《玉（部）〔篇〕·广部》：「䕻廔綺窗。」蓋屋言䕻廔，猶人言離婁，皆謂明也。《禮記·月令》篇：「可以居高明。」鄭注曰：「高明謂樓觀也。」是「樓」有「明」義。《詩·七月》篇：「我朱孔陽。」傳曰：「陽，明也。」《白虎通·號》篇曰：「陽猶明也。」宗樓字子陽，即取高明之義，不必改讀。

鄭豐卷，字子張。

王氏《解詁》曰：「卷讀爲弮。《漢書·司馬遷傳》：『張空弮，冒白刃。』李奇注曰：『弮，弩弓也。』或曰卷讀爲彏。《説文》：『彏，弓曲也。』」樾謂：二説竝非也。《儀禮·公食大夫禮》：「有司卷三牲之俎，歸于賓館。」鄭注曰：「卷猶收也。」《淮南子·兵略》篇：「旗不解卷。」高注曰：「卷，束也。」是卷有收束之義。《廣雅·釋詁》曰：「張，開也。」開與收束義正相反。名卷字張，即取相反者爲義。

鄭石制，字子服。

王氏《解詁》曰：「制讀爲製。《説文》：『製，裁衣也。』《定九年左傳》服虔注云：『貍製，貍裘也。』《哀二十七年傳》杜預注云：『製，雨衣也。』《説苑・復恩》篇：『甯文子具紵絺三百製。』《史記・叔孫通傳》：『服短衣楚製。』則『製』乃衣服之通稱。」樾謂：王説非也。「制」讀如本字，「服」當爲「𠬝」。《説文・又部》：「𠬝，治也。从又从卩。卩，事之制也。」然則名制字子𠬝，義正相應。經傳無「𠬝」字，蓋皆以「服」爲之，而「𠬝」廢矣。《尚書・盤庚上》篇：「先王有服。」又曰：「以常舊服正法度。」「服」字竝當作「𠬝」。有服言有制也，舊服言舊制也。《襄三十年左傳》：「上下有服。」「服」亦當作「𠬝」，言上下有制也。説詳余所著《羣經平議》。王氏不知子服之爲子𠬝，而讀「制」爲「製」以配之，蓋古字亡而古義亦晦矣。

顔祖，字襄。

王氏《解詁》曰：「祖讀爲菹，襄讀爲蘘。《廣雅》：『蘘，葅也。』葅與菹同。《説文》：『蘘菜也。』《廣韻》云：『蘵菜爲葅。』葅亦與菹同。或曰祖讀爲坥，襄讀爲壤。《方言》：『坻、坥，場也。梁宋之閒，蚍蜉䵖鼠之場謂之坻，螾場謂之坥。』壤即場也。」樾謂：二説皆迂曲，且其義甚小，古人何取而以命名乎？今按：《方言》曰：「搖、祖，上也。祖，搖也。祖，轉也。」郭注曰：「動搖即轉矣。」是「祖」有旋轉而上之義。《尚書・堯典》篇：「蕩蕩懷山襄陵。」某傳曰：「襄，上也。」《史記・趙世家》：「以樂乘爲武襄君。」正義曰：「襄，舉也，上也。」字亦作「驤」，《文選・琴賦》：「參辰極而高驤。」李善注曰：「驤與襄同。」然則名祖字襄，義正相應，不必改讀。

鄭公子平，字子豐。

王氏《解詁》曰：「平疑當作年，相似而誤。名年字豐，取豐年之義。」樾謂：王氏以「平」爲字誤，是也；謂當作「年」，非也。「平」當作「丕」。《爾雅・釋詁》：「丕，大也。」釋文曰：「丕又作平。」平與平字正相似，故易致誤。《後漢書・耿秉傳》：「太醫令吉平。」李注曰：「平或作平。」即其例也。《易・序卦傳》曰：「豐者大也。」丕與豐竝有大義，故名丕字子豐也。

陳公子少西，字子夏。鄭公孫夏，字子西。

王氏《解詁》曰：「西夏，國名也。《逸周書・史記》篇：『昔者，西夏性仁非兵，城郭不修，武士無位，惠而好賞。屈而無以賞，唐氏伐之，城郭不守，武士不用，西夏以亡。』或曰：大夏，山名。《吕氏春秋・古樂》篇高注曰：『大夏，西方之山。』」樾謂：以西夏爲國名，古人何取乎既亡之國，而多以爲名字乎？或謂山名，義亦無取。今按：夏者，南方火也，是故夏猶南也。《易・坤・象辭》曰：「利西南得朋，東北喪朋。」《蹇・象辭》曰：「利西南，不利東北。」是西與南同類。名少西當字子南，字子西亦當名南。不曰南而曰夏者，不欲徑遂其辭，故變文見義，亦周人尚文之一端也。

魯公斂陽，字處父。

王氏《解詁》曰：「《僖二十八年穀梁傳》：『山南爲陽。』《大雅・皇矣》篇：『居岐之陽。』是其義也。或曰：『陽，温也。』《管子・宙合》篇：『夏處陰，冬處陽。』」樾謂：二説皆非也。《釋名・釋天》曰：「陽，揚也，氣在外，發揚也。」名之曰陽，蓋取在外發揚之義。字之曰處父，懼其窮大而失居也，所以爲教也。

周劉狄，字伯岔。

王氏《解詁》曰：「狄當爲秋，字形相似而誤也。秋者，椒之叚借，古聲椒與秋同。劉秋字伯岔，猶鬬椒字伯棼，棼、岔皆芬之叚借也。」樾謂：王説迂曲，未得其義。「狄」當讀爲「翟」，古字通用。《禹貢》「羽畎夏翟」，《漢書·地理志》作「羽畎夏狄」是也。「岔」者，「鴍」之叚字。《説文·羽部》：「翟，雉尾長者。从羽、从隹。」《鳥部》：「鴍，鳥聚皃，一曰飛皃。从鳥，分聲。」然則名翟字鴍，義正相應。

魯公子奚斯，字子魚。

王氏《解詁》曰：「奚讀爲鮭，聲近叚借也。斯，語詞。或曰：奚斯，馬名。《赭白馬賦》注引劉邵《趙都賦》曰：『良馬則飛兔、奚斯。』魚讀爲圉。鄭衆注《夏官·校人》曰：『養馬爲圉。』」樾謂：如後説，則魚字不必改讀，亦馬名也。《爾雅·釋畜》曰：「二目白，魚。」《詩·駉》篇「有驔有魚」，釋文曰：「魚字，《書》作驗。《字林》作䲆。」蓋皆俗字，古止作魚。奚斯字子魚，其名字皆取馬名耳。

魯公子翬，字羽父。鄭公孫揮，字子羽。

王氏《解詁》曰：「翬，本字也。揮，叚字也。《爾雅》：『鷹隼醜，其飛也翬。』或曰：翬，雉名。《爾雅》説雉曰：『伊雒而南，素質五采皆備成章曰翬。』」樾謂：「翬」、「揮」竝叚字，其本字當爲「緷」。《爾雅・釋器》曰：「百羽謂之緷。」故名緷而字羽。

晉寺人勃鞮，字伯楚，一名披。

樾按：「勃鞮」者，「波」字之合音，猶「頭曼」之合音爲「欒」，「壽夢」之合音爲「乘」也。「披」者，「波」之叚字也。《周書・職方》篇：「河南曰豫州，其浸波溠。」鄭注曰：「《春秋傳》曰：『楚子除道梁溠，營軍臨隨。』則溠宜屬荆州，在此非也。」按：《説文・水部》：「溠，荆州浸也。」許説亦與鄭合，蓋《周禮》經文「荆」、「豫」互誤耳。波者，荆州之浸，楚即荆也，故名波字伯楚也。以下諸條，王氏竝云「闕疑」，今就其可知者，犓爲疏證；其不可知者，仍從蓋闕。

宋公子目夷，字子魚。

樾按：「夷」讀爲「鮧」。《説文・魚部》：「鮧，大鮎也。」字亦作「鮧」。《爾雅翼》曰：「鮧魚偃額，兩目上陳，頭大尾小，身滑無鱗。謂之鮎魚，言其黏滑也。」鮧即鮷字也，蓋弟、夷古同聲，故從弟者，亦或從夷。《説文·鳥部》「鵜」篆下重文「鴺」曰：「鵜或從弟。」即其例也。目夷之名，當取義于鮷魚，故字子魚。作夷者，鮧之省也。目夷猶言鮧目，鮧魚兩目上陳，疑宋公子之目似之，故取此名，所謂以類名爲象也。不曰夷目，而曰目夷，猶楚鬬穀於菟取虎乳之義，不曰於菟穀，而曰穀於菟也。

魯公子買，字子叢。

樾按：《説文·丵部》：「叢，聚也。从丵，取聲。」故古音叢字，即讀如聚。《僖三十三年左氏春秋》：「公伐邾，取訾婁。」《公羊春秋》作「取叢」，「叢」即「訾婁」之合音，可知古音讀如聚也，故字亦作藂。《尚書大傳》：「卿雲藂藂。」藂藂即叢叢也。《詩·葛覃》篇毛傳曰「灌木，叢木也」，釋文曰「叢，俗作藂」是也。公子買，當字子聚。《説文·貝部》：「買，市也。从网、貝。《孟子》曰：『登壟斷而网市利。』」然則買字从网、从貝會意，言网羅貨貝也。名買字子聚，義正相應。作「叢」者，叚字耳。

楚公子貞，字子囊。

樾按：《周易·文言傳》曰：「貞固足以幹事。」是貞有固義。《管子·任法》篇：「皆囊于法，以事其主。」尹注曰：「囊者，所以斂藏也。」以貞固爲名，故以斂藏爲字，此即可徵古《易》説矣。

楚伍員，字子胥。

樾按：「員」當讀作「䁉」。《説文·見部》：「䁉，外博衆多視也。从見，員聲。讀若運。」伍員之員，亦讀若運，可知其爲䁉字矣。《爾雅·釋詁》曰：「胥，相也。」胥與相古亦通用。《書·大誥》篇「誕鄰胥伐于厥室」，《漢書·翟方進傳》作「欲相伐于厥室」；《詩·公劉》篇「聿來胥宇」，《新序·襍事》篇引作「聿來相宇」，竝相、胥通用之證。相，視也。胥亦視也。《管子·樞言》篇：「與人相胥。」《君臣》篇：「胥令而動者。」尹知章注竝曰：「胥，視也。」名䁉字胥，義正相應矣。世知伍員之員當讀如運，而不知其本字當爲䁉，則不特字子胥之義不見，并所以讀如運者，亦終莫知其何故也。

魯季公亥，字若。

樾按：「亥」者，「欬」之省也。孔子弟子有樂欬。季公亥之名，蓋與之同。《説文·欠部》：「欬，屰气也。」名欬者，以疾名之。名欬而字以若，若，順也；以其氣之逆，故欲其順也。

宋樂祁，字子梁。

樾按：《詩·吉日》篇：「其祁孔有。」毛傳曰：「祁，大也。」梁者，彊梁也。名祁字梁，蓋取彊大之義。梁爲彊梁義，見「杞殖」條。

宋樂茷，字子潞。

樾按：「潞」與「露」通。《昭元年左傳》杜注曰：「露，羸也。」《吕氏春秋·不屈》篇高注曰：「潞，羸也。」此露、潞通用之證。茷者，《説文·（草）〔艸〕部》曰：「（草）〔艸〕葉多也。」《詩》曰：「湛湛露斯，在彼豐草。」故名茷字子露。

晉士蔿，字子輿。

樾按：「蔿」讀作「爲」，「輿」讀作「與」，竝叚字也。《管子·戒》篇曰：「自妄之身之不爲人持接也。」尹知章注曰：「爲猶與也。」是爲、與義通。《詩·鳧鷖》篇：「福禄來爲。」《論語·述而》篇：「夫子爲衛君乎？」鄭箋、鄭注竝曰：「爲猶助也。」《國策·秦策》：「不如與魏以勁之。」《齊策》：「君不與勝者，而與不勝者。」鮑注竝曰：「與猶助也。」士爲字子與，蓋取相助之義。蔿從爲聲，古得叚借。至與之爲輿，更不勝枚舉。《襄二年左傳》「正輿子」，《襄十年傳》「伯輿」，《襄三十一年傳》「展輿」，《定五年傳》「闉輿罷」，釋文竝曰：「輿，本作與。」《史記·仲尼弟子傳》：「曾參字子輿。」《家語》作「子與」。然則晉之子輿，亦可作子與矣。

晉祁奚，字黃羊。

樾按：「奚」讀作「觟」。《説文·角部》：「觟，牝牂羊生角者也。」然則名觟字黃羊，義正相應。作「奚」者，聲近叚借也。魯公子奚斯字子魚，王氏曰：「奚讀爲鮭。鮭，《廣韻》古攜、苦圭、户圭三切，音皆與奚相近。鮭之爲奚，猶鞋之爲鞵也。」按：王説是也。祈奚之奚，當讀作觟，亦如奚斯之奚，當讀作鮭矣。《説文·言部》：「謑，從言，奚聲。」重文「謑」

曰：「謑或從奊。」奊字從圭得聲，然則謑之或體從奊聲，即從圭聲也。此尤奚、圭聲近之明證矣，可補王氏引證所未及。

魯孔箕，字子京。

樾按：「箕」當作「丌」。《説文·丌部》：「丌，下基也。讀若箕。」錢氏大昕《潛研堂集》有《同音叚借説》曰：「漢人言讀若者，皆文字叚借之例。不特寓其音，并可通其字。」即以《説文解字》言䣢讀若許，《詩》「不與我戍許」，不必從邑、從無也；鄦讀若薊，《禮記》「封黄帝之後於薊」，不必從邑、從契也。其所徵引凡數十事。然則丌讀若箕，即可以「箕」爲之，不必作「丌」矣。《説文·京部》：「京，人所爲絶高丘也。」《爾雅·釋丘》曰：「絶高謂之京。」因而引申之，即有高義。《文選·西京賦》：「聚似京峙。」薛注曰：「京，高也。」《老子》曰：「高以下爲基。」故名丌字子京矣。

魯冉雍，字仲弓。

樾按：「雍」讀爲「辟雍」之「雍」。《詩·靈臺》篇正義引《五經異義·韓詩説》曰：「辟雍，天子之學。春射秋饗，尊事三老五更。」然則冉雍字仲弓，蓋取辟雍春射之義。《文選·

東京賦》：「徐至于射宮。」薛綜注曰：「射宮謂辟雍也。」此可以證仲弓名字，而辟雍古義亦即見於此矣。依《説文》本當作「廱」，「雍」即「廱」之俗體耳。

魯公夏首，字乘。

樾按：名首字乘，義不可曉。「首」疑「百」字之誤。《説文・白部》「百」，古文作「𦣻」。又《首部》「首」，古文「𦣻」也。百、𦣻二字相似，以隸體書之，則皆爲「百」矣。此「公夏百」所以譌爲「公夏首」也。《孟子・梁惠王》篇趙注曰：「百乘之家，謂大國之卿食采邑，有兵車百乘之賦者也。」公夏百字乘，即取此義。春秋時，宋有南宫萬以百爲名，亦猶以萬爲名。《閔元年左傳》曰：「萬，盈數也。」《國語・晉語》曰：「庭實旅百。」韋昭注曰：「百，舉成數也。」《禮記・檀弓》篇：「虞人致百祀之木。」正義曰：「言百者，舉其全數也。」百與萬，竝數之多者，故古人以爲名耳。

魯縣成，字子祺。

樾按：《國語・周語》曰：「成，德之終也。」《尚書・臯陶謨》篇：「《簫韶》九成。」鄭注曰：「成猶終也。」是「成」有「終」義。《周官・司書》：「及事成，則入要貳焉。」事成即事終也。《禮記·聘義》篇曰：「幾中而後禮成。」禮成即禮終也。《荀子·彊國》篇：「道德之威成乎安彊，暴察之威成乎危弱，狂妄之威成乎滅亡。」猶言「終乎安彊」、「終乎危弱」、「終乎滅亡」。説詳余所著《諸子平議》。「祺」讀爲「基」。《説文·示部》「祺」籀作「禥」，是「祺」字籀文本從基得聲，故即可讀爲「基」。《爾雅·釋詁》：「基，始也。」《易·蠱·彖傳》曰：「終則有始，天行也。」故名成字子基。又楚鬭成然字子旗，王氏曰：「成然，旃也，疾言之爲『旃』，徐言之爲『成然』。『成然』之合音爲『旃』，猶『終葵』之合音爲『椎』也。《説文》：『旃，旗曲柄也，所以旃表士衆。』」樾謂：王説非也。「然」乃語詞。成然字子旗，猶縣成字子祺，「旗」、「祺」竝「基」之叚字也。王氏以「旗」之本字讀之，因不得「成然」所以字「旗」之義，而疑爲「旃」之合音，誤矣。余以縣成字子祺，而并得鬭成然字子旗之義，因附辨之於此。

魯公肩定，字子中。

樾按：「中」當讀如本字，「定」之言「正」也，古字定與正通。《尚書·堯典》「以閏月定四時」，《史記·五帝紀》「定」作「正」；《國語·齊語》「正卒伍」，《漢書·刑法志》「正」作「定」，竝其證也。故定字即有正義。《爾雅·釋天》：「營室謂之定。」郭注曰：「定，正也。作宫室皆以營室中爲正。」《詩·定之方中》篇正義引孫炎注，亦與郭同。公肩定字子中，蓋取中正之義。《淮南子·主術》篇「是以中立」，高注曰：「中，正也。」《儀禮·聘禮》篇鄭注曰：「門中，門之正也。」《論語·堯曰》篇「允執厥中」，皇侃《義疏》曰：「中謂中正之道也。」是「中」與「正」義相近，故《孟子·離婁》篇章指曰：「履其正者，乃可爲中。」或曰：定乃星名，謂營室也。公肩定字子中，即取《詩·定之方中》之義。是亦一說也。王氏讀「中」爲「伯仲」之「仲」，謂與命名之義不相比屬，斯失之矣。

【説明】

文載《清經解續編》卷一三五九，又《春在堂全書》。題名曰「補」，實爲舉正。

《周秦名字解故》補

王萱齡

辛巳秋，讀伯申先生《周秦名字解故》一書，究聲音之統貫，察訓詁之會通，有裨經學，良非淺鮮。後坿三十一事，以爲古訓不可周知，姑闕所疑，以俟達者。輒爲疏通證明，其閒穿鑿傅會，在所不免，雖違蓋闕之義，聊爲獻疑之請，仍復就正先生，用備采取焉爾。

晉士蔿，字子輿。

案：《釋草》：「其萌虇蕍。茾、蕫、華，榮。」注：「蕍亦華之貌。」錢詹事大昕以《釋詁》「權輿，始也」，即「其萌虇蕍」。「萌」爲竹之始生，「輿」即「蕍」之假借；「蔿」即「蘤」字，張衡《思玄賦》：「天地茵蕴，百卉含蘤。」俱有始義，故蔿字子輿。又《説文》：「蔿，草也。」《大戴禮·誥（知）志》：「百草權輿。」

齊雍人易牙，字巫。

古「牙」「𠂹」字多互譌。「𠂹」即「互」字。《易》有互體，李氏《易解》俱作「𠂹體」。《輟耕録》：「互郎主互市，今謂之牙郎。」《考工記》：「輪人爲輪牙也者，以爲固抱也。」亦取交互義。今按：易牙應作易𠂹，以《易》有𠂹體。簭人掌三易，五曰巫易，《世本》：「巫咸作筮。」故易𠂹字巫。又，𠂹、巫亦雙聲字。

宋公子目夷，字子魚。

「魚」古通「吾」。《列子·黄帝》篇：「姬魚語女。」注：「姬讀如居，魚讀如吾。」《晉語》：「暇豫之吾吾。」注：「吾讀如魚。」《河渠書》：「功無已時兮，吾山平。」徐廣曰：「東郡東阿有魚山。」晉侯名夷吾，管仲名夷吾，夷吾切音魚，必古有此語。《漢書·匈奴傳》：「北橋余吾。」《後漢書·西域傳》：「夷吾，膏腴之地。」余吾、伊吾，皆夷吾也。

晉寺人披，字伯楚，一名勃鞮。

《説文》：「〔從〕旁持（名）〔曰〕披。」《禮記·檀弓》注：「披，柩行，夾引棺者。」疏：「設之于旁，所以備傾虧也。」《夏官司馬》：「作六軍之士執披。」疏：「披者，車兩旁使人持之。」則旁持俱有披義。《説文》引《孟氏易·恒·上六》：「楮，恒楮柱石也。」古用木，即礎潤而雨之。礎、楚亦有旁分義，故河自濟出爲濋。若乃勃鞮之爲披，猶壽夢之爲乘，終葵之爲（榷）〔椎〕，古切音即西域二合也。

秦西術，字乞。宋西鉏吾亦以西爲氏。

《説文》：「气，雲也。」借爲「乞假于人」之「气」，又省作「乞」。然則「乞」即「气」也。「術」古通「遂」。《廣韻》：「遂，進也，達也。」《詩》：「莫遂莫達。」雲气蒸進，所謂觸石而出，扶寸而合，不崇朝而徧雨天下也。《記》曰：「蛾子時術。」亦謂進進不已也。

楚蔿艾獵，字叔敖。

《詩·車攻》傳：「田者大艾草以爲防。」或謂田爲艾獵歟？《詩·車攻》又曰：「搏獸于敖。」敖，鄭地，或鄰于楚歟？《説文》：「敖，出游也。」或取諸游獵歟？又按：艾獵古切音傲。《釋言》：「獵，虐也。」疊韻。而《書》「剛而無虐，簡而無傲」相韻。古人命名多取惡字以爲戒，《讒鼎》蠆名皆此類也。然則敖也，其即傲歟？其即艾獵之切音，而非字歟？楚人多以敖命名，其在君也，有若敖曰熊儀，有霄敖曰熊坎，堵敖曰熊囏，郟敖曰麇，疑俱非名字相配。王逸注《楚辭》，謂楚人謂未成君而死爲敖，更不再見。杜注《左傳》：「莫敖，官名。」按：莫敖切音髦，《釋言》：「髦，官也。」楚屈瑕、屈重、屈建、屈到、屈生皆爲之，亦與名不配。

鄭公子魚臣，字僕叔。

魚，氏也。《詩》：「并其臣僕。」謙爲賤者之稱。《禮運》：「仕于公曰臣，仕于家曰僕。」

楚公子貞，字子囊。

《易》九家注：「坤爲囊，利牝馬之貞。安貞吉，利永貞。」故貞字子囊。

楚文之無畏，字子舟。

「畏」古通「隈」。《考工記》：「夫角之中，恒當弓之畏。畏也者，必撓。」注：「畏謂弓淵。」「畏」讀如「秦師入隈」之「隈」。《大射儀》：「大射正執弓以袂，順左右隈。」注：「隈，弓淵。」按：《釋訓》：「隩，隈隩。」通作「隅」。無隈，猶無隅也。《楚辭·天問》：「隅隈多有，誰知其數？」《老子》：「大方無隅。」《考工記》：「輈人爲輈，欲其孫而弧深。」又云：「輈欲弧而無折，無弧深。」無折即無畏也。「輈」古祇作「舟」。

宋樂轡，字子蕩。

《郊特牲》曰：「滌蕩其聲。」注：「滌蕩猶搖動也。」「蕩」者「盪」之假借字。轡有搖動義。《左傳》「錫、（鑾）〔鸞〕、和、鈴」，鸞設衡，和設軾〔一〕。」今俗謂之鈴盪，亦取其搖動也。

楚薳罷亦字子蕩，罷、轡雙聲。

楚屈到，字子夕。

《說文》：「到，至也。」「至，鳥下來也。」「夕，莫也。」鬲，从鳥在窗，夕陽在西，故到字夕。《易·乾·九三》：「夕惕。」虞氏曰：「居離日之終，終日爲夕。」俗云一天到晚、一日到夜。

楚觀從，字子玉。

《玉藻》：「習容觀玉聲。」岳本作「習容」句，「觀玉聲」句。注：「玉佩。」《集韻》：「瑽瑢，佩玉聲也。」《説文》：「從，隨行也。」萱齡按：行必佩玉。「瑽瑢」疑祇作「從容」，故觀從字子玉。

鄭印癸，字子柳。

《説文》：「柳，從木，丣聲。」「丣」，古文「酉」。段氏玉裁《注》引海寧錢馥字廣伯説曰：「古多假柳爲酉。如鄭印癸字子柳，柳即酉，名癸字酉也。《仲尼弟子列傳》：『顔幸字子柳。』柳亦即酉。幸者，辛之譌也。」

晋楊食我，字伯石。

段氏《説文注》曰：「食，亼米也。从皀、亼。亼，集也，集衆米而成食也。」「石」字或借爲「碩大」字，或借爲「祏」字。《月令》：「鈞衡石。」《律曆志》：「四鈞爲石。」祏，百二十斤也。稻一祏，爲粟二十斗。禾黍一祏，爲粟十六斗大半斗。故食我字伯石。「食我」字見《詩》。龔氏自珍曰：「楊食疑羊舌之假借字，即羊舌氏也。」萱齡案：如龔説，則「我」亦爲「硪」字之省文。《説文》：「硪，石巖也。」《集韻》音我。郭璞《江賦》：「陽侯砐硪以岸起。」

衞公孫彌牟，字子之。

《續漢書・禮儀志》：「仲夏，以朱索連葷菜，彌牟朴蠱蠱。」《正字通》引郝氏敬云：「彌牟，禦止塗抹之義。」「子之」疑「子止」之譌，篆文㞢、止相似。齊慶舍字子止，亦譌「子之」，見《解故》上卷。

齊顔涿聚，字庚。

《周禮》故書：「衣接櫝之材。」鄭司農讀爲「翣柳」，後鄭云：「柳之言聚也。」引《書》：「分命和仲度西，曰柳穀。」《漢書・律曆志》：「斂更于庚。」斂，聚也。《説文》：「庚，位西方。」故涿聚字庚。「涿聚」、「濁鄒」、「讎由」，俱「聚」之雙聲字也。

魯冄雍，字仲弓。

雍，和也。《攷工記・弓人》：「爲弓，均者參，謂之九和。」又，「弓」與「宮」古俱讀「窮」。《説文》：「弓，窮也。」「宮，从宀，躳省聲。」《論語》「直躳」，又作「直弓」。《詩》：「雍雍在宮。」

魯澹臺滅明，字子羽。

滅、明雙聲字，故(艘)〔鬷〕蔑字然明。《離》爲明、爲翬，故公子翬字羽明，亦字羽。

魯顏幸，字子柳。

見「鄭印癸字子柳」下。

公祖句兹，字子之。

《月令》：「句者畢出。」《説文》：「兹，艸木多益也。」「之，出也。象艸過屮，枝莖〔漸〕益大，有所之〔也〕。一者，地也。」故句兹字子之。

秦祖，字子南。

《白虎通》：「南方，任方也。」萱齡按：任、妊通。南方妊養萬物，亦肇祖元胎義。

魯縣成，字子祺。

《釋言》曰：「祺，祥也。」《詩》：「維周之祺。」《説文》：「祥，福也。」《詩》：「福履成之。」

萱齡按：祺、期、幾、禥，古俱通用。《書》云：「平秩西成。」古者謂禾熟爲一期。《論語》：「舊穀既没，新穀既升，期可已矣。」《詩》曰：「如幾如式。」傳：「幾，期也。」《説文》：「禥，復其時也。」《唐書》曰：「禥三百有六旬成歲。」故成字子祺，應作此「禥」字，後人以其不經見而作「祺」。

魯公西（箴）〔箴〕，字子上。

《説文》：「黵，雖皙而黑也。」皙者，人色白也。古人名黵字皙。段氏玉裁注：「黵，專謂人面。」萱齡按：人之一身，莫上于面。黵、皙俱見于面，故俱字子上，蓋以其面名之。《左傳·哀公十三年》：「肉食者無墨。」注：「墨，氣色下。」明「黵」異于「墨」也。

魯孔忠，字子蔑。

《説文》：「忠，敬也。」《廣韻》、《韻會》引《説文》：「蔑，勞也。从苜从戍。人勞，則蔑然也。」段氏玉裁云：「戍人，最勞者；苜，目無精也。通作（眛）〔眛〕。」萱齡按：《梓材》「亦厥君先敬勞」、「肆徂厥敬勞」，敬勞二字連文，故忠字子蔑。

魯孔白，字子上。

見「〔魯〕公西（黶）〔箴〕字子上」下。

魯孔箕，字子京。

古箕、荄同字，故箕子，孟喜《易》作「荄滋」。《史記》曰：「箕萬物，方荄滋。」孫子《算經》：「十京爲荄。」荄、京俱大也。

魯孔橽，字子直。

「橽」不見字書，疑「概」之俗字。《月令》：「正權概。」直亦正也。又疑與「闔」同用。木曰闔，直者植之省。《衆經音義》引《三倉》云：「户旁柱曰植。」

魯孔傲，字子家。

《説文》：「傲，倨也。」「家，居也。」傲、家音相近。

燕周豎（家），字子家。「豎」，《漢書·儒林傳》作「醜」。

醜、豎雙聲字。醜，類也。《爾雅》：「牖户之閒謂之扆，其内謂之家。」方以類聚，君子以類俗辨物，故醜字子家。《坤》：「西南得朋，乃（以）〔與〕類行。」女子在家，與《離》、《兑》爲類。

湻于光羽，字子棄。「羽」，《漢書·儒林傳》作「虞」。

羽、虞音相近。《律曆志》：「羽，虞，宇也。物聚藏，宇覆之。」《説文》：「羽，鳥長毛也。」亦有傴覆義。「棄，覆也。从入桀。」「古文兖从几。」段氏玉裁云：「加其上曰棄。人棄車，是其一端也。入者，覆之意也。」「凭几者，亦覆其上。」光羽乃廣覆之意。

趙李緝，字牧。

「緝」不見字書，乃「棷」之譌字。《禮運》：「鳳皇騏麐，皆在郊棷。」《天官》：「藪牧養，蕃鳥獸。」棷、藪同字，故棷字牧。

【説明】

文載《聚學軒叢書》第五集，又《畿輔叢書》。本文補釋王引之《周秦名字解詁》闕疑諸條。王萱齡，字北堂，順天昌平人。從王引之遊，精訓詁。道光元年副貢，任新安、柏鄉兩縣教諭。

【校注】

〔一〕鸞設衡，和設軾：《左傳·恒公二年》杜注曰：「鸞，在鑣。和，在衡。」

高郵王氏父子古韻説

許瀚〔一〕

言古韻者，又數家。張氏惠言皋文有《毛詩韻部》，江氏有誥晉三有《音學十書》，丁氏履恒若士有《形聲類篇》，棲霞牟先生應震廬坡有《毛詩古韻》〔二〕。旁及桂未谷先生之《説文義證》，郝蘭皋先生之《爾雅義疏》，雖非韻書，竝多發明。而高郵王懷祖太夫子、伯申老夫子父子濟美，方以廿一部説古韻，未有專書，惟槪見於《廣雅疏證》、《讀書雜志》、《經義述聞》、《經傳釋詞》諸書中，海内爲聲音訓詁學者，胥依歸焉。

【説明】

文載《攀古小廬文補遺·與滕陽張芸心耕書》，寫於道光八年戊子三月二十七日。時王念孫八十五歲，王引之六十三歲。標題爲編者所加。

【校注】

〔一〕許瀚，字印林，山東日照人。王引之弟子，道光十五年舉人，長於金石訓詁之學。有《攀古小廬文》、《攀古小廬雜著》等。

〔二〕牟應震，字寅同，號廬坡，山東棲霞人。乾隆四十八年舉人，青州教授。有《毛詩名物考》、《毛詩古韻》、《毛詩古韻雜論》、《毛詩奇句韻考》，刻於嘉、道間。《續修四庫全書》二四七册收録。其分《毛詩》古韻二十六部。

《古文尚書》撰異·《益稷》

段玉裁

庚申十月，讀《廣雅疏證》「儀，賢也」，王氏引之説全與余《堯典》及《大誥》説同，蓋理惟其精，則閉户造車，出門合徹有如此者。王所引漢碑，又有《斥彰長田君碑》曰：「安惠黎儀，伐討姦輕。」

又《洪範》

于其無好，女雖錫之福，其作女用咎。

《宋微子世家》：「于其毋好，女雖錫之福，其作女用咎。」集解引鄭《尚書注》曰：「無好于女家之人，雖錫之以爵禄，其動作爲女用惡，謂爲天子結怨於民。」《史記》用《今文尚書》，鄭注《古文尚書》，「好」下皆無「德」字。孔本經亦無之，而孔傳有之，因或增入經文。正義云：「無好今本增「德」字。之人，謂性行惡者。」又云：「無好對有好，有好謂有善也。」此謂經文只作「無好」也。又云：「無好德之人，謂彼性不好德。」又云：「故傳以好德言之。定本作無德者，今本「德」誤「惡」。疑誤耳。」此謂孔傳作「無好德」，無「德」字者誤也。唐石經及板本經文有「德」字皆非。王氏懷祖曰：「于其無好」句絶，與下「用咎」爲韵。玉裁按：王説是也。鄭意似以「無好女」爲句。

【説明】

段氏《古文尚書撰異》，有經韻樓本、清經解本。此選自《清經解》卷五百六十九、五百八十。此書及《説文解字注》中屢引二王之説。

太歲辨

董祐誠

太歲、太陰之辨，發自嘉定錢先生大昕。《潛研堂文集》、《史漢考異》、《三統術衍》、《養新録》言之詳矣。高郵王先生引之，復作《太歲考》二十（七）〔八〕篇，多正錢氏之失。其合太陰、太歲爲一，以太初元年爲丙子兼丁丑，以《史記・甲子篇》爲出殷數〔一〕，《考》中凡「數」字皆避廟諱〔二〕。以《漢志》前數上元泰初四千六百一十七歲，爲當作四千五百二十歲，皆不刊之論。甲子紀歲，自古迄今，皆六十遞周，無所改易。漢自太初以前，用秦正，則歲首在往年十月，而夏正以後皆統於歲首。甲子常先一辰，故《漢志》稱高帝元年歲名敦牂，由今上溯，則爲乙未；太初元年歲名困敦，由今上溯，則爲丁丑；《淮南子・天文訓》稱淮南元年太一在丙子，當文帝之十六年，由今上溯，則亦爲丁丑。太初既改用夏正，則元年爲丙子兼丁丑，而二年即爲戊寅。故《天馬歌》作於太初四年，而曰「天馬徠，執徐時」；翼奉封事上於初元二年〔三〕，而曰「今年太陰建於甲戌」，皆與今所推合，尤改正即改歲之證。至歲星與太歲，錢先生確守《三統》跳辰之術。王先生所考，謂太歲跳辰，古今所不用，其議甚核；而復執歲星應太歲月建之説，欲使黄帝以來諸數同元，則未敢以爲然也。太歲既不用跳辰，則歲星必不能相應。太史公《天官書》所云「歲陰左行在寅，歲星右轉居丑」者，蓋即當時之歲名識其躔度，用爲候星之法，非以歲星之行定歲名也。司馬貞《索隱》謂「歲星正月晨見東方」以下皆出《石氏星經》，《開元占經・歲星占篇》引《甘氏占》與《天官書》合。甘公，齊人；石申，魏人，皆在戰國時。獲麟至漢興年數，雖諸家互異，而《史記》

年表則有可據。以甲子推之，春秋僖公五年，太歲在寅，是歲晉公子重耳奔狄。二十四年，太歲在酉，是歲秦伯納晉侯。《國語》董因曰「君以辰出而以參入」，則五年星在卯，二十四年星在申，距太歲相應之日躔俱中隔三次。至昭公三十二年，太歲在卯，是歲吴伐越，《左氏傳》史墨曰「越得歲而吴伐之」，則星在丑；哀公十六年，太歲在戌，是歲楚滅陳，《左氏傳》裨竈曰「歲五及鶉火，而後陳卒亡」，則星在午，距太歲相應之日躔俱中隔兩次。歲星凡百數十年而超一次，至戰國初，則寅歲之星在丑，卯歲之星在子，與寅月日躔之亥、卯月日躔之戌恒隔一次，而晨見東方。《甘》、《石》據而録之，以候歲星，而星應太歲，在晨見之月。至漢初，則星又超二次，故漢元年十月太歲在午，而《漢書·天文志》言「五星聚東井」，則星在未；太初元年十一月太歲在子，而《三統》歲術從星紀起，則星在丑，與午月日躔之未、子月日躔之丑皆爲同次。《太初數》據而録之，以候歲星，而星應太歲，在同次之月，正《天文志》所稱星有嬴縮，各録所見者。《淮南子·天文訓》與《天官書》略同，而星見皆先兩月，與《太初數》合，尤其明證。《天官書》又言太歲在甲寅，鎮星在東壁，太白上元以攝提格歲與營室晨出東方。《淮南子》言鎮星以甲寅元始建斗，太白元始以正月建寅，與營室今本作熒惑，誤。晨出東方。《天文志》言《甘》、《石》、《太初》不同，四星亦略類，此《開元占經·填星占篇》引皇甫謐，年數亦同《漢志》，是每歲定次，五星皆有之，尤以歲候星，非以星定歲之明驗。錢先生謂《班史》誤合太陰、太歲爲一，固爲過當；王先生復詆班氏嬴縮之説，亦非其實。且黄帝六家之術本不同元，《開元占經》所引積年具在，而周數以丁巳爲元，似無可强合也。《考》又以《漢志》太初元年太歲在子，子當作寅，謂殷數以是歲爲甲寅，應歲星晨見之月；而《太初數》則應同次之月，故歲名困敦。按：殷數在寅，《太初數》在子，相差二次。揆以晨見之月與同次之月，義得相通。若殷數寅在甲，《太初數》子在丙，相差二十二歲，則於義無取。殷數以甲寅爲元，《淮南子》云：「太陰元始建於甲寅，一終而建甲戌，二終而建甲午，三終而復得甲寅之元。歲徙一辰。」即如王説甲寅術有三元，而古術中朔分皆同，則殷數紀首既爲甲寅，次紀亦必首甲戌，三紀亦必首甲午。《三統·世經》言元帝初元二年殷數以爲紀首，是年歲在甲戌，值一終之數，與《淮南》合。是殷數紀歲與《太初》同也。以殷數初元紀首上推，太初元年十一月甲子得至朔同日，中餘四分〔日〕之三，朔餘九百四十分(日)之七百五，在《太初數》則無餘分。故張壽王上書，據數以非《太初數》。使元年而果值甲寅，則殷數亦爲紀首，無餘分。壽王既治殷數，不應更云「虧四分日之三，去小餘七百五分」矣。《漢志》言公孫卿等議造漢數，「迺定東西，立晷儀，下漏刻，以追二十八宿相距於四方，舉終以定晦朔分至，躔離弦望。迺以前數上元泰初四千六百一十七歲，至於元封七年，復得閼逢攝提格之歲中冬十一月甲子朔旦冬至日月在建星，太歲在子，已得太初本星度新正。姓等奏不能爲算，願募治數者更造密度」，是朔旦冬至無餘分者，當時實測所得，射姓等不能爲算，故即以前數甲寅元術綴之。迨鄧平等運算，而《太初數》始定。《史記·甲子篇》其所云「歲名焉逢攝提格，月名畢聚，日得甲子，夜半朔旦冬至。正北。十二。無大餘，無小餘；無大餘，無小餘；焉逢攝提格（太初元年）。十二。大餘五十四，小餘三百四十八；大餘五，小餘八」者，皆殷數原文。其所云太初元年、太初二年者，蓋以漢元冠殷數。《藝文志》有《漢元殷周諜數》十七卷，或即《甲子篇》所本。若殷數原術初未嘗以太初元年爲甲寅，一行《大衍議》謂《太初》數元不值甲寅，猶以日月五緯復得上元本星度，故命曰閼逢攝提格，而實非甲寅，其説近之。特以殷數紀元推漢元者，迺公孫卿等爲之，非閎、平《太初數》也。《班史》恐歲名相淆，故申言太歲在子，與上文相别。謂後人改寅爲子，恐未必然。大抵太歲、歲星本不相應，劉歆以《三統》推春秋歲之所在，欲其與太歲合，不得不立跳辰之法，而古今歲陽、歲陰從無超遷。鄭康成《周禮·馮相氏》注已疑之。王先生謂《説文》釋歲字不宜專指木星，誠爲篤論，乃仍以太歲、歲星相應之法，推四家之元；又據歲星晨見之月，斷殷數以太初之丙子爲甲寅，此其所未喻者。今參考諸説，實求其是，王先生聞之，未識以爲當否也。

【説明】

文載董祐誠《董方立文集》甲集卷上。王章濤先生據董氏《自序》，認定爲嘉慶二十三年撰。

嘉慶十九年夏，王引之官山東學政。因錢大昕所釋太歲，分爲太歲、太陰，義有未安；考明《漢志》「太歲在子」爲「在寅」之訛，因於試士之暇爲説二十八篇以正之，名曰《太歲考》，與《春秋名字解詁》皆合刊於《經義述聞》中。董氏此辨，肯定王説，亦有所質疑。

董祐誠，字方立，江蘇陽湖人。嘉慶間舉人。長於典章、輿地、曆算諸學。

【校注】

〔一〕《史記·甲子篇》，見《史記·曆書》。

〔二〕《太歲考》及本文《太歲辨》中，凡「曆」字皆改「數」，爲避清高宗弘曆名諱。

〔三〕翼奉，西漢經學家。治《齊詩》，與蕭望之、匡衡同師后蒼。

《經傳釋詞》補

孫經世

庸

庸，用是也。猶言「於是」。《書·皋陶謨》：「帝庸作歌。」《史記·夏本紀》作「用此作歌」。

庸，詞之遽也，猶「遂」也。《書·酒誥》：「勿庸殺之。」《禮記·内則》：「勿庸疾怨。」《昭十二年左傳》：「子大叔使其除徒執用以立，而無庸毀。」《楚辭·抽思》篇：「豈至今其庸亡。」《漢書·王式傳》：「主人歌客毋庸歸。」皆是也。

庸，猶「何」也，「安」也，「詎」也。詳《釋詞》。《管子·大匡》篇：「庸必能用之乎？」《晏子·問》篇：「吾庸知乎？」又：「庸爲賢乎？」《雜》篇：「嬰獨庸能已乎？」《外篇》：「庸可悲乎？」又：「庸知其能全身以事君乎？」《列子·周穆王》篇：「汝庸知汝子之迷乎？」《莊子·天地》篇：「其庸可得邪？」《魏策》：「所効者庸必得幸乎？假之得幸，庸必爲我用乎？」《韓詩外傳》二卷：「庸有罪乎？」又見《新序·節士》篇。《春秋繁露·滅國》篇：「庸能親爾乎？」《史記·秦本紀》：「庸知我國人不有以我情告鄭者乎？」《晉世家》：「庸可殺乎？」又：「庸可喜乎？」《楚世家》：「庸可絶乎？」又：「庸去是身乎？」《孔子世家》：「庸遲乎？」《列女傳·節義》篇：「庸爲去是身乎？」《新序·雜事》篇：「吾庸敢傲霸王乎？」又「庸得進乎？」《説苑·建本》篇：「庸知子用非爲是，用是爲非乎？」桓子《新論》：「庸易知邪？」《漢書·息夫躬傳》：「庸得往兮？」《南粤王傳》：「庸獨利乎？」皆是也。「庸」與「何」同義，故或稱「庸何」。《論衡·變虚篇》：「庸何能動天？」庸亦何也。「庸」與「詎」同義，故或稱「庸詎」。《莊子·大宗師》篇：「庸詎知吾所謂天之非人乎？」又：「庸詎知吾所謂吾之乎？」《淮南·齊俗訓》：「庸遽知世之所自窺我者乎？」遽，詎同。《新序·節士》篇：「吾庸遽受之乎？」庸亦詎也。「庸何」、「庸詎」連文，古人自有複語耳。

庸，猶「將」也。《昭五年左傳》：「今此行也，其庸有報志。」言「將有報志」也。

一

一，猶「皆」也，本《釋詞》。案：楊倞注《荀子・勸學》篇、《臣道》篇、《君子》篇並云：「一，皆也。」「總」也。《書・金縢》：「乃卜三龜，一習吉。」言「皆習吉」也。《大戴記・虞戴德》篇：「歛此三者而一舉之。」言「皆舉之」也。《晏子・外篇》：「公一歸七年之禄。」言總歸以七年之禄也。又《六韜・立將》篇：「社稷安危，一在將軍。」《管子・小匡》篇：「此五子者，夷吾一不如。」《荀子・禮論》篇：「一足以爲人願。」《吕氏春秋・知度》篇：「非一自行之也。」《韓子・揚權》篇：「萬民一從。」賈子《新書・審微》篇：「非以小善爲一足以利天下，小不善爲一足以亂國家也。」《修政語》篇：「故大禹豈能一見而知之也？豈能一聞而識之也？」《匈奴》篇：「一可以當天子之意。」《淮南・泰族訓》：「聖人一以仁義爲之準繩。」《春秋繁露・楚莊王》篇：「若一因前制，修故業。」《五行對》篇：「名一歸於天。」《陰陽義》篇：「有其理而一用之，與天同者大治。」《史記・曹相國世家》：「一遵蕭何約束。」《孟嘗君傳》：「食客數千人，無貴賤，一與文等。」文，蓋「之」字之誤。《太史公自序》：「一斷於法。」《鹽鐵論・非鞅》篇：「一取之民間。」《能言》篇：「一歸之於民。」《白虎通・郊祀》篇：「五帝三王祭天，一用夏正。」此《北堂書鈔》所引《郊祀》篇文，今《白虎通》本闕。張衡《疏》：「宜收藏圖讖，一禁絶之。」《東觀漢記・李恂傳》：「一無所留，一無所受。」諸「一」字，並與「皆」同義。「一」與「皆」同義，故或以「一皆」連用。《修政語》篇「諸侯萬人，而禹一皆知其體」下文又云：「一皆知其國。」是也。字或作「壹」。《僖九年穀梁傳》：「讀書加于牲上，壹明天子之禁。」言皆以明天子之禁也。《禮記・大學》篇：「壹是皆以修身爲本。」言總之皆以修身爲本也。是，之也。又《管子・地數》篇：「然後天下之寶，壹爲我用。」《史記・律書》：「壹稟於六律。」《漢書・終軍傳》：「壹用漢法，以新改其俗。」《車千秋傳》：「政事壹決大將軍光。」《霍光傳》亦云：「政事壹決於光。」《陳湯傳》：「莫府事壹決於湯。」《王吉傳》：「政事壹聽之。」《貢禹傳》：「使百姓壹歸於農。」《毋將隆傳》：「共養勞賜，壹出少府。」《揚雄傳》：「壹槩諸聖。」諸「壹」字，亦並與「皆」同義。

一，猶「或」也。詳《釋詞》。《昭十六年左傳》：「一共一否，爲罪滋大。」言「或共或否」也。《六韜・兵道》篇：「一合一離，一聚一散。」《奇兵》篇：「一喜一怒，一予一奪。」《管子・樞言》篇：「一龍一蛇。」亦見《淮南・俶真訓》。《霸言》篇：「令人主一喜一怒者，謀也；令國一輕一重者，刑也。」《内業》篇：「一往一來。」《度地》篇：「一有水，一毋水。」《輕重乙》篇：「使物一高一下。」《子華子・北宮子仕》篇：「一則以之怵惕，一則以之忌諱，一則以之懲創。」《孫子・謀攻》篇：「一勝一負。」《吴子・論將》篇：「一坐一起。」《應變》篇：「一結其前，一絶其後。」《墨子・耕柱》篇：「一南一北，一西一東。」《莊子・應帝王》篇：「一以己爲馬，一以己爲牛。」《田子方》篇：「進退一成規，一成矩；從容一若龍，一若虎。」《荀子·勸學》篇：「一出焉，一入焉。」楊注：「或善或否。」《修身》篇：「一進一退，一左一右。」案：即下文所謂「或爲之或不爲之」。《王制》篇：「小節一出焉，一入焉。」《王霸》篇：「亦一若彼一若此也。」楊注：「或（求）誠能之（已）〔求〕，或親比〔已〕者之用。」《議兵》篇：「諰諰然，諰，《漢書·刑法志》作「鰓」。常恐天下之一合而軋己也。」《韓子·解老》篇：「夫物之一存一亡。」《韓策》：「吾固患韓之難知一從一橫。」《史記·田敬仲世家》「韓」作「齊」。《燕策》：「齊趙之交，一合一離。」《淮南·齊俗訓》：「此之謂一是一非也。」《兵略訓》：「一晦一明。」揚子《法言·君子》篇：「一東一北。」《論衡·明雩篇》：「然而一湛一旱。」《治期篇》：「五穀生地，一豐一耗；穀糴在市，一貴一賤。」諸「一」字並與「或」同義。字或作「壹」。《漢書·揚雄傳》：「壹從壹衡。」《論衡·祀義篇》：「壹祭壹否，則神壹飢壹飽。」「壹」字亦並與「或」同義。

一，猶「乃」也。《釋詞》引高誘《吕氏春秋·知士》篇注。《列子·説符》篇：「伯樂喟然太息曰：『一至於此乎！』」亦見《淮南·道應》篇。《史記·范睢傳》：「范叔一寒至此哉！」《魏其武安侯傳》：「此一獄吏所決耳。」《優孟傳》：「寡人之過，一至此乎！」諸「一」字並與「乃」同義。字或作「壹」。《襄二十一年左傳》：「今壹不免其身以棄社稷。」《楚語》：「今壹五六而必欲用之。」《説苑·尊賢》篇：「士壹至如此乎！」《漢書·原涉傳》：「尹君何壹魚肉涉也？」

《外戚傳》：「今壹受詔如此。」諸「壹」字亦並與「乃」同義。

一，猶「偶」也，謂偶一如此。「忽」也，謂忽然如此。《成二年左傳》：「蔡、許之君一失其位，不得列於諸侯。」言「偶一失其位」也。《昭三年傳》：「伯石之汰也，一爲禮於晉，猶荷其禄。」言「偶一爲禮於晉」也。字或作「壹」。《史記・高祖紀》：「今置將不善，壹敗塗地。」壹，《漢書》作「一」。言偶一破敗便肝腦塗地也。《成八年左傳》：「七年之中，一與一奪，二三孰甚焉。」言「忽與忽奪」也。《公孫龍子・跡府》篇：「然而王一以爲臣，一不以爲臣。」言「忽以爲臣，忽不以爲臣」也。

一，猶「一旦」也。《秦策》：「王一善楚，而關内二萬乘之主注地於秦。」言一旦善楚便如此也。

一，猶「甚」也。《晏子春秋・諫》篇，景公言：「翟王子羨之駕，寡人甚説之。」又言：「寡人一樂之。」「一樂」即「甚説」也，互文耳。《莊子・大宗師》篇：「回一怪之。」言「甚怪之」也。字或作「壹」。《大戴記・小辨》篇：「吾壹樂辨言。」言「甚樂辨言」也。

一，詞助也。本《釋詞》。或爲語中助。若《襄二十七年左傳》「匹夫一爲不信猶不可」，一爲，爲也。《孟子・梁惠王》篇「願比死者一洗之」，一洗，洗也。《淮南・説林訓》「而又況一不信者乎」一不信，不信也。是也。或爲發聲助。若《春秋繁露・人副天數》篇「一何高物之甚而類於天也」，一何，何也。下同。《郊祭》篇「一何其不率由舊章之大甚也」，《列女傳・仁智》篇「一何不習禮也」，「一何不達人事也」，《新序・雜事》篇「一不意人君如此也」，一不意，不意也。《說苑・尊賢》篇「一何悲也」，王褒《洞簫賦》「一何壯士」，《東觀漢記・李通傳》「一何武也」是也。一爲發聲助。故《燕策》「此一何慶弔相隨之速也」，《史記・蘇秦傳》「此一何」只作「是何」。字或作「壹」。《史記・外戚世家》：「壹何不自喜而倍本乎？」《漢書・董仲舒傳》：「壹何不相逮之甚也！」《東方朔傳》：「壹何壯也！」諸「壹」字亦皆發聲助。

乃

乃，猶「於是」也，本《釋詞》。「爰」也。若《書・皋陶謨》「乃歌」，「乃賡載歌」，《詩・斯干》「乃安斯寢」，《無羊》「牧人乃夢」，《綿》「迺慰迺止」《釋詞》云：「乃字或作迺，俗作迺、廼。」是也。

乃，猶「而」也。本《釋詞》。《易・萃・初六》：「有孚不終，乃亂乃萃。」言「而亂而萃」也。《書・康誥》：「汝惟小子，乃服惟弘王，應保殷民。」言而服惟如此也。《顧命》：「雖爾身在外，乃心罔不在王室。」言而心則在王室也。《詩・斯干》：「乃寢乃興。」言(乃)「(而)寢而興」也。《儀禮・大射儀》：「大夫不拜乃飲。」言「不拜而飲」也。注云：「乃猶而也。」《禮記・內則》：「保受乃負之。」言「受而負之」也。《祭法》：「享嘗乃止。」言享嘗而已也。與下文「祭子而止」義同。《管子・版法解》：「虛氣平心，乃去怒喜。」言「而去怒喜」也。《弟子職》：「既食乃飽。」言「食而飽」也。《吴子・圖國》篇：「吉乃後舉。」《史記・楚世家》：「五讓乃後許爲王。」《韓非傳》：「乃後申其辯知焉。」「乃後」皆謂「而後」也。「乃」與「而」同義，故二字可以互用。若《禮記・文王世子》「文王九十七乃終，武王九十三而終」是也。二字又可以通用。若「文王九十七乃終」，《論衡・氣壽篇》「乃」作「而」；《僖十五年左傳》「而以興戎」，《列女傳・賢明》篇「而」作「乃」是也。

乃，急詞也。本《釋詞》。若《吕氏春秋・制樂》篇「無幾何，疾乃止」是也。

乃，猶「則」也。本《釋詞》。若《易・萃・六二》「孚乃利用禴」，又見《升・九二》。《困・彖傳》「尚口乃窮也」，《書・康誥》「時乃不可殺」，《立政》「茲乃三宅無義民」，《禮記・曲禮》「不勝喪乃比於不慈不孝」，《祭法》「無禱乃止」，《隱十一年左傳》「我死，乃亟去之」，《宣四年傳》「椒也知政，乃速行矣」，《襄二十一年傳》「子爲彼欒氏，乃亦子之勇也」，《哀十六年傳》「得死乃非我」，《鄭語》「同盡乃棄矣」，《管子・地員》篇「其木乃樠，其木乃柳」，《弟子職》「先生若作，乃興而辭」，《淮南・説林訓》「乃其能游者非手足者矣」，《漢書・董仲舒傳》「王者未作樂之時，迺用先王之樂宜於世者，而以深入教化於民」皆是也。「乃」與「則」同義，故二字可以互用。若班固《西都賦》「東郊則有通溝大漕」云云，「西郊則有上囿禁苑」

云云，「其中乃有九真之麟」云云是也。二字又可以連用。若《荀子·彊國》篇「楚人則乃有襄賁、開陽以臨吾左」是也。

乃，猶「即」也。《荀子·王霸》篇：「以夫千歲之法自持者，是乃千歲之信士矣。」言「是即千歲之信士」也。《淮南·説林訓》：「見象牙乃知其大於牛，見虎尾乃知其大於狸。」言「即知之也。《史記·吴世家》：「苟先君無廢祀，民人無廢主，社稷有奉，乃吾君也。」言「即吾君」也。

乃，猶「其」也。本《釋詞》。《書·皋陶謨》「帝慎乃在位」，又「慎乃憲」，又「屢省乃成」，《盤庚》「由乃在位」，又「汝不謀長，以思乃災」，《康誥》「用康乃心，顧乃德，遠乃猷裕」，「猷裕」連讀，本《經義述聞》。《詩·大田》「既備乃事」，《周禮·小宰》「各修乃職，攷乃灋，待乃事」，《越語》「乃必有偶」，乃必，其必也。《春秋繁露·王道通三》篇「使乃好惡喜怒未嘗差也」皆是也。

乃，猶「方」也，「裁」也，本《釋詞》。「僅」也。《易·涣·象傳》：「王乃在中也。」言「方在中」也。《書·立政》：「乃有室大競。」言「方有室大競」也。《韓詩外傳》十：「吾乃始壯耳。」言「方始壯」也。賈子《新書·親疎危亂》篇：「乃啓其口，匕首已陷於胸矣。」言「方啓其口」也。《春秋繁露·必仁且智》篇：「國家之失，乃始萌芽。」言「方始萌芽」也。《漢書·賈誼傳》：「故迺孩提有識。」言「方孩提有識」也。又《谷永傳》：「諸侯大者乃食數縣。」言「裁食數縣」也。「乃」與「裁」同義，故或以「乃」、「纔」互文。纔，即裁也。若《揚雄傳》「列宿乃施於上榮兮，日月纔經於柍桭」是也。又或以「乃纔」連文。若賈子《新書·藩彊》篇「長沙乃纔二萬五千户耳」是也。又《荀子·彊國》篇：「湯、武也者，乃能使說己者使耳。」言僅能使說己者爲之使也。《史記·項籍紀》：「至東城乃有二十八騎。」《韓長孺傳》：「安國壁乃有七百餘人。」皆謂僅有此數也。《漢書·枚乘傳》：「然其所止乃百步之內耳。」言「僅百步之內」也。

乃，猶「若」也。本《釋詞》。《書·金縢》：「乃元孫不若旦多材多藝，不能事鬼神。」言「若元孫」也。《費誓》：「乃越逐不復，汝則有常刑。」言「若越逐不復」也。

乃，不料之詞。若《莊子·外物》篇「君乃言此」，《史記·趙世家》「然趙氏真孤乃反在」《新序·節士》篇無「反」字。是也。

乃，猶「故」也。《易·小畜·彖傳》：「健而巽，剛中而志行，乃亨。」《大過·彖傳》：「利有攸往，乃亨。」皆謂「故亨」也。

乃，猶「固」也。《昭十二年公羊傳》：「我乃知之矣。」《史記·直不疑傳》：「我乃無兄。」《淮南·衡山王傳》：「乃自古記之矣。」《漢書·司馬遷傳》：「迺有不得已也。」《王尊傳》：「尊乃當伏觀闕之誅，放於無人之域。」「乃」字竝與「固」同義。

乃，猶「實」也。《書·多方》：「爾乃惟逸惟頗。」言「實惟逸惟頗」也。《晉語》：「雖其慢，其，或也。乃易殘也。」言「實易殘」也。《孟子·梁惠王》篇：「夫我乃行之。」言「我實行之」也。

乃，必然之詞。《書·皋陶謨》：「乃言曰載采采。」《康誥》：「時乃大明服。」《管子·牧民》篇：「國乃滅亡。」《淮南·精神訓》：「沸乃不止。」皆謂必如此也。

乃，猶「竟」也。《昭十三年左傳》：「子產聞其未張也，使速往，乃無所張矣。」言「竟無所張」也。

乃，猶「亦」也。賈子《新書·親疎危亂》篇：「多者百餘城，少者乃三四十縣。」言「少者亦三四十縣」也。

乃，猶「又」也。《易·隨·上六》：「拘係之，乃從維之。」言又從而維之也。

乃，發語詞。若《書·甘誓》「乃召六卿」，《盤庚》「乃敗禍姦宄」，《洛誥》「乃惟孺子」，《立政》「乃惟庶習逸德之人」，《晏子·雜》篇「乃此則老且惡」，《韓子·五蠹》篇「乃倉頡固以知之矣」，《史記·楚世家》「乃圖周則無之」，《范睢傳》「乃內固其威而外重其權」，《秦策》無「乃」字。《說苑·善說》篇「乃今者周之來」云云，《漢書·車千秋傳》「迺何樂之聽」皆是也。

乃若，亦發語詞。本《釋詞》。若《孟子・離婁》篇「乃若所憂則有之」是也。

乃，語中助也。《書・康誥》：「惟乃丕顯考文王。」言「惟顯考文王」也。丕，亦語助。《儀禮・士冠禮》：「永乃保之。」言「永保之」也。《少牢饋食禮》：「吉則乃遂宿尸。」言「則遂宿尸」也。與下「若不吉則遂改筮尸」反對。《秦策》：「王乃是也。」「乃是」，「是」也。《趙策》：「天下之卿相人臣乃至布衣之士。」「乃至」，「至」也。《史記・蘇秦傳》「乃至」作「及」。《書大傳・咎繇謨》篇：「及乃鳥獸咸變于前。」「及乃鳥獸」，「及鳥獸」也。《史記・曹相國世家》：「朕乃安敢望先帝乎？」「乃安敢」，「安敢」也。《漢書・賈山傳》：「又迺況於縱欲恣行暴虐惡聞其過乎？」「又迺況」，「又況」也。乃，皆語助耳。

爾

爾，狀事之詞，與「然」同義。本《釋詞》。若《禮記・檀弓》「從從爾」、「扈扈爾」、「縱縱爾」、「折折爾」之類是也。

爾，比事之詞，亦與「然」同義。若《荀子・非相》篇「葉公子高入據楚，誅白公，定楚國，如反手爾」是也。

爾，猶「而已」也。詳《釋詞》。《論語》：「唯謹爾。」言「唯謹而已」也。《荀子・榮辱》篇：

「是其爲相縣也，幾直夫芻豢稻粱之縣糟糠爾哉？」言非直如此而已也。《鹽鐵論·論功》篇：「其以强爲弱，以存爲亡，一朝爾也。」言但須一朝而已也。《申韓》篇：「大河之始以下原闕四十四行。」

〔耳〕

耳，猶「也」也。《莊子·大宗師》篇：「今一犯人之身而曰人耳人耳。」言「曰人也人也」也。《荀子·正論》篇：「豈特玄之耳哉？」「耳哉」，「也哉」也。「耳」與「也」同義，故《史記·匈奴傳》「不備苦惡，則候秋孰以騎馳蹂而稼穡耳」，《漢書》「耳」作「也」。

耳，猶「乎」也。《禮記·曾子問》：「豈大功耳？」言「豈但大功乎」也。「何必小功耳？」言「何必小功乎」也。《史記·越世家》：「寡人雖不德耳！」言「寡人雖不德乎」也。與《燕策》「寡人雖不不肖乎」文法一例。

耳，助句之詞。本《禮記·玉藻》疏。《孟子·梁惠王》篇：「盡心焉耳矣。」言「盡心焉矣」也。《列子·天瑞》篇：「有焉耳。」言「有焉」也。《莊子·人間世》篇：「止是耳矣。」言「止是矣」也。耳，皆語助耳。

縱從

縱，雖也。《詩·子衿》「縱我不往」是也。字亦省作「從」。《宣二年左傳》：「從其有皮，丹漆若何？」言「縱或有皮」也。

縱，猶「既」也。《禮記·檀弓》：「吾縱生無益於人，吾可以死害於人乎哉？」言「既生無益於人」也。《莊十四年左傳》：「吾一婦人而事二夫，縱弗能死，其又奚言？」言「既弗能死」也。《文六年傳》：「今縱無法以遺後嗣，而又收其良以死，難以在上矣。」言「既無法以遺後嗣」也。《襄二十七年傳》：「縱無大討，而又求賞，無厭之甚也。」言「既無大討」也。《晉語》：「縱不能討，又免其受盟者，晉何以爲盟主矣？」言「既不能討」也。又《墨子·貴義篇》：「縱不說而行，又從而非毁之。」《史記·孝文帝紀》：「今縱不能博求天下賢聖有德之人而禪天下焉，而曰豫建太子，是重吾不德也。」又：「今縱不能罷邊屯戍，而又飭兵厚衛。」《張儀傳》：「今縱弗忍殺之，又聽其邪説，不可。」《汲黯傳》：「陛下縱不能得匈奴之資以謝天下，又以微文殺無知者五百餘人。」《漢書·師丹傳》：「臣縱不能明陳大義，復曾不能牢讓爵位。」「縱」字竝與「既」同義。

能

能，豈能也。若《昭元年左傳》「憂能無至乎」，《周語》「王能久乎」，《論語・子罕》篇「能無從乎」，《憲問》篇「愛之能勿勞乎」是也。

能，猶「足」也。《禮記・祭義》：「安能爲孝乎？」言「安足爲孝」也。《成二年左傳》：「克於先大夫無能爲役。」言「不足爲役」也。《論語・子張》篇：「焉能爲有，焉能爲亡。」言「不足爲有亡」也。「能」與「足」同義，故二字可以互用。若《淮南・俶真訓》「目觀玉輅琬象之狀，耳聽《白雪》《清角》之聲，不能以亂其神；登千仞之谿，臨蝯眩之岸，不足以滑其和」是也。又《史記・吴王濞傳》：「諸侯之地不足爲漢郡什二。」《漢書》「足」作「能」，亦「能」「足」同義之證。

《淮南・修務訓》注曰：「能，猶及也。」《禮記・王制》：「不能五十里者。」言「未及五十里」也。《孟子集註》訓「不能」爲「不足」，義得兩通。《文十八年左傳》：「堯不能舉。」言「堯未及舉」也。「堯不能去。」言「堯未及去」也。《論語・公冶長》篇：「未之能行。」言「未及行」也。又《管子・輕重甲》篇：「未能用千金。」《輕重丁》篇：「行令未能一歲。」《史記・絳侯世家》：「前日吾詔列侯就國，或未能行。」《田儋傳》：「形容尚未能敗。」《扁鵲傳》：「其死未能半日也。」《漢書・劉向傳》：「今出善令未能踰時而反，用賢未能三旬而退。」《霍光傳》：「調校尉以來，未能十日。」以上所言「未能」，皆謂「未及」也。又《秦策》：「散不能三千金。」《趙策》：「其地不能千里。」《燕策》：「於是不能期年，千里馬之至者三。」《書大傳・康誥篇》：「周公將作禮樂，優游之三年不能作。」《史記・淮南王安傳》：「方今大王之兵衆，不能十分吴、楚之一。」《論衡・儒增篇》：「至不能十國。」《藝增篇》：「宣王以至外族内屬，血脈所連，不能千億。」又：「夫星霣或時至地，或時不能。」以上所言「不能」，亦皆謂「未及」也。

能，猶「可」也。《管子・七法》篇：「故不明于敵人之政，不能加也；不明于敵人之情，不可約也。」能亦可也，互文耳。

能，猶「得」也。《僖二十二年左傳》：「焉能怨諸侯之不睦。」言「焉得怨諸侯之不睦」也。

能，猶「乃」也。詳《釋詞》。《淮南・詮言》篇：「遇者能遭於時而得之也。」言「乃遭於時而得之」也。

能，語助也。《説苑・尊賢》篇：「去之滿把，飛不能爲之益卑；益之滿把，飛不能爲之益高。」「不能爲之益卑、益高」，即《韓詩外傳》之「不爲加高、加下」也。《文選・司馬遷〈報任少卿書〉》：「夫僕與李陵，俱居門下，素非能相善也。」「非能相善」，即《漢書》本傳之「非相善」也。能，竝語助耳。又《春秋繁露·堯舜湯武》篇：「寧能至湯、武而然邪？」亦以「能」爲語助。

將

將，未至詞也；本《詩·魚藻·序》疏。甫始詞也。本《漢書·兒寬傳》注。《釋詞》引《論衡·知實篇》曰：「將者，且也。」「將」爲「方且」之「且」，亦爲「尚且」之「且」。《禮記·儒行》：「猶將不忘百姓之病也。」《荀子·富國》篇：「由將不足以免也。」由、猶同。《正論》篇：「猶將無益也。」皆謂尚且如此也。

將，猶「其」也。詳《釋詞》。《僖五年左傳》：「神所馮依，將在德矣。」言「其在德矣」也。《成二年傳》：「晉將可乎？」言「晉其可乎」也。《襄二十八年傳》：「將得死乎？」言「其得死乎」也。又《昭三年傳》：「將得已乎？」又：「寵將來乎？」《晉語》：「貳將可乎？」《說苑·臣術》篇：「將何以至此乎？」「將」字竝與「其」同義。

將，猶「抑」也。詳《釋詞》。《韓詩外傳》六卷：「將皆背上之毛、腹下之毳邪？」八卷：「將必學而後爲君子乎？」《春秋繁露·堯舜湯武》篇：「將有所伐乎？」《史記·孟嘗君傳》：「將受命於户邪？」《鹽鐵論·刺復》篇：「將多飾文誣能以亂實邪？」《刑德》篇：

「將執法者過邪？」揚子《法言·先知》篇：「將先春而後秋乎？」《漢書·文帝紀》：「將百官之奉養或費，無用之事或多與？」《武帝紀》：「將百姓所安殊路而撟虔，吏因乘埶以侵蒸庶邪？」《成帝紀》：「將舉者未得其人也？」《董仲舒傳》：「將所繇異術，所聞殊方與？」《武五子傳》：「將實有也？」《終軍傳》：「將幸誅不加，欲以采名也？」《于定國傳》：「將從東方來者加增之也？」《貢禹傳》：「將在位者與生殊乎？」《京房傳》：「將以爲賢也？」《谷永傳》：「將動心冀爲後者，殘賊不仁，若廣陵、昌邑之類？」《龔遂傳》：「將安之也？」《匈奴傳》：「將從使者所求也？」《王莽傳》：「將以骨肉故，欲異之也？」又：「將當遂行其賞，遺歸就第也？」《敘傳》：「將承運迭興在於一人也？」《論衡·感虛篇》：「將洪水變大，不可以聲服除也？」《問孔篇》：「將服而自咎也？」又：「將使之王，復中悔之也？」《答佞篇》：「將有師學檢也？」《亂龍篇》：「將精神之氣動木囚也？」又：「將匈奴敬鬼精神在木也？」《死僞篇》：「將謂伯有無罪而人冤之也？」又：「將死後憎如意，善呂后之殺也？」《定賢篇》：「亡將東郡適當復亂，而壽王之治偶逢其時也？」亡，發聲。張衡《西京賦》：「將能之而不欲與？」《東觀漢記·卓茂傳》：「將平居恩意遺之乎？」《郅惲傳》：「將爲許、巢而去堯、舜也？」以上「將」字義皆同「抑」。有連疊用之者。若《莊子·至樂》篇「將子有亡國之事，斧鉞之誅，而爲此乎？將子有不善之行，愧遺父母妻子之醜，而爲此乎？將子有凍餒之患而爲此乎？將子之春秋故及此乎」，「將」字亦竝與「抑」同義。

將，猶「殆」也。《漢書・張馮汲鄭傳・贊》：「彼將有激云爾。」言「彼殆有激」也。

將，必然之詞也。《孟子・滕文公》篇：「將爲君子焉，將爲野人焉。」趙注：「爲，有也。」言必有君子、野人也。「將」爲必然之詞，故《吕氏春秋・重言》篇「是鳥雖無飛，飛將沖天；雖無鳴，鳴將駭人」，《新序・雜事》二「將」竝作「必」。

將，猶「以」也。《荀子・王霸》篇：「安之者必將道也。」言「必以道」也。又《莊二十一年左傳》：「鄭伯將王自圉門入。」「將」字義亦同「以」。如《昭十二年傳》「公孫傁以齊侯出」之「以」。

將，猶「若」也。《昭二十七年左傳》：「令尹將必來辱，爲惠已甚。」言「若必來辱」也。

將，猶「在」也。《荀子・非相》篇：「亦將志乎爾。」言「在乎志」也。

將，猶「爲」也。《吕氏春秋・誠廉》篇：「吾聞西方有偏伯焉，似將有道者。」言「似爲有道者」也。

將，猶「謂」也。《孟子・滕文公》篇：「使民盻盻然將終歲勤動不得以養其父母，又稱貸而益之，使老稚轉乎溝壑。」言使民盻盻然謂其如此也。

將，猶「與」也，「偕」也。《説苑・辨物》篇：「賜！欲知死人有知將無知也。」言「有知與無知」也。《漢書・施讎傳》：「迺遣子臨分將門人張禹等從讎問。」言「遣子臨分與門人張禹等」也。《桓九年左傳》：「楚子使道朔將巴客以聘於鄧。」言「與巴客偕」也。《淮南子·人閒訓》：「其馬將胡駿馬而歸。」言「與胡駿馬偕」也。

將，詞也。本《文選·甘泉賦》注所引《韓詩章句》。或爲發語詞。《書·微子》：「將食無災。」言「食焉無災」也。《墨子·尚賢》篇：「將在於衆賢而已。」言「在於衆賢而已」也。「將可得而衆也。」言「可得而衆」也。「將豈能親其上哉？」言「豈能親其上」也。《荀子·性惡》篇：「將皆失喪其性故也。」言「皆失喪其性故」也。「將」竝發聲耳。或爲語中助詞。《論語·子罕》篇：「固天縱之將聖。」言「天縱之聖」也。《論衡·知實篇》謂不言已聖，言且聖者，以爲孔子聖未就也。謬甚。《墨子·尚賢》篇：「必將富之貴之，敬之譽之。」《荀子·富國》篇：「故必將撞大鐘，擊鳴鼓，吹竽笙，彈琴瑟，以塞其耳。」又：「必將雅文辯慧之君子也。」又：「必將修禮以齊朝，正法以齊官，平政以齊民。」《性惡》篇：「枸木必將待檃括烝矯然後直者。」又：「必將求賢師而事之，擇良友而友之。」「必將」云云，皆謂「必」云云也。《漢書·食貨志》：「豈將有及乎？」言「豈有及」也。將，竝詞助耳。

者

者，猶「也」也。見《釋詞》。《禮記·喪服小記》：「遠葬者比反哭者皆冠。」言「比反哭也」

也。《大戴記·保傅》篇：「比及三月者。」言「比及三月也」也。「是不能正君者。」言「是不能正君也」也。《漢書·江充傳》：「誠不欲〔令〕上聞之，以教勑亡素者。」言「誠不欲上聞之，謂教勑無素也」也。「者」與「也」同義，故二字可以互用。若《韓子·外儲說左》篇「故羣臣士民之道言者迂弘，其行身也離世」，《論衡·辯祟篇》「然則人之生也精氣育也，人之死者命窮絶也」是也。

者，猶「矣」也。《莊四年公羊傳》：「古者有明天子，則紀侯必誅，必無紀者。」言「必無紀矣」也。

者，猶「諸」也。「者」與「諸」一聲之轉，故二字可以互訓。《詩·采緑》：「維魴及鱮，薄言觀者。」言「薄言觀諸」也。諸，之也。《漢書·燕刺王傳》：「其者寡人之不及與？」言「其諸寡人之不及與」也。猶「其諸異乎人之求」之「其諸」。

諸

諸，之也。《釋詞》引《士昏禮記》注。《禮記·文王世子》：「教之以事而喻諸德者也。」《郊特牲》：「而流示之禽，而鹽諸利。」《定元年左傳》：「縱子忘之，山川鬼神其忘諸乎？」《孟子·公孫丑》篇：「王庶幾改之。王如改諸，則必反予。」「諸」亦「之」也，互文耳。故《禮記・檀弓》「小子識之」，《論衡・遭虎篇》「之」作「諸」。《論語・子路》篇「吾其與聞之」，《鹽鐵論・刺議》篇「之」作「諸」。

諸，於也。《釋詞》引《鄉射禮》注。《禮記・中庸》：「施諸己而不願，亦勿施於人。」《晉語》：「不逞於齊，必發諸晉。」「諸」亦「於」也，互文耳。故《孟子・告子》篇「必形諸外」，《説苑・雜言》篇「諸」作「於」。「形於外」，與上「有諸内」，又以「諸」、「於」互文。

諸，「之於」也。《禮記・檀弓》：「兄弟吾哭諸廟。」言「哭之於廟」也。《宣二年左傳》：「寘諸橐以與之。」言「寘之於橐」也。《襄十一年傳》：「乃盟諸僖閎。」言「盟之於僖閎」也。《昭二十七年傳》：「寘諸門。」言「寘之於門」也。《定十二年傳》：「敗諸姑蔑。」言「敗之於姑蔑」也。《哀元年傳》：「而邑諸綸。」言「邑之於綸」也。《魯語》：「行諸國人。」言「行之於國人」也。又「配虞胡公而封諸陳。」言「封之於陳」也。《論語・陽貨》篇：「遇諸塗。」言「遇之於塗」也。「諸」義與「之於」同，故或以「諸」與「之于」互用。之于，即之於。若《周禮・士師》：「一曰誓，用之于軍旅；二曰誥，用之于會同；三曰禁，用諸田役；四曰糾，用諸國中；五曰憲，用諸都鄙。」《成八年左傳》言：「晉侯使韓穿來，言汶陽之田歸之于齊。」又言：「今有二命，曰歸諸齊。」《定十三年傳》言「吾舍諸晉陽」，言「而寘諸晉陽」，又曰：「而歸之于晉陽。」皆是也。或以「諸」與「之於」通用。若《齊語》「輕過而移諸甲兵」，《管子・

小匡》篇「諸」作「之於」是也。

《小爾雅·廣訓》曰：「諸，之乎也。」《釋詞》云：「急言之曰諸，徐言之曰之乎。」若《昭二十一年左傳》「盍及其勞且未定也，伐諸」，《二十六年傳》「無乃亢諸」，《定五年傳》「其又爲諸」，《哀六年傳》「盍及其未作也先諸」，又「天其夭諸」，《論語·子罕》篇「韞匵而藏諸，求善賈而沽諸」，《先進》篇「子路問聞斯行諸」，《顔淵》篇「吾得而食諸」，《子路》篇「人其舍諸」，《孟子·梁惠王》篇「毁諸」，《滕文公》篇「則使齊人傅諸，使楚人傅諸」，《莊子·應帝王》篇「人孰敢不聽而化諸」，《新序·雜事》「可以示諸」，揚子《法言·吾子》篇「焉得而正諸」，又「惡覩乎聖而折諸」，《先知》篇「惡得一日而正諸」皆是也。

諸，猶「其」也。若《春秋繁露·王道》篇「絶諸本而已矣」本或脱「本」字，非。是也。「諸」之訓「其」，猶「於」之訓「其」也。

諸，猶「凡」也。《莊子·至樂》篇：「諸子所言。」言「凡子所言」也。《春秋繁露·五行對》篇：「諸父所爲。」言「凡父所爲」也。《五行之義》篇：「諸授之者。」言「凡授之者」也。《陽尊陰卑》篇：「諸在上者。」言「凡在上者」也。

其諸，擬議之詞。見《釋詞》「其」字下。若《宣十五年公羊傳》「其諸則宜於此焉變矣」是也。

諸，猶「者」也。「諸」與「者」一聲之轉，故「者」可訓爲「諸」，「諸」亦可訓爲「者」。《大戴記・小閒》篇：「列五王之德煩煩如繁諸乎！」言「煩煩如繁者」也。

諸，語助也。《儀禮・鄉飲酒禮》：「若有諸公大夫。」言「若有公大夫」也。《僖二年公羊傳》：「其諸侍御有不在側者與？」言「其侍御有不在側者」也。其，抑也。諸，並語助耳。

非

非，不也。《釋詞》引服虔《漢書注》。《禮記・檀弓》：「非刀匕是供。」言「不刀匕是供」也。《呂氏春秋・謹聽》篇：「今大惑者，非知反性命之情；其次，非知觀於五帝三王之所以成也。」「非知」，皆謂「不知」也。《韓子・外儲說左》篇：「非可不誅也。」「非可」，「不可」也。「非」即爲「不」，故二字可以互用。若《淮南・修務訓》「故美人者，非必西施之種；通士者，不必孔、墨之類」是也。二字又可以通用。若《荀子・宥坐》篇「芷蘭生于深林，非以無人而不芳」，《家語・在厄》篇「非」作「不」是也。

非，不可也。若《韓子・外儲說左》篇「嬰兒非與戲也」是也。

非，猶「無」也。《孟子・梁惠王》篇：「無非事者。」言「無無事」也。《集註》云：「皆無有無事而空行者。」《管子・小稱》篇：「人情非不愛其子也。」亦見《呂氏春秋・知接》篇。言「無不愛」也。下

「非不愛」同。賈子《新書・耳痺》篇：「死而非補。」言「無補」也。《史記・孝文帝紀》：「非乃朕德薄而教不明與？」「非乃」，「無乃」也。東方朔有《非有先生論》，「非有」亦謂「無有」也。「非」與「無」同義，故《管子》「非不愛其子」，《韓子・難一》「非」作「莫」。莫，即無也。

非，發聲也。若《春秋繁露・竹林》篇「《春秋》之序辭也，置於王春正之間，非曰上奉天施而下正人，然後可以爲王也云爾」是也。舊注謂「非」猶言「豈非」，未是。「非」之爲發聲，猶「不」與「無」之爲發聲也。

未

《儀禮・鄉射禮》注曰：「未，猶不也。」《易・象傳》：「未富也。」言不動心於富也。《書・秦誓》：「惟古之謀人，則曰未就予忌。」言以不就予忌之也。《管子・禁藏》篇：「布帛麻絲，旁入奇利，未在其中。」言「不在其中」也。《楚辭・招魂》篇：「身服義而未沬。」言「不沬」也。《韓詩外傳》十：「未以位爲樂也。」言「不以位爲樂」也。《說苑・善說》篇：「前雖有乘軒之賞，未爲之動也；後雖有斧質之威，未爲之恐也。」「未爲」，「不爲」也。《論衡・宣漢篇》：「今瑞未必同於古，古瑞未必合於今。」「未必」，「不必」也。《死僞篇》：「未皆不瞑也。」言「不皆不瞑」也。「未」與「不」同義，故二字可以互用。若《墨子・天志》篇云「庶人竭力從事，未得次己而爲政」，又云「庶人不得次己而爲正」；《莊子・人間世》篇云「故不終其天年」，又云「故未終其天年」；及《漢書・谷永傳》「未卹政事，不慎舉錯」是也。二字又可以通用。若《趙策》「未如鄒、魯之僕妾也」，《史記・魯仲連傳》「未」作「不」；又若《荀子・子道》篇「意者身不敬與」，《韓詩外傳》九「不」作「未」；「身未敬」與下「色不順，辭不遜」，又以「未」、「不」互文。《史記・轅固生傳》「不爲不知味」，《漢書》「不爲」作「未爲」，「未爲不知味」，與下「不爲愚」，又以「未」、「不」互文。皆是也。

未，猶「無」也。《秦策》：「而未能復戰也。」注云：「未，无也。」《禮記・大學》、《論語・學而》篇、《孟子・梁惠王》篇、《公孫丑》篇、《告子》篇竝曰「未之有也」，《大學》「未之有」與下文「無之」語意同。皆謂「無之有」也。即《荀子・正名》篇之「無之有」也。《論語・季氏》篇、《孟子・公孫丑》篇竝曰「未也」，未字，與上文「亦有異聞」有字、「勸齊伐燕有諸」有字反對。皆謂無其事也。《漢書・賈誼傳》：「行義未過。」言「無過」也。

未，猶「非」也。《韓子・說難》篇：「故彌子之行未變於初也。」言「非變於初」也。《漢書・文帝紀》：「夫度田非益寡，而計民未加益。」「未」亦「非」也，互文耳。

未，語助也。《周語》曰：「而亦未觀夫前哲令德之則。」言「亦觀夫前哲令德之則」也。

未，語助耳。「未」之爲語助，猶「不」之爲語助也。

《經傳釋詞》再補

而

而，因上起下之詞；或上下一意而用爲聯屬，此類觸處皆是。亦有連疊用之者，若《考工記・㡛氏》「清其灰而盝之，而揮之，而沃之，而盝之，而塗之，而宿之」之類。或上下兩意而用爲過遞，若《易・蒙・彖傳》「險而止」，《小畜・彖傳》「健而巽」，《成二年左傳》「成公之嬖也，而中行伯之季弟也」，又「甥舅之國也，而大師之後也」，《昭二十年傳》「齊豹之盜，而孟縶之賊」，《周語》引《書》「民可近也，而不可上也」，《晉語》「皆晉祥也，而天之大紀也」，《論語・雍也》篇「不有祝鮀之佞，而有宋朝之美」是也。或上承而意歸重在下，此類亦觸處皆是。或下注而意仍重在上。若《易・恒・彖傳》「聖人久於其道，而天下化成」，《家人・彖傳》「父父，子子，兄兄，弟弟，夫夫，婦婦，而家道正」，《解・彖傳》「天地解而雷雨作」，《論語・雍也》篇「仁者先難而後獲」是也。語勢各別，其爲因上起下則一也。

而，詞之轉也。若《易・文言》「不見是而无悶」，又「貴而无位」，又「至柔而動也剛」之類是也。有稱「然而」者。若《禮記・三年問》：「然而服以是斷之者。」《昭十四年穀梁傳》：「然而致。」《孟子・公孫丑》篇：「然而不勝者。」《滕文公》篇：「然而夷子葬其親厚。」《盡心》篇：「然而旱乾水溢。」又：「然而無有乎爾。」《管子・侈靡》篇：「然而不治，積之市。」《内業》篇：「然而不反，此生之忒。」《七臣七主》篇：「然而爲之者。」《明法解》篇：「然而不敢者。」又：「然而令不行，禁不止，所欲不得者。」《國蓄》篇：「然而民有饑餓不食者。」又：「然而人事不及、用不足者。」《輕重甲》篇：「然而有饑餒於衢閭者。」又：「然而民有賣子者。」《晏子・諫》篇：「然而用馬數倍。」又：「然而不死。」又：「然而不敢者。」《外篇》：「然而不敢亂者。」《文子・行己》篇：「然而戰戰慄慄，日慎一日。」《子華子・晏子治阿》篇：「然而人主不之察也。」《墨子・七患》篇：「然而無湅餓之民者。」又：「然而皆滅亡於百里之君者。」《尚賢》篇：「然而不得富而得貧，不得衆而得寡，不得治而得亂。」又：「然而不識以尚賢爲政其國家百姓。」又：「然而使天下之爲寇亂盜賊者周流天下無所重足者。」《天志》篇：「然而莫知以相戒極也。」《非命》篇：「然而今天下之士君子或以命爲有益。」《貴義》篇：「然而不爲。」《魯問》篇：「然而人徒多死，六畜不蕃，身湛於病。」又：「然而反王。」《莊子・德充符》篇：「然而不中者。」《大宗師》篇：「然而至此極者。」《胠篋》篇：「然而田成子一旦殺齊君而盜其國。」《天運》篇：「然而不可者。」《惠子・楊喻》篇：「然而不勝一人者。」《尹文子・大道》篇：「然而弗酬。」《公孫龍子・跡府》篇：「然而王一以爲臣，一不以爲臣。」《鶡冠子・環流》篇：「然而世有困君。」《荀子・脩身》

篇：「然而君子不辨。」「然而君子不行。」「然而跛鼈致之，六驥不致。」《不苟》篇：「然而君子不貴者。」《榮辱》篇：「然而人力爲此，而寡爲彼。」又：「然而食不敢有酒肉。」「然而衣不敢有絲帛。」《非相》篇：「然而身死國亡，爲天下大僇，後世言惡，則必稽焉。」又：「然而中君羞以爲臣，中父羞以爲子，中兄羞以爲弟，中人羞以爲友。」又：「然而仁人不能推，知士不能明。」又：「然而君子啜其羹，食其胾。」又：「然而不好言，不樂言。」《儒效》篇：「然而通乎財萬物、養百姓之經紀。」又：「然而人謂之富。」又：「然而不知惡者。」又：「然而明不能別。」「然而明不能齊。」《王霸》篇：「然而國焉有千歲之固。」焉，然也。《君道》篇：「然而求卿相輔佐則獨不若是其公也。」又：「然而用之者。」《議兵》篇：「然而兵殆於垂沙，唐蔑死，莊蹻起，楚分而爲三四。」又：「然而秦師至而鄢、郢舉，若振槁然。」《彊國》篇：「然而不剥脱，不砥厲。」「然而不教誨，不調一。」《正論》篇：「然而不材不中。」又：「然而朱、象獨不化。」又：「然而不鬬者。」「然而不憚鬬者。」又：「然而説不免於以至治爲至亂也。」《解蔽》篇：「然而不知。」《正名》篇：「然而人有從生成死者。」《性惡》篇：「然而曾、騫、孝己屬厚於孝之實而全於孝之名者。」又：「然而於父子之義，夫婦之別，不如齊、魯之孝具敬父者。」楊注：「父當爲文。」又：「然而皆不可積。」又：「然而不相爲者。」《子道》篇：「然而無孝之名。」《吕氏春秋・勸學》篇：「然而人君人親不得其所欲，人子人臣不得其所願。」

《長攻》篇：「然而後世稱之。」《勿躬》篇：「然而使二十官盡其巧，畢其能。」《舉難》篇：「然而名號顯榮者。」《長利》篇：「然而辭爲諸侯者。」《行論》篇：「然而燕之使者獨死。」《博志》篇：「然而名不大立，利不及世者。」《韓子·初見秦》篇：「然而甲兵頓，士民病，蓄積索，田疇荒，囷倉虛，四鄰諸侯不服，霸王之名不成。」亦見《秦策》。《説難》篇：「然而甚者爲戮，薄者見疑。」《和氏》篇：「然而枝解吳起，而車裂商君者。」《飾邪》篇：「然而恃之。」《内儲説》篇：「然而婦人拾蠶，漁者握鱣。」《外儲説左》篇：「然而秦强而未帝者。」《外儲説右》篇：「然而驅之不前，卻之不止，左之不左，右之不右。」又：「然而有百金之馬，而無一金之鹿者。」《難三》篇：「然而能爲五霸冠者。」《問辯》篇：「然而不可謂善射者。」《説疑》篇：「然而明主不羞其卑賤也。」又：「然而子噲身死國亡，奪於子之，而天下笑之。」《顯學》篇：「然而世皆乘車射禽者。」《忠孝》篇：「然而功名不成，霸王不立者。」《制分》篇：「然而（楚）〔禁〕輕事失者。」《齊策》：「然而天下獨歸咎於齊者。」又：「然而甚於相趨者。」又：「然而智伯卒身死國亡，爲天下笑者。」又：「然而國遂亡，君臣於齊者。」《楚策》：「然而不免奪死者。」《趙策》：「然而秦不敢舉兵甲而伐趙者。」又：「然而不以環寸之蹯害七尺之軀者。」又：「然而王不待工而與建信君。」《魏策》：「然而可得并者。」又：「然而不勝一人者。」又：「然而所以爲之者。」又：「然而茲公爲從。」《韓策》：「然而春秋用兵者。」又：「然而吾弗爲云者。」《燕策》：「然而不免爲笑者。」又：「然而山東不知相索者。」以上所稱「然而」，皆以「而」字作轉語。「然」，如是也，不與「而」字連。

又反言之詞也。若《禮記·大學》「其本亂而末治者，否矣」，「其家不可教，而能教人者，無之」之類是也。有稱「然而」者。若《孟子·梁惠王》篇：「然而不王者。」亦見《公孫丑》篇、《告子》篇。《告子》篇：「然而不亡者。」《荀子·解蔽》篇：「然而猶有能分是非曲直者邪？」《吕氏春秋·適威》篇：「然而國不亡者。」諸「而」字竝反言之詞。「然」，亦訓如是。

而，又然之詞也。若《論語·學而》篇「學而時習之」是也。有稱「然而」者。若《禮記·喪服四制》「然而曰言不文者」，《魏策》「然而無與彊秦鄰之禍」，「而」字竝又然之詞。「然」，亦訓如是。

而，辨異之詞也。若《論語·爲政》篇「君子周而不比，小人比而不周」之類是也。

而，猶「如」也。詳《釋詞》。《禮記·樂記》：「總干而山立。」言「如山立」也。《荀子·議兵》篇：「和傳而一。」言「如一」也。《春秋繁露·深察名號》篇：「性而瞑之未覺。」言「如瞑之未覺」也。《邯鄲淳孫叔敖碑》：「貪吏而不可爲而可爲，廉吏而可爲而不可爲。」言「貪吏如不可爲」、「廉吏如可爲」也。又《周禮·州長》：「若國作民而師田行役之事。」言「如師田行役之事」也。如，概舉詞也。又《論衡·順鼓篇》：「而何救止。」言「如何救止」也。如，柰也。又《荀子・正名》篇：「假而得問而嗛之。」言「假如得問而嗛之」也。如，設若詞也。下同。《呂氏春秋・舉難》篇：「而固賢者也。」言「如固賢者」也。《韓非子・人主》篇：「而使虎豹失其爪牙。」言「如使虎豹失其爪牙」也。「而」與「如」同義，故《論語・述而》篇「富而可求」、「如不可求」，《論衡・四諱篇》「如以宅神不欲西益」、「而以宅神惡煩擾」，皆以「而」、「如」互用。又《論語》「富而可求」，《史記・伯夷傳》作「富貴如可求」；「如不可求」，《説苑・立節》篇作「富而不可求」。《陽貨》篇「如有用我者」，《説苑・至公》篇「如」作「而」。又《大戴記・保傅》篇引鄙語「如視己事」，《釋詞》云：「如與當同義。」賈子《新書》「如」作「而」。皆「而」、「如」同義之證。

而，猶「若」也。「若」與「如」古同聲，故「而」訓爲「如」，又訓爲「若」。詳《釋詞》。《大戴記・四代》篇：「君而後此。」言「君若後此」也。《襄九年左傳》：「鄭國而不唯晉命是聽，而或有異志者。」「鄭國而不唯有禮與彊可以庇民者是從，而敢有異志者。」皆言「若不」云云也。《定十三年傳》：「而寘諸晉陽。」言「若寘諸晉陽」也。《論語・述而》篇：「君而知禮。」言「君若知禮」也。又《管子・任法》篇：「而失君則不然。」《墨子・魯問》篇：「籍當作藉。下同。而以爲得一升粟。」藉而，藉若也。「籍設而天下不知耕。」藉設而，藉設若也。《呂氏春秋・知化》篇：「而身死國亡。」《東周策》：「而有變。」《趙策》：「而言勿與。」《史記・楚世家》：

「而河非所獲罪也。」《信陵君傳》：「而諸侯敢救者。」《鹽鐵論·遵道》篇：「而必隨古不革，襲故不改。」《漢書·游俠傳》：「吾而效子。」「而」字竝與「若」同義。「而」與「若」同義，故《昭二十年左傳》：「古而無死，則古之樂……古若無死，爽鳩氏之樂。」《定十年傳》：「饗而既具，是棄禮也。若其不具，用秕稗也。」《孟子·萬章》篇：「而主癰疽與侍人瘠環，趙注云：「若主此二人。」是無義無命。」「若孔子主癰疽與侍人瘠環，何以爲孔子？」皆以「而」、「若」互用。又《大戴記·衛將軍文子》篇「而商也，其可謂不險也」，《家語·弟子行》篇「而」作「若」，亦「而」、「若」同義之證。

而，猶「然」也。見《釋詞》。《大戴記·夏小正》傳曰：「若蟄而。」言「若蟄然」也。《史記·日者傳》曰：「忽而自失。」言「忽然自失」也。「而」與「然」同義，故「然後」謂之「而後」。《儀禮·聘禮記》注云：「而後，猶然後也。」《孟子·離婁》篇：「夫人必自侮，然後人侮之；家必自毀，而後人毀之。」《荀子·堯問》篇：「士至而後見物，見物然後知其是非之所在。」「而後」亦「然後」也，互文耳。又《孟子·萬章》篇：「夫然後之中國，踐天子位焉，」《史記·五帝紀》「然後」作「而後」。《莊子·刻意》篇「澹然無極」，一本「然」作「而」。見《釋文》。皆「而」、「然」同義之證。

而，猶「乃」也。詳《釋詞》。《易·遯·彖傳》曰：「遯而亨也。」言「遯乃亨也。」《小過·彖傳》曰：「小者過而亨也。」言「小者過乃亨也」。《禮記·曲禮》：「四十曰强而仕。」「七十曰老而傳。」言「乃仕」、「乃傳」也。《檀弓》：「朋友之墓有宿草，而不哭焉。」言「乃不哭」也。「子路有姊之喪，可以除之矣，而弗除也。」言「乃弗除也」。「而曰女何無罪與？」言「乃曰女〔何〕無罪與」也。「既曰明器矣，而又實之。」言「乃（有）〔又〕實之」也。「而曰不可。」言「乃曰不可」也。《禮運》：「而弗敝也。」言「乃弗敝」也。《内則》：「大夫七十而有閣。」言「乃有閣」也。「作而自問之。」言「乃自問之」也。《喪服小記》：「三年而后葬者必再祭，其祭之間不同時，而除喪。」言「乃除喪」也。「士妾有子而爲之緦。」言「乃爲之緦」也。「丈夫冠而不爲殤，婦人笄而不爲殤。」言「乃不爲殤」也。以上三「而」字，亦可訓「則」。《喪大記》：「禫而從御，吉祭而復寢。」言「乃從御」、「乃復寢」也。又《大戴記·曾子天圓》篇：「而禮樂仁義之祖也。」又：「而善否治亂所興作也。」《勸學》篇：「長而異俗者。」又：「而善假於物也。」《用兵》篇：「而校以衛厥身者也。」《少間》篇：「君而財之。」《隱三年左傳》：「而速之。」《莊三十二年傳》：「而以夫人言。」《成二年傳》：「而鞏伯實來。」《襄九年傳》：「隨而無咎。」《十四年傳》：「而罪我諸戎。」《二十四年傳》：「而謂子浚我以生乎？」《二十八年傳》：「吾將使駟奔問諸晉而以告。」《三十年傳》：「兄弟而及此。」又：「而相從也。」《昭三年傳》：「則畏執事其謂寡君『而固有外心』。」《六年傳》：「而則人之辟乎？」《十一年傳》：「而將用之。」《十五年傳》：「叔氏而忘諸乎？」《漢書·五行志》「而」作「其」，「其」亦「乃」也。《十九年傳》：「晉大夫而專制其位。」《二十年傳》「將作亂而謂之」云云。《二十七年傳》：「而自福也。」又：「子而不圖。」《三十一年傳》：「而終身慙乎？」又：「今而日食。」《定四年傳》：「而不獲是分也。」《哀六年傳》：「而背之也。」《十六年傳》：「死而誅之。」又：「而又掩面以絶民望。」《周語》：「王而卑之。」下「而蔑」、「而棄」、「而弱」、「而虐」同。又：「而班先王之大物，以賞私德。」又：「而叔父使士季實來，脩舊德以奬王室。」又：「王而飾之。」《魯語》：「而使夫人怒也。」《晉語》：「子而棄之。」又：「比其知之而來。」《楚語》：「而又謗我。」《吴語》：「上帝鬼神而不可以告。」《隱七年穀梁傳》：「國而曰伐。」《僖二年傳》：「國而曰城。」《成二年傳》：「於是而與之盟。」《論語·雍也》篇：「斯人也而有斯疾也。」《季氏》篇：「而謀動干戈於邦内。」《陽貨》篇：「孔子時其亡也，而往拜之。」《孟子·公孫丑》篇：「而獨於富貴之中有私龍斷焉。」《滕文公》篇：「而不得食於子。」《離婁》篇：「道在爾而求諸遠；事在易而求諸難。」又：「我不意子學古之道而以餔啜也。」《萬章》篇：「而以其官召之也。」《告子》篇：「有放心而不知求。」《盡心》篇：「而不荅。」《管子·乘馬》篇：「百而當一，九而當一。」《宙合》篇：「而無所不順，而無所不得。」《兵法》篇：「然而所以輔王成霸。」《大匡》篇：「五十而取一，二歲而税一。」《問》篇：「而萬人之所和而利也。」《老子》四十八章：

「無爲而無不爲。」王注：「乃無所不爲也。」傅奕本「而」作「則」，「則」亦「乃」也。《晏子・問》篇：「今得見而羨乎所聞。」《雜》篇：「可立而以聞。」又：「吾三年爲人臣僕，而莫吾知也。」《子華子・問》篇：「而聖人之所寶也。」《墨子・節葬》篇：「必扶而能起，杖而能行。」《公輸》篇：「而曰吾知所以距子矣。」《莊子・德充符》篇：「子而悦子之執政而後人者也。」《列禦寇》篇：「而汝不能使人無保汝也。」《尸子・貴言》篇：「而不知德也。」《公孫龍子・跡府》篇：「而法之所非也。」《荀子・不苟》篇：「而政事之本也。」又：「而禹、桀所以分也。」《富國》篇：「將以求富而喪其國，將以求利而危其身。」《王霸》篇：「而禮法之大分也。」「而禮法之樞要也。」《法行》篇：「無形已至而呼天。」《呂氏春秋・當務》篇：「已而爲妻而生紂也。」《義賞》篇：「賞而爲首。」《不屈》篇：「施而治農夫者也。」《離俗覽》篇：「而自投於蒼領之淵。」《長利》篇：「臣而今而後，知吾先君周公之不若太公望封之知也。」《知分》篇：「而不得不然之數也。」《行論》篇：「而事齊者。」又：「是視魁而賢於先君。」《開春論》：「而以告犀首。」《求人》篇：「而君人者而不求。」《任地》篇：「而穫大麥。」又：「而樹麻與菽。」又：「而從事於蓄藏。」《齊策》：「而責士以所重事君。」賈子《新書・六術》篇：「必六而備。」《淮南子・原道》篇：「而争其得時也。」《齊俗》篇：「而湯、武之所以爲治。」《氾論》篇：「而悔不殺湯於夏臺。」「而悔不誅文王於羑里。」《説林》篇：「而我之利。」「而我之害。」《人間》篇：「患生而救之。」《春秋繁露·深察名號》篇：「卵待覆而爲雛，繭待繅而爲絲，性待教而爲善。」《史記·五帝紀》：「而試之工師。」又：「而卒授舜以天下。」《周紀》：「後而崩。」《秦紀》：「而自娶之。」《呂后紀》：「足下何爲者而入？」《楚世家》：「卜而河爲祟。」《吴世家》：「爾而忘句踐殺汝父乎？」《伍子胥傳》：「往而令讐不得報耳。」《孟嘗君傳》：「而敢生之。」《李斯傳》：「而有所聞於韓子也。」《淮陰侯傳》：「而大驚，以爲漢皆已得趙王將矣。」《周昌傳》：「而不遺趙王何？」《劉敬傳》：「而形勢弱也。」《鹽鐵論·未通》篇：「制田二百四十步而一畝。」《執務》篇：「而人不思之耳。」《申韓》篇：「待周公而爲相。」《列女傳·母儀》篇：「今而廢之。」《賢明》篇：「死而邪之。」又：「唯斯人也而有斯婦。」《説苑·臣術》篇：「子至而人臣也。」《善説》篇：「待吾邑粟之來而獻之。」又：「子而不知。」《説叢》篇：「聖王臨天下而能一之。」《雜言》篇：「三折肱而成良醫。」又：「譬之猶渴而穿井。」《辨物》篇：「若此而可謂成人。」《修文》篇：「而律之本也。」《反質》篇：「師聞《賁》者吉卦而嘆之乎？」《漢書·律曆志》：「而民所受以生也。」《食貨志》：「而直爲此廩廩也。」《韓信傳》：「而斬壯士。」《楚元王傳》：「今而忽之。」《劉向傳》「而號曰」云云，又：「而聖人所以斷疑也。」《賈誼傳》：「覽德煇而下之。」《東方朔傳》：「後而自改。」《陳湯傳》：「夫胡兵五而當漢兵一。」又：「然猶三而當一。」《蕭望之傳》：「今而伐之。」《王嘉傳》：「今而有此大讖。」《論衡・氣壽篇》：「而人各有稟受也。」《雷虛篇》：「然後而爲雷。」《亂龍篇》：「而天然之也。」《死僞篇》：「而爲之張朝。」《定賢篇》：「小而易見。」《說文・貝部》：「周而有泉。」《東觀漢記・宋弘傳》：「而今朝廷耽悅鄭聲。」《郇恁傳》：「驃騎辟君而來。」以上「而」字，竝與「乃」同義。「而」與「乃」同義，故二字可以互用。若《鹽鐵論・申韓》篇「夫衣小缺，襟裂可以補，而必待全匹而易之；政小缺，法令可以坊，而必待《雅》、《頌》乃治之」是也。又《春秋宣八年》：「庚寅，日中而克葬。」《論衡・譏日篇》「而」作「乃」。《趙策》：「而行所欲。」《史記・豫讓傳》「而」作「乃」。《史記・袁盎傳》：「丞相良久而見之。」《閩越王傳》：「終滅國而止。」《漢書》「而」竝作「乃」。《馮唐傳》「而搏髀」，《漢書》作「迺拊髀」。迺，即乃也。《大戴記・夏小正》篇：「匽之興，五日翕，望乃伏。」《傳》「乃」作「而」。《史記・趙世家》：「乃二人謀取他人嬰兒負之，衣以文葆，匿山中。」《新序・節士》篇「乃」作「而」。皆「而」、「乃」同義之證。

而，猶「則」也。詳《釋詞》。《書・洪範》：「而邦其昌。」言「則邦其昌」也。《禮記・禮器》：「紀散而衆亂。」言「則衆亂」也。《祭統》：「下而管象。」言「則管象」也。《冠義》：「尊重事而不敢擅重事。」言「則不敢擅重事」也。《鄉飲酒義》：「彼國安而天下安。」言「則天下安」也。又《昭三年左傳》：「幸而得死。」《二十六年傳》：「君而繼之。」《襄二十六年傳》：

「多而能亡。」《二十七年傳》：「幸而後亡。」《定四年傳》：「所謂臣義而行。」《哀十五年傳》：「今大夫曰死而棄之。」《晉語》：「奔而易達，困而有資。」又：「衞而在討。」《越語》：「浹日而令大夫朝之。」《莊四年穀梁傳》：「不復讐而怨不釋。」《論語・學而》篇：「本立而道生。」《里仁》篇：「見不賢而內自省也。」《孟子・滕文公》篇：「其有功於子，可食而食之矣。」《管子・立政》篇：「譙敬而勿復。」《宙合》篇：「順而令行政成。」《霸形》篇：「所欲至而至焉。」《乘馬數》篇：「穀重而萬物輕；穀輕而萬物重。」《輕重甲》篇：「至湯而不然。」《輕重丁》篇：「如此而有二十齊之故。」《晏子・雜》篇：「出言而非也。」《孫子・地形篇》：「盈而勿從，不盈而從之。」又：「戰而不利。」《九地篇》：「合於利而動，不合於利而止。」亦見《火攻篇》。《火攻篇》：「可從而從之，不可從而止。」《莊子・逍遥遊》篇：「而控於地而已矣。」《在宥》篇：「同於己而欲之，異於己而不欲者。」《天運》篇：「中無主而不止，外無正而不行。」《知北遊》篇：「道不可聞，聞而非也；道不可見，見而非也。」《荀子・王制》篇：「欲王而王，欲霸而霸。」《富國》篇：「今之世而不然。」《王霸》篇：「義立而王，信立而霸。」又：「綦同基。定而國定，國定而天下定。」又：「綦之而亡。」又：「粹而王，駮而霸。」《君道》篇：「偏立而亂，俱立而治。」又：「愛民而安，好士而榮。」二句亦見《彊國》篇。《彊國》篇：「隆禮尊賢而王，重法愛民而霸。」亦見《天論》篇、《大略》篇。《正名》篇：「故可道而從之，不可道而離之。」《性惡》篇：「飢而欲飽，寒而欲煖。」又：「故富而不願財，貴而不願勢。」《呂氏春秋·當務》篇：「有妻之子而不可置妾之子。」《適威》篇：「微召公虎而絶無後嗣。」《壹行》篇：「夫白而白，黑而黑。」《説苑·反質》篇作「白當正白，黑當正黑」。《慎小》篇：「不得賞而已。」《韓非子·外儲説右》篇：「夫馬似鹿者而題之千金。」《東周策》：「周恐假之而惡於韓，不假而惡於秦。」《秦策》：「一戰不勝而無齊。」《齊策》：「夫鳥同翼者而聚居，獸同足者而俱行。」《淮南子·本經訓》：「本立而道行，本傷而道廢。」《説林訓》：「太山之高，背而弗見。」《泰族訓》：「至誠而能動化矣。」《春秋繁露·楚莊王》篇：「得大數而治，失大數而亂。」《陽尊陰卑》篇：「節之而順，止之而亂。」《天道施》篇：「非禮而不言。」《史記·秦紀》：「於晉而得矣。」《越世家》：「而身與之布。」《齊悼惠王世家》：「而大王，高皇帝適長孫也。」《伍子胥傳》：「不成而亨。」《廉頗藺相如傳》：「使城入趙而璧留秦。」《列女傳·孽嬖》篇：「日亡而我亡。」《説苑·尊賢》篇：「人主騎人而亡其國。」《漢書·卜式傳》：「如此而匈奴可滅也。」《論衡·本性篇》：「習善而爲善，習惡而爲惡也。」《變動篇》：「夫人不能動地，而亦不能動天。」又《墨子·法儀》篇：「然而天何欲何惡者也？」《非攻》篇：「然而何爲爲之？」《荀子·仲尼》篇：「然而仲尼之門人，五尺之豎子，言羞稱乎五霸，是何也？」《禮論》篇：「然而不法禮，不足禮，謂之無方之民；法禮，足禮，謂之有方之士。」《論衡・定賢篇》：「然而治國之吏，未必賢於不能治國者。」以上「而」字，竝與「則」同義。「而」與「則」同義，故《禮記・禮運》「刑肅而俗敝，則法無常；法無常，而禮無列」，《大戴記・保傅》篇「夫教得而左右正，左右正案：三字疑衍，賈誼《新書》及《漢書》皆無之。則天子正矣；天子正，而天下定矣」，《曾子制言》篇「昔者禹見耕者五耦而式，過十室之邑則下」，《六韜・勵軍》篇「聞金聲而怒，聞鼓聲而喜」、「聞金聲則怒，聞鼓聲則喜」，《管子・乘馬》篇「爵位正而民不怨，民不怨則不亂」，《重令》篇「民毋（自）爲〔自〕用則戰不勝，戰不勝而守不固」，《法法》篇「上妄予則功臣怨，功臣怨而愚民操事於妄作」，《禁藏》篇「能節宮室、適車輿以實藏，則國必富、位必尊；能適衣服、去玩好以奉本，而用必贍、身必安矣」，《山至數》篇「械器不奉，而諸侯之皮幣不衣；倉廩虛，則傳賤無禄」，《晏子・雜》篇「湛之苦酒，則君子不近、庶人不佩；湛之縻醢，而賈匹馬矣」，又「德厚而受禄，德薄則辭禄」，《外篇》「見賢而進之，不同君所欲；見不善則廢之，不辟君所愛」，《吴子・應變》篇「麾左而左，麾右而右，鼓之則進，金之則止」，《司馬法・義法》篇「事極修則百官給矣；教極省而民興良矣」，《商子・算地》篇「飢而求食，勞而求佚，苦則索樂，辱則求榮」，《尹文子・大道》篇「故失治而任法，失法則任兵」，《荀子・王霸》篇「國者巨用之則大，小用之則小，綦大而王，綦小而亡」，《君道》篇「君者儀也，儀正而景正；君者盤也，盤圓而水圓；君者盂也，盂方而水方。

君射則臣決」，《宥坐》篇「孔子曰：『吾聞宥坐之器者，虚而敧，中則正，滿則覆。』弟子挹水而注之，中而正，滿而覆，虚而敧」，《吕氏春秋·振亂》篇「非攻伐而取救守，取救守則鄉之所謂長有道而息無道、賞有義而伐不義之術不行矣」，《韓子·解老》篇「人有欲則計會亂，計會亂而有欲甚，有欲甚則邪心勝」，又「憂則疾生，疾生而智慧衰，智慧衰則失度量」，《五蠹》篇「失天下則國危，國危而主卑」，《齊策》「坐而織蕢，立則杖插」，《韓詩外傳》四卷「是以動而形危，静則名辱」，賈子《新書·審微》篇「登高而望，臨流則窺」，《淮南·天文訓》「春夏則羣獸除，日至而麋鹿解」，《主術訓》「吞舟之魚，蕩而失水，則制於螻蟻；猨狖失木，而擒於狐狸」，《道應訓》「物盛而衰，樂極則悲」，《兵略》篇「夫射，儀度不得則格的不中；驥，一節不用而千里不至」，《説山訓》「水濁而魚噞，形勞則神亂」，《齊俗訓》「仁義立而道德遷矣，禮樂飾則純樸散矣」，《春秋繁露·同類相動》篇「鼓其宮則他宫應之，鼓其商而他商應之」，《史記·平準書》「是以物盛則衰，時極而轉」，《鹽鐵論·誅秦》篇「脣亡則齒寒，支體傷而心憯怛」，《漢書·武帝紀》「夫仁行而從善，義立則俗易」，《外戚傳》「色衰而愛弛，愛弛則恩絶」，《論衡·宣漢》篇「百姓安而陰陽和，陰陽和則萬物育」，《對作》篇「實虚之分定，而華僞之文滅；華僞之文滅，則純誠之化日以孳矣」，皆以「而」、「則」互用。又《荀子·性惡》篇：「然則仁義法正有可知可能之理，然而塗之人也，皆有可以知仁義法正之質，皆有可以能仁義法正之具。」《春秋繁露·王道通三》篇：「然而主好惡喜怒，據下文，「主」一當作「人主」。乃天之春夏秋冬也。」「然則人主之好惡喜怒，乃天之煖清寒暑也。」皆以「然而」、「然則」互用。又《荀子》「中而正，滿而覆，虚而敧」，《韓詩外傳》三卷、《説苑·敬慎》篇「而」竝作「則」。上二句，《家語·三恕》篇、《淮南·道應訓》「而」竝作「則」。《堯問》篇「深扣之而得甘泉焉，樹之而五穀蕃焉」，《説苑·臣術》篇作「種之則五穀生焉，掘之則甘泉出焉」。《齊策》「坐而織蕢」，《説苑·指武》篇「而」作「則」。《春秋繁露·山川頌》篇「咸得之而生，失之而死」，《説苑·雜言》篇「而」作「則」。又《僖三年公羊傳》「脣亡則齒寒」，《穀梁傳》及《墨子·非攻》篇、《韓子·存韓》篇、《齊策》、《趙策》、《新序·善謀》篇竝同。《韓子·喻老》篇、《淮南·人間訓》「則」竝作「而」。《莊子·胠篋》篇「脣竭則齒寒」，《呂氏春秋·權勳》篇、《淮南·説林訓》「則」竝作「而」。《論語·子路》篇「則民無所措手足」，《漢書·薛宣傳》「則」作「而」。而，與上「則至於刑罰不中」則字互用。《呂氏春秋·大樂》篇「終則復始」，亦見《風俗通·五霸》篇。又《書大傳·甘誓篇》云：「周則又始。」《春秋繁露·三代改制》篇、《漢書·翼奉傳》「則」竝作「而」。而，與下「窮則反本」則字互用。《魏策》「趙不南則魏不北」，《史記·張儀傳》「則」作「而」。而與上「則趙不有」、下「則從道絶」則字互用。《書大傳·咎繇謨篇》「立則磬折」，《春秋繁露·五行相生》篇「則」作「而」。而與下「則抱鼓」則字互用。皆「而」、「則」同義之證。

而，猶「即」也。「即」與「則」古通用，「而」可訓爲「則」，故亦可訓爲「即」。《禮記·檀弓》：「君即位而爲椑。」言「即位即爲椑」也。《大戴記·保傅》篇：「故鳳凰生而有仁義之意，虎狼生而有貪戾之心。」言「生即有其意、有其心也」。「成王有知，而選太公爲師，周公爲傅。」言「即選之爲師傅」也。《曾子立事》篇：「太上不生惡，其次而能夙絶之也。」言「惡念生即能夙絶之」也。《勸學》篇：「非虵䱇之穴而無所寄託者。」言「非此即無所寄託」也。《昭廿六年左傳》：「生而有頿。」言「生即有頿」也。《哀七年傳》：「秋而背之。」言「秋即背之」也。《荀子·禮論》篇：「人生而有欲。」《性惡》篇：「生而有好利焉。」皆言「生即有其心」也。《法行》篇：「夫君子豈多而賤之，少而貴之哉？」言「多即賤之，少即貴之」也。《楚策》：「凡天下强國，非秦而楚，非楚而秦。」言「非秦即楚，非楚即秦」也。《韓策》：「五穀所生，非麥而豆。」言「非麥即豆」也。《史記·張儀傳》作「非菽而麥」，義同。 賈子《新書·時變》篇：「善書而爲吏耳。」言「善書即爲吏」也。《脩政語》篇：「緣道者之辭而與爲道已。」言「即與爲道」也。《淮南·説林訓》：「石生而堅，蘭生而芳。」言「生即堅、即芳」也。《鹽鐵論·未通》篇：「五十六而免。」言「五十六即免」也。《漢書·天文志》：「非賊而盜也。」言「非賊即盜」也。《五行志》：「魚去水而死。」言「去水即死」也。《賈誼傳》：「死而死耳。」言「死即死耳」也。 又《論衡·明雩》篇：「夫雩，古而有之。」《講瑞篇》：「儒者自謂見鳳皇騏驎輒而知之。」《實知》篇：

「其三四歲時而受納人言矣。」《潛夫論·慎微》篇：「湯、武非一善而王，桀、紂非一惡而亡也。」「而」字竝與「即」同義。

而，猶「以」也。詳《釋詞》。《禮記·哀公問》：「固臣敢無辭而對。」言「敢無辭以對」也。《墨子·尚同》篇：「何以知尚同一義之可而爲政於天下也。」言「可以爲政於天下」也。《兼愛》篇：「自古之及今，生民而來。」言「生民以來」也。《非命》篇：「凡出言談、由文學之爲道也，則不可而不先立義法。」言「不可以不先立義法」也。《荀子·彊國》篇：「故自四五萬而往者。」言「自四五萬以往」也。楊注：「而往，猶已上也。」《正論》篇引《傳》：「危人而自安，害人而自利。」言「危害人以自安利」也。《呂氏春秋·功名》篇：「有仁人在焉，不可而不此務；有賢主，不可而不此事。」言「不可以不務此、事此」也。又《別類》篇：「匠人無辭而對。」《淮南·氾論訓》：「饗高大者而彘爲上牲。」《春秋繁露·五行五事》篇：「而王者所修而治民也。」《史記·龜策傳》：「如何可而適乎？」《漢書·劉向傳》：「命而傅朕。」《論衡·亂龍》篇：「夫土虎不能而致風，土龍安能而致雨？」「而」字竝與「以」同義。「而」與「以」同義，故《周禮·大行人》「春朝諸侯而圖天下之事，秋覲以比邦國之功」，《禮記·玉藻》「天子玉藻，十有二旒，前後邃延，龍卷以祭。玄端而朝日於東門之外，聽朔於南門之外」，「皮弁以日視朝」，「玄端而居」，《魏策》「有河山以闌之，有周、韓而間之」，《淮南·本經訓》「疏川而爲利，築城而爲固，拘獸以爲畜」，又「燎木以爲炭，燔草而爲灰」，《春秋繁露・玉英》篇「而有避也，亦以有避也」，「以有」，本或作「有以」，誤。《官制象天》篇「故八十一元士爲二十七愼，以持二十七大夫；二十七大夫爲九愼，而持九卿」，《史記・蘇秦傳》「秦攻楚，齊、魏各出鋭師以佐之；秦攻韓、魏，齊出鋭師而佐之」，又《韓子・外儲説右》篇上云「有術而御之也」，下云「無術以御之」，皆以「而」、「以」互用。又《大戴記・勸學》篇：「輮而爲輪。」《荀子》「而」作「以」。《孟子・滕文公》篇：「由周而來。」《論衡・刺孟篇》「而」作「以」。《鄧析子・轉辭》篇：「爲之斗斛而量之。」《莊子・胠篋》篇「而」作「以」。《魏策》：「有周、韓而間之。」《史記・魏世家》「而」作「以」。《史記・高祖紀》：「割鴻溝而西者爲漢，鴻溝而東者爲楚。」《漢書》「而」竝作「以」。《史記・項籍紀上》「而」字亦作「以」，與下句「而」字互用。又《孟子・萬章》篇：「假道於虞以伐虢。」《韓子・喻老》篇「以」作「而」。《韓策》：「與之即無地以給之。」《趙策》及《新序・善謀》篇「以」竝作「而」。皆「而」、「以」同義之證。

而，猶「與」也。見《釋詞》。《昭二十五年左傳》：「哀樂而樂哀，皆喪心也。」言「哀樂與樂哀」也。《尸子・勸學》篇：「夫昆吾之金而銖父之錫。」錫，當從《太平御覽・雜物部》引作「鐵」。言「昆吾之金與銖父之鐵」也。《韓子・外儲説左》篇：「以煩且之良而騶子韓樞之巧。」言「煩且之良與韓樞之巧」也。《趙策》：「然則買馬善而若惡，皆無危補於國。」言「買馬善與惡」

也。「若」，亦「與」也，言「而」又言「若」，古人自有複語耳。賈子《新書・脩政語》篇：「明君而君子。」言「明君與君子」也。《淮南・覽冥訓》：「故蒲且子之連鳥於百仞之上，而詹何之鶩魚於大淵之中。」言「蒲且子之連鳥與詹何之鶩魚」也。《史記・司馬相如傳》：「章君之惡而傷私義，二者無一而可。」言「章公惡與傷私義」也。「而」與「與」同義，故二字可以互用。若《春秋繁露・深察名號》篇「名之爲言，鳴與命也；號之爲言，謞而效也」是也。又《韓子・内儲説》篇云：「其患在豎牛之餓叔孫，而江乙本或作乞。之説荆俗也。」又云：「其説在董子之行石邑，與子産之教游吉也。」亦以「而」、「與」互用。

而，猶「或」也。《楚語》曰：「縱臣而得以其首領以没。」言「或得」如是也。《韓詩外傳》十卷：「爲宗廟而不血食邪？」言「或不血食」也。「而」與「或」同義，故《史記・外戚世家》「既驩合矣，或不成子姓；能成子姓矣，或不能要其終」，《漢書》下「或」字作「而」。「而」與上「或」字互用，亦「而」、「或」同義之證。

而，猶「寧」也。《魯語》：「陷而入於恭。」韋注：「如有過失，寧近於恭也。」

而，猶「此」也。「而」有「若」義，故又與「若」同訓爲「此」。《莊子・列禦寇》篇：「如而夫者。」言如此人也。

而，猶「其」也。《禮記・月令》：「以固而閉。」言「以固其閉」也。《管子・問》篇：「毋使讒人亂普而德。」言「亂普其德」也。《墨子・親士》篇：「皆於其國抑而大醜也。」言「抑其大醜」也。

而，猶「且」也。《考工記・廬人》：「而無已，又以害人。」言「且不止此」也。《孟子・萬章》篇：「千乘之君求與之友而不可得也。」言「且不可得」也。《尸子・明堂》篇：「夫禽獸之愚而不可妄致也。」言「且不可妄致」也。《淮南・人間訓》：「夫麋而不忍。」言「且不忍」也。「而」與「且」同義，故《列子・説符》篇「水且猶可以忠信誠身親之」，《説苑・雜言》篇作「水而尚可以忠信義久而身親之」。

《廣雅・釋詁》曰：「而，詞也。」或爲句絶之詞，本《漢書・韋賢傳》注。若《荀子・王霸》篇「則身有何勞而爲」，楊注：「而、爲皆語助。」案：「爲」蓋衍字。《太玄經・困・次五》「礩而閑而，拔我姦而」，《歛・次六》「閔而緜而，作《太玄》而」，《積・次七》「魁而顔而，玉帛班而」，《失・次三》「卒而從而，郵而竦而」，《劇・次七》「麃而丰而，戴禍顔而」，《漢書・禮樂志》「靈寖平而」是也。或爲發聲之詞，若《禮記・玉藻》「凡於尊者有獻而弗敢以聞」，言「弗敢以聞」也。《莊子・天運》篇「而故惑也」，言「故惑」也。《淮南・氾論訓》「而有大譽無疵其小故」，言「有大譽」也。《史記・司馬相如傳》「而來過我」，言「來過我」也。「而」字無義，故《漢書》無之。是也。或爲句中詞助，若《書・顧命》「其能而亂四方以敬忌天威」，「而亂」，「亂」也。《禮記・禮運》「盜竊亂賊而不作」，「而不作」，「不作」也。《淮南・墬形訓》「萬物之生而各異類」，「而各」，「各」也。《大戴記・易本命》篇「生」作「性」，無「而」字。《道應訓》「寧肯而遠至此」，「而遠至此」，「遠至此」也。《漢書・揚雄傳》「厥高慶讀羌。而不可虖疆度」「而不可」，「不可」也。是也。

如

如，猶「然」也。本《釋詞》。若《易・屯・六二》「乘馬班如」，《上六》「泣血漣如」，《小畜・九五》「有孚攣如」，《賁・六四》「賁如皤如，上「如」字詞助。白馬翰如」，《離・九四》「突如其來如」，下「如」字詞助。《禮記・玉藻》「受一爵而色洒如也」，《史記・司馬相如傳》「天下晏如也」，揚子《法言・吾子》篇「白紛如也」，又「孟子辭而闢之，廓如也」，《淵騫》篇「見其貌者肅如也」是也。

如，詞助也。本《釋詞》。若《易・大有・六五》「厥孚交如，威如，吉」，《賁・九三》「賁如濡如」，《離・九四》「焚如死如棄如」，《晉・初六》「晉如摧如」，《六二》「晉如愁如」，《萃・六三》「萃如嗟如」，《論語・子路》篇「蓋闕如也」，揚子《太玄・應・初一》「六幹羅如，五(子)〔枝〕離如」，《飾・次六》：「言無追如」，《漢書・敘傳》「榮如辱如」是也。

如，猶「而」也。詳《釋詞》。若《詩・常武》「如震如怒」，箋云：「而震雷其聲，而勃怒其色。」《大戴記・夏小正》傳「如不記其鄉」，《小問》篇「煩煩如繁諸乎」，《公孫龍子・白馬論》「有馬如已耳」，「如已」，「而已」也。《韓子・五蠹》篇「皆就安利如辟危窮」，《春秋繁露・竹林》篇「如挑與之戰」，《玉英》篇「爲如安性平心者」，《堯舜湯武》篇「如法則之」，《仁義法》篇「如春秋美之」，《陽尊陰卑》篇「十如更始」，《五行相勝》篇「不順如判」，《五行順逆》篇「漉陂如魚」，《郊語》篇「奈何如廢郊禮」，《循天之道》篇「如此物獨生」，《論衡・刺孟篇》「仲子之怪鵝如吐之者」，皆是也。又《大戴記・禮察》篇：「然如曰禮云禮云。」又「然如湯、武能廣大其德」云云。《保傅》篇：「然如所以能申意至於此者。」「然如」，皆謂「然而」也。然，如是也。《鹽鐵論・禁耕》篇：「不在朐邴如何也？」《説苑・至公》篇：「非子如何？」《論衡・説日篇》：「非天如何？」《實知篇》：「非神如何？」「如何」，皆謂「而何」也。「如」與「而」同義，故二字可以互用。若《大戴記・保傅》篇「帝入東學，上親而貴仁，則親疏有序，如恩相及矣；帝入南學，上齒而貴信，則長幼有差，如民不誣矣；帝入西學，上賢而貴德，則聖知在位，而功不匱矣；帝入北學，上貴而尊爵，則貴賤有等，而下不踰矣」，又「夫殷、周所以長久者，其已事可知也；然如不能從，是不法聖知也。秦世所以亟絶者，其轍迹可見也；然而不辭者，是前車覆而後車必覆」是也。二字又可以通用。若《詩》「如震如怒」，一本「如」竝作「而」；本《釋詞》。《大戴記》「然如曰禮云禮云」，「然如湯、武能廣大其德」，《漢書・賈誼傳》「如」竝作「而」；「如恩相及矣」，「如民不誣矣」，「然如不能從」，賈子《新書・保傳》篇「如」竝作「而」；《漢書》同。「然如所以能申意至於此者」，《新書・胎教》篇「如」作「而」；《襄十九年公羊傳》「此受命乎君而伐齊」，《白虎通・三軍》篇引「而」作「如」；《孝經》「高而不危，滿而不溢」，《漢修堯廟碑》「而」竝作「如」；《孟子・盡心》篇「而何其血之流杵也」，《論衡・語增篇》引「而」作「如」，皆是也。

如，猶「乃」也。本《釋詞》。「乃」與「如」聲相近，故「如」訓爲「而」，亦訓爲「乃」。《論語・微子》篇：「何而德之衰也？」此據《漢石經》。《莊子・人間世》篇「何而」作「何如」。「何如」即「何而」，其義之爲「何乃」，一耳。

如，猶「或」也。《論語・先進》篇「如五六十」，言「或更小而五六十」也。本朱子《集註》。「如會同」，言「或有事會同」也。會同非每歲常行之禮，故言「或」。《漢書・劉向傳》「欲以傾移主上，如忽然用之」，言「覬其或忽然用之」也。

如，猶「則」也。本《釋詞》。《風俗通・窮通》篇：「心戰則癯，道勝如肥。」「如」亦「則」也，互文耳。

如，猶「於」也。本《釋詞》。《晏子・外篇》：「有臣而强，無甚如湯；有兄弟而强，無甚如桀。」言無過於湯、無過於桀也。《史記・越世家》：「至如少弟者。」《淮陰侯傳》：「至如信者。」《汲黯傳》：「至如説丞相弘。」「至如」，皆謂「至於」也。《春秋繁露・楚莊王》篇：「昭公雖逢此時，苟不取同姓，詎至於是；雖取同姓，能用孔子自輔，亦不至如是。」「如是」，亦「於是」也，互文耳。

如，猶「爲」也。《史記・鄭世家》：「今得國舍之，何如？」《信陵君傳》：「今單車來代之，何如哉？」「何如」，皆謂「何爲」也。「如」之訓「爲」，猶「爲」之訓「如」也。

如，如何也。即「柰何」。《列子・仲尼》篇：「其如天下與來世矣。」言「其如天下來世何」也。《莊子・人間世》篇：「民其無如矣。」言「其無如之何」也。「如何」而謂之「如」，猶之「柰何」而謂之「柰」也。見《釋詞》「柰」字下。

如，何如也。《漢書・翟方進傳》：「欲令都尉自送，則如勿收邪？」言「何如勿收」也。「何如」而謂之「如」，猶之「不如」而謂之「如」也。

若

若，如也。《釋詞》引《攷工記・梓人》注。有連用「若如」者，若《管子・侈靡》篇「沮平氣之陽若如辭静」是也。

若，猶「柰」也。本《釋詞》。有連用「柰若」者，若《史記・項籍紀》「虞兮虞兮柰若何」

是也。

若，轉語詞也。若《隱公元年左傳》「若弗與」，《三年傳》「若猶未也」，《周語》「若壅其口」，《孟子・公孫丑》篇「若於齊」之類是也。

若乃，亦轉語詞。若《趙策》「若乃梁，則吾乃梁人也，先生惡能使梁助之邪」是也。

若，發語詞也。若《定四年左傳》「若聞蔡將先衞，信乎」，《墨子・兼愛》篇「若我先從事乎愛利人之親，然後人報我愛利吾親乎」是也。又《書・堯典》：「曰若稽古。」又見《皋陶謨》。《召誥》：「越若來三月。」《逸周書・世俘》篇：「越若來二月。」《漢書・律曆志》引《武成》：「粤若來三月。」「若」與「曰」、「越」、「粤」皆發語詞。

若夫，亦轉語詞；又發語詞。若《孟子・離婁》篇「若夫君子所患」，《告子》篇「若夫爲不善」，皆轉語詞也。若《大戴記・禮察》篇「若夫慶賞以勸善，刑罰以懲惡」，《管子・侈靡》篇「若夫教者」，皆發語詞也。亦有連用「若夫」，而一爲發語詞，一爲轉語詞者，若《史記・田敬仲世家》「若夫語五音之紀，信未有如夫子者也；若夫治國家而弭人民，又何爲乎絲桐之閒」是也。

若，猶「苟」也。若《隱四年左傳》「君若伐鄭以除君害」，又「若朝陳使請」是也。

若，猶「或」也。本《釋詞》。不定詞也。本《周禮・内小臣》、《縣師》、《旅師》、《稍人》疏，《儀禮・士冠禮》、

《士相見禮》、《鄉飲酒禮》、《燕禮》疏。《儀禮・大射儀》：「若賓若長。」又：「若丹若墨。」《聘禮》：「若昭若穆。」《公食大夫禮》：「鼏若束若編。」又：「若九、若十有一。」《既夕》：「若九若七若五。」《記》：「若醴若酒。」《哀十七年左傳》：「請君若太子來。」《管子・白心》篇：「若左若右。」《莊子・人間世》篇：「凡事若小若大。」《荀子・君道》篇：「雖若存。」《秦策》：「爲帝若未能。」《魏策》：「若萬户之都。」賈子《新書・脩政語》：「若賤若貴，若幼若老。」《史記・晉世家》：「若早自殺。」《郭解傳》：「若遇赦。」《龜策傳》：此褚氏所補。「若爲枯旱。」《漢書・天文志》：「若已去而復還居之。」又：「若有大喪。」《外戚傳》：「數召入飾室中若舍。」《論衡・談天篇》：「若非而無以奪。」諸「若」字義皆同「或」。又《儀禮・鄉射禮》：「大夫若有遵者。」又：「賓、主人、大夫若皆與射。」又：「若有東面者。」又：「若中。」又：「若有餘算。」又：「若右勝。」「若左勝。」又：「若有奇者。」「若左右鈞。」又：「若大夫之耦不勝。」又：「若無大夫。」《記》：「若有諸公。」又：「若飲君如燕。」《昭十二年左傳》：「若因禍以斃之。」「若不廢君命。」《定元年傳》：「若從踐土；若從宋。」《晉語》：「若欲奉元以濟。」「若欲暴虐以離百姓，反易民常。」《吴語》：「若越既改。」「若其不改。」又：「吴王若愠而又戰。」「若不戰而結成。」《莊子・人間世》篇：「事若不成。」「事若成。」諸「若」字，皆不定之詞。

若干，數不定之詞。本《儀禮·鄉射禮》疏。若《漢書·食貨志》「百加若干」，顔注：「若干，且設數之言也。」《賈誼傳》「令齊、趙、楚各爲若干國」顔注：「若干，豫設數也。」是也。

若，擬議詞也。若《漢書·五行志》「天戒若曰夫人不可以奉宗廟」，又「故天災若語陛下」云云，《揚雄傳》「若曰此非人力之所爲，黨鬼神可也」是也。

若，猶「然」也。狀事之詞。本《釋詞》。若《大戴記·曾子制言》篇「國有道，則突若入焉；國無道，則突若出焉」，據盧注，「突」字蓋「鴥」字之譌。《説文·玉部》「遠而望之，奂若也；近而視之，瑟若也」是也。《史記·司馬相如傳》：「愀然改容，超若自失。」「若」亦「然」也，互文耳。

猶若，猶然也。本《釋詞》。若《呂氏春秋·知士》篇「猶若弗取」，《知度》篇「舜、禹猶若困」，《應言》篇「大王猶若弗養」，《愛類》篇「猶若爲仁」皆是也。

若，如故之詞，猶言「依然」也。若《晉語》「怨若怨焉」是也。有稱「自若」者，若《秦策》「織自若」，《史記·秦始皇紀》「雍州之地、殽、函之固，自若也」之類，於義亦同。

若，猶「焉」也。若賈子《新書·階級》篇「則苟若而可」是也。《漢書·賈誼傳》集注云：「若，猶然。」「然」亦「焉」也。

若，如此也。《釋詞》引《史記·禮書》正義。《儀禮·士昏禮記》：「若則有常。」言如此乃有常也。或依鄭注訓「若」爲「汝」，言「汝其有常」，於義亦通。《墨子・兼愛》篇：「即若其利也。」言「如此其利」也。《荀子・王霸》篇：「出若入若。」言「出如此、入如此」也。《論衡・對作篇》：「世間書傳多若等類。」言「多如此等類」也。

若，猶「此」也。詳《釋詞》。《管子・侈靡》篇：「吾不欲與汝及若。」言不欲與汝言及此也。《晏子・諫》篇：「而猶出若言。」《問》篇：「公曷爲出若言？」皆謂「此言」也。《外篇》「子何必患若言而教寡人乎」，《荀子・王霸》篇「君人者，亦可以察若言矣」，《吕氏春秋・貴直論》「故出若言」竝同。又：「說若道謂之惑，行若道謂之狂。」謂「此道」也。《墨子・尚同》篇「若道之謂也」同。《墨子・尚同》篇：「上以若人爲善。」謂「此人」也。《兼愛》篇：「姑嘗本原若衆害之所自生。」謂「此衆害」也。「姑嘗本原若衆利之所自生。」謂「此衆利」也。《明鬼》篇：「以若書之説觀之。」謂「此書」也。《莊子・外物》篇：「任公子得若魚。」謂「此魚」也。《燕策》：「秦王聞若説也。」《史記》：「余尚惡聞若説。」皆謂「此説」也。《論衡・自然篇》「以若説論之」同。《說苑・善説》篇：「論若三子之行。」謂「此三子」也。「若」與「此」義同，故二字可以互用。若《晏子・雜》篇云「此三言者」，又云「公既行若三言」是也。二字又可以連用。若《晏子・雜》篇「若此三言者」，《說苑・奉使》篇「當若此時」，又《管子・山至數》篇「此若言何謂也」，又見《地數》篇、《輕重甲》篇、《乙》篇、《丁》篇。《輕重甲》篇「此若言可得聞乎」，《墨子・魯問》篇「此若言之謂也」，皆是也。

若，猶「及」也，「與」也。本《釋詞》。若《儀禮・士喪禮記》「朔月若薦新」，《士虞禮記》「鉶芼用苦若薇」，亦見《特牲饋食禮記》。《禮記・内則》「切葱若薤」，又「取豚若將」，注云：「將當爲牂。」又「以醢若醯醷」，《玉藻》「則稱謚若字」，《喪服小記》「其夫若子主之」，《少儀》「其以乘壺酒、束脩、一犬賜人若獻人」，《祭義》「容以遠若容以自反也」，《昭十七年左傳》「其以丙子若壬午作乎」，《六韜・陰符》篇「諸奉使行符稽留者若符事泄告者」，《荀子・大略》篇「君若父之友食之」，《吕氏春秋・首時》篇「重帷而見其衣若手」，《史記・高祖紀》「諸將以萬人若以一郡降者」，《漢興以來諸侯年表》「非劉氏而王者，若無功，上所不置而侯者」，《灌夫傳》「願取吴王若將軍頭」，《龜策傳》「灼以荆若剛木」，又「卜有賣若買臣妾牛馬」，《漢書・惠帝紀》「民年十七以上若不滿十歲有罪當刑者」，《文帝紀》「丞若尉致」，《武帝紀》「爲復子若孫」，《平帝紀》「亡子而有孫若子同産子者」，《食貨志》「時有軍役若遭水旱」，《兩龔傳》「其上子若孫若同産、同産子一人」，《張禹傳》「禹見時有變異若上體不安」，《論衡・問孔篇》「不曰前言戲，若非而不可行」，《刺孟篇》「今不曰己無功，若己致仕，受室非理」，《講瑞篇》「亦當言其色白若黑」，《治期篇》「吏百石以上若升食以下」，《四諱篇》「必託之神怪若設以死亡」，《譏日篇》「舉事若病死災患」，《東觀漢記・朱勃傳》「其以縣見穀二千石賜勃子若孫」是也。《史記・儒林傳》：「其不事學若下材及不能通一蓺。」《漢書・天文志》：「其下有軍及失地若國君喪。」「若」亦「及」也。又《史記・淮南王傳》：「以令名男子若振女與百工之事。」《論衡・變虛篇》：「如何可移於將相若歲與國民乎？」《説日篇》云：「如屋上人在東危若西危上。」又云：「猶人在東危與西危也。」「若」亦「與」也，皆互文耳。又《楚世家》：「賓之南海，若以臣妾賜諸侯。」《鄭世家》「若」作「及」，亦「若」、「及」同義之證。

若，猶「及」也，「至」也。本《釋詞》。若《周禮・大司樂》「若樂六變」，「若樂八變」，《逸周書・世俘》篇「若翼日丁巳」，《漢書・律曆志》引《書・武成》「若翌日癸巳」若字，與下文「粵五日甲子」、「粵六日庚戌」、「粵五日乙卯」粵字，皆訓爲及。是也。

若，概舉之詞。若《論衡・藝增篇》「若穿胷、儋耳、焦僥、跋踵之輩」是也。

若，猶「其」也。本《釋詞》。《吴語》：「王若今起師以會。」言「其即起師以會」也。今，即也。《墨子・尚賢》篇：「雖日夜相接以治若官。」言「治其官」也。又：「問於若國之士。」言「其國之士」也。《天志》篇：「今人處若家得罪。」「今人處若國得罪。」言「處其家、其國」也。《呂氏春秋・貴直論》：「已不用若言。」言「不用其言」也。《論衡・刺孟篇》：「避若兄之宅，吐若兄之禄。」《實知篇》：「若母匿之。」言「其兄」、「其母」也。

若，而也。《釋詞》引顧懽《老子注》。若《莊子·人間世》「密若無言」是也。

若，乃也。《釋詞》引《小爾雅》。《書·召誥》：「民若有功。」言「乃有功」也。《莊子·齊物論》篇：「若不釋然。」言「乃不釋然」也。《山木》篇：「吾若取之。」言「乃取之」也。《吕氏春秋·節葬》篇：「若慈親孝子者之所不辭爲也。」言「乃慈親孝子所不辭爲」也。《漢書·天文志》：「若女之憂。」言「乃女之憂」也。

若，猶「則」也。本《釋詞》。《史記·優孟傳》：「我死，汝必貧困，若往見優孟，言我孫叔敖之子也。」《論衡·刺孟篇》：「有王者若爲王臣矣。」「若」字竝與「則」同義。

若，猶「且」也。《昭十三年左傳》：「若入於大都而乞師於諸侯。」又：「若亡於諸侯以聽大國之圖君也。」皆謂姑且如此也。《史記·楚世家》「若」竝作「且」，是其證。

若，猶「當」也。《宣十七年左傳》：「吾若善逆彼以懷來者。」言吾當如此也。《晏子·雜》篇：「弛刑罰：若死者刑，若刑者罰，若罰者免。」謂「當死」、「當刑」、「當罰」者也。

若，猶「抑」也。《漢書·外戚傳》：「寧自殺邪，若外家也？」言「抑外家」也。《論衡·儒增篇》：「此時或扣頭薦百里奚，世空言其死；若或扣頭而死，世空言其首碎也。」言「抑或」如此也。

然

《釋詞》引范注《太玄·務測》曰：「然，猶是也。」《書·秦誓》：「雖則云然。」言雖如是也。云，如也；則，語助。《莊子·則陽》篇：「若然者。」言如是人也。《荀子·堯問》篇：「然故士至。」據楊注，亦見《尚書大傳》。言「是故士至」也。楊注：「然士亦以禮貌之故而至。」失之。《史記·司馬相如傳》：「然無異端。」言「是無異端」也。

《釋詞》引《禮記·大傳》注曰：「然，如是也。」有稱「然而」者。《禮記·文王世子》：「然而衆知父子之道矣。」「然而衆著於君臣之義也。」《三年問》：「然而從之。」「然而遂之。」《晉語》：「然而又生男。」《孟子·公孫丑》篇：「然而文王猶方百里起。」《管子·國蓄》篇：「然而人君不能治。」「然而人君不能調。」《墨子·非攻》篇：「然而又與其車馬之罷弊也。」《貴義》篇：「然而民聽不鈞。」《莊子·秋水》篇：「然而指我則勝我，鰌我亦勝我。」《釋文》「鰌」本亦作「蹭」。《荀子·榮辱》篇：「然而窮年累世不知不足。」楊注：「當爲不知足」。《非相》篇：「然而不折傷。」《儒效》篇：「然而周公北面而朝之。」《富國》篇：「然而主相不知惡也。」《君道》篇：「然而應薄扞患，足以持社稷。」《臣道》篇：「然而巧敏佞説，善取寵乎上。」《呂氏春秋·應言》篇：「然而視之蝺焉美，無所可用。」以上所稱「然而」，皆以「然」字作「如是」解。「然」字一讀，不與「而」字連。

《釋詞》引《廣雅》曰：「然，譍也。」《禮記・檀弓》：「公曰：然。」《晏子・雜》篇：「公曰：然。」《外篇》：「晏子曰：然。」《呂氏春秋・君守》篇：「鄙人曰：然。」《韓詩外傳》五：「孔子曰：然。」《淮南・道應訓》：「輪扁曰：然。」《史記・吳王濞傳》：「王曰：然，有之。」《漢書》無「然」字。諸「然」字皆爲譍詞。

然而，詞之轉也。見《釋詞》。若《論語・子張》篇「然而未仁」，《孟子・萬章》篇「然而軻也嘗聞其略也」是也。

然，比事之詞。本《釋詞》。若《禮記・雜記》「其待之也，若待諸侯然」，「其他如奔喪禮然」，《祭義》「如見親之所愛，如欲色然」，「如懼不及愛然」是也。

然，猶「焉」也。詳《釋詞》。《書・盤庚》：「予丕克羞爾用懷爾然。」言「予爰克羞爾以懷爾焉」也。《論語・審問》篇：「俱不得其死然。」《孟子・公孫丑》篇：「今言王若易然。」又：「宜與夫禮若不相似然。」又：「木若以美然。」《滕文公》篇：「不見諸侯，宜若小然。」《盡心》篇：「勿視其巍巍然。」《莊子・徐無鬼》篇：「奚惑然爲？」爲，語助。《荀子・解蔽》篇：「身爲刑戮然而不知。」《說苑・奉使》篇：「臣不敢剖然。」《論衡・超奇篇》：「或出金玉然。」「然」字竝與「焉」同義。又《詩・山有扶蘇・序》：「所美非美然。」《常武・序》：「因以爲戒然。」《詩・魚麗》傳：「鳥獸魚鼈皆得其所然。」《韓詩外傳》一：「莫能以己之皭皭容人之混污然。」「然」字亦竝與「焉」同義。「然」與「焉」同義，故二字可以通用。若《秦策》「有頃焉人又曰曾參殺人」，《新序・雜事二》作「頃然一人又來告之」是也。

然，猶「而」也。見《釋詞》。《管子・心術》篇：「然莫知其極。」《正世》篇：「然民淫躁行私而不從制，飾智任詐負力而爭。」《七臣七主》篇：「然彊敵發而起。」《輕重丁》篇：「然欲國之無貧，兵之無窮。」《晏子・雜》篇：「然子之意自以爲足。」又：「然猶恐其侈靡而不顧其行也。」《墨子・所染》篇：「然國逾危、身逾辱。」《尉繚子・天（宮）〔官〕》篇：「然不能取者。」《制談》篇：「然不能濟功名者。」《荀子・王制》篇：「然君子剥而用之。」《王霸》篇：「然常欲人之有。」《韓子・難二》：「然爲湯、武與田常未可知也。」《韓詩外傳》八：「然其聲名馳於後世。」陸賈《新語・無爲》篇：「然天下治。」又：「然失之者。」《資質》篇：「然身不用於世者。」又：「然在尊位之重者。」又：「然虞公不聽者。」賈子《新書・過秦》篇：「然所以不敢盡忠拂過者。」《史記・項籍紀》：「然今卒困於此。」又「然羽非有尺寸乘勢」云云。《蕭相國世家》：「然蕭何常從關中遣軍補其處。」《留侯世家》：「然卒破楚者。」《陳丞相世家》：「然終不得。」又：「然平竟自脱。」《絳侯世家》：「然既已貴如負言，又何説餓死？」《梁孝王世家》：「然會漢家隆盛，百姓殷富。」《管晏傳》：「然孔子小之。」《淮南王安傳》：「然尚流血千里。」《汲黯傳》：「然黯見蚡未嘗拜。」《漢書》無「然」字。《優旃傳》：「然合於大道。」《鹽鐵論·通有》篇：「然百姓匱乏，財用不足。」《伐功》篇：「然匈奴久未服者。」《説苑·貴德》篇：「然乃爲之。」「然乃犯之。」《漢書·禮樂志》：「然德化未流洽者。」《英布傳》：「然陛下謂何腐儒。」《劉歆傳》：「然孝宣皇帝猶復廣立《穀梁春秋》、梁丘《易》、大小夏侯《尚書》。」《田叔傳》：「然孟舒自髡鉗，隨張王以身死之。」《鼂錯傳》：「然功力不遲者。」《枚乘傳》：「然秦卒禽六國，滅其社稷，而并天下。」《韓安國傳》：「然匈奴侵盜不已者。」《董仲舒傳》：「今子大夫褎然爲舉首。」言進而爲舉首也。《平當傳》：「然風俗未和，陰陽未調，災害數見。」《李尋傳》：「然猶不生者。」《馮奉世傳》：「然卒死於非罪，不能自免。」《王莽傳》：「然猶有計策不審過徵之累。」又：「然猶皆蒙丘山之賞。」又：「然曾不得蒙青等之厚。」王符《潛夫論·述赦》篇：「然才何以爲茂？」諸「然」字竝與「而」同義。「然」與「而」同義，故二字可以互用。若《齊策》「不嫁則不嫁，然嫁過畢矣；不宦則然矣，而富過畢矣」，《淮南·主術訓》「禹決江疏河以爲天下興利，而不能使水西流；稷辟土墾草以爲百姓力農，然不能使禾冬生」是也。二字又可以通用。《列子·説符》篇：「然卒取亡焉。」《呂氏春秋·慎大覽》「然」作「而」；《秦策》：「而三人疑之。」《新序·雜事二》「而」作「然」；《漢書·叙傳》：「雖移盈然不忒。」《文選》作「雖移易而不忒」是也。

然且，而且也。見《釋詞》。《孟子·告子》篇：「然且不可。」「然且仁者不爲。」《子華子・北宮子仕》篇：「然且大倫斁敗，人紀消亡。」《北宮意問》篇：「然且日月星辰衡陳於上。」《墨子・兼愛》篇：「然且不憚以身爲犧牲，以祠説于上帝鬼神。」《節葬》篇：「然且猶尚有節。」《天志》篇：「然且親戚兄弟所知識共相儆戒。」又：「然且父以戒子，兄以戒弟。」《莊子・馬蹄》篇：「然且世世稱之曰伯樂善治馬，而陶、匠善治埴、木。」《山木》篇：「然且不免於罔羅機辟之患。」《荀子・榮辱》篇：「然且爲之。」亦見《正名》篇、《大略》篇及《韓詩外傳》六。《呂氏春秋・恃君覽》：「然且猶裁萬物，制禽獸，服狡蟲，寒暑燥濕弗能害。」《趙策》：「然且欲行天子之禮於鄒、魯之臣，不果納。」《書大傳・甫行篇》：「然且曰吾意者以不平慮之乎？吾意者以不和平之乎？」《韓詩外傳》一：「然且弗舍。」賈子《新書・修政語》篇：「然且大禹其猶大恐。」《史記・蘇秦傳》：「然且王行之者。」《燕策》作「而足下行之」。《説苑・正諫》篇：「然且至而死矣。」又：「然且未敢諫也。」皆是也。

然，猶「乃」也。詳《釋詞》。《詩・君子偕老》：「胡然而天也。」言「胡乃如天乎」也。「而」猶「如」也，「也」猶「乎」也。《小戎》：「胡然我念之。」言胡乃使我念之也。《正月》：「胡然厲矣。」言「胡乃厲乎」也。「矣」猶「乎」也。《墨子・公孟》篇：「然號而不止。」《莊子・徐無鬼》篇：「今也然有世俗之償焉。」又：「然身食肉而終。」《荀子・王霸》篇：「然九合諸侯，一匡天下，爲五霸長。」《哀公》篇：「然猶求馬不已。」《楚辭・九辯》：「然中路而迷惑兮。」又：「然惆悵而自悲。」又：「然怊悵而無冀。」又：「然霿本或作「霧」，誤。曀而莫達。」又：「然潢洋而不可帶。」又：「然潢洋而不遇兮。」《七諫》：「然蕪穢而險戲。」又：「然輡軻而留滯。」又：「然怊悵而自悲。」《哀時命》：「然隱憫而不達兮。」又：「然飲切而永歎。」《魏策》：「然爲政不善，而湯、武伐之。」《燕策》：「然不免於笞。」《韓詩外傳》三：「然得志行乎中國，若合符節。」《外傳》七：「然至酒酸而不售。」《外傳》八：「然見之。」陸賈《新語・資質》篇：「然隱伏於嵩廬之下而不録於世。」賈子《新書・過秦》篇：「然困於嶮岨而不能進者。」《淮南・氾論訓》：「然不自免於車裂之患。」《史記・秦始皇紀》：「然見我常身自下我。」《伍子胥傳》：「然今若聽諛臣言以殺長者。」《淮陰侯傳》：「然竟以勝。」又：「然得脱輒倍約復擊項王。」《陸賈傳》：「然漢王起巴、蜀，鞭笞天下，劫略諸侯，遂誅項羽滅之。五年之間，海内平定。」《李將軍傳》：「然無尺寸之功以得封邑者。」《公孫弘傳》：「然爲布被。」又：「然今日庭詰弘。」《主父偃傳》：「然起窮巷，奮棘矜，偏袒大呼，而天下從風。」又：「然不能西攘尺寸之地，而身爲禽於中原者。」《陳湯傳》：「然猶不免死亡之患，罪當在於奉憲。」《儒林傳》：「然君上也。」《説苑・敬慎》篇：「然所以得者。」「所」猶「可」也。《漢書・項籍傳》「然秦以區區之地」云云。《賈山傳》：「然身死纔數月耳，天下四面而攻之，宗廟滅絶矣。」《南粤王傳》：「然北面而臣事漢。」諸「然」字竝與「乃」同義。「然」與「乃」同義，故或以「然乃」

連用，《論衡・講瑞篇》「三年之後，然乃知之」是也。

然，猶「或」也。《詩・皇矣》：「無然畔援，無然歆羨。」《板》：「無然憲憲。」「無然泄泄。」「無然謔謔。」皆謂無或如此也。《史記・司馬相如傳》：「若然辭之。」言「若或辭之」也。

然，猶「如」也。《説苑・善説》篇：「是行奚然。」言其行何如也。「是」猶「其」也。

然，猶「則」也。本《釋詞》。《管子・地數》篇「然鹽之賈必四什倍」，與《輕重甲》篇「則鹽必坐長而十倍」文法一例，是「然」即「則」也。《論衡・感虛篇》：「夫草木水火與土無異，然杞梁之妻不能崩城明矣。」「然」字亦與「則」同義。

然，詞助也。或爲發聲助，若《墨子・尚賢》篇「然昔吾所以貴堯、舜、禹、湯、文、武之道者」，《荀子・君道》篇「然而于是獨好之，然而于是獨爲之」，《書大傳・説命篇》「然未嘗言國事」，《史記・魏世家》「然所以西面而事秦，稱東藩，受冠帶，祠春秋者」，《孔子世家》「然自要以下，不及禹三寸」，《陳丞相世家》「然其後曾孫陳掌以衛氏親貴戚，願得續封陳氏」，《絳侯世家》「然安知獄吏之貴乎」，《蔡澤傳》「然爲霸主彊國不辭禍凶」，《論衡・語增篇》「然桀、紂同行，則宜同病」是也。或爲語中助，若《定八年公羊傳》「慬然後得免」，言「慬得免」也。「慬」即「僅」之譌，「後」益衍字。《楚辭・離騷》「終然天乎羽之野」，言「終天」也。《天問》「終然爲害」，言「終爲害」也。《史記・蔡澤傳》「其卒然亦可願與」，言「其卒亦可願與」也。《東方朔傳》此褚氏所附。「僅然能勝之」言「僅能勝」也。是也。「然」爲發聲助及語中助，故《荀子》「然而于是」云云，《韓詩外傳》五無「然」字；《史記》「然所以西面」云云，《魏策》無「然」字；《史記》：「然安知獄吏之貴乎？」《漢書》本亦或無「然」字。「其卒然亦可願與」，《秦策》無「然」字。

【説明】

孫經世《〈經傳釋詞〉補》、《再補》，見於《心矩齋叢書》。孫經世，一作濟世，字濟侯，號惕齋，福建惠安人。師從陳壽祺，精小學。有《説文説》見《許學叢刻》。一卷，《〈經典釋文〉辨證》十四卷，《韻學溯源》四卷等。

《春秋名字解詁》補誼

陶方琦

高郵王先生㭊爲《春秋名字解詁》二卷，詮誼精塙，雜而不越，徵心獨至，曉泠神恉，宜其會通訓詁，敼絶賸疑。方琦披讀之餘，小有所志，不過以片塺之傅嵩、衡，細流之益滄海也。惟其未晰者，凡二十餘則，强辭以繹之。雖系愛古之心，甚違蓋闕之誼。一曲之見，芴然可麤。擇而存之，以質大疋。

上卷

吴伯嚭，字子餘。《哀八年傳》。

王曰：「嚭之言丕也。《説文》：『嚭，大也。』物小則不足，大則有餘，故名嚭字子餘。」

方琦案：伯嚭，《吴越春秋》作「白喜」，《論衡》作「帛喜」。《禮·檀弓》「陳太宰嚭」，《漢書·人表》作「太宰喜」。是古人名「嚭」者，多媘爲「喜」矣。餘讀如悆，餘、悆皆从余得聲。《説文》：「悆，喜也。」故名嚭字子餘。

宋公孫嘉，字孔父。《桓二年傳》。楚成嘉，字子孔。《文十二年傳》。鄭公孫嘉，字子孔。《襄九年傳》。

王曰：「《説文》：『孔，通也。从乙、子。乙，請子之候鳥也。乙至而得子，嘉美之也。古人名嘉字子孔。』案：孔、好一聲之轉。空謂之孔，亦謂之好。嘉美者謂之好，亦謂之孔，義相因也。《漢書·禮樂志》：『令聞在舊，孔容翼翼。』孔容，嘉美之容也。嘉與孔，俱有美意，亦俱有大意。《爾疋》：『假，大也。』假、嘉古字通。《老子》：『孔德之容。』河上公注：『孔，大也。』」

方琦案：《左傳》「展喜」，《魯語》作「乙喜」。蓋名喜字乙，猶名嘉字孔也。喜，《説文》云：「樂也。」《禮運》：「以嘉魂魄。」注：「嘉，樂也。」孔从乙得子，有嘉美之義，故並得通。

《儀禮・士冠禮》「爰字孔嘉」，此之謂也。

晉郵無恤，字伯樂，《晉語》，又《人表》。一字子良。《哀二年傳》。無恤，《晉語》作「無正」，蓋「恤」通作「血」，「血」字篆作「」，與「正」相似而譌，《呂覽》、《淮南》注又譌作「無政」耳。《古今人表》有「郵亡恤」，而無「郵亡正」，則「正」爲訛字可知。

王曰：「《爾疋》：『恤，憂也。』無憂即樂矣，故無恤字伯樂。良或作梁。見《荀子》。《淮南・要畧》篇：『康梁沈湎。』高注曰：『康梁，耽樂也。』」

方琦案：《漢書・王褒傳》張晏曰：「王良郵無恤，字伯樂。」師古曰：「郵無恤、郵良、劉無正、王良，總一人也。」《孟子・滕文公》篇作「王良」；《傳》作「郵良」、「郵無恤」；《晉語》作「郵亡正」，韋注：「郵亡正，字伯樂。」《呂氏春秋・審分》篇高注：「孫無正，郵良也。」《淮南・覽冥訓》高注：「王良，晉大夫。郵亡恤子良，所謂郵良也，一名孫亡政。」又《呂氏春秋・似順》篇：「孫明進諫。」注：「孫明，簡子臣孫無政，郵良也。」孫明與孫陽義近，古訓多以「明」爲「陽」。又同字伯樂，與秦穆公時相馬之孫陽字伯樂者，何姓氏相同若此？至穆公與簡子時相去甚遠，決非一人。《韓非・說林》篇：「伯樂教二人相踶馬，相與之簡子廄。」似簡子時之伯樂，又能相馬。古籍沿譌，亦難盡信。第王良之爲孫無政，政與正同。

高誘再四證明，必有所本也。蓋王良或名亡恤，或名亡正，義並相類。恤有驚恐（疑）〔誼〕。《七發》：「恤然足以駭矣。」注：「驚恐貌。」正即征營，《漢書·王莽》作「正營」。注：「惶恐不安之皃。」無恤爲樂，無正亦樂矣。

楚郤宛，字子惡。《昭二十七年傳》。

王曰：「宛當讀爲怨，宛、怨古同聲，故借宛爲怨。字又作惋。《秦策》曰：『受欺于張儀，王必惋之。』《史記》作怨。怨、惡義近，故名怨，字子惡。」

方琦案：宛字子惡者，惡即亞字。《説文》：「亞，醜也。賈侍中説有次第也。」《易·繫辭》：「言天下之至賾而不可惡也。」荀本作「亞」，注云：「次也。言宛轉而有次第。」故字子亞，亞、惡古字通，宋人得周惡夫印，即亞夫。因或作「惡」。

楚屈到，字子夕。《楚語》。

王曰：「到，至也。到字子夕，蓋取朝發夕至之義。《楚辭》：『朝發軔于蒼梧兮，夕余至乎縣圃。』」

方琦案：到，至也。到字子夕，「夕」乃「夂」字之譌。《説文》：「夂，从後至也。象人兩脛後有致之者。讀若㡀。」致字从夊、从至會意。「夊」有至義，故名到字子夊。

宋樂溷，字子明。《定九年傳》。

王曰：「溷當讀爲焜。溷與焜同聲，故借『溷』爲『焜』。《昭三年傳》：『焜燿寡人之望。』服注：『焜，明也。』故名焜字明。」

方琦案：《説文》：「溷，亂也。一曰水濁皃。」《淮南》：「清之爲明，杯水見眸子；濁之爲暗，河水不見泰山。」是濁即不明也。《易·噬嗑》注：「剛柔初動，不溷乃明。」是其義也。溷又同慁。《説文》「侒」下引《逸周書》：「朕實不明，以侒伯父。」侒即慁也。《史記》：「無久慁乃公爲也。」《漢書》作「溷」。溷有污濁義。溷字子明，以反而得義。

楚莫敖章，字子華。《楚策》附。

王曰：「《廣疋》：『章，采也。』《玉篇》同。華亦采，《顧命》傳曰：『華，采色。』《楚辭》：『采華衣兮若英。』」

方琦案：楚有章華之臺。莫敖，楚人，故名章字華，取于地以爲名也。

郲子顔，字夷父。《莊五年傳》正義引《世族譜》。

王曰：「顔，不平也。夷，平也。顔、岸古通。《史記》「屠岸賈」，《人表》作「顔賈」。《爾疋》曰：『重崖，岸。』又曰：『望厓洒而高，岸。』高則峻陗，故字夷父，以相反爲義也。」

方琦案：「顔」乃「頚」字相近而譌。《淮南》「斯頚害義」，藏本或作「斯顔害義」。《説文》：「頚，待也。」「夷」古與「遲」通。《詩》「周道倭遲」，《韓詩》作「郁夷」。《淮南・原道》「昔馮夷太丙之御」，高注：「夷或作遲」。夷，古文作「𡰣」。遲，古文作「迡」。《説文》：「遲，徐行也。」徐行亦有相待義。《易・歸妹》：「遲歸有時。」陸注：「遲，待也。」《荀子・修身》：「故學曰遲。」注：「遲，待也。」或作「徲」。《漢婁壽碑》：「徲俠衡門。」義相通也。需，《説文》：「頚也。」需者，遲疑之皃。見《左傳》釋文。頚待，即委遲、委夷一意之引伸也。《文十八年傳》引宋樂須，字夷父，今《檀弓》引作「頃」，「頃」亦「須」之譌。是其證也。樊須字子遲。須字夷，與字遲並通也。

晉荀盈，字伯夙。《襄二十七年傳》。

王曰：「盈讀爲贏，夙讀爲肅。贏，寬緩也。肅，嚴急也。《月令・孟秋》：『天地始肅，不可以贏。』鄭注：『肅，嚴急之言也。贏猶解也。』《爾疋》：『肅，疾也，速也。』《大雅》：『昭假無贏。』箋訓『贏』爲『緩』。是贏與肅相反，故名贏字肅。」

方琦案：盈字伯夙，「夙」乃「夃」之誤。盈从夃从皿會意，其實「盈」與「夃」義並合。《說文》：「盈，滿器也。」又「夃」下云：「秦以市賈多得爲夃。」滿器與多得，亦一義之引伸也。《論語》：「求善賈而沽諸。」沽即夃字。《說文》「夃」下引「我夃酌彼金罍」，是「夃」與「姑」通。沽與夃尤近。楚蔿賈，字伯嬴，嬴與盈通，字本作盈。賈字盈，亦取「盈」字上體「夃」字也。《廣雅·釋詁》：「⿰弓又，賈也。」王氏《疏證》云：「未詳。」琦謂「⿰弓又」亦「夃」字之譌變。小篆「乃」字作「𠄎」，故譌作「弓」，又即「夃」中之「夂」字，更旁易其文耳。《說文》：「秦以市賈多得爲夃。」故曰夃賈也。

邾子克，字儀父。《隱元年傳》。周王子克，字子儀。《桓十八年傳》。楚鬥克，字子儀。《僖二十五年傳》。宋桓司馬之臣克，字子儀。《哀十七年傳》。

王曰：「克與刻通。《說文》：『克，象屋下刻木之形。』故以克爲刻。儀讀如娑，儀之言疏刻也。字或作犧，作獻。《明堂位》：『周獻豆。』鄭注：『獻，疏刻之。』儀爲疏刻，故名刻字子儀。」

方琦案：或曰：《說文》：「克，肩也。」以肩任物，必傾其頭。儀乃俄字，《說文》：「俄，行頃也。」

楚薳呂，字叔伯。《僖二十三年傳》。

王曰：「呂與旅、伯與百，古字並通。《莊二十二年傳》『庭實旅百』，是其義。」

方琦案：呂有侶義，「伯」乃「侶」之譌字也。《淮南·天文訓》：「音比大呂。」注：「呂，侶也。」當爲名呂，字叔侶。

下卷

李耳，字聃。

王曰：「《史記·老子傳》：『姓李名耳，字伯陽，謚曰聃。』索隱云：『許慎云：聃，耳漫也。』故名耳字聃。今作字伯陽，非正也。」

方琦案：老子名耳，或名聃，字伯陽。伯陽乃其字，陽即昜。《説文》：「昜，開也。」《仲尼弟子傳》：「秦丹字開。」丹即聃，字開、字昜，義胥同。古人名輒字子張，輒即耴，《説文》：「耴，耳垂也。」字張，亦此義。

魯公孫宿，字成。《哀十五年傳》。

王曰：「成與城通。《隱元年》：『及宋人盟於宿。』杜注：『宿，小國，東平無鹽縣。』國必有城，故字城。」

方琦案：成，《説文》云：「就也。」就有終止義。《周語》：「成德之終也。」《儀禮·少牢禮》：「祝告曰利成。」注：「畢也。」宿，《説文》云：「止也。」《小爾疋》：「宿，久也。」久、止與終、就，義並同。或曰：成乃戒字。《周禮·太史》：「戒及宿之日。」《禮記》：「不宿戒。」注：「再戒爲宿戒。」《周書·寤儆》篇：「戒維宿。」名宿，故字戒。其説亦是。

齊梁丘據，字子猶。《昭二十年傳》。

王曰：「據，讀爲遽。猶，讀爲輶。遽也，輶也，皆車之輕且速者也。《爾疋》：『遽，傳也。』《僖三十三年傳》：『且使遽告於鄭。』注：『遽，傳車也。』遽爲車之最速者。《爾疋》：『輶，輕也。』《説文》：『輶，輕車也。』蓋言其輕行疾也。」

方琦案：據讀爲豦。《爾疋·釋獸》：「豦，迅頭。」郭注：「玃類也。」《西山經》：「崇吾之山有獸，如禺而文臂，豹虎而善投，名曰舉父。」舉、豦聲同。《説文》：「猶，玃屬。」《水經·江水》注：「猶猢似猴而短足，好游巖樹，一騰百步，乘空若飛。」或作猶豫，或作猶與。《史記·呂后記》：「猶與未決。」索隱：「猶，猿類也。」與同舉，舉即豦。豦之爲獸，印鼻長尾，輕遽善疑，與猶相似。《楚辭·離騷》：「猶豫而狐疑兮。」《顔氏家訓·書證篇》：「猶，獸名。既聞人聲，乃豫登木，故稱猶豫。」或曰：猶、豫，二獸名，皆多疑。故名據字猶。

鄭公孫黑肱，字子張。《襄十八年傳》。

王曰：「《大戴禮》：『舒肘知尋。』舒肘，爲張兩肱也。八尺曰尋。鄭注《考工記·梓人》（注）：『張臂八尺。』」

方琦案：《左昭三十一年傳》「邾黑肱」，黑肱之肱，或云即弦。《説文》：「弦，弓聲也。」〔一〕《公羊》作「黑弓」。黑弓者，兹弓也。「肱」乃假字，非黑臂之類。《説文》：「張，施弓弦也。」《論語》「朱張，字子弓」，是其證。

齊東郭牙，《吕氏春秋·重言》篇。字垂。《説苑·權謀》篇。

王曰：「牙讀爲圉。《爾疋》：『圉，垂也。』孫炎註：『圉，國之四垂也。』」

方琦案：《吕覽》之東郭牙，即《説苑》之東郭垂。牙、垂古今字，非名牙字垂。《説文》「我」字下从戈、从𠂇，𠂇，古文垂字。牙乃𠂇字之譌。牙與𠂇，字形近似也。又《金樓子》引此作「東郭邘」〔二〕，邘乃郵之誤字，郵當作陲，陲與垂同。

衛庚公歜，字子魚。《襄十四年傳》。

王曰：「歜讀爲鱻。《説文》：『鱻，藏魚也。南方謂之（鯵）〔魿〕，北方謂之鱻。』」

方琦案：趙氏坦曰〔三〕：「庚公歜，即庚公之斯。之斯二字，合言爲參歜之歜。以鱻字亦謂如參歜之歜，方音相轉，遂假歜爲鱻。」阮氏曰：「《左傳》奚斯爲公子魚。庚公之斯，《左傳》又作庚公歜，字子餘。『歜』乃『斯』聲近之誤，『斯』乃『鮮』字假借也。」見《釋鮮》。

晉寺人勃鞮，字伯楚，一名披。《晉語》。一名披，見《僖五年傳》。

王曰：「未詳。」

方琦案：鞮讀爲翨。鞮，同䩞。《説文》：「䩞，羽也。」〔四〕與「翨」讀爲「鳥翍」之「翍」同。《周禮·翨氏》：「掌攻彊鳥。」《説文》：「翨，鳥之彊羽猛者。」刑餘之人，彊於嫉惡，故取爲名字。楚者，楚與荆古字通。《國策》：「楚莊王登荆臺。」《淮南·道應》篇作「莊王登彊臺」。是荆與彊義通，楚與彊義並通矣。翨有彊義，故字楚。《左傳》：「以鼓子鳶鞮歸。」鞮亦翨字，鳶亦彊鳥也。一名披，披乃翍字。《甘泉賦》：「翍桂椒而鬱栘。」楊注：「翍與披同。」勃鞮，合聲即爲「披」也。

宋公子目夷，字子魚。《僖八年傳》。

王曰：「未詳。」

方琦案：夷同痍，傷也。取名目夷者，必有目疾，即《爾雅》言馬「一目白，瞯；二目白，魚」之誼。瞯，釋文引《蒼頡篇》：「瞯，目病也。」《廣韻》以人目多白爲瞯。《說文》作「瞷」。《爾雅》一目白曰瞯，《詩》「有驔有魚」毛傳作「一目白曰魚」，故目夷字子魚。

魯公子買，字子叢。《僖二十八年傳》。

王曰：「未詳。」

方琦案：《左傳》：「以莒子買朱鉏歸。」《春秋經》作「密朱鉏」。買、密一聲之轉，密與叢義近，故買字子叢。

楚公子嬰齊，字子重。《宣十一年傳》。鄭罕嬰齊，字子齹《昭十六年傳》。

王曰：「未詳。」

方琦案：鄭子齹，《說文》作「鄭子䶒」，云：「齒差跌也。」又「齹」下云：「齒參差也。」參差即不齊。齒惟嬰兒最齊，齹象老人齒之參差不齊也，故曰嬰齊字齹。重者，言嬰兒齠齔之後，齒必重生，故嬰齊字重。

鄭良霄，字伯有。《襄十一年經》注。

王曰：「未詳。」

方琦案：霄即肖字，古霄、宵通。《淮南》：「甘暝大霄之宅。」一本作「太宵」。《吕覽·明理》篇「有霄見」，即「宵見」。肖古多假爲宵。《淮南·要畧》：「浸想宵類。」《漢書·刑法志》：「凡人宵天地之貌。」《説文》：「肖，骨肉相似也。」肖者，謂其有所似。《禮·哀公問》：「寡人雖無似也。」注：「無似，猶言不肖。」則有似即肖矣，故名肖字伯有。肖，似也，謂相若也。《仲尼弟子傳》：「有若，字子有。」

楚伍員，字子胥。《昭二十年傳》。

王曰：「未詳。」

方琦案：《爾疋》：「胥，皆也。」《詩》：「景員維何？」傳：「員，均也。」「皆」與「均」義合。或曰：員同云，《詩》：「聊樂我云。」箋以爲語辭。與胥皆爲語助辭。又曰：員即䙴。䙴，視也；胥、相亦視也。

魯季公亥，字若。

王曰：「未詳。」

方琦案：亥讀爲恔，「若」乃「苦」字。《列子·湯問》篇：「何若而不平？」殷敬順釋文云：「一本若作苦。」《説文》：「恔，苦也。」魯顔刻，《論語釋文》引「顔亥」，亥與刻通。《廣雅》：「刻，貧也。」今俗語云刻苦。或云：亥讀爲刻。若者，即「奏刃（砉）〔砉〕若」之義。

宋樂祁，字子梁。《定八年傳》。

王曰：「未詳。」

方琦案：祁讀爲提。祁、提聲近。《左傳》「提彌明」，《公羊》作「祁彌明」是也。提，安善也。見《淮南·説林》注。梁同良，王良，《荀子》作「王梁」。良亦善也。或曰：祁讀爲祈，祈有高義，《吕覽》：「齊公子祁，字子高。」梁亦有高義，《左傳》：「沈諸梁，字子高。」故名祁字梁。

衛公孫彌牟，字子之。《哀十二年傳》。

王曰：「未詳。」

方琦案：牟者進也。《淮南·詮言》篇：「善博者，不欲牟。」《御覽》七百四十五引許叔重注：「牟，進也。」《廣疋·釋訓》：「牟牟，進也。」「之」乃「止」字。「之」，篆作「㞢」，與「止」篆作「止」相似而易譌。進與止，以相反見義。

齊顏涿聚，字庚。《哀二十三年傳》注。

王曰：「未詳。」

方琦案：顏涿聚，即《孟子》之顏讎由。讎由、涿聚，一聲之轉。字庚者，取由庚之義。《古今人表》作「顏濁雛」，濁雛即《爾雅》「生噣雛」。釋文謂作「啄雛」。羽類雛而能生噣，其性必堅實也。庚亦有堅實義。《説文》：「秋時萬物庚庚有實也。」《釋名·釋天（時）》：「庚，堅强皃也。」《説苑》之顏燭趨，《晏子春秋》之顏燭鄒，《新論》之顏濁騶，皆噣雛之異文。噣即啄。《淮南》作「啄聚」，故爲涿聚。聚、雛聲近而轉。

宋樂茷，字子潞。《哀二十六年傳》。

王曰：「未詳。」

方琦案：茷讀爲發。伐、發聲近。楚公子茷，《晉語》作「王子發」。《詩》：「齊子發夕。」《韓詩》：「發，旦也。」《小雅》：「明發不寐。」《廣雅》：「發，明也。」潞讀爲露。路、露古字通。《人表》「曹靖公路」，《春秋》作「露」。天將明，則露色，故字潞。或曰：潞讀爲路。路，車也。茷即斾字。《詩·六月》：「白茷央央。」釋文：「茷，一本作斾。」正義：「茷、斾，古今字也。古者行軍，以斾載於車上。」《宣十二年傳》：「令尹南轅反斾。」《哀二年傳》：「以兵車斾之。」注：「斾，先驅車。」是其義也。

晉士蔿，字子輿。《晉語》注。

王曰：「未詳。」

方琦案：蔿讀爲鞁。蔿、鞁古韻相近。《説文》：「鞁，車駕具也。」故字輿。

晉祁奚，字黄羊。《吕氏春秋·去私》篇注。

王曰：「未詳。」

方琦案：《説文》：「奚，大腹也。」《左宣二年傳》：「皤其腹。」注：「大腹也。」「皤」義與「奚」同，音亦與「奚」近。《小爾疋》：「奚，何也。」何音同皤。《説文》：「羳，黄腹羊也。」因皤之大腹，而假義於黄腹之羳，其本字實奚字也，故名奚字黄羊。

齊雝人巫，字易牙。《史記·齊世家》索隱引賈逵《左傳注》。

王曰：「未詳。」

方琦案：雝巫，善知味人。雝人即饔人，乃膳夫也。《易》：「兑爲巫，又爲口。」舌牙在口舌之間，故名巫字牙。易牙者，取象於《易》而爲名與字。《通疋》謂易牙名亞，牙、亞音近，遂訛爲巫，亦爲鑿空之談。

魯孔箕，字子京。《史記·孔子世家》。

王曰：「未詳。」

方琦案：箕讀爲基。《易》：「箕子之明夷。」或作「其子」。《詩》：「夙夜基命宥密。」或作「其命」。箕、基並从其得聲，故通。京，高也。《淮南·原道》：「貴必以賤爲號，高必以下爲基。」故名箕字京。

魯冄雍，字仲弓。《仲尼弟子傳》。

王曰：「未詳。」

方琦案：雍讀爲擁。擁从手，有持弓之象，《廣疋》：「擁，持也。」故字弓。

武城澹臺滅明，字子羽。《仲尼弟子傳》。

王曰：「未詳。」

方琦案：雉羽有文明之象。魯公子翬字子羽，翬，雉也。滅明者，韜晦也。以反而見誼。

江東蟜疵，字子庸。《仲尼弟子傳》。

王曰：「未詳。」

方琦案：《易·繫辭》：「言乎其小疵也。」《書·大誥》：「知我國有疵。」馬注：「疵，瑕也。」人非聖賢，孰能無過？言雖有疵瑕，而靳合中庸之教，故字曰庸。庸从庚、从用會意。庚者，更也。君子之過也，更也，人皆仰之。或曰：《漢書》作「橋庇」，庇，《説文》曰：「蔭也。」《通俗文》：「自蔽曰庇。」庸爲墉之假字。《書》「既勤垣墉」，以爲庇蔭也。《釋名·釋宫室》：「墉，容也，所以蔽隱形容也。」

湻于光羽，字子乘。《仲尼弟子傳》。

王曰：「未詳。」

方琦案：乘，乘車也。《説文》「釳，乘輿馬頭上防釳，插以翟尾鐵翮，象角，所以防網羅」

也。故光羽字乘。

魯公夏首，字乘。《仲尼弟子傳》。

王曰：「未詳。」

方琦案：曰乘者，亟其乘屋之意也。首，始也，有經始之義。或曰：首者，始也。《廣疋》：「乘，弌也。」弌亦始義。

衛廉絜，字庸。《仲尼弟子傳》。

王曰：「未詳。」

方琦案：絜者，狷潔也。狂狷，未合中庸之道，故字曰庸。或曰：絜者，禋祭也。庸乃𩫖字。𩫖，从亯从自。亯者，祭亯也。《説文》：「𩫖，用也。讀若庸。」

【説明】

陶氏《補誼》，原載《漢孳室文鈔》卷一，卷分上、下。陶方琦，字子珍，會稽人。同治進士，官編修。有《漢孳室文鈔》、《〈淮南〉許注異同詁》等。

【校注】

〔一〕「弦」，《説文》作「弘」。

〔二〕《金樓子》，六卷，南朝梁蕭繹撰。蕭繹自號金樓子。是書記「古今見聞事迹，治忽貞邪」。《四庫全書總目》。書中多引用周秦著作，頗有文獻價值。

〔三〕趙坦，字寬夫，清代仁和今浙江餘杭。人，有《春秋異文箋》等。

〔四〕《説文》：「翱，翅也。」陶引誤。

聖門名字纂詁

洪恩波

《聖門名字纂詁》卷上

南武城曾參，字子輿。《仲尼弟子傳》。

恩波謹案：《説文》：「森讀如曾參之參。」知參讀森音，其誤久矣。鄉先生方密之《通雅》曰：「曾參，當讀如參乘之參。漢曹參，《博物志》云：『字敬伯。』《史記註》云：『字伯敬。』參以敬言，故讀驂。益知曾子之名以參輿，音驂。」此論已先王氏而發。蒙謂：二家謂參音驂，則是謂名字義取參輿，義爲駕馬引車，似非。《周禮・天官・太宰》：「設其參。」《昭十二年左傳》：「參成可筮。」《禮記・曲禮》：「毋往參焉。」《論語》：「立則見其參於前也。」

《吴越春秋》：「參於桀紂。」是參並謂三相參列也。天地人爲三才，名參，蓋取與天地參之意。人在天地中，但云與參，而全義自見。子輿，《漢白水碑》正作「子與」，宋本《家語》同。輿，當爲「與」之譌，猶公西與如之譌爲「輿如」也。經傳「與」之爲「輿」，不勝枚舉。《襄二十年左傳》「正輿子」，《襄十年傳》「伯輿」，《襄三十年傳》「展輿」，《定五年傳》「闉輿罷」，釋文竝云：「輿，本作與。」或曰與同預，參與連文爲義，故曾子名字取之。

魯閔損，字子騫。《仲尼弟子傳》。

魯冉耕，字伯牛。《仲尼弟子傳》。

宋司馬耕，字子牛。《仲尼弟子傳》。一名犂。《論語》孔注。

恩波謹案：聖門司馬子、冉子，以牛犂耕爲名字，此實古者牛耕之明徵。徵諸《山海經》，后稷之孫叔均始作牛耕。《廣韻》：「犂，墾田器。《説文》段注云：「牛耕者謂之犂。」后稷之孫叔均所作。」《論語·雍也》篇言犂牛。齊人曰犂鉏。《孔子世家》：「犂鉏請以女樂遺魯。」又《國策·趙策》曰：「秦以牛田。」《高士傳》：「周逸民夷逸曰：『吾辟則牛也，寧服軛以耕於野，豈忍被繡入廟而爲犧？』」賈誼《新書》：《春秋》篇。「鄒穆公曰：『百姓飽牛而耕。』」是古用牛耕，班班可攷也。矧自太史公《仲尼弟子列傳》以來，漢諸儒多注釋《論語》，王肅又注《家語》，均於冉耕、司馬耕名字無異詞。許君《説文》雖謂司馬牼即司馬耕，亦無致疑牛耕之説，而鄭康成注《周禮·地官》「合耦以耡」曰：「合人耦。」則牛耦亦可知也。夫牛耦不明著於六經，鄭公爲漢一代經師，而特補斡云然，豈同寱論。王氏乃云「古者耕以人耦，不用牛力」，是果於違鄭，不如賈公彦之見矣。賈氏《疏》曰：「周時未有牛耦耕，至漢趙過始教民牛耕。」按《漢書·食貨志》：「過教民用耦犂，二牛三人，特耕法異於古耳。」今鄭云「合人耦」，則牛耦亦可知也者。或周末兼有牛耦，至漢趙過乃絶人耦，專用牛耦，故鄭兼云焉。然亦不思《山海經》世傳伯益作，已云牛耕，更何疑於周乎？今攷史籍，折衷於鄭公，益信冉子、司馬子名耕之爲本義。

魯冉雍，字仲弓。《仲尼弟子傳》。

恩波謹案：胡氏謂取和弓之義，俞氏謂取辟雍春射之義，依文援據，詮釋非不貫串，可從。惟古字多通叚，仲弓亦如鄭子徒、公晳季次、言偃、秦非、左人郢之例，概就字面訓詁，縱得典據，奚當本義乎？弓、躳古通用。漢太丘長陳仲弓，《隸續·陳寔殘碑》作「字仲躳」，其名字本取躳行實踐爲義。從知此仲弓，「弓」爲「躳」叚字。《尚書·堯典》篇「時雍」，《無逸》篇「乃雍」，均訓和也。《多方》篇：「自作不和，爾惟和哉？爾室不睦，爾惟和哉？」言和必本諸躬也。名雍字弓，義蓋可知。

衛端木賜，字子貢。《仲尼弟子傳》。

恩波謹案：《爾雅》釋文云：「貢，或作贛。」盧氏文弨曰：「案《說文》贛从貝，贛省聲。此文下作貢，非也。」臧氏琳曰：「《說文》：『貢，獻功也。』『贛，賜也。』二字不同。故子贛名賜。今經典作子貢，字之省借耳。《漢石經·論語》子貢作贛，《論語》釋文云：『子貢，本作贛。』《禮記》《檀弓下》。釋文云：『子貢，本亦作贛。』今惟《禮記》中《樂記》、《祭義》兩篇尚作子贛，餘多爲後人改易矣。」二家之說如此。然自上與下謂之賜，自下奉上謂之貢，得相對爲義。後漢楊賜震孫。字伯獻，是其例也。

仲由，字子路。《仲尼弟子傳》。

魯顏無繇，字路。《仲尼弟子傳》。

恩波謹案：繇，當作繇。繇、由古通用，一字也。《漢書》多作「繇」，从系，䍃聲。䍃，从也。《六書故》卷十一引《說文》唐本云：「䍃，从也。从言从肉，肉亦聲。」肉，古讀若柔。《玉篇·言部》「䍃」、《廣韻·十八尤》「䍃」並訓從者，是本許義。《說文》「繇」訓隨从，是䍃、繇同義，繇即䍃後增之文。《說文》：「遙，行邎徑也。」義與「繇」同。又「繇」後增之文。段云：「从，隨行也。隨，从也。繇與隨、从三篆爲轉注。从系者，謂引之而往也。」《詩》、《書》往往叚借作「猶」、作「猷」，竝訓道也。《爾雅·釋詁》曰：「繇，道也。」又曰：「路、場、猷、行，道也。」道路及導引，古同作「道」，皆隨從之義也。繇，謌體爲「繇」，按徐鉉曰：「繇，今俗从䍃。」亦用爲傜役字。按：《漢韓敕碑》、《復顏氏并官氏邑中繇任伯嗣碑》「繇賦平均」，又从䍃作「繇」。傜役者，隨從而爲之者也。然經傳率用「由」字，而《說文》無之。按：許書從由者二十二文，而無「由」字。小徐云：「甹，从丂，上象枝條華函之形。古文省丂，後人因通用爲因由等字。」說殆非也。按「丂」已象華函形，「由」於枝條形絕不似，自是取聲。若丂上由是象形書，是古文已有「由」字，許書何不於「甹」下出古文乎？《說文解字》補「由」爲古文「繇」，謂象形、會意不可知，或當從田，有路可入，引《韓詩》「横由其畝」爲證。鄭氏珍曰：「《釋文》引《韓詩》『東西耕曰横，南北耕曰由』，由本謂伐土，非田上路。《玄應音義》引，滅「耕」字，段據之，誤也。《說文》從大十之『夲』，即『由』本字，以十合書於内，則成𠕎。漢隸又省十作『由』。許書本訓『進趣』，即由行義。云大十猶兼十人，蓋傍仲子兼人而名由立說。其讀若滔，滔从舀聲，古由正讀同舀。《論語》『滔滔』，鄭作『悠悠』。《詩》『滔滔』，叶游、求。又《詩》『左旋右抽』，《說文》引『抽』作『搯』。此由、舀一聲之明證。六朝以降，本字失其讀，乃別求由字，是知通《倉頡》讀者難矣。」以上《說文逸字》注。蒙按：鄭氏謂「夲」爲「由」本字，夲訓進趣也。合段說繇及道路、隨從之義而繹之，則名由字路，義畢宣矣。其曰無繇者，禁止行由徑耳。或曰：無，發語辭，無繇之爲繇，猶不狃之爲狃，無畏之爲畏。王氏前説過略，兹故摭拾補義於右云。

衛蘧瑗，字伯玉。《襄二十六年左傳》。

恩波謹案：子産、伯玉爲春秋二賢，年皆先於孔子。《文翁圖》雖列伯玉於弟子之首〔一〕，究之非弟子也。孔廟東西廡，今竝位爲弟一。是若推二賢執梃，爲門生長矣。兹故依次羼附焉。

武城澹臺滅明，字子羽。《仲尼弟子傳》。

恩波謹案：徐宗幹《濟寧州志·世家》云：「據《澹臺譜》，不詳撰人、時代。子羽生於十月之晦，故名滅明。或其族裔相傳如此，亦難深攷。」丁宗洛云：「滅明之名，以《武王帶銘》『火滅修容，戒慎必恭』之意求之，正是聖賢不欺暗室之義。」《志》原文。而如何因字子羽，則略而不言。今胡氏《解詁》信如牟尼一串矣。然謂持羽自掩障不見光明，奚取以命名表德乎？蒙謂：鄭豰蔑字明，《昭二十八年左傳》。晉閻没字明，《晉語》。皆取相反爲義。澹臺子當亦如是。《易·明夷》曰：「〔象曰〕：利艱貞，晦其明也。」「象曰：明入地中，明夷；君子以莅衆，用晦而明。」曰滅明者，晦其明之甚。曰子羽者，又所以顯其明。《吴語》曰：「烏羽望如墨，朱羽望如火，白羽望如荼。」《韓詩外傳》曰：「白羽如月，赤羽如朱。」是著明者，莫若也。合名與字，正得用晦而明之義。或曰：羽與宇，聲近義同。《漢志》曰：「羽，宇也。物聚藏，羽覆之。」《釋名》曰：「宇，羽也，如鳥羽翼自覆蔽也。」字子羽，是與其名同以韜匿爲義也。

楚任不齊，字選。《仲尼弟子傳》。

恩波謹案：王氏解宓子、任子字誼爲齊，是已；謂「不」語詞，則非。信如所云，古人如東不訾、秦不虚、《戰國策》「舜有七友」注、陶潛《聖賢羣輔録》。浩生不害、申不害，及漢雋不疑、直不疑之倫，將何説之詞？蒙謂：不齊與齊，意以相反而相成。《禮·祭統》：「齋之爲言齊也，所以齊不齊，而致其齊也。」二賢名字合釋，亦如是。

魯商瞿，字子木。《仲尼弟子傳》。

恩波謹案：王氏讀瞿爲欋，釋爲收麥四齒木杷，古人義奚取乎？瞿從朋，《説文》「朋」下段注云：「凡《詩·齊風》、《唐風》，《禮記·檀弓》、《曾子問》、《雜記》、《玉藻》，或言瞿，或言瞿瞿，蓋皆『䀠』字叚借，瞿行而䀠廢也。」《説文》：「瞿，䧹隼之視也。」徐曰：「驚視皃，會意。」段曰：「知爲䧹隼之視者，以從䀠、隹知之也。」《禽經》：「雀以猜瞿視也。」《埤雅》：「雀俯而啄，仰而四顧，所謂瞿也。」是諸家讀瞿爲懼，義則訓鳥顧視。《説文》：「雧，羣鳥在木上也。」故隹可爲鳥總稱。 鳥常棲木顧視，用以擇木爲多，故名瞿字子木也。 或曰：《説文》「相」下引《易》説曰：「地可觀者，莫可觀於木。」《漢書·五行志》云：「木，東方也。 於《易》，地上之木爲觀。」顔注曰：「坤下巽上，觀。 巽爲木，故曰地上之木。」商子名字，蓋取觀木之義。 不曰「觀」，而曰「瞿」，此古人詞有曲而文之例也。 或又謂《顧命》「執瞿」，瞿爲戟屬，固金器。 瞿字子木，義取金克木耳。 古人名木字金父，是其例也。

衛高柴，字子羔。《仲尼弟子傳》。

恩波謹案：王氏謂柴讀爲𦍩，非也。《説文》：「柴，小木散材。」《月令》：「乃命四監，收秩薪柴，以供郊廟及百祀之薪燎。」鄭注云：「大者可析謂之薪，小者合束謂之柴。」此本《淮南·時則訓》。《虞書》曰：「至於岱宗柴。」《古文尚書》作「祡」。 亦音柴。《説文》：「祡，燒柴尞祭天也。」釋文引馬注云：「祭時積柴，加牲其上而燔之。」浚儀王氏曰〔二〕：「《月令》：『祈來年於天宗，鄭云：「天宗，日月星辰。」其牲皆用犢，祈禱則用少牢。』名柴字羔，取義於祡用少牢耳。 其不字犢而字羔者，大物不敢以命也。且羔，小羊，與柴小木正相應。」

公晳哀，字季次。《仲尼弟子傳》。

恩波謹案：《呂覽》：「荆人佽飛。」《博物志》作「次非」，可證此次即佽之省文。《詩・唐風》：「胡不佽焉。」傳云：「佽，助也。」王氏乃訓次爲序，改哀爲衰，殆兩失之矣。古人如高哀、《文（六）〔公〕十四年左傳》。羊角哀、與左伯桃竝爲周時燕人，見《烈士傳》。韓哀、見《世本》。《淮南子・齊俗訓》及《蜀志・郤正傳》注引《呂覽・勿躬》篇作「寒哀」，韓、寒古通用。公牛哀《淮南子・俶真訓》。及公晳哀者，其生非值家憂，即當國難。祖若父以哀命名，與曹子名卹、孺子名悲同意，要莫非惕以凶禮也。《春官》：「宗伯以凶禮哀邦國之憂，其目有五：曰以喪禮哀死亡，曰以荒禮哀凶札，曰以弔禮哀禍烖，曰以禬禮哀圍敗，曰以卹禮哀寇亂。」鄭注云：「哀謂救患分裁。」五者哀而助之之事，著在經、史，悉數難終。論哀死亡一端，若孔子遇舊館人之喪，入而哭之哀，説驂而賻之，其章章也。名哀字佽，義正相應。《家語》及《子華子》作「季沈」，沈非次之誤，蓋亦公晳子之字。子産一字子美，是其例也。人情遇可哀之事，若浮泛視之，不能沈痛，即不能佽助，故孔子之賻，惡夫涕之無從。一字季沈，正以足哀之義。至季襄與公晳哀姓名無涉，當是顔祖之字。祖字襄，正魯人蓋於兄弟之序爲季，故當時偁季襄云。或以朱彝尊

《弟子考》不及季襄爲漏略，殆未之深考耳。《淮南》非云公皙襄，王氏乃謂「季襄」爲「哀」譌，即季次，尤誤。《記》云：「反哭於爾次。」謂哀有次舍，亦通。

陳公良孺，字子正。《仲尼弟子傳》。

恩波謹案：王氏讀孺一爲需，一爲濡；又謂正爲止之誤。俞氏、胡氏竝起而諍之，依字援據，解釋均極明碻，吾無閒然。惟攷宋本《家語》，二賢名均作儒。竊疑《弟子傳》作「孺」，爲「儒」叚字。古平仄互通叚。儒之名始見於《周官》，曰：「儒以道得民。」夫儒者之道，正己而物正者也，得民亦固其所。今衆人之命儒也妄，常以儒相詬病，故夫子謂子夏曰：「女爲君子儒，無爲小人儒。」公良儒字子正，蓋勉爲君子儒，以傳正學之意。又魯自周公肇封，作《易象》、《詩》、《書》、《禮》、《樂》，傳道於孔子，魯遂爲世儒宗。《莊子》曰：「以魯國而儒者，一人耳。」又《史記·朱家傳》：「魯人皆以儒教。」冉儒字子魯，蓋以魯國儒者期之也。《家語》不盡王肅僞撰，王文簡惟於顔幸從《家語》作「辛」，餘概不取，如曾參字子與，罕父黑字子素，顔何字稱，原抗字藉，商澤字秀，縣成字子横，榮子祺名祈，孔子蔑名弗及，冉儒、公良儒之類。未免偏矣。兹特擇其可從者從之，而發其凡於此。

魯巫馬施，字子旗。《仲尼弟子傳》。《論語・述而》篇作「巫馬期」。

恩波謹案：王氏解名施字旗，是已；而巫馬子當時以字子期行，稱於《論語》，見於《家語》及《古今人表》，其義尚略也。今考《説文》：「熊旗五游，㠯象伐星，士卒㠯爲期。」《釋名》：「熊虎爲旗，軍將所建，象其猛如虎，與衆期之於下也。」據此，一字子期，亦以足旗之義。

魯顔幸，字子柳。《仲尼弟子傳》。

恩波謹案：名幸字子柳，義不可通。海寧錢馥謂「幸」乃「辛」之譌，是也；謂「柳」亦當爲「卯」，王述其説，而無折衷，亦不言名字相因之誼，雖列於《解詁》，而誼仍缺然。蒙攷《説文》「柳」从木、丣聲，丣古文酉，是丣、柳聲相近。《吴志・虞翻傳》注云：「古大篆丣字當讀爲柳，古柳、丣同字。」錢氏謂「柳」爲「丣」，亦是也。《説文》：「酉，就也。八月黍成，可（以酎）〔爲酎〕酒。象古文酉之形也。」又云：「酉爲秋門，萬物已入。」《釋名》云：「酉，秀也。秀者，物皆成也。」辛，《説文》云：「秋時萬物成而熟。」《釋名》云：「辛，新也。物初新者皆收成也。」是則辛與丣同爲金之屬，同爲物之成，義固顯相應矣。其取幹支相配，則與楚公子午字子庚、鄭印癸字子酉相同。或曰柳爲二十八宿之一，非酉也。顔子之生，疑在季秋辛日之旦。《月令》曰：「季秋之月，日在房，昏虚中，旦柳中，其日庚辛。」名辛，蓋言生值之日幹。以生日名子，固殷法也。字子柳，蓋言生值之日宿。

曹卹，字子循。《仲尼弟子傳》。

恩波謹案：胡氏詁以隨宜賜卹之義，甚合。惟卹字从卩，卩即古節字，而云从邑，憂由人生。據俗體爲說，殊不可从。

楚公孫龍，字子石。《仲尼弟子傳》。

恩波謹案：王氏讀龍爲龔，非也。山石結成龍形，宇内往往而有，故梁以名郡，隋以名縣。元湖廣化州路有縣曰石龍，疑楚古有石龍地名，近公孫氏之居，名字因以分識之，猶孔子名丘字仲尼之取山名耳。此《解詁》名字別一例，在王氏所訂五體六例之外。或曰：龍蓋瓏之省。《說文》：「瓏，禱旱玉也，爲龍文。」《昭公二十七年左傳》：「使公衍獻龍輔於齊侯。」杜注：「龍輔，玉名。」正義引《說文》「瓏」爲證是也。《說文》：「玉石之美者。」是玉亦石也。名龍字子石，義既相貫，於古亦有徵。或又曰：龍即古寵字，《家語》正作「寵」。石亦即碩古字，訓大也。寵大，蓋指「何天之龍」而言〔三〕。《說文》：「天，至高無上。从一大。」言其大無二也。

魯公西赤，字子華。《仲尼弟子傳》。

恩波謹案：赤爲五采之一。經言赤子、赤芾、赤旂、赤玉之類夥頤，不必定爲騮色。華有光采之義，不必定爲黄色。虞舜《卿雲歌》「日月光華，旦復旦兮」，《禮・檀弓》「華而睆」可證也。茲名赤者，取周人尚赤之義。字子華，謂赤有華采耳。晉羊舌赤字伯華，楚莫敖章《玉篇》：「章，采也。」字子華，《國策》。取華采爲義，亦猶是。是義本顯著，不待解而可知。如王説，則義反晦矣。《補注》：「莫敖亦取臺名。」

顔高，字子驕。《仲尼弟子傳》。

《春秋名字解詁補義》曰：「王以高爲克之誤，是也。至以克爲好勝，故字子驕，則是矜驕之義，非美德也，何取以爲名字乎？恩波按：王伯厚氏注《急就篇》云：「驕者，父母愛而名之。驕與憍通，憐也，恣也。」漢蕭由、假倉字子驕，淮南王安臣有朱驕如，《東觀記》徐宣字驕稚，古人何嘗不取驕爲名字？《隱元年左傳》正義曰：『克者，戰勝獲賊之名。』驕當讀爲獢，《爾雅・釋訓》曰：『獢獢，勇也。』釋文引舍人注曰：『獢獢，得勝之勇。』然則名克字子獢，正合古訓矣。」

恩波謹案：俞氏解「克」字是，泥「驕」旁義，謂非美德，而讀矯，又援矯矯雙聲之訓以實之，則非。《說文》：「馬高六尺曰驕。《詩》曰：『我馬惟驕。』」段注云：「可以此訂《周南》之譌。」謂《周南》「言秣其駒」，駒亦當作驕也。按：《皇皇者華》弟三章，今作駒。一曰野馬。」段注云：「驕恣之義，當由此引伸。旁義行，而本義廢矣。」按：《穆天子傳》：「野馬日行五百里。」此驕之本義也。古克敵用兵車，司馬主之，寓兵以馬爲先之意。故晉郤克字駒伯。《宣十二年左傳》。茲字曰驕，與郤克之字義同爲馬可知也。

秦壤駟赤，字〔子〕徒。《仲尼弟子傳》。

恩波謹案：周人尚赤。士生其時，名赤者，大率義取時尚。胡氏謂爲「恭」之誤，非也。王氏讀徒爲赭，亦非。徒與都，古字通用。《史記·功臣表》「申徒」，《漢書·功臣表》作「申都」；《潛夫論》「信都」，即司徒，可證。壤駟徒，當與鄭子徒一例，讀爲都。《詩·鄭風·山有扶蘇》篇「子都」注云：「世之美好者。」《虞書·皋陶謨》篇：「皋陶曰：都。」傳云：「都，歎美之辭。」《漢書·司馬相如傳》師古注云：「都，閑美之稱也。」是都有美義。色之華美，赤爲最，故名赤字都，亦猶公西赤字子華、羊舌赤字伯華耳。

石作蜀，字子明。《仲尼弟子傳》。按：《廣韻》以「（后）〔石〕作」爲複姓。

恩波謹案：蜀字自有本義，王氏讀爲燭，非也。《爾雅・釋山》：「獨首蜀。」郭注云：「蜀亦孤獨。」疏云：「蟲之孤獨者名蜀。」是以山之孤獨者亦名曰蜀也。《方言》：「一，蜀也，《廣雅》：「蜀，弌也。」義本此。按《説文》：「弌，古文一。」南楚謂之蜀。」注云：「蜀猶獨耳。」此蜀古義爲獨之迭證。人具獨見者謂之明。《荀子・勸學》篇曰：「無冥冥之志者，無昭昭之明。」又曰：「所謂明者，非謂其見彼也，自見而已。」故《大學》引《帝典》曰：「克明峻德。」《太甲》曰：「顧諟天之明命。」《康誥》曰：「克明德。」結之曰：「皆自明也。」自明者，獨自明德之謂。兹名蜀，當由生而孤獨，與鄓單相類。古人咳而名子，比比質言之。及冠，敬其名爲獨，自而配字曰明，冠成人益文，故《禮》曰「冠而字之」，敬其名也。益所以爲教也。

魯公夏首，字乘。《仲尼弟子傳》。

恩波謹案：胡氏謂取《郊特牲》「升首於室」之義。雖曰尊首尚氣，死牲之頭，古人能無忌乎？俞氏疑「百」誤爲「首」，不思《家語》作「守」，即緣「首」音近而借，則「首」非誤可知。《易》八卦，唯《乾》近取諸身爲首，遠取諸物爲馬。《説卦傳》第八章、第九章均首句。公夏子名字，取義於乾德耳。不徑曰馬，而曰乘者，此古人詞例曲而文者也。或曰：首有前先之恉，與乘合併，猶言前驅先路也。《夏官・太僕》：「王出入，則自左馭而前驅。」《小雅》：「元戎十乘，以先啟行。」《離騷》：「乘騏驥以馳騁兮，來吾導夫先路。」名首字乘，義蓋如彼。是亦一說也。

《聖門名字籑詁》卷下

曾箴字子晳。《仲尼弟子傳》。

奚容箴字子晳。《仲尼弟子傳》。

恩波謹案：曾晳、奚容晳、公西子上三賢，名見《史記・仲尼弟子傳》。國朝據以入字典者三名，竝爲「蒧」，注音點。段氏據以解《說文》者，曾爲「蒧」，奚容爲「箴」。王氏據以解詁《春秋》名字者，曾、奚容竝爲「箴」，公西爲「蒧」。今攷《索隱》單行本，公西名亦作「箴」，不作「蒧」。以所見史本異，故文各異如彼。至攷《說文》，曾、奚容竝當作「黬」。《論語》曾作「點」，宋本《家語》公西作「減」。三書文又不同。段氏《說文解字》云：「蒧、箴皆黬之省，點則黬同聲叚借字。」論不及「蒧」與「減」。王氏謂「蒧」出誤本《史記》，謂黬从箴，當作箴，本一字也。形凡數變，言又人人殊，學者曷適從乎？蒙以此反復推求，知古文通叚，及古篆或複或減，時出新意，形不同而義則同。箴爲箴規，旁義也，本義爲箴紉，是箴本鍼之古文。如《禮記・

內則》：「紉箴請補綴。」《說文》「箴」下云：「綴衣箴也。」《山海經》：「高氏之山，其下多箴石。」《前漢・藝文志》醫經箴石湯火所施之類，歷歷可證。後著其色，配黑爲黬，是黬爲箴後增之文，亦即鍼之正文。鍼以琢磨而成，色皎如也，質實黑金，故許書「黬」下云：「雖皙而黑也。」後又以其金物也，易黑爲金，定从箴，省作鍼。亦作鑯，俗作針。自鍼行，而箴、黬本爲鍼之恉晦矣。古人名黬字皙，取黑白相反爲義耳。證諸狄黑、鄭公孫黑、楚公子黑肱皆字皙，衛公子黑背字析，析同皙。及罕父黑字子素《史記》「素」誤作「索」，此從《家語》。而益明。黬訓雖皙而黑，語本趨重黑義，故黬古借用點，以點義爲小黑也。亦借用葴，謂隸書从竹、从艸無分，故作「葴」者，誤。《爾雅・釋艸》：「葴，馬藍。」郭注云：「葴，一名馬藍，今大葉冬藍也。」邢疏云「今爲澱」者是也。澱與顯、黝通，別作靛。葴爲澱草，色黑可知。張謙中曰：「叚借者，因其聲借其義，此類是也。」《家語》作「減」，即「瀐」省字，從知「葴」古亦增水作「瀐」。「瀐」見《類篇》，音義猶之「葴」也。葴、箴、黬、瀐、鍼五字雖一讀，斟而從咸聲爲古，黬與點同聲通用。此正「黬」古讀咸聲之證。古平仄互通，但黬叶，故黬、點亦云同聲。太史公作「蒧」，則是「葴」之異文，凌稚隆謂蒧古點字，誤。《說文》、《玉篇》所漏略者也。蒧與點竝从占得音，占、咸古音亦相近，故黬、箴、葴、瀐與蒧、點竝可通。然則三賢之名，作箴作黬，蓋均正字；作葴作蒧作點，蓋均叚字。其爲黑義，則一也。或曰：黬本黑旁从葴，有《類篇》「瀐」字碻證。黑旁、水旁義相近。澱與黝同，瀐亦當與黬同。《說文》作「黬」，隸體變之耳。《字彙》「黬」，本三賢名正字，乃注黄黑色，音琴，與咸聲乖午。證之減省艸爲減、黬省艸爲黬，古咸切。《玉篇》：「釜底黑也。」可見《字彙》音注之謬。按：《字彙》舛誤不少，如「打」字滴耿切，乃音滴；鮦陽之鮦，紂紅反，乃音紂；朐䏰音瞿閏，於朐乃音閏之類，不可枚舉。此「黬」蓋誤迻「黔」字音注，衍一「黑」字耳。葴之或體作葴，黬之或體亦从葴作黬，故「點」得省「茂」通用，「葴」又得省「黑」通用。雖字書脱漏，文無可徵，徵諸《論語》之「點」、《史記》之「葴」而可決矣。是説也，然與、否與竝存，以質博雅君子。

罕父黑，字子索。《仲尼弟子傳》。

恩波謹案：王氏改黑爲纆，纆謂纆索名，故字曰索。夫黑索固拘攣罪人者，古人雖質樸，其肯取爲名字乎？《中庸》「素隱」，《漢書》引作「索隱」，朱子定「素」爲「索」之譌。蒙謂此「索」乃「素」之譌，《家語》正作「子素」。素，《説文》作「𦃃」，白緻繒也。《周禮·考工記》：「凡畫績之事後素功。」鄭注曰：「素，白采也。」《巾車》注曰：「素車，以白土堊車也。」《小爾雅》曰：「素，白也。」是素爲凡白之稱。名黑字子素，與狄黑字子晳，竝取黑白相反爲義。

魯榮旂，字子祺。《仲尼弟子傳》。

恩波謹案：王氏以旂與祺義不相屬，字從《唐書・禮樂志》作「子旗」，不知誤不在字祺，而在名旂也。攷古鼎彝文「用⿸㫃⿰單斤匃百禄眉壽」、《伯碩甫鼎銘》。「用⿸㫃⿰單斤綰綽眉壽」《晉姜鼎銘》。等「⿸㫃⿰單斤」字，竝从單，旂聲，即「祈」之古文，省「單」即爲「旂」。此「旂」蓋由「祈」古文而誤。宋本《家語》正名祈，字當仍從《史記》作「子祺」。《説文》：「祈，求福也。」《爾雅・釋詁》：「祺，祥也。」舍人曰：「祺，福之祥。」名祈字祺，義正相應。或曰：古人名字，例不同聲。《史記》作「旂」、「祺」疑誤，《家語》作名祈字子顔，義竝由氏生，似可从也。榮祈，蓋謂於榮是求耳。求榮恐反辱，辱則無顔，故冠而字之曰子顔。顔如今諺所謂體面，世無顧體面而希榮者。此名字義相反，即所以相成。

魯顔祖，字襄。《仲尼弟子傳》。

恩波謹案：顔襄名祖，義不易知。俞矯王之迂曲，取《方言》「祖、摇，轉」之恉，與「襄」牽合，亦非也。祖，《家語》作「相」。或謂輔相與贊襄義相應，然審形，「祖」字一畫剥落兩旁，則似「相」，「相」當爲「祖」形似誤字。《詩・大雅》：「仲山甫出祖。」注曰：「祖，將行犯軷之祭。」《周禮・夏官・大馭》注：「山行曰軷，犯者封土爲山，象以菩芻棘柏爲神主。既祭，以車轢之而去，喻無險難也。」是祖即所以禳之也。《爾雅・釋詁》：「襄，除也。」襄無除義而訓除，古人正讀作禳。《説文》：「禳，磔禳，祀除厲殃也。」徐曰：「禳之爲言攘也。」《周禮・天官・女祝》注：「卻變異曰禳。」兹名祖者，蓋值其先人祖道而生。冠而字禳，義正相應。或曰：《説文》「襄」字下曰：「漢令，解衣而耕謂之襄。」是襄之本義爲耕。「祖」即「徂」叚字，祖道之祖本有徂義。徂隰、徂畛，正耕者事。

秦秦祖，字子南。《仲尼弟子傳》。

恩波謹案：祖與南，以訓詁求之，義不可通。王氏讀祖爲楚、爲沮固非，胡氏謂祖爲子孫之始，南爲萬物之始，似亦未碻。《詩・常武》篇有曰：「南仲太祖。」孫毓云：「以南仲爲太祖，是；孫炎云『於太祖之廟，命南仲』，非。此蓋周宣王時事，經固明言命皇父也。」鄭箋云：「南仲，文王時武臣。命將必本其祖，因有世功，於是尤顯也。」據此，知名祖字子南，蓋欲後人宗之如南仲耳。秦俗重武功，故竊比於是。其不字仲而字南者，南爲二十冠時且字，古者，表德之字謂之且字，經注往往可證。仲則別伯而言，五十時併而稱之，固周制也。故《禮・檀弓》篇云：「幼名冠字，五十以伯仲。」按：子南慕南仲而字，與縣亶慕古公亶父而名，此命名表德別一例。王氏《解詁》無之，蓋其略也。或曰：《爾雅・釋詁》曰：「祖，始也。」《周易・乾・彖》曰：「萬物資始，乃統天。」按：董仲舒曰：「天者，羣物之祖也。」義本此。震爲長男，坎爲中男，艮爲少男，竝由乾道成之，是資始之。尤大者莫如男，男與南古通用。《外傳·周語》曰〔四〕：「鄭伯，南也。」先鄭注云：「南謂子男。」《昭公十三年左傳》曰：「鄭伯，男也。」賈逵注云：「男當爲南。」此男、南互通之明證。秦子名字，蓋取乾道成男之義。

原籍，字亢。《仲尼弟子傳》。原亢籍，集解引《家語》曰「原亢字籍。」

恩波謹案：王氏謂籍與晉韓籍、楚項籍一例，爲鵲叚字；謂亢，鳥嚨，並非也。籍蓋藉之誤。宋本《家語》正作「藉」。玄應《衆經音義》卷一：「藉猶薦也。」《釋名》云：「所以自薦藉也。」亢、抗古通用。宋本《家語》作「抗」，或作「桃」，乃「抗」之誤。《弟子傳》作「亢」，其義一也。藉本卑下，亢則無所卑屈。蓋有憑藉者，志易卑。名藉而字曰亢，從王說。取相反爲義耳。

陳陳亢，字子禽。《論語·學而》篇鄭注。

《春秋名字解詁》曰：「與原籍字亢同義。」

恩波謹案：王氏以禽爲鳥，因謂亢鳥嚨，古人奚取乎鳥嚨而以爲名乎？《左傳》曰：「以亢其讎。」杜注云：「亢猶當也。」又曰：「老人結草以亢杜回。」注云：「亢，禦也。」《說文》：「抗，扞也。」《儀禮・既夕》注：「抗，禦也。」是亢與抗義同。《周禮》「綱惡」馬注云：「綱，讀如『以亢其讎』之亢，禦也，禁也。」書亦或爲亢，是「綱」爲「亢」叚字。陳亢或讀如綱，義則同抗也。《説文》作「伉」，俞氏謂「其爲人名，故從人」，非也。「伉」下曰「人名」，而不言其義，本非許書之舊。《左傳》：「施氏婦曰：『不能庇其伉儷。』」注云：「伉，敵也。」《莊子》：「分庭抗禮。」抗亦訓敵也。是伉與抗義同，故《淮南・齊俗訓》：「伉行以違衆。」蔡邕《釋誨》：「帶甲百萬，非一勇所伉。」直以伉爲抗。又以本書「健，伉也」證之，知伉與健二字爲轉注，伉當訓健也。《左傳》：「鄭太叔曰：『吉不能亢身。』」注云：「亢，强也。」是伉與亢義亦同。論「亢」古義，爲人頸，爲鳥嚨。然自《爾雅》、《説文》外，載籍往往用爲「抗」，用爲「伉」。伉者，抗之通；亢則抗之叚。叚之既久，幾於無「亢」非「抗」矣。此亢本扞禦之謂。禽，古擒字。《白虎通》：「禽，鳥獸總名，言爲人所禽制也，故戰勝執獲曰禽。」《左傳》曰：「收禽挾囚。」注云：「禽，獲也。」名亢字禽，與展獲字禽，蓋生値國有戰勝之事。晉穆侯生子，以條之役名仇，以千畝之戰名成師，此其例也。

魯縣成，字子祺。《仲尼弟子傳》。按：《魯峻石壁殘畫像》作「字子期」，《家語》作「字子横」。王氏引之原注曰：「上與『榮旂字子祺』相連，疑因此誤衍『字子祺』三字。」

恩波謹案：字子祺，誠如王説因連上文榮子祺而誤，或謂因「横」壞字，形似而誤。《家語》作

「子横」，蓋是也。《禮·樂記》曰：「鐘聲鏗，鏗以立號，號以立横，横以立武。」鄭注云：「横，充也，謂氣作充滿也。」疏云：「號以立横者，謂横氣充滿也。横以立武者，謂壯氣充滿，所以武事可立也。」又「六成」鄭注云：「成猶奏也。每奏武曲，一終爲一成。凡六奏，以充武樂也。」形容《大武》莫如金奏鐘聲，鐘有縣，名成字横，不惟名字義相應，於其姓亦相關。或曰：《魯峻石壁殘畫像》作「字子期」，疑《史記》「字子祺」，「祺」是「期」音近叚字。按：徐鍇《説文繫傳》曰：「祺之言期也。天將與之，福先見其兆，與之爲期也。」據此，祺、期不惟音近，義亦相通。名成字期，即《學記》「七年小成，九年大成」之意。子横，蓋又其一字。黌、横古通用。《漢書·儒林傳》：「游庠序横塾。」注：「横，學也。」字又作「黌」，可證。又字子横，明大小成之期，由束身黌舍而定耳。

衛廉絜，字庸。《仲尼弟子傳》。

恩波謹案：胡氏徵引古義，釋「絜」爲車戰火射之矢，所以守城。夫佳兵爲不祥之器〔五〕，恐古人名字無取也。絜即潔正字。《釋名》云：「潔，確也，確然不羣皃也。」庸即古傭字。《楚詞·懷沙》：「固庸態也。」王逸注云：「庸，廝賤之人也。」名潔字庸，蓋取相反爲義，亦寓庸中佼佼之意。《家語》作「子曹」，曹非庸之譌，蓋又其一字也。《史記》曰：「遺吏分曹逐捕。」曹猶類也，又羣也，義與庸同。

公祖句茲，字子之。《仲尼弟子傳》。

恩波謹案：俞氏謂名字並从草木取義，論雖通而未必然。句字本有句留之義，王氏謂與拘通，此於古叚借有合，特改之爲「止」，非耳。拘，止也。後世周處、羅隱之倫，命名與「拘」意蓋同。《爾雅·釋詁》：「之，往也。」止與往相對爲義。句茲蓋謂止此，「茲」指隱居之地而言。即「舍之則藏」意。字子之，即「用之則行」意。可不必深求而曲解也。

燕級，字思。《仲尼弟子傳》，單行索隱本。

附孔伋，字子思。《孔子世家》。

恩波謹案：古人命名必有因，不概義取嘉美。俞氏謂何取憂思之義，奚以解於孺、悲、公晳哀之倫乎？《説文》「伋」下不著本恉，本非許書之舊。俞氏謂其爲人名，故从人，斷「伋」即「及」字，名伋字思，是取冀及之意。似是而仍非也。據《説文》「馺」下曰：「馬行相及也。」伋亦或有人行相及之義。然未及而欲追及，與將及而恐難及，均當有急切之思。王氏謂級、伋皆急之叚借，彶與汲竝通急。「㕄」即「及」古文，「彶」與「急」本一字。朱氏《說文通訓定聲》謂伋當訓急思。今以《說文》「彶，急行也」證之，益可信其不謬。反復二家之言，願從其朔。

魯樂欬，字子聲。《仲尼弟子傳》。

恩波謹案：古人雖質樸，未必以欬嗽命名。「欬」當爲「歆」之譌，欬、歆古篆形相似。「歆」與「欣」古義通。《家語》作「欣」，蓋是也。《說文》：「欣，笑喜也。」喜而笑，按：《唐韻》引《說文》从犬作「笑」，《字統》、《九經字樣》从夭聲作「笑」，《漢書》作「关」，亦作「咲」，均古文。則有聲，名字義自相應。《春秋·定公十二年》孔子命伐費人之樂頎，蓋即樂欣，從朱彝尊氏說。「頎」乃「欣」叚字，不必讀「祈」音。

魯公西葴，字子上。《仲尼弟子傳》無字，《家語》有之。

恩波謹案：公西、奚容、曾三子名，《史記》作「葴」，同「點」。《說文》作「黬」，音咸。本作「箴」，音咸。借用「葴」，音咸。皆是也。胡氏泥黬從箴，謂葴爲箴之誤。段氏以隸書從竹、從艸無分，謂箴、葴竝黬之省。張文虎《史記札記》謂「黬」省作「箴」，譌作「葴」，三寫成

「葴」。不知葴乃黰草，自有黑義，古且增水作[氵葴]，故宋本《家語》省作「減」。張文虎以「減」爲正，謂上、尚古通用，尚，加也，與減名字相配。亦誤。若「葴」則是「葴」之異文，《史記》而外，見於《集韻》、《韻會》、《類篇》諸書，非誤字也。箴即鍼最初之文，黬即箴後增之文。《説文》：「雖晳而黑也。」是黬之訓，即箴之訓，亦即鍼之訓。餘詳前「曾箴、奚容箴」一條。今解箴爲諫，解上爲君，是所謂歧之中又有歧矣。上與尚同。名葴字上，蓋取夏后氏尚黑之誼，猶孔白《班書·孔光傳》作「帛」，是「白」叚字。字子上，取殷人尚白之誼云爾。

右一條駁胡氏説，詁以夏后氏尚黑之義。友人陳廣文慶年以爲碻當可存，蒙亦頗自信焉。繼而思之，古今姓名同、姓字同，或姓名字竝同者有之。聖門諸賢，凡同名同字者，皆非同姓，其例可攷也。同名商者兩人：一卜子夏，一秦子丕；同名祖者兩人：一顔襄，一秦子南；同名赤者兩人：一公西華，一壤駟徒；同名亢者兩人：一原籍，一陳子禽；同名孺者兩人：一公良子正，一冉子魯；同名不齊者兩人：一宓子賤，一任子選。同字子之者，有秦非、公祖句茲兩人；同字子聲者，有顔噲、樂欬兩人；同字子張者，有顓孫師、琴牢兩人；同字子祺者，有榮旂、縣成兩人；同字期者，有巫馬施、叔仲會兩人；同字子徒者，有壤駟赤、鄭國兩人；同字子開者，有漆雕開、本作啓。秦冉、琴張即琴牢三人；同字子歛者，有漆雕哆、邽巽兩人；同字周者，有申棖、公伯寮兩人。名字竝同者，冉耕、司馬耕均字牛；仲由、顔無繇同由。均字路；燕級伋叚字。與聖孫伋均字子思；原憲，但與同字。曾葴、奚容葴均字晳。狄黑，但與同字。惟公西輿如字子上，公西葴，《史記》無字，

《家語》亦云字子上。誠如是，是聖門有兩公西子上矣。一曾參也，市人偶同姓名，世傳以爲不幸，豈有同姓公西、同學闕里，而表德反不相別之理乎？古人名蒧多字皙，何獨公西不然？此蓋《史記》誤脱之，《家語》誤迻之耳。王氏疑因上與公西輿如相連而誤，蒙證以聖門同姓不同字之例，而益信。因復識疑於後，竢來者考定云。

魯顔何，字冄。《仲尼弟子傳》。

恩波謹案：「誰何」之「何」，爲「儋荷」之「荷」本字，王氏之説是已。謂「儋」即「冄」，則非。《史記》「字冉」，索隱曰：「《家語》：『字稱。』」《闕里文獻考》曰：「古本《家語》：『顔何以字稱。』」潘相《曲阜志》同〔六〕。均誤衍「以」字，當削。按：古人以「稱」爲名者，《楚世家》：「顓頊生稱。」《左傳·莊八年》有「連稱」，《僖十年》有「郤稱」，《匡謬正俗》有「圈稱」，《隸續·漢司空宗俱碑陰》有「申從稱」。稱、偁、爯三字古無分，「冉」即「爯」之壞字。《説文》：「爯，竝舉也。」是爯之本義爲舉。亦作偁。《爾雅》：「偁，舉也。」郭注引《書》「偁爾干」證其義。亦通作稱。趙注《孟子》「稱貸」曰：「稱，舉也。」凡肩荷者，必先以手竝舉，故顔子名何字爯也。王説「冄」固失，俞以「何冄」爲「阿那」，無論古人不分疊韻爲名字，丈夫貴剛健，又曷取柔順乎？此義涉新奇，而亦失者也。今據《索隱》引《家語》文正之，而名字本義可明矣。

秦冄，字開。《仲尼弟子傳》。

恩波謹案：王氏讀「冄」爲「聃」，非也。《説文》：「冄，毛冄冄也。」按：冉讀而琰切。段云：「冄冄者，柔弱下垂之皃。」《須部》之「頿」，取下垂意；《女部》之「姌」，取弱意。《詩》：「荏染柔木。」傳曰：「荏染，柔意也。」「染」即「冄」之叚借。凡言冄言姌，皆謂弱。蒙謂《史記·貨殖傳》「妻子輭弱」，《漢書·司馬遷傳》「僕雖怯耎」，「輭」、「耎」即「冄」之今文。《爾雅》：「開，闓也。」《説文》：「開，張也。」凡言開，有强意。名冄字開，蓋取雖柔必强之意。

申黨，字周。《仲尼弟子傳》。《史記》單行索隱本「申黨」作「申堂」，《漢郎中王政碑》作「申棠」，《論語·公冶長》篇作「申棖」。

恩波謹案：黨與周，義雖相屬，而聖門無申黨，祇申棖，一作申棠，今文廟罷棠存棖是也。焦竑《筆乘》曰：「《論語》『申棖』，鄭康成云：『即申續』。王應麟云：『《史記》申棠字周。《家語》申續字周。』今《史記》以棠爲黨，《家語》以續爲績，傳寫之譌也。《後漢王政碑》云：『有羔羊之絜，無申棠之欲。』亦以棖爲棠，則申棖、申棠一人也。」李士龍云：「棠字非音棠棣之棠，蓋與棖即一字而兩書耳。觀古文膛亦作瞠，橕亦作樘，鎗亦作鏜，六字竝音鐺，皆諧聲字。振亦音棖，本作數，亦諧聲字。可見棖可作棠，棠亦音棖。《史記》有申黨，無中棠，信誤也。」王應麟云：「黨即棠也，一人而爲二人，失於詳考。」諸家之説如此，益知申黨之不可从矣。 蒙攷玄應《衆經音義》卷十九：「棖猶柱也。」《説文・木部》：「樘，柱也。」諸本「柱」上有「衺」字，段玉裁芟。 是棖與樘通，又正作𣥺，俗作撐。 今音丑庚切，古音堂，今口語亦如堂。《攷工記》：「維角𣥺之。」大鄭曰：「𣥺如牚距之牚。」牚距即𣥺歫之變體。 車𣥺，《急就篇》作「車棠」，《説文・車部》作「車䡙」，此即棖變省作棠、作堂之證。 而譌黨，當由於𣥺，𣥺觳字似党，俗以黨爲党正字，又改作黨耳。 然則申棠、申堂及申黨，均即申棖，復奚疑哉？王氏取黨而去棖，以僞奪真，殊不可从。

補詁十三條坿詁二條

申棖，字周。

《爾雅》疏曰：「棖者，門兩旁木。」《方言》：「棖，法也。」注云：「救傾之法也。」又曰：「隨也。」注云：「棖柱，令相隨也。」《説文》：「棖，杖也。段云「未詳」。按：杖與仗同，有憑仗之恉。一曰法也。」按：《釋名》：「法，偪也，偪而使有所限也。」考古公門兩扉中安礙門，短木謂之闑，其兩旁近邊建長木，與上下左右相偪，謂之棖。 是其爲用徧且密矣。 凡經典「周」字多訓徧、訓密。 名棖字周，義自相應。 或曰：門兩旁木直。《唐風》：「生於道周。」毛傳云：「周，曲也。」此義相反也。

縣亶，字子象。《家語・七十二弟子解》。

謹案：縣亶，《廣韻注》作「縣亶父」，《索隱》作「縣豐」。王伯厚氏疑縣豐即《禮記・檀弓》篇之縣子（瑣）。前明嘉靖禮臣直疑縣亶即《史記》鄡單之譌，謂鄡字古作鄵，故誤縣；其名單、亶聲同，其字家、象形近，而議罷縣亶之祀。（汔）〔迄〕國朝雍正二年，考正祀典，以爲罷無碻據，從《家語》復之。

古人名字，有不當以訓詁求之者。有窮國君慕堯臣射日者而名羿，説詳《淮南子》及《吴越春秋》。周人齊鮑叔慕太公吕尚而名牙，《莊公八年左傳》曰「鮑叔牙」，叔牙乃名、字竝舉，先字而後名耳，《九年傳》連偁「鮑叔」可證。外如《春秋・莊三十二年》公子牙，即魯僖叔也。是年《左傳》偁叔牙。其後以王父字爲氏，號叔孫氏。亦名牙字叔，名、字竝舉之旁證。此命名別一例，漢有名古帝王及賢臣名者，趙堯、甄舜、張禹、陳湯、嚴彭祖、何比干、謝夷吾是也。晉賢范甯字武子，慕周甯武子而名。宋王祐字景叔，慕晉羊叔子祐而名。番昜洪景伯适、景嚴遵、景盧邁，類皆沿襲古例者。在王氏所訂五體六例之外。蒙於縣子，竊疑亦然。縣氏世爲魯士族，如縣成及《禮・檀弓》篇縣賁父、縣子瑣皆是。蓋周之苗裔，仰企古公《詩傳》云：「古公，號也；亶父，名也，或曰字也。後乃追稱太王焉。」而名其名焉。伏生自稱宓子賤，後而字曰子賤，是其例也。孫愐《廣韻》作「亶父」，是猶及見《家語》古本也。字子象，殆欲爲象賢之嗣耳。或曰：縣子名字，關千古疑案。概依《家語》爲説，非也。《檀弓》篇縣子瑣，當爲聖人之徒。王應麟疑即縣豐，良是。今按《索隱》作「豐」，豐則瑣之字。古人單字，多綴父爲偁。《廣韻》「亶父」，當是「豐父」之譌。《方言》、《玉篇》均云：「豐，大也。」《爾雅·釋言》：「瑣瑣，小也。」名瑣字豐，義正相配。或又曰：《索隱》得其名，《廣韻注》得其字。《家語》得其一字亶，从㐭，㐭即古稟字。本義爲多穀。名豐字亶父，即取《（魯）〔周〕頌·豐年》「多黍多稌，亦有高廩」之義。多穀，豐象也。又字子象，蓋所以足名字大意云。

孔忠，字子蔑。《仲尼弟子傳》無「字子蔑」三字，《家語》有之。

古史作「孔弗」，《史記》之「忠」，疑因「弗」字脱「丿」形，與「忠」似而誤也。考《孔子世家》：「鮒弟騰，漢高帝封奉祠君，後爲惠帝博士。子名忠字子貞，文帝徵爲博士，即安國祖也。」聖裔自來謹避祖諱。伯魚名鯉，則呼鯉魚爲紅魚，馴致通國效之。子蔑，爲聖人兄子，又親炙聖門，果名忠，博士家固明禮，命名肯犯其諱乎？此以知「忠」之必爲「弗」誤也。《公羊傳注》曰：「弗者，不之深也。」《小爾雅》曰：「蔑，無也。」名弗，蓋教以所不爲。字子蔑，蓋教以所必絶。如夫子毋意、必、固、我之類。

琴牢，字子開，一字子張。《家語・七十二弟子解》。

王氏引之原注曰：按《昭二十二年左傳》及《孟子・盡心》篇皆作「琴張」，《莊子・大宗師》篇作「子琴張」，而無「琴牢」之文。《論語・子罕》篇「牢曰」，鄭注亦不以爲「琴張」。牢與琴張並非一人也。而云琴牢字子開，一字張，又於《家語・序》中表著之，其爲臆撰之説，顯然可見。杜預乃用其語以注《左傳》，誤矣。《漢書・古今人表》「琴牢」當作「琴張」，後人據《家語》改之也。琴張見於《左傳》、《孟子》，故《人表》列之。若琴牢，則書傳所無，何由得列於《人表》乎？

牢與張非二人。王氏以《論語》「牢曰」鄭注偶略，遂疑《漢書・古今人表》及《左傳》杜注均由王肅《家語》而譌，恐非也。琴牢爲孔子弟子，《人表》之外，《廣韻注》載之不疑，朱子《四書集注》從之。蓋當時以字行，故《莊子》、《孟子》各書稱琴張，字子開。一字張者，猶公孫僑字子産，一字子美，古人自有此例。按《説文》「牢」本義爲牛之尻，從牛、冬省，取其四周帀也。冬，古文作𠔾。引申爲牢不可破。《爾雅》：「開，闢也。」《廣雅・釋詁》：「張，開也。」《説文》：「開，張也。」段云：「張者，施弓之弦也。」門之開，如弓之張。尋繹琴子名字之義，蓋唯其牢固也。故既開之，而復張之，取相反爲誼，與鄭豐卷字子張《襄三十年左傳》。將毋同。

魯冉季，字産。《仲尼弟子傳》。

王氏引之原注曰：單行本《史記》索隱作「冉季産」，季乃長幼之序，非名也，不得云冉季字産。今本《史記》亦作「冉季字産」，後人以《家語》改之也。

商澤，字季。《仲尼弟子傳》。

魯顔之僕，字叔。《仲尼弟子傳》。

右三賢，王氏列諸《春秋名字解詁》後，曰伯、仲、叔、季，兄弟之序也，或即以爲字；雖以爲字，與命名之義不相比屬云云。蒙謂此等古固有之，聖門則幼名冠字，五十以伯仲，言伯、仲而叔、季可知。咸遵周制。不應之三人者冠無且字，而率然字叔字季也。今審冉季之季，蓋「秊」形似之誤，秊爲年古文。《説文》：「秊，穀熟也。」《春秋桓三年穀梁傳》：「五穀皆熟爲有秊。」疏云：「取歲穀一熟。」《埤雅》亦云：「禾千爲秊，取禾一熟。」《説文》：「産，生也。」《吕氏春秋・上農》篇：「以教民尊地産也。」地所産患凶荒，故農夫望歲。名産從王説。字秊，義正相應。

商季之季，蓋「秀」之誤，《家語》正作「子秀」。《禮記・福運》篇：「人者，五行之秀氣。」《春秋演孔圖》：「秀氣爲人。」關朗《易傳・動静義弟九》〔七〕：「千人一靈，萬人一秀，故世謂英傑之才，鍾山川靈秀。」《釋名》：「下而有水曰澤，言潤澤也。」名澤字秀，義正相應。

顔叔之叔，本訓拾也。本《豳風》毛傳。《説文》「叔」下曰：「从又，手也，象形。尗聲。汝南名收芋爲叔（苴）。」段云：「言此者，著商周故言猶存於漢之汝南也。」古人質樸，名字不必定取美義。《廣雅》云：「僕、役，使也。」顔之僕，猶言顔氏之奴。奴至賤，有遺棄於路，拾而得之者，故字曰叔。唐詩：「僧曰拾得。」釋氏据唐台州刺史閭丘胤所撰《詩序》，以拾得普賢，竝寒山文殊、豐干彌陀爲三聖。洎今皖北土俗，好名子曰撿保，或曰撿兒，取其輕賤易育，蓋猶得此遺意。按：皖北方言謂拾曰撿，謂收拾曰收撿，今(穎)〔潁〕州府，即漢汝南郡地，不知何代方言以撿易叔。竊意始由「叔」訛「束」，後以檢束連文，又變作撿耳。撿字無拾義，但取从手，猶之桐俗呼叔叔曰椒椒，但取从叔，均不可以訓詁求者也。覆按《説文・木部》無「椒」字，《艸部》：「茮，莍也，似茱萸。」《廣韻》「茮」音焦，義同。椒、茮从尗，茮本菽粟之菽，尗本伯叔之叔。据茮字讀椒，疑尗古原有椒音，故桐俗相傳偁叔如是。是「叔」讀椒音，於茮、椒蓋可攷見，猶之「昔」本假借之借，今雖無借音，猶可於耤、藉攷見也。或曰：僕謂御車耳。叔即俶之省文，《説文》：「俶，善也。」名僕字俶，是取執御成名之意。

魯孔鯉，字伯魚。《史記・孔子世家》。

《詩・陳風・衡門》篇：「豈其食魚，必河之鯉？」此人人所習聞。鯉之爲魚，亦人人所習見。而《爾雅・釋魚》以鯉、鱣、鰋、鮎、鱧、鯇六字竝舉，讀者以鱣釋鯉，鮎釋鰋，鯇釋鱧，小毛公、許洨長竝蹈此誤。《韻會》因之，注：「鯉曰鱣。」均可哂也。鱣魚形狀，王氏既於「梁子鱣」一條言之。鯉，郭璞云：「今赤鯉魚是也。」《正字通》引《神農書》云：「鯉爲魚王，無大小，脊旁鱗皆三十有六，鱗上有小黑點，文有赤白黄三種。」然蒙所見，尚有青、黑兩種。

魯宰予，字子我。《仲尼弟子傳》。

《説文》：「予，推予也。」段注曰：「與、予，古今字。」此推予之予，叚借爲予我之予，與余通。《説文》：「我，施身自謂也。」故曹叔孫申《釋名》、《晉書·樂志》、《玉篇》、《廣韻》竝云：「申，身也。」字子我。見《元和姓纂》。予亦身自謂，《爾雅·釋詁》：「予、身、余，我也。」

施之常，字子恒。《仲尼弟子傳》。

《説文》：「恒，常也。」《風俗通》：「北方恒山，恒者常也，萬物伏藏於北方有常也。」

齊步叔乘，字子車。《仲尼弟子傳》。

《説文》：「駟，一乘也。」《周禮·校人》鄭司農注云：「四匹爲乘。古者駕車通以四馬，大夫以上皆然，惟士則駕二。」《莊二十二年左傳》引《逸詩》曰：「翹翹車乘。」此用以招賢者，當爲高車駟馬。步叔子名字，義蓋取諸此耳。或曰：當指兵賦而言。第車乘按井而出，先儒説往往不同。馬氏融謂八百家出車一乘，包氏咸謂八十家出車一乘。子朱子曰：

「馬説似可據。車一乘，甲士三人，步卒十二人，牛馬兵甲芻糧具焉。恐非八十家所能給。」

漆雕徒父，字子友。《仲尼弟子傳》。

《莊子》司馬彪注：「徒，弟子也。」徒而美偁曰父，能親師可知。《周官》聯師儒，繼以聯朋友，故表德曰子友。

右伯魚以下五賢，名字義甚顯，洵如《白虎通》所云「聞名即知其字，聞字即知其名」者。故王氏但列名字而無説。蒙補釋之，亦爲王氏所不暇爲爾。

魯有若，字有。《史記》無字，此据《正義》引《家語》。

《小雅·裳裳者華》篇：「右之右之，君子有之。維其有之，是以似之。」有子名字，蓋本於此。不曰似而曰若，若訓爲如，猶似也。合而釋之，即「有諸内，形諸外」之義。鄭良霄字伯有，《襄十一年經》注。霄蓋肖叚字。《説文》：「肖，骨肉相似也。」其命名表德，已先有子取義於《詩》。

魯公冶長，字子長。《仲尼弟子傳》。

衛句井疆，字子疆。《仲尼弟子傳》。

右二賢名字相同。惟子長，范甯曰字子芝。子疆，潘相《曲阜志》云一作子界。可否据依，竝以俟之明者。

魯林放《文翁圖》、《古史攷》均以爲孔子弟子〔八〕。

魯左丘明漢唐諸儒均謂孔子弟子。

牧皮趙岐《孟子注》云：「事孔子學者。」

右三賢，字逸不傳，惟林放《山東通志》及《闕里文獻考》均云字子丘，未詳所出。故解義亦姑闕焉。

附曾華，字申。曾子二子：元、申，見《小戴禮·檀弓》篇；元、華，見《大戴禮·疾病》篇。一孫曰西，見趙邠卿《孟子注》。唐陸德明《經典釋文·序録》謂曾申字子西，始合申、西爲一人。自是經學家咸宗其説。孔廣森《補注大戴禮》曰：「据申字子西，則華字當作申，形似故悮也。」按：古篆文「華」與「申」形不相似。又合申西華爲一人。凡皆以申與西義相屬，堅持名申字西之例耳。不思古人名申，不必定字西；字西，不必定名申。蒙著《曾廟從祀議》，嘗辨及之。至曾氏家乘及曾廟祀位，以元、申、華爲三人。蒙囊者雖倡有其舉之莫敢或廢之議，於心不能無疑焉。今考曾力行《孟子古本答問》曰：「《檀弓》坐於足者，即《大戴禮》抑首而抱足者。《檀弓》書名則曰申，《大戴禮》書字則曰華。申、華本一人。謂西乃申之字者，妄也。」周柄中《四書典故辨正》曰：「華即申之字也。申既字華，不當又字子西。《曲禮》孔疏亦以曾西爲曾子之孫，疑趙注爲是。」二説頗足訂正前誤，惟謂華爲申字，父偁子必名，不應《前漢書·王吉傳》注引《韓詩外傳》有曾子偁「華、元善人也」之語。元當在華前，曰「華、元」者，簡誤倒置耳；而華之爲名，此正碻證。乃悟《大戴禮》内十篇本曾子專書，故著子之名曰華；《小戴禮》因華以字行，記者記其字曰申也。申不惟以德行著，且從子夏受《詩》，從左丘明受《春秋傳》，有傳經之功，終當預祀孔廟。玆故考定名字，僭爲解詁，以待來哲是正云。

攷《尚書中候》文有「重華協於帝」之語，《書》與《易》凡言「申命」，傳竝云：「申，重也。」名華字申，當取重華之意，否則取重光之意。不曰重而曰申者，周人尚文之例則然。或曰：古「光華」字，與「花」實字同義同音。華爲草木之花，亦華麗也。草木花最麗，故凡物盛麗皆曰華。公西赤能束帶立朝，與賓客言，故表德之字曰子華。玆名華，意蓋如之，慮其華而不實也，因復字之曰申。《釋名》曰：「申，身也。物皆成，其身體各申束之，使備成也。」或又曰：華乃五嶽之一。《周禮·職方氏》：「河南〔曰豫州〕，〔其〕山鎮曰華〔山〕。」謂之西嶽。申正西方之辰。之四説也，於華、申相因之恉，必有一當。以華、申爲一人名字，似可弗疑牽合矣。

附鄒孟軻，字子輿。

王氏引之原注曰：「《文選·辯命論》注引《傅子》云：『鄒之君子孟子輿，擬《論語》，著七篇，謂之《孟子》。』《春秋·序》釋文、正義並云：『姓孟名軻，字子輿。』臧氏西成曰：『趙岐《孟子題辭》云：孟子，鄒人也，名軻，字則未聞也。』據此，則孟子無字。」孟子字，趙邠卿且未聞，《史記》、《漢志》不載，王氏不爲解詁，是已。考《太平御覽》引王肅《聖證論》云〔九〕：「學者不知孟軻字。按《子思書》及《孔叢子》所偁〔一〇〕，孟子居即軻也，少居坎軻，故名軻字子居。」《廣韻》：「居貧轗軻，故名軻字子居。」顏師古《漢志》注引《聖證論》作「字子車」，方氏《通雅》云：「子居〔或〕是車譌，車因輿譌。」而云未詳。其所得則王肅謂出《子思》、《孔叢》者，正未可信矣。《集注考證》云：「軻，車軸。故字子車。」王伯厚疑皆傅會，與臧西成之見合。茲故不爲補義，而述所聞以備考云。

【說明】

《聖門名字纂詁》，二卷，清代桐城洪恩波纂釋，光緒丁酉六月金陵官書局刊。卷首有朱師轍序及自序。洪氏就孔子弟子名字，纂集王引之、俞樾、胡元玉三家說，並加平議。爲省篇幅，筆者僅録洪氏案語和補詁部分，所引三家説已見前，故一概删去。

【校注】

〔一〕《文翁圖》，即《文翁禮殿圖》，漢代文翁撰，司馬貞《史記索隱》有引用。文翁，《漢書》卷八十九有傳。

〔二〕浚儀王氏：王應麟，一二二三—一二九六。南宋重臣，經學家。字伯厚，號深寧居士、厚齋，浙江鄞县今寧波鄞州區。人。入元後，爲文多只署甲子而不署年號，且以「浚儀遺民」自署。

〔三〕「何天之龍」，見《詩·商頌·長發》。

〔四〕《外傳》，韋昭《國語解叙》：「其文不主，故號曰《外傳》。」

〔五〕「佳」，當作「隹」，同「唯」。語出《老子》第三十一章。隹訓唯，見《石鼓文》。

〔六〕《闕里文獻考》：清孔繼汾撰，一百卷首一卷末一卷。《曲阜志》：清潘相撰，乾隆三十九年刻。

〔七〕關朗《易傳》：後魏關朗撰，唐趙蕤注，一卷，有明范氏天一閣刻本。

〔八〕《古史攷》：三國蜀譙周撰，一卷，清代章宗源、黄奭均有輯佚本，分別見《平津館叢書》、《黄氏逸書考》。

〔九〕《聖證論》：三國魏王肅撰，一卷。晉後多有輯本，見《漢魏遺書鈔》、《玉函山房輯佚書》。

〔一〇〕《子思書》：周孔伋撰，六卷，見《聖門十六子書》《續修四庫全書》本。

《經傳釋詞》箋識

黄侃

《經傳釋詞》卷一

與　鄭注《禮記·檀弓》曰：「與，及也。」○與，《說文》：「黨與也。」故引申有相連及之誼。

與，猶以也。○此爲聲借〔一〕。

與，猶爲也。○此亦聲借。

《廣雅》曰：「與，如也。」○此亦聲借。

與，語助也。○此當借爲「歟」字，或「余」字。余，語之舒也。

㠯 或作以，或作已。○《説文》：「㠯，用也。」此本誼。

《漢書・劉向傳》注曰：「㠯，由也。」○由者，「因」之借。「以」、「由」、「因」聲轉。

《玉篇》曰：「以，爲也。」○「爲」之借。

以 猶謂也。○此條諸「以」字，皆「以爲」之省耳。

《廣雅》曰：「以，與也。」○「與」之借。

以，猶及也。○「以」猶「與」，「與」有「及」誼，故「以」亦有「及」誼。

以，猶而也。○而者，「乃」之借，用爲連屬之詞。「以」與「于」通，亦用爲連屬之詞。

已 既也。○「已，既」之訓，由「巳午」引申之〔二〕。立於午，望前謂之巳，望後謂之末。

鄭注《考工記》曰：「已，太也，甚也。」○「已，甚」之訓，亦由「巳午」之「巳」引申，而有

「過」誼。

《爾雅》曰：「已，此也。」○「已」本音詳里切，與「此」同爲齒音，故得通假。又「已」、「伊」、「維」、「焉」皆有「是」義。

顏師古注《漢書·宣帝紀》曰：「已，語終辭也。」○語終言「已」，乃「矣」之借。

已，歎詞也。○「唉」之借。

猶 《禮記·檀弓》注曰：「猶，尚也。」○「猶，尚」之「猶」，乃「又」字之引申。

《詩·小星》傳曰：「猶，若也。」字或作猷。《爾雅》曰：「猷，若也。」○「猶」、「猷」皆「如」之借。

猶，猶均也。○此亦「尚」誼之引申，本字作「又」。

《詩·陟岵》曰：「猶來無止。」傳曰：「猶，可也。」字或作猷。《爾雅》曰：「猷，可也。」○亦「尚」誼之引申。

由 《廣雅》曰：「由、以，用也。」○「用」之借。「用」、「以」聲通。實當作「逌」，《說文》：「氣行皃。讀若攸。」

攸 語助也。○《說文》作「𠧪」。

繇、由、猷 《廣雅》曰：「繇，於也。」「繇」、「由」、「猷」古字通。○「繇」、「由」、「猷」皆

「于」聲借。

因 由也。◯《説文》：「因，就也。」引申有「因由」之誼。

因，猶也。◯「猶」之借。「猶」又爲「如」之借。

用 詞之「以」也。◯「用」、「以」聲通。

用，詞之「爲」也。◯「用」、「爲」聲通。「爲」之借。

允 猶用也。◯「㠯」之借。「㠯」訓「用」，故「允」訓「用」。

允，猶以也。◯「以」之借。

允，發語詞也。◯「允」爲發語詞者，即「惟」字，本當作「唯」。

於 《廣雅》曰：「於，于也。」◯「於」即「于」也。本字爲「于」。

於，猶在也。◯「於」訓「在」者，其本字亦爲「于」。

於，猶爲也。◯「於」、「爲」聲通。「爲」之借。

於，猶如也。◯「於」訓「如」者，即「如」之借。

於，語助也。◯即「于」字之本誼。《説文》：「于，語之舒于。」〔三〕

于 《爾雅》曰：「于，於也。」《説文》同。

《爾雅》曰：「于，曰也。」◯「于」、「曰」聲通義近，故《爾雅》以「曰」訓「于」。

于，猶乎也。○「于」、「乎」誼近，故「于」亦借爲「乎」。

于，猶爲也。○「爲」之借。

于，猶如也。○「如」之借。

于，猶越也，與也。○「于」、「越」皆「與」之借。

《經傳釋詞》卷二

爰 《爾雅》曰：「爰，于也。」又曰：「爰，於也。」○「于」之借。《爾雅》曰：「爰，曰也。」「曰」與「欥」同。○「爰」、「于」、「曰」音近。此「爰」即「曰」、「欥」之借。《玉篇》曰：「爰，爲也。」○「爲」之借。

粵 《爾雅》曰：「粵，于也。」又曰：「粵，於也。」○粵，《説文》云：「審愼之詞者。」「與」、「于」、「曰」、「欥」音近。《廣雅》曰：「越，與也。」○「粵」、「越」即「與」之借。

曰 猶爲也。○「曰」、「爲」聲近義通。

安 《易·同人》正義曰：「安，猶何也。」○訓「何」之「安」，本字爲「曷」。

安，猶於是也，乃也，則也。字或作案，或作焉。○「安」、「案」、「焉」皆「于」之借。

安，焉也，然也。○語助之「安」，蓋「兮」之借。兮，語所稽也。

焉 《玉篇》曰：「焉，語已之詞也。」○「焉」爲語已詞，則「矣」之借。

《廣雅》曰：「焉，安也。」《論語·子路》篇皇侃疏曰：「焉，猶何也。」○焉，「曷」之借。

焉，猶於也。○焉，「于」之借。

焉，猶是也。○此「焉」亦「于」之借。「于」有「是」誼，故「焉」亦有「是」誼〔四〕。

焉，猶於是也。○亦「于」之借。

爲 曰也。○「爲」之訓「曰」，引申之誼也。

爲，猶以也。○「以」之借。

爲，猶將也。《孟子·梁惠王》篇：「君爲來見也。」趙注曰：「君將欲來。」以「〔將〕欲」釋「爲」也。《史記·盧綰列傳》：「爲欲置酒見之。」爲欲，複語耳。

爲，猶如也。○爲，「如」之借。「爲」、「與」同聲，「與」可借爲「如」，故「爲」亦可借爲「如」。

爲，猶於也。○「于」之借。

爲，猶與也。○「與」之借。

爲，猶有也。○「有」之借。「有」本字作「又」。有無，則「又」字引申之誼。

爲，猶謂也。○「謂」之借。「謂」又「曰」之借。

爲，語助也。○「爲」是語助，蓋本字作「歟」，或作「矣」。

謂　猶爲也。〔○〕「爲」之借。

謂，猶爲也。此「爲」字讀平聲。○「爲」之借。

謂，猶爲也。此「爲」字讀去聲。○「爲」之借。

謂，猶如也。○謂何、云何、伊何，皆助語。本字皆當作「曰」。

《經傳釋詞》卷三

惟　發語詞也。字或作唯，或作維，亦作雖。○唯，《説文》：「諾也。」蓋但取聲氣，故亦引申爲發語詞。作「惟」，作「維」，作「雖」，皆假借。

薛綜注《東京賦》曰：「惟，有也。」○「惟」之訓「有」，本字亦當作「又」。

《玉篇》曰：「惟，爲也。」○「爲」之借。

惟，猶與也，及也。○「與」之借。

云　言也，曰也。○「曰」之借。

云，猶有也。或通作員。○「云」、「員」訓「有」，本字亦只作「又」。

云，猶或也。○「云」之訓「或」，「或」亦「又」之引申誼。

云，猶如也。○「云」之訓「如」，猶「與」之訓「如」，乃「如」之借。

云，語已詞也。○「云」爲語已，亦「曰」之借。

有　猶又也。○「有」本「又」之借。

有，猶爲也。○「爲」之借。

有，語助也。○「有」、「惟」、「繄」聲近，而皆語助，本字亦但當作「唯」耳。

或　猶有也。○「或」即「有」義之引申。「有」之本字但作「又」。

或，猶又也。○「又」之借。

抑　詞之轉也。字或作意，又作噫，又作億，又作懿。○「抑」、「意」諸字皆「又」之借。

抑，發語詞也。○「抑」爲發語，則同於「伊」，本字亦但作「唯」。

一　猶皆也。○「一」爲「唯」引申之誼。

一，猶乃也。○「一」爲「唯」之假借。

亦　承上之詞也。○「亦」乃「又」之借。有不承上文，而但爲語助者。○「亦」爲語助，亦「唯」之借。

伊　維也。字或作緊。○「伊」、「緊」皆「唯」之借。

伊，是也。○亦「唯」之借。

伊，有也。○「有」之借，本作「又」。

夷　語助也。《周官・行夫》「使則介之」，鄭注「使，故書曰夷使，夷，發聲」是也。「夷，發聲」者，即「唯」之借。

洪　發聲也。○「洪」與「侯」同，本皆「乎」字。「乎」本語之餘，引申而爲發聲。「乎」亦從丂孳乳。

庸　詞之用也。○「用」之借。

庸，猶何也，安也，詎也。○庸，「曷」之借。

台　猶何也。如台，猶奈何也。○台，「曷」之借。

《經傳釋詞》卷四

惡　猶安也，何也。字亦作烏。○「惡」、「烏」皆「曷」之借。

惡，不然之詞也。○「惡，不然」者，本字當爲「啇」〔五〕。《説文》：「語相訶歫也。」

侯　《爾雅》曰：「伊、維，侯也。」○侯，「唯」之借。

《爾雅》曰：「侯，乃也。」○亦「唯」之借。

侯，何也。○侯，「曷」之借。

遐 何也。《詩・隰桑》：「心乎愛矣，遐不謂矣。」《禮記・表記》引《詩》作「瑕不謂矣」，鄭注：「瑕之言胡也。字亦作遐。」○「遐」、「瑕」皆「曷」之借。

號 何也。○「號」亦「曷」之借。

曷 何也。字亦作害。○曷，本字。害，假借字。

《爾雅》曰：「曷，盍也。」郭注曰：「盍，何不也。」○盍，「曷」之借。

盍 何不也。字亦作蓋，又作闔。「盍」亦「曷」之借，急言則爲「何不」耳。

許 李善注《文選》曰：「許猶所也。」謝朓《在郡卧病詩》。○「許」爲「所」者，本字爲「處」。

況 《廣韵》曰：「況，矧也。」○「矧」、「況」之本字當作「[illegible]」。

況，兹也，益也。古通作兄。○況、兄，即兄長也，引申之誼。

汔 幾也。「汔」、「幾」之引申義假借。

汔，其也。○「其」之借，本但作「乁」〔六〕。

歟 《玉篇》曰：「歟，語末辭，古通作與。」○《説文》：「歟，安氣也。」

與 猶兮也，猶也也。○「歟」、「兮」聲近義通。「也」亦「兮」之借。

邪　以遮反。猶歟也，乎也。○「歟」之借。

邪，猶兮反。○「兮」之借。

也　《玉篇》曰：「也，所以窮上成文也。」《顔氏家訓·書證篇》曰：「也，語已及助句之詞。」○「也」皆「兮」之借。

也，猶焉也。○「焉」亦「兮」之借。

也，猶矣也。○也，「兮」之借。「兮」、「矣」聲近義通。

也，猶者也。○也，「兮」之借。「兮」、「者」皆語詞，義近。

也，猶兮也。○「也」即「兮」也。

也，猶邪也，歟也，乎也。○「歟」之借。

矣　猶也也。○「矣」、「兮」義近聲通，「也」本「兮」之借也。

乎　高注《吕氏春秋·貴信》篇曰：「乎，於也。」○「于」之借。

俞　《爾雅》曰：「俞，然也。」○俞，「唯」之借。

於　音烏。《詩·文王》傳曰：「於，歎詞也。」一言則曰於，下加一言則曰於乎，或作於戲，或作烏呼。《小爾雅》作「烏乎」。○「於」、「乎」字皆「于」之借。《説文》：「于，象氣之舒于。」

猗　歎詞也。○猗，「乛」之借。

猗，兮也。○「兮」之借。

噫　歎聲也。○「噫」乃引申之誼。

嘻　歎聲也。○《説文》作「誒」，作「唉」。《説文》：「譆，痛也。」

吁　歎聲也。字通作呼。○「呼」乃引申之誼。

《經傳釋詞》卷五

羌　《爾雅》曰：「羌，乃也。」字或作慶。《離騷》王注曰：「羌，楚人語辭也。猶言卿何爲也。」「羌」、「慶」、「卿」、「謇」皆訓「乃」。其本字作「其」，實當作「乚」。

憖　且也。《左傳·哀公十六年》：「閔天不吊，不憖遺一老。俾屏予一人以在位。」杜注：「憖，且也。」○《説文》「憖」無「且」訓，蓋即「言」之借。杜以爲發語詞是也。

言　云也，語詞也。而毛、鄭釋《詩》，悉用《爾雅》「言，我也」之訓。○「言」訓「我」者，引申以爲語詞。猶「我」本施身自謂，引申以爲語詞也。

宜　猶殆也。○此引申誼。

宜，助語詞也。字通作儀，又通作義。○「宜」、「儀」、「義」皆「我」之借。「我」本施身自謂，引申以爲語助。

幾　詞也。○幾，「其」之借，本但作「乚」。

祈　猶是也。○「祈」亦「其」之借，本但作「乚」。

豈　詞之安也。焉也，曾也。字或作幾。○「豈」、「幾」訓「安」，訓「焉」，訓「曾」。本亦「其」之借，實當作「乚」。

蓋（者）　大略之詞。「蓋」與「盇」通，盇者，「曷」之借，引申而爲語詞。

厥　《爾雅》曰：「厥、其也。」○「厥」與「乚」聲通，《説文》「鉤識」者謂之「乚」，引申以爲别事之詞。

及　《爾雅》曰：「及、與也。」○「及」訓「與」者，引申之誼。

其　猶之也。○「其」本字爲「乚」，指事之詞。「之」本字爲「者」，别事詞也。故「其」與「之」通訓。

其　音記。語助也。或作記，或作忌，或作己，或作迈。○「其」、「記」、「忌」、「己」、「迈」諸字本亦但作「乚」。

其　音姬。問詞之助也。○或作「期」，或作「居」，義並同也。「其」、「期」、「居」諸字本亦但作「乚」。

居 詞也。同上。

詎 《廣韻》曰：「詎，豈也。」字或作距，或作鉅，或作巨，或作渠，或作遽。同上。

固 猶必也。○「固」即「故」引申誼。

故 猶則也。○「則」本字「曾」，與「故」義近。

顧 猶但也。○「顧」爲引申之義，《說文》：「還視也。」

苟 誠也。○苟，「固」之借。

苟，猶但也。○苟，「顧」之借。

皋 發語之長聲也。○皋，「號」之借。

《經傳釋詞》卷六

乃 猶而也。○「而」即「乃」也。

乃，猶則也。○「則」本「曾」之借。曾，詞之舒也，與「乃」義反而相通。

乃，猶其也。○「其」本「ㄟ」之借，與「乃」皆爲詞，故相通。

乃，發聲也。○「乃」本曳詞，故爲發聲。

寧 《說文》：「寧，願詞也。」○「寧」與「乃」一聲之轉。

寧，猶將也。○「寧」之爲「將」，猶「乃」之爲「則」。「將」、「則」皆「曾」之借。

寧，猶乃也。○「寧」、「乃」聲近義通。

能 猶而也。○「能」、「而」皆「乃」之借。

徒 《吕氏春秋·異用》、《離俗》二篇注並曰：「徒，但也。」○「徒」之訓「但」，乃引申義。

徒，猶乃也。○「特」、「但」、「獨」、「徒」、「直」五字皆「止」字之引申假借。

獨 猶孰也，何也。○獨，「曷」之借。

奈 如也。○「如」之借。

那 那者，「奈」之轉也。○「那」亦「如」之借。

《爾雅》曰：「那，於也。」○那，「乃」之借。「乃」、「于」皆詞，義近。

都 《爾雅》曰：「都，於也。」○都，「諸」之借。諸，辯事詞，引申與「于」義近音轉。

都，歎詞也。○「都」爲歎詞，爲「者」之借。者，別事詞也，引申爲歎詞。

當 猶將也。○當，「尚」之借。尚，庶幾也。

儻 或然之詞也。字或作黨，或作當，或作尚。○「儻」、「黨」、「當」皆「尚」之借。

殆（者） 近也，幾也。將然之詞也。○殆，危也。

誕 發語詞也。○「誕」从「延」聲，《爾雅》：「延，間也。」實當作「焉」，即「于」之借。

迪 詞之用也。○「迪」即「由」也，本字作「卣」。

迪，發語詞也。○同上。

迪，句中語助也。○同上。

直 猶特也，但也。○直，「止」之借。

疇 發聲也。○疇，發聲，即「㷡」之借。

《經傳釋詞》卷七

而（者） 承上之詞，或在句中，或在句首，其義一也。○「而」皆「乃」之借。

而，猶如也。○「如」之借。

而，猶若也。○「若」亦「如」也。此「而」亦「如」之借。

而，猶然也。○而，「嘫」之借。

而，猶則也。○則，「曾」之借。而，「乃」之借。「乃」、「曾」義近。

而，猶以也。○而，「乃」之借。「乃」、「以」皆詞，義近。

而，猶與也，及也。○「而」、「以」義近，「以」、「與」聲通，故「而」亦訓「以」，本字仍爲

「乃」。

如　詞助也。○如，「嘫」之借。

如，猶然也。○「如」亦「嘫」之借。

如，猶而也。○如，「乃」之借。

如，猶乃也。○「乃」之借。

如，猶則也。○亦「乃」之借。

如，猶不如也。○此省言「不」耳。

如，猶與也，及也。○「與」之借。

如，猶乎也。○如，「于」之借。

若　《考工記·梓人》注曰：「若，如也。」○「如」之借。

若，詞也。○若，「嘫」之借。

《史記·禮書》正義曰：「若，如此也。」○若，「乃」之借。

若，猶或也。○若，「如」之借。

顧懽注《老子》曰：「若，而也。」○若，「乃」之借。

《小爾雅》曰：「若，乃也。」○同上。

若，猶則也。○同上。

若，詞之「惟」也。○若，「乃」之借。「乃」本曳詞，與「唯」義近。

然 范望注《太玄·務測》曰：「然，猶是也。」○《説文》作「嘫」。

然，猶焉也。○然，「嘫」之借，「焉」本「矣」之借，皆語已詞。

然，猶而也。○然，「乃」之借。

耳 猶而已也。○耳，「爾」之借。

仍 《爾雅》曰：「仍，乃也。」○「乃」之借。

聊 《詩·泉水》曰：「聊與之謀。」毛傳：「聊，願也。」箋曰：「聊，且略之辭。」《聲類》作「憀」，義與箋同。見《文選·笙賦》注。○《説文》作「憀」，一曰且也。實當作「悰」，事有不善言悰。

來 詞之「是」也。○來，「乃」之借。

來，句中語助也。○同上。

來，句末語助也。○同上。

《經傳釋詞》卷八

雖 《玉篇》曰：「雖，詞兩設也。」字或作唯，又作惟。○雖，「唯」之借。

肆　遂也。○肆，「豙」之借。

《爾雅》曰：「肆，故也。」○同上。

自　詞之用也。○𦣹，本詞「言」之字。

茲　《爾雅》曰：「茲、此也。」又爲承上起下之詞。字或作滋。○「茲」、「滋」皆「哉」之借。

哉，言之間，借爲指事詞。

斯　《爾雅》曰：「斯，此也。」○「此」之借。

斯，猶則也。○斯，「哉」之借。

斯，猶乃也。○同上。

斯，猶維也。○斯，「曾」之借。

斯，語已詞也。○斯，「哉」之借。

斯，語助也。○同上。

些　《廣雅》曰：「些，詞也。」○些，「哉」之借。

思　語已詞也。○思，「哉」之借。

思，發語詞也。○同上。

思，句中語助也。○同上。

將　《論衡·知實篇》曰：「將者，且也。」○「將」、「且」皆「哉」之借。

將，猶其也。○將，「曾」之借。

且　《呂氏春秋·音律》篇注曰：「且，將也。」○「且」、「徂」皆「哉」之借。

且，猶尚也。○且，「曾」之借。

且，猶又也。○同上。

《禮記·檀弓》鄭注：「且，未定之辭。」又《廣雅》曰：「且，借也。」又：「且，猶若也。」○皆「曾」之借。

且，猶此也，今也。○「此」之借。

且　子餘反。《詩·山有扶蘇》傳：「且，辭也。」○且，「哉」之借。

作　始也。○作，「曾」之借。

作，猶及也。○同上。

曾　音層，此曾經之曾。　猶嘗也。○「曾」訓「嘗」者，引申義。「嘗」即「尚」也。

載　猶則也。○載，「哉」之借。

則（者）　承上啓下之詞。字或通作即。○「則」、「即」皆「哉」之借。

則，猶而也。○則，「曾」之借。

則，猶乃也。○同上。

則，猶若也。○同上。

即 猶遂也。○即，「曾」之借。

《漢書·西南夷傳》注曰：「即，猶若也。」○同上。

《經傳釋詞》卷九

孰 《爾雅》曰：「孰，誰也。」○孰，「En」之借。

者 猶也也。○「也」本「兮」之借，「者」、「兮」皆語詞，故「者」、「也」義通。

之 言之間也。○之，「只」之借。

之，指事之詞也。○之，「者」之借。

之，是也。○同上。

之，猶諸也。○「諸」之借。

之，猶於也。○同上。

《呂氏春秋·音初》篇注曰：「之，其也。」○之，「者」之借。

之，猶若也。○之，「只」之借。

之，猶則也。〇同上。

之，猶兮也。〇同上。

之，語助也。〇同上。

旃 之也，焉也。〇旃，「者」之借。

是 《廣雅》曰：「是，此也。」〇是，「者」之借。

是，猶寔也。〇同上。

是，猶之也。〇同上。

是，猶則也。〇是，「只」之借。

是，猶夫也。〇是，「者」之借。

時 《爾雅》曰：「時，是也。」〇寔，《爾雅》曰：「寔，是也。」「時」、「寔」皆「是」之借。「是」又「者」之引申。

祇 《詩·我行其野》：「成不以富，亦祇以異。」傳：「祇，適也。」〇祇，「啻」之借。

適 謂適然也。〇適，「正」之借。

適，猶是也。〇同上。

識 猶適也。〇識，「正」之借。

屬　適也。○屬，「正」之借。

屬，猶衹也。○屬，「啻」之借。

止　《草蟲》曰：「亦既見止，亦既覯止。」傳：「止，辭也。」○止，「只」之借。

所（者）　指事之詞。○「所」本音「許」，本字爲「兮」。兮，語所稽也。若讀齒音，則「斯」之借，實當作「此」、「是」。

所，猶可也。○「所」、「何」音近，「何」音衍於「可」，故「所」訓「可」。

所，語助也。○所，「兮」之借。

矧　《爾雅》曰：「矧，況也。」○《說文》作「矤」。

爽　發聲也。○「爽」、「所」音轉，實當作「曾」。

庶　《爾雅》曰：「庶，幸也。」庶幾，尚也。○庶，「尚」之借。

逝　發聲也。字或作噬。○「逝」、「噬」皆「尚」之借。

率　用也。○率，「吹」之借。

率，語助也。○同上。

式　語詞之用也。○式，「尚」之借。

式，發聲也。○同上。

《經傳釋詞》卷十

彼　匪也。○彼，「不」之借。

末　無也。○末，「未」之借。

末，猶未也。○同上。

末，猶勿也。○末，「毋」之借。

蔑　無也。○蔑，「無」之借。

蔑，猶不也。○蔑，「毋」之借。

比　皆也。○比，引申之誼。

薄　發聲也。○薄，「不」之借。

每　雖也。《爾雅》曰：「每有，雖也。」○每，「毋」之借，實當作「無」。無有言有，《爾雅》乃推明其義之詞。

非　《玉篇》曰：「非，不是也。」○非，「否」之借。

匪　《詩·木瓜》傳曰：「匪，非也。」○匪，「否」之借。

《廣雅》曰：「匪，彼也。」○「彼」之借。

無　毋、勿也。○訓「勿」者，本字只作「毋」。

罔　無也。○罔，「無」之借。

微　無也。○微，「未」之借。

勿　無也，莫也。○勿，「毋」之借。

夫　猶乎也。歎詞也。又夫，猶彼也。○皆「彼」之借。

夫，猶此也。○同上。

夫，猶凡也，衆也。○「凡」之借。

夫，發聲也。○夫，「彼」之借。

【説明】

《箋識》由黄焯輯，黄延祖重輯，與《爾雅音訓》合刊，中華書局二〇〇七年出版。原稿標點符號，一依現代規範修改。

【校注】

〔一〕虚詞無本字，不同虚詞音同音近可通用，但不可言假借。

〔二〕虚詞無本義，不同虚詞義同音近可通用，但不可言引申。文言中，己、巳形體不同，而已、巳往往不别。

〔三〕此引《説文》誤，見《亏部》。

〔四〕焉、是均可作前置賓語的標志，語法作用相同，而非誼同。如《左傳·隱公六年》：「晉、鄭焉依。」杜注：「幽王爲犬戎所殺，平王東徙，晉文侯、鄭武公左右王室，故曰『晉、鄭焉依』。」意爲依晉、鄭。《周語中》作「晉、鄭是依」，是其證。

〔五〕「啇」，依《説文》，當隸定作「咅」。

〔六〕《説文》中此字當作「乚」，篆作「乙」，下同。

《廣雅·釋言》補疏

朱師轍

余嘗讀高郵王氏《廣雅疏證》，見其考訂精詳，徵引該博，貫穿羣經，融會諸子，誠九流之津涉，六藝之鈐鍵也。其爲稚讓功臣，蓋與景純之注《爾雅》等。然間有未詳，竊爲考補，得若干條，仍依王氏體例，引伸觸類，條系於篇。今先録《釋言》補注，求博雅君子是正焉。

鄉，救也。《周禮·大司徒》：「五族爲黨，使之相救；五州爲鄉，使之相賓。」鄭注：「救，救凶災也。」《孟子》「守望」數語，皆相救之事，故「鄉」可訓「救」，皆引伸之義也。

脰，饌也。脰通作豆。《説文》：「豆，古食肉器也。」《詩·生民》：「卬盛於豆。」毛傳：「豆薦葅醢也。」豆盛饌，故訓爲饌。

子、已，似也。子者，《詩·小宛》：「教誨爾子，式穀似之。」「子」有「似續」之義，故訓「似」。已者，《説文》：「從反已。賈侍中説，已，意已實也。象形。」按：意已實，今呼薏苡仁，後世果仁皆呼爲果子，多相似也。故「已」亦訓「佀」，「佀」從㠯聲。

⿰足毘，踦也。⿰足毘，《説文》無，當作毘[一]，《方言》：「毘，緣廢也。」謂四支有廢疾。此訓踦，《説文》：「踦，一足也。」言足有廢疾。毘字蓋俗加足以别之。

捔，恭也。捔，《説文》無，借爲愨[二]，恭謹也。

酌，漱也。酌通作汋，酌、汋假借字。《周禮·士師》：「一曰邦汋。」鄭司農注讀如「酌酒尊中」之「酌」。《荀子·禮論》「《韶》、《夏》、《護》、《武》、《汋》、《桓》、《箾》、《簡》、《象》」，楊諒注：「《武》、《汋》、《桓》，皆《周頌》篇名。」蓋借「汋」爲「酌」。漱，當作激，形似而譌。《説文》：「汋，激水聲也。」

貳，然也。然假爲僘。《説文》：「僘，意膬也。從人，然聲。」謂立意不堅，亦貳心之義。

箋，云也。鄭康成注《詩》曰箋，箋者云也，所云之辭也。箋，亦作牋。《文選·楊脩〈答臨淄侯牋〉》：「牋者，表陳其事。」亦云也。牋或謂借爲諓，諓諓，善言也。

曾，是也。《詩·蕩》篇：「曾是彊禦，曾是掊克，曾是在位，曾是在服。」《論語》：「曾是以爲孝乎？」《孟子》：「爾何曾比予於是？」其義皆「曾」、「是」互訓。

牒，宊也。《說文》：「牒，札也。」小簡曰牒。宊，字書無此字，當是「宗」字之誤。《說文》：「宗，藏也。」〔三〕古者牒記藏之金匱。《史記・三代世表》「余讀牒記」是也。

怜，綴也。怜，《說文》作「憐」，無「怜」字。假借爲聯，故訓綴。

脰，𦛞也。脰通作豆。《詩・楚茨》：「爲豆孔庶。」言肉脯鍇雜也。或曰𦛞通作𦛞〔四〕。《周禮・鍇人》〔五〕：「凡祭祀，共豆脯。」即其義。

【説明】

文原載《國故月刊》第四期。

【校注】

〔一〕〔二〕「無」當作「每」。〔一〕下「當」當作「借」。

〔三〕《說文》無此語。唯《宀部》「宲」訓藏。宗，殆爲「宲」之訛字。

〔四〕此句第二個「𦛞」當作「腊」。

〔五〕「鍇人」，當作「腊人」。

碑傳

原任直隸永定河道王公事略狀

徐士芬

士芬春秋試，皆出高郵王大宗伯門，習知尊甫石臞公學行經濟。壬辰春旋京，公甫卒，覩行狀益悉。爰剬剟其凡，以備史館采輯。謹按：公諱念孫，字懷祖，冢宰文肅公子也。四歲讀《尚書》，百數十行，俄頃成誦。八歲能制義，十歲而十三經畢。休寧戴東原吉士，精三《禮》六書九數聲音訓詁，從之遊，遂力爲稽古之學。十四，丁父憂。服闋，爲學官弟子。乙酉，高宗純皇帝南巡，獻頌册，賜舉人，益敦古學。乙未，捷南宫，改庶吉士。大興朱笥河學士，風格嚴峻，後進謁之不答，獨躬詣公曰：「是當代通儒正士也。」散館改工部都水司主事。公故精熟《水經注》、《禹貢錐指》、《河防一覽》諸書，爲《導河議》上下篇。上篇導河北流，下篇建倉通運。時纂修《河源紀略》，中有《辨譌》一門，公所撰也。南河攔黄壩工題銷不實，白長官入奏，命福郡王往勘，遂删減如例。洊存吏科掌印給事中。仁宗睿皇帝親政，劾大學士和珅黷貨攬權。上覽疏稱善，即日明罰，勑法政府，肅清天下，比之鳳鳴朝陽。巡淮安、濟寧漕，汰陋規，吏治民瘼悉以聞，上皆納之。授直隸永定河道。辛酉，大水，南北岸漫溢，褫職逮問。上念災由雨水，仍令工次效力。次年督河間高家口漫工，會永定河工竣，予六品服，攝永定河道。又明年，加主事銜，令周歷通省，凡涉水利，悉紀載。公遂臚舉章程，其略曰：直隸大川有五，曰南運河、北運河、永定河、大清河、滹沱河。大清河之下游曰淀河，滹沱河之下游曰子牙河。永定、大清、子牙三河，必先合南北兩運河，而後入海河。欲治直隸水，先治兩運河之減河。減河治，則入海之路分，永定、大清、子牙三河得暢然入海河而東注。此治水所以必下游也。南北兩運河既治，則次及子牙河，當培修格淀隄，再將子牙故道挑通，仍由紅橋入運。子牙之在大城境者，向分正、支二河，後大溜，全歸支河，而正河遂淤。今當疏濬正河，使兩河分流。其在獻縣者，當濬完固口一帶，而於完固口建減水石壩二座，分水入減水河，以殺盛漲。子牙河既治，次及大清河。此河以東西兩淀爲蓄泄，當開趙北口橋下各河，導西淀諸水，由毛兒灣入玉帶河。又開雄縣之窯河，以分白溝入淀之勢。又開盧僧河，以分白溝上游之勢。此西淀諸水之當治者也。東淀之亭河，當使寬深，與玉帶河分流，以緩盛漲。又玉帶河，自苑家口以東，分南、北、中三股，實爲東淀之腹，尤需深濬，使周通貫注。其自楊芳港至三河頭，應一律開挑，以暢尾閭。此東淀諸水之當治者也。兩淀南岸，千里長隄，一律培厚，以資捍禦。如此，則大清一河，首尾全治矣。至永定一河，挾山西、直隸衆山之水，建瓴而下，一過盧溝，則地勢漸平，沙亦漸停，及下游，則沙無出路而淤塞，惟有增培岸隄，或添建埽工，再於上游高處添減水壩，亦補偏救弊方也。格淀隄修復，則子牙、大清二河尾閭皆得暢泄。是格淀一隄，實爲三河之關鍵也。總之，南北運河之減河既導，則入海之路寬；格淀隄既復，則清濁各不相干，而子牙、大清、永定三河咸得暢流入運；五河治，則全省河道已得其大綱云云。時河南衡家（橋）〔樓〕河溢，命隨尚書費淳往勘，並令專辦臺莊一帶。上知公明晳河事，諭挑濬要害，悉如公議。尋授山東運河道。運河弊藪在冬挑收工以銅尺量，遇泥水輒深入，驗一尺，實纔數寸。公製梅花樁，以木篾横列，淺深立辨。河工歲修外，每指地報修爲自便地，名另案工程，公至除之。居六年，省帑數十萬。濬牛頭湖，以廣微山湖蓄水來源，禁占種阻撓者。增高臨清閘内兩岸，爲蓄汶地，遇衛河漲即閉閘蓄水，使汶高於衛，然後開放刷沙，以除捫口之患，至今賴之。揭濟寧州牧貪墨，罷其職。又二年，巡視東漕。御史趙佩湘劾前巡漕貪縱，奉旨傳問，公以爲實據。方某恐獨取財，多徇之者，公堅飭所屬拒絶，後饋者皆獲咎，而運河道屬官獨免。復爲永定河道。會東河督陳鳳翔請啓蘇家閘引黄濟運，而山東巡撫吉綸則請濬棗林閘以南濱湖運河，上召公決之，乃依鳳翔疏。明年永定異漲漫溢，以六品休致，就養京邸，日以著述自娛。道光五年，重與鹿鳴宴，賜四品銜。十二年，卒於京，年八十有九。公性方正，無依違。居官事上侃侃，遇屬官獎飭不少假借，禮節疏則弗之責。河工題銷，往往準駁參半，公所詳，無可駁。性儉約。配吴夫人，早卒，數十年塊然獨居。生平專守經訓，自壯年好古，精審聲音文字訓詁之學，手編《詩三百篇》、九經、《楚詞》之韻，剖析精微。分顧亭林古韻十部爲二十一部，而於支、脂、之三部之分辨之尤力，海内惟金壇段氏與之合；而分至、祭、盍、緝四部，則又段氏所未及。官御史時，注釋《廣雅》，日以三字爲率，十年而成書，名曰《廣雅疏證》，學者比諸酈道元注《水經》，注優於經云。罷官後，校正《淮南子内篇》、《戰國策》、《史記》、《管子》、《晏子春秋》、《荀子》、《逸周書》及舊所注《漢書》、《墨子》，附以《漢隸拾遺》，凡十種八十二卷，名曰《讀書雜志》。吾師承庭訓著《經義述聞》及《經傳釋詞》行世，海内宗之。

【説明】

文載《高郵王氏六葉傳狀碑誌集》卷一。徐士芬，與龔自珍同爲王引之充浙江鄉試正考官時所得士。此狀作於道光十二年夏。

王石臞先生墓誌銘

阮元

公諱念孫，字懷祖，號石臞。先世居蘇州，明初遷高郵州。高祖開運，州學生，治《尚書》有聲。曾祖式耜，副貢生，貧而行德，以經授弟子。祖曾禄，拔貢生，深于理學。父諱安國，雍正甲辰科會元第一甲二名及第，官至吏部尚書，謚文肅，國史有傳。公生四歲，即能讀《尚書》。六七歲，文肅公口授諸經，皆成誦，都下有神童之目。八歲屬文，十歲讀十三經畢，旁涉史鑑，偶作史論，斷制有識。由是文肅教之以忠恕勿欺、正直持身之道。是公之學行，早立於文肅公時。戴東原先生，當代碩儒也。文肅延爲公師。十四歲，文肅殁，公扶柩歸里。童年老成，學與行，宿儒不逮也。服闋，補州學生員。高宗純皇帝巡幸江南，公以大臣子迎鑾，獻文册，蒙恩賜舉人。乙未會試中式，改翰林院庶吉士。既而乞假旋里，謝絶人事，居湖濱力學四載。年三十七入都，散館，改工部主事，主都水司事。遂精心於治河之道，由今河而上溯，歷代治河諸書，古今利弊，無不通究。爲《導河議》上下篇，上篇導河北流，下篇建倉通運。年四十，補主事，陞營繕司員外郎，製造庫郎中。年四十五，補陝西道御史。明年，擢吏科給事中。又四年，轉吏科掌印給事中。在都前後十餘年，凡錢局諸差及京察外任，皆力辭。俸滿保送知府，自呈不勝外任，論者嘉異之。嘉慶四年，仁宗睿皇帝親政之始，公具疏劾宰輔某〔一〕。是時不乏彈章，惟公疏援據經義，最爲得體，是以特蒙嘉納。疏中正論，至今人猶誦之。是年三月，命巡淮安漕。九月，又巡濟寧漕。盡裁陋規，道路所經，吏治民生皆奏之，蒙聽納施行。十二月，授直隸永定河道，積弊一清。六年夏，大雨彌月，水漲二丈，高出於隄，南北岸同時溢，奉旨革職逮問。尋奉諭：「水漫過蘆溝橋面，不但人力難施，亦非意想所到，王念孫加恩發河工出力，不但免其前罪，尚可酌量加恩。」七年，奉旨督辦河閒漫工。秋，賞六品頂戴，暫署永定河道。八年奉諭：「王念孫於水利講求有素，著加恩賞主事銜，留于直隸，令其周歷通省，遇有關涉水利事宜，悉心紀載。俟一二年後，交直隸總督彙奏辦理。」公乃上總督顏檢書，臚舉畿輔水利章程，顏公據以奏。是年九月，河南衡家樓河決，奉旨隨尚書費淳查看，且籌新漕。奉諭：「王念孫于河務情形熟習，著即馳赴臺莊，隨同吉綸辦理。」旋奉旨署山東運河道。九年，奉旨給四品頂戴，實授運河道。在任數年，查工剔弊，節帑數十萬。十五年，調直隸永定河道，召見詢河務甚悉。甫旋任東河帥，請啓蘇家山閘，引黃入微山湖，以利漕運。召入都，決其是非。公對引黃入湖，不能不少淤，原非良策，但暫行無礙；並陳運河情形，皆詔行之。是年，永定河水復異漲，如六年之溢。公自請治罪，奉旨以六品休致，年六十有七矣。道光五年，八十二歲，奉上諭：「王念孫年登耄耋，蘂榜重逢，洵屬藝林嘉瑞，著加恩賞給四品職銜，准其重赴鹿鳴，以光盛典。」十二年正月，公子引之官禮部尚書，以公病奏給假，蒙賞假，召見垂問明年九十歲，且諭以服人葠之方，善爲調養。越數日，病重，諭引之等曰：「吾受三朝厚恩，未能報稱，汝必盡心竭力以報主知。」且諭諸孫曾，服官讀書，以繼世德。遺命畢而卒。學者稱石臞先生。元于先生爲鄉後學，乾隆丙午入京謁先生。先生之學精微廣博，語元，元略能知其意，先生遂樂以爲教。元之稍知聲音文字訓詁者，得于先生也。先生初從東原戴氏受聲音文字訓詁，遂通《爾雅》、《説文》，皆有撰述矣。繼而餘姚邵學士晉涵爲《爾雅疏》，金壇段進士玉裁爲《説文注》，先生遂不再爲之。綜其經學，納入《廣雅》，撰《廣雅疏證》二十三卷，凡漢以前《倉》、《雅》古訓，皆搜括而通證之。謂訓詁之旨，本於聲音。就古音以求古義，引伸觸類，擴充于《爾雅》、《説文》之外，似乎無所不達；然聲音文字部分之嚴，則一絲不亂。此乃藉張揖之書，以納諸説，實多張揖所未及知者，而亦爲惠氏定宇、戴氏東原所未及。古音自顧氏、江氏、戴氏皆有考正，金壇段氏分十七部爲益精。段氏之分支、之、脂爲三部也，發前人所未發。先生昔亦同見及此，因段書先出，遂輟作。然先生所分者，乃二十一部：東一、蒸二、侵三、談四、陽五、耕六、真七、諄八、元九、歌十、支十一、至十二、脂十三、祭十四、盍十五、緝十六、之十七、魚十八、侯十

九、幽二十、宵二十一。案之羣經、《楚辭》，斬然不紊。其分至、祭、盍、緝爲四部也，則更顧、段諸家之所未及，陸法言所未析者。先生又長于校讐，凡經子史書，晉唐宋以來古義之晦誤、寫校之妄改，皆一一正之，著《讀書雜志》八十二卷，分《逸周書》、《戰國策》、《管子》、《荀子》、《晏子春秋》、《墨子》、《淮南子》、《史記》、《漢書》、《漢隸拾遺》，凡十種。一字之證，博及萬卷，折心解頤，他人百思不能到。子引之撰《經義述聞》，亦多先生過庭之訓。故高郵王氏一家之學，海内無匹。先生性方正，居官廉直，不受請託。自少至老，澹然以著述自娱。處世接物，善善惡惡，皆出於誠，喜怒必形於色。人有一善一長，道之不已。生平學問之友，久而不渝。早年居鄉，與李君惇、賈君田祖、汪君中、劉君台拱、程君瑶田以古學相示，極一時之盛。教子幼以朱子《小學》諸書，長以經義。嘉慶己未科元副朱文正公爲會試總裁，引之中式，以五策拔其萃，殿試一甲第三名，授翰林編修。道光八年，引之官至工部尚書，階光禄大夫，封公官階如之。公配吴氏，贈翰林編修鋐之女，孝慈勤儉，相夫教子，動中禮法，贈一品夫人。次子敬之，州學增生。孫八人：壽昌，蔭生，官户部郎中。彦和，廣西鬱林直隸知州。壽朋，早歿。壽同，拔貢生。皆引之生。壽山，候選從九品。壽祺，學附生。葆和、葆定。皆敬之生。引之、敬之以道光十三年十二月庚子日，奉公柩葬於六合縣東北鄉東原王廟鎮之南原癸山丁向，請儀徵阮元爲誌銘。

先生之貌，如石之臞。先生經濟，優於河渠。河患未已，乃阻厥謨。天逸先生，使著其書。先生學行，漢之醇儒。忠恕直誠，不飾不誣。古聲古訓，確證精疏。學深許、鄭，音邁劉、徐。萬卷皆破，一言不虛。續傳《儒林》，先生首歟！今歲在辰，歸葬於吴。佳城既築，積善慶餘。

【説明】

阮文録自《碑傳集補》卷三九，作於道光十三年癸巳。

【校注】

〔一〕某，指和珅。

皇清誥授光禄大夫經筵講官工部尚書加二級紀録十次賜祭葬謚文簡伯申府君行狀

王壽昌等

嗚呼痛哉，府君竟棄不孝等而長逝耶！府君自壬辰歲遭先大父喪，扶柩旋里，今夏服闋入覲，荷蒙召對。上謂府君精神强健，不似年届七十之人。不孝等亦竊意府君神明不衰，步履如少壯，方幸愛日正長，可致期頤之壽，孰意患嗽數日，調治已痊，適逢冬至陽升，忽汗出不止，竟於十一月二十四日辰刻棄不孝等而長逝。嗚呼痛哉！泣思府君襲累世清白之業，荷兩朝知遇之恩，靖共之節著於大廷，著作之書傳於奕世，不惟爲海内所宗仰，同官所推服，抑且見重九重，學問品行，天語親褒。不孝等惴惴焉，懼懿行之浸軼，則爲罪滋大，用敢茹哀泣載，以備國史採擇。謹和淚具狀如左：

府君諱引之，字伯申，號曼卿〔一〕，姓王氏。先世居江蘇蘇州郡城，明初始遷高郵。五世祖諱開運，治《尚書》有聲，國初爲高郵學生員。高祖諱式耜，博通五經，中康熙十七年副榜貢生，秉性方正，貧而好行其德，不樂仕進，以所學授弟子，卒老於家。曾祖諱曾禄，爲名諸生，試輒冠軍，雍正元年選拔貢生，理學湛深，氣宇和粹，學者從游甚衆。祖諱安國，康熙五十六年舉人，雍正二年會試第一，殿試一甲二名進士，授翰林院編修，歷官吏部尚書，賜謚文肅，崇祀鄉賢祠，國史有傳。父諱念孫，乾隆三十年恭逢高宗純皇帝巡幸江南，以大臣之子迎鑾獻頌册，恩賜舉人。乾隆四十年二甲七名進士，改翰林院庶吉士，散館一等五名，改工部主事，歷官永定河道。著有《廣雅疏證》、《讀書雜志》諸書行世。母高郵吴太夫人，孕八月而生府君。府君生而身小氣弱，吴太夫人常以爲憂。五歲從師讀，師亦因體弱之故，不甚督責。府君自幼穎異，即能篤志於學。師或他適，府君於書義未通者皆識之，俟師歸，一一請晰，師大奇之。嘗讀書湖濱丙舍，有守祠老僕逮事先文肅公，見府君年未成童，讀書以外無他嗜，歎曰：「好學如此，何其一如老主也！」年十歲，先大父命手録《童蒙須知》，置案頭省覽。又講解朱子《小學》及吕新吾先生《小兒語》，府君於日用閒即仿而行之。童時爲制義，經籍紛綸，以古人爲法。年十七補博士弟子員，明年入都侍先大父，因入成均。年二十一，應丙午順天鄉試，未售。明年歸而侍先大母於里中〔二〕，因從事聲音文字詁訓之學，取《爾雅》、《説文》、《方言》《音學五書》讀之，日夕研求。越四年復入都，以所得質於先大父，大父喜曰：「是可以傳吾學矣。」由是授受一庭，無閒寒暑，焚膏繼晷，中夜不輟。嘗夜分讀書，有偷兒入書齋，竊什物以去，而府君不知覺也。其專心致志如是。府君沈潛古訓，而不廢舉業。自庚戌入都後，從德州相國盧南石先生游。時以文呈先大父，大父有所指示，則退而易之，至雞鳴不輟，促之歸寢，仍必續成之而後就枕。乾隆乙卯，府君應京兆試，建昌彭文勤公、兵部左侍郎長白玉閬峯先生、吏部尚書協辦大學士無錫鄒曉屏先生典試事，諸城劉文恭公爲同考。得府君卷，曰：「理法精純，根柢深厚。」合觀二三場，博通古今，知爲績學士，遂以官生舉孝廉。府君原名述之，榜後始改今名。是科策問五經小學、古均部分異同。府君條對所及，恒出發問者意表。榜發，知爲先大父嗣，咸歎援證詳賅，斷論精確，有自來也。年三十四，己未成進士，總裁大興朱文正公、長沙劉文恪公、吏部左侍郎長白文遠皋先生、今相國儀徵阮芸臺先生，同考大理寺卿歷城汪東序先生。及廷對，受仁宗特達之知，欽定一甲第三名，賜進士及第，授翰林院編修。陽湖孫淵如先生觀察山東，遺書府君，以樸學受知爲賀，謂足以鼓舞向學之士。時人以祖孫鼎甲、三代詞林，傳爲科名佳話。辛酉散館後，簡放貴州正考官，元和吴玉松先生副之。府君初主文衡，兢兢業業，唯恐屈抑人才，盡心校閲，得士翟錦觀等四十人，皆黔中之雋。癸亥大考，欽命題擬潘岳《藉田賦》，府君爲古賦以進，欽取一等第三名，擢侍講。閩陳恭甫先生遺府君書，謂是名儒分内事，不足爲不朽千秋者異，特以是鼓舞天下之人，使不疑賈、孔無文章，亦斯道之仔肩也。尋命充日講起居注官。明年甲子二月，駕幸翰林院，與詞臣效栢梁體聯句，府君與焉。又以張説《東壁圖書府》五律字爲韻賦詩，御製「東」字、「音」字二首，其餘字命儀親王以下三十八人各分一字賦詩，府君分得「竭」字，蒙恩賜宴，賜御製《味餘書室全集》、《九家集注杜詩》及名茶、文綺、箋、絹、硯石諸物。上還宫，特頒《御製幸翰林院錫宴禮成復得長律二首》，命諸王及分字諸臣和韻，府君復賡和二首。翼日府君暨王大臣等詣闕謝恩，恭進《聖駕臨幸翰林院禮成恭紀頌册》。嗣恭纂《皇朝詞林典故》，府君充纂修官。書成，進御，上以卷帙繁多，纂辦完善，奉上諭交部議叙。是年，又奉命繕《御製詩》，賜紗一端。是年翰林院保列一等，送吏部。三月，奉旨，准其一等。六月，授右春坊右庶子。旋簡放湖北正考官，黄縣賈東愚先生副之。府君詳慎遴拔，得士張文玘等六十九人，得人最盛。撤棘後，聞先大母棄養，即星奔喪所，哀毁骨立。迄今數十年，時以未親湯藥、視含殮爲憾。乙丑，奉先大母喪，自山東濟寧旋里。時未卜葬地，府君親歷山崗，凡數閱月，始卜地於安徽天長縣之南原，擇吉營葬焉。丁卯，年四十二，服闋入都，五月補原官，七月仍充日講起居注官，八月簡放河南學政。是年考試，試差，府君以未補官不與試例，不開列銜名，簡放學政，蓋異數也。府君請訓，諭曰：「爾往河南，嚴密防範，認真去取。如聞地方官聲名平常，密摺具奏。」府君抵任後，訪有某某，遵旨密奏，命新任豫撫按治，皆得實。豫省民風淳厚，學問稍乏根柢。府君謀於中丞阮芸臺先生，捐廉購《十三經注疏》百餘部，分貯各屬學宫，俾諸生鈔讀。至今中州人士，猶曰士子知務實學，皆王宗師教云。中州字音近古，爲韻語往往不協律。府君手訂《詩韻》一册，令諸生攜歸勤肄。任三年，而豫中士子鮮不諳韻律者。府君試士，必公服涖堂皇，披覽試卷，竟日無惰容，俟諸生散盡而退，三閲寒暑，無少閒。戊辰年四十三，五月轉左庶子，十二月晉侍講學士，明年轉侍讀學士。秩滿旋京，適先大父以河溢，罷永定河道任，府君遂迎養於京邸。堵築漫口例，應賠帑十之四，先大父分賠二萬七千兩有奇，日以無力完繳爲憂。府君謂國家經費有常，豈容懸宕；吾家世受國恩，不敢效流俗所爲，意存觀望。遂稱貸親朋，次第繳庫，閲十餘載，未嘗貽先大父憂。辛未年四十六，分教庶吉士，旋派隨扈木蘭，賡和之作甚多。既至灤京，奉命無庸進哨，留駐熱河，敬編避暑山莊所藏高宗純皇帝宸翰。自乾隆六年駕幸避暑山莊，至嘉慶三年，凡五十八載，宸翰三千餘軸。編次既竣，蒙賜文綺，又蒙恩自木蘭行宫頒鹿脯至灤京，以賜府君，皆有紀恩之作。明年授通政使副使，府君以銀臺專司各省題本，吏、兵二部奸胥舞弊，每賂，令壓擱。抵任數日，廉得某省一本，時日皆逾，窮治之，而壓擱之風以絶。是年命稽查右翼宗學。癸酉八月，授太僕寺卿，十月轉大理寺卿。時畿輔歲歉，窮民乏食，而京城米禁嚴。府君曰：「米之例禁出城也，原以防京兵之乏食，及杜回漕之弊，非禁民食也。我雖無地方之責，而事關民瘼，不敢不言。」遂具疏以請。是摺留中，後萬載辛筠谷先生更有是請，米禁遂寬。是秋教匪林清犯禁門，冬聞有議修葺圓明園宫垣加高培厚者，府君聞之，具疏切辯，更陳所見，蒙召見，温諭久之，謂爲忠誠爲國。府君退而焚草，其事其辭，不孝等不之知也。甲戌簡放山東學政，請訓，上命速行，諭以整飭士習，並諭東省大吏某聲名平常，前往密查具奏。府君之任，即廉其事以聞。復奉命查實再奏，遵旨覆入，上遣使往按得實，以此知府君忠實可大任。又山左州縣不能和其生監，生監亦數數干公事。前使者或袒生監，或庇州縣。府君曰：「庇州縣則吏不畏法，袒生監則士不立品。吾平其曲直。吾治吾士，畺吏治其吏。」於是士習端而官方亦肅。先是，林清滋事，教匪多山東人。府君涖任，首以正風俗爲務，每於涖學講書後進諸生，教之曰：「爾等身列黌宫，讀孔、孟之書。孔子以攻異端爲戒，孟子以正人心爲本。爾等受朝廷教養，優於庶民，必正己以正人，斯不愧謂之士。」會仁宗諭學臣撰論説以化愚頑，府君因撰《闡訓化愚論》，其畧曰：「凡人躬逢堯、舜之世，即當仰遵堯、舜之化；生長孔、孟之鄉，即當謹守孔、孟之教。當今乃堯、舜之世也，皇上厚澤深仁，教養兼備，牖民覺世，訓諭周詳，無非貽百姓以安全，納百姓於純正。爲百姓者，若不改過遷善，何以仰承堯、舜之化乎？山東乃孔、孟之鄉也，孔子大聖極言異端之害，孟子大賢有距邪説之功，無非防左道之惑人，救愚民之陷溺。爲山東百姓者，若不棄邪歸正，豈不虚生孔、孟之鄉乎？夫邪教之不可習也有二：一曰人所共憤，二曰法所必誅。何以言人所共憤也？盜賊之徒，夜聚曉散。今邪教之會也，亦夜聚曉散，則盜賊之行也。禽獸無禮，牝牡混淆。今邪教之聚也，亦男女無别，則禽獸之行也。人倫由此而敗壞，天理自是而消亡。甚至結黨横行，謀爲不軌，則罪大惡極，覆載所不容。倘有餘孽竄伏，正百姓所當除惡務盡，亟欲翦除者也。何以言法所必誅也？恭讀《大清律》曰：『一應左道異端之術，或隱藏圖像，燒香集衆，夜聚曉散，佯修善事，煽惑人民，爲首者絞，爲從者各杖一百，流三千里。』又《新例》載：『凡妄布邪言，書寫張貼，煽惑人心，爲首者斬立決，爲從者皆斬監候。』又辦理白陽、白蓮、八卦等邪教，凡習念荒誕不經咒語，拜師傳徒惑衆者，爲首者，照左道異端煽惑人民律，擬絞監候；爲從者，發新疆給厄魯特爲奴。是邪教惑人，法所不宥，一經發覺，斷難倖逃。乃愚民受人哄誘，遂至陷於罪而不知，以爲可以求福，誰知福未受而禍已成；以爲可以謀利，誰知利甫得而害已至。甚至結黨滋事，悉被誅除。今試問定陶、曹縣之教匪，有獲倖免者乎？國法昭章，難逃顯戮。此山東百姓所共見共聞者。自今以後，曾經習教者，可不悔過自新乎？未經習教者，可不率由正路乎？至於上年滋事之要犯，奉旨緝拏，尚未伏誅，爲山東百姓者，若能訪知要犯潛匿之處，縛以出首，則可謂尊君親上，效順急公，不但可以免株連之累，抑且可以邀獎賞之恩矣。若夫士爲四民之首，生員身列膠庠，讀書明理，其沐浴於堯、舜之化也最深，其講求於孔、孟之學也最久。誠能仰體聖主化民成俗之意，申明古人黜邪崇正之言，爲之剖辯是非，指陳利害，勸以毋習不法之經卷，毋傳不良之符咒，毋從八卦教之淫邪，毋爲一炷香之愚妄，毋學金鐘罩之拳棒，毋效鐵布衫之伎倆，毋結虎尾鞭之惡黨，毋連掖刀手之兇會，躬行孝悌忠信以爲之先，講明禮義廉恥以使之化，庶鄉里愚民，知正路之不可棄，悟邪教之不可從，相與遷善改過，以遵聖天子蕩平正直之訓，使天下知承堯、舜之化者，惟山東爲最醇；聞孔、孟之風者，惟山東爲不愧。此則督學使者所厚望也。若夫坐視同里之人陷於邪術而不救，是謂之不仁；任邪術之横行而已亦受其害，是謂之不智。國家建立學校，培養英才，安用此無用之腐儒耶？《書》曰：『皇極之敷言，是彝是訓。』山左諸生，尚其凜承訓諭風勸而感化之哉？」又撰《見利思害説》，其略曰：「古之君子見利思義，所以安於止，而不入於邪也。下此愚昧之人，縱不知義之爲義，獨不知利之有害乎？見利思義，固不易之經也；見利思害，亦保全之道也。即如邪教之惑人甚矣，爲百姓者，或甘受其愚而深信之，則誤於好利之一心，而未嘗思其害也。蓋愚民未聞禮義廉恥之節，但知財帛之可以謀衣食而免饑寒也，則汲汲圖之而不恤其他。彼爲邪説者，知愚民之可以利誘也，於是借斂錢之説以邀之。其入教也，則己之錢入於人手；其入教而又傳教也，則人之錢入於己手；展轉傳教，則展轉斂錢。愚民信以爲生計，遂相與從之，馴至持經習咒，結黨滋事，惡極而不可掩，罪大而不可解，豈非見利忘害以至此哉？夫天下之利，原不禁人之自謀。而合義之利，有利而無害；不義之利，有利而即有害。此不可不辨之於早也。今使爲農者耕耘收穫以取其利，爲工者備物致用以取其利，爲商者市賤鬻貴以取其利，自食其力，自養其身，非不謀利也；而以之爲身則身安，以之爲家則家安，不聞危亡之禍起於一旦者，惟其利之合於義而遠於害也。若夫八卦教之淫邪，白蓮教之兇惡，持避劫之説，作斂錢之計，此天下不義之利之最大者。名爲謀利，而實欲驅百姓於敗亡之途，陷百姓以誅滅之罪。彼夫定陶、曹縣之邪教，亦嘗斂人之錢，暫肥囊橐矣。乃不轉瞬而身遭擒戮，妻子伏誅，昔日所斂之錢，今安在乎？然則斂錢之舉，利一而害十，此不辨而自明者。人非至愚，亦何苦舉身家性命以徇區區之小利乎？自今以往，爲百姓者，誠能見利而即思其害，無害者取之，有害者拒之，則心不至於陷溺，身不入於姦邪。雖有習教之徒，欲借斂錢之説以相誘，吾知爲良民者，審於利害，必羣起而攻之，惟恐或緩矣。若夫奉旨緝拏之要犯，萬一潛逃而來，留之則有窩藏之罪，執而獻之，則邀獎賞之恩。山左素矢效忠之忱，常切奉公之誼，諒不肯使逆亂之徒少延殘喘，以虧大義，而受株連之禍也。」並恭繕進呈乙覽，奉硃批發還栞布，以曉愚民。丙子冬，任滿旋都，遷都察院左副都御史。府君遇外省京控案，詳酌輕重以定奏咨。每遇奏案，反復推求，必將情事切要處指明，陳奏京畿道。所擬不當者，恒手改之，或於召對時敷奏。仁宗以是深許府君明敏有爲焉。明年丁丑，派充會試知貢舉，未入闈，會閩省署龍溪令朱履中誣李方伯賡芸受賕事，總督某劾方伯，罷其任。既對簿，事無左驗，而案事者持之急，方伯不能堪，遂雉經。事聞，仁宗知府君特立不阿，命偕少宰熙昌往治斯獄。府君未入境，即廉知方伯清直有聲，至則悉心推鞫，悉得其情。乃抵朱履中等罪，獄遂平反。李方伯之官於閩也，所在皆有惠政。府君抵閩，士民林光天等臚舉方伯惠政，呈請捐貲建遺愛專祠。案既定，府君因據情入告，上以斯民直道之公，得旨允行〔三〕。又奉旨交辨賴乃鵠及鄒讓觀控案，至七月而竣事。未旋，擢禮部右侍郎。戊寅，年五十四，轉左侍郎。二月，與重華宫茶宴，恭和御製詩，賜硯墨、茶甌。是年仁宗六旬萬壽，恩科命充浙江正考官，長安李葆初先生副之。府君以浙水人文淵藪，仰體求賢之意，詳慎遴拔，得士徐士芬等九十餘人，所取皆知名之士。明年己卯春，命偕大庾相國戴可亭先生、如皋兵部尚書戴紫垣先生、長白那文毅公，充會試總裁〔四〕，得士希哲等四人，費庚吉等二百二十二人。自嘉慶戊辰以後，科目文字競尚詞華，士子轉相放效，以儷青配白、堆垛餖飣爲工。是科，府君與同事諸公督率房官，别裁僞體，一以清真雅正爲宗，此後文體遂爲之一變。試竣，命兼署兵部左侍郎，教習庶吉士。秋，派充武會試監射大臣。武試貴能挽强，武舉於應試時多强增弓力見長，及覆試不符，每致停科。府君監射，令所注弓力必以持滿爲度，故中選之士，覆試無不符者。尋以慶節前遇忌辰，不請旨，照常素服，未合例，左遷通政使。十一月〔五〕，復授吏部右侍郎。明年庚辰，充朝考閲卷大臣。是年秋七月，仁宗駐驛避暑山莊，龍馭上賓。府君驚聞遺詔，擗踊哀號，席藁伏哭，梓宫旋京，日與廷臣齊集舉哀，祗領頒賜遺念諸物，追懷知遇之恩，輒嗚咽流涕。是冬，恭修《仁宗實録》。上夙知府君學行，特命充總裁官。府君率纂修各官，恪恭將事，敬謹編輯，閲四載而書成，二十五年之神功聖德，炳若日星焉。明年辛巳，皇上龍飛紀元，特頒恩詔：「凡應繳官項，子孫代賠者，查予豁免。」時府君代繳先大父賠項已完至二萬有奇矣，其餘蒙恩豁免。府君歸告先大父，大父感激流涕，而府君亦自此負累始輕。夏，畿輔及山左旱蝗，上軫念民依，令所在督撫飭屬急行搜除。府君具疏言：「捕蝗一事，胥吏一經奉票，即按畝派夫。及率人捕撲，則又故踐禾苗。即無蝗地畝，亦復肆行蹂躪，藉端索費。是爲民除害之事，轉至貽害於民。恭讀《欽定康濟録·捕蝗必覽》所載捕蝗十宜，以設廠收買爲最要之策。其法或錢或米，捕蝗一斗，給以若干，使百姓捕蝗而得賞，則不假胥吏之催促，而趨之若騖。非惟收效甚速，且免作踐騷擾之患。請飭武英殿，將《欽定康濟録》頒示直隸、山東大員，令其相度機宜，倣照捕撲。」疏入，上以設廠收買立法簡易，遂如所請以行。秋，值今上元運初開恩科廣額，復奉命持衡浙水，武進吴伯新先生副之。府君輶軒再涖，盡心校閲如戊寅涖浙，時得士徐廷策等一百二十六人。八月，充國史館副總裁。十二月，充經筵講官。二年三月，轉左侍郎。四月，充殿試讀卷官、朝考閲卷大臣。蒙特賜實録館總裁内庫甆器，府君與焉。八月，署刑部左侍郎。府君以吏、刑兩部事務皆繁，而刑部事關民命，仰體欽恤之意，雖暫時署理，每日兩署皆至，經數月之久不懈也。明年癸未，命偕歙縣曹文正公、山陽汪文端公、長白今協辦大學士穆鶴舫先生，充會試總裁，得士海樸等四人，杜受田等二百四十人。四月，以《實録》黄綾本進呈，上以在館諸臣恪恭將事，辦理妥速，恩賞紗卷。旋奉命教習癸未庶吉士。冬，又派武會試正總裁。明年春，充經筵直講大臣。四月，《實録》全書告成，賜宴禮部，賚鞍馬、銀幣。召對時，優獎勤勞，謂總裁中惟府君一人始終其事。賞延於世，不孝壽昌得即日補官。十一月，署户部左侍郎。明年乙酉，充大考翰詹閱卷大臣。是年，先大父距賜舉人之年已周甲矣，例當重宴鹿鳴。京兆尹以聞，諭曰：「原任永定河道王念孫，係吏部左侍郎王引之之父，年登耄耋，蕊榜重逢，洵屬藝林嘉瑞。著加恩賞給四品職銜，重宴鹿鳴，以光盛典。欽此。」府君詣闕謝恩，蒙召詢先大父歷官事甚詳。府君對至永定河漫口事，上有數奇之嘆。先大父與宴之日，府君恭奉杖履以侍，一時傳爲佳話，以爲人子能養志者，莫府君若也。是年，不孝壽同考取選拔貢生，府君曰：「汝得此寸進，值老人重宴鹿鳴之年，可博老人歡心。汝益當敦品勵學，以承世德。」明年丙戌，充覆試閱卷大臣、殿試讀卷官、朝考閱卷大臣。六月，充乙酉科拔貢朝考閱卷大臣。丁亥，府君年六十二，蒙恩擢授工部尚書。凡侍郎升尚書，皆由總憲升轉。府君以忠清亮直，上結主知，由侍郎徑擢尚書，一時驚爲殊遇。謝恩召對，上諭之曰：「朕之徑擢汝尚書者，爲汝人好，非祇爲汝學問好及俸深也。」府君仰承恩遇，圖報之思彌切。先是，先文肅公在高宗朝曾任是職，後先大父又歷官水部諸曹，府君稟承兩世遺規，任冬官數年，鈎稽必嚴，察核必至。素精算術，在署治事，嘗取奏銷册親行覆核，所用帑無慮數十百萬，府君執管以計，日不移晷而畢，僚屬皆驚異。又河工工程名目，歲修之外，又有另案。廳員率藉此自肥，而所修新工，或反遜舊工堅固。先大父官河道六年，所屬不報一另案。府君隨侍任所，習知其弊。故官工部，有請旨嚴東南兩河另案工程之奏，奉旨允行。時值淮、黄不治，航海轉漕，關、孟二灘方興挑濬，淮鹺積累，常課不供。不孝等見府君博延衆議，考古籌今，夙夜拳拳，無時或釋。惟常蒙獨對，凡有獻納，皆造膝自陳，不草一疏。故宣室所陳，不孝等莫由知其概焉。七月，充武英殿正總裁。武英殿總司圖籍，因《康熙字典》内列聖廟諱、皇上御名未曾缺筆，有旨修栞。府君於召對時奏曰：「聖祖仁皇帝欽定《字典》一書，蒐羅繁富，爲字學之淵藪。惟卷帙浩繁，當年成書較速，纂輯諸臣迫於期限，於援据閒有未及詳校者。應考据更正。」上然之。府君遵旨細檢原書，手自校訂，凡更正二千五百八十一條，輯《考證》十二卷，分條註明，各附案語，恭繕進呈欽定。是時同事諸公皆推重府君學問，謂有府君校訂，可以無俟他人。故更正之條，出自府君手者，十居八九。十一月，賜紫禁城騎馬。是月，不孝彦和以恭辦萬年吉地工程，仰蒙恩旨，以直隸州知州即選。府君率不孝彦和詣闕謝恩，歸而諭曰：「州牧，民之父母，不易爲也。爾當思皇上之天恩，祖宗之家法，百姓之疾苦，仁以馭下，儉以養廉。其體此行之。」明年〔六〕，署吏部尚書，充朝考閲卷大臣。庚寅，調禮部尚書。府君謝恩歸，諭不孝等曰：「昔我祖文肅公，任大宗伯十年，清操亮節，炳燿人寰。吾今復居此職，其何以紹前徽而爲報稱地也？」履任後，見署中有先文肅公楹聯云：「松筠存質直，日月照心清。」府君緬懷先德，亦撰聯語云：「夙夜惟寅承祖德，靖共爾位答君恩。」擬懸於先文肅公聯右，後以憂去官，不果。是年，不孝壽昌由户部主事題升員外郎中，府君謝恩歸，諭之曰：「爾一月兩遷爲部曹者，豈易逢此爾？應知好事不可多逢，當更勤慎盡職，勿自懈也。」明年辛卯，復署工部尚書。是冬，北地嚴寒異於往歲，先大父年届九旬，畏寒食減。府君延醫調治，終以年高，服藥罔效。府君侍疾，晝夜不解帶。逮壬辰正月，府君恐貽誤公事，乃具疏陳情乞假。蒙賞假十日，並蒙召見垂問先大父病源，且諭以服人參之法。又問先大父年齒生辰，府君謹對訖，諭：「善爲調治，明年便是九十。」聖恩優渥。府君歸告先大父，先大父伏枕謝恩，且云人子事親如府君者，可謂至矣。先大父棄養，府君年已六十有七。居憂三年，童真孺慕無一日或釋諸懷。先大母以甲子棄養，歷今三十餘年矣。歲時祭祀，未嘗不泫然流涕。蓋孝思純篤，出於天性者然也。先大父所著《讀書雜志》凡八十二卷，府君官至正卿，禄入稍優，因次第付梓，至辛卯始栞竣。壬辰夏，更輯先大父著作之未梓者，附於《雜志》後，名曰《志餘》，並栞以傳世。初先大父病篤，謂府君曰：「古不祔葬，爲不忍先死者之復見。汝母葬已三十年，窆穴不宜輕啓，如有朽損，傷子孫之心。且死而有知，無所不通。若其無知，合之何益？汝其識之。」府君奉先大父柩歸里，遂卜葬於江蘇六合縣之北郊，遵遺命也。府君在里，嘗吟《止齋銘》中語，曰：「行年六十，官一品也，是人生合止時。」因諭不孝壽同曰：「吾年將七十，正古人致仕之年。惟祖孫父子四世承恩，安敢乞閒自耽安逸乎？」甲午夏，服闋入都，舟經袁浦，聞洪湖淤墊，欲至高堰一觀，後不果往。易簀前夕，猶言及此事，諭不孝壽同曰：「吾備位正卿，國家之事，何一不當講求，以備顧問？高堰之行未果，吾至今悔之。」在里時，聞海塘坍卸，曰：「事關浙右民生，國家財賦，吾當講求其利弊，爲皇上敬陳之。」時集前人籌議海塘諸書參考而得其要，以疾革，未果上。蓋公忠體國之懷，無時或釋也。十一月十二日，拜署工部尚書之命。越五日，奉命即真，謝恩歸，微患痰嗽，然起居服食，一如常時。延醫調治，至二十日痰嗽漸愈，而飲食稍減。醫者謂脉象平和，惟右尺脉大，證由腎陽不藏，因服納氣歸腎之劑。至二十二日，嗽已全愈，飲食復加。二十三日，府君諭不孝壽同曰：「吾食進嗽安，今日可入署治事。」不孝壽同婉請再息數日，府君以職事不可曠，因疏請給假，手自屬稿。繕畢，親加校對，令工部於次日入奏。二十四日丑刻，不孝壽同侍立牀側。府君寤而謂曰：「頃夢至一處，案册山積，百司紛呈，皆待我判定，何其繁也！」隨進燕窩粥一盂，仍復安眠。至卯刻，頭頰汗出，旋汗旋止。辰刻又復大汗，遂諭不孝壽同曰：「吾荷兩朝厚恩，由翰林洊躋尚書，愧無以報稱。吾今雖無病而汗出不止，將不久於人世。汝等異日其各竭心力以報天恩，繼吾未竟之志。汝兩兄遠宦，竟不能一見，汝可以此寄語知之。」遂口授遺疏，令於屬續後上之。言畢，氣息漸微，遂棄不孝等而長逝。嗚呼痛哉！不孝壽昌憶隨敬少農奉使江南事畢後，請假歸里，叩謁府君。及蒙恩簡放知府，又請假回籍省親，見府君精神强固，私心竊喜。不孝彦和在鬱林任所，府君於十一月十六日猶賜手諭，教誨周詳如常時。不孝孝壽同日侍慈顔，方謂寢饋已安，得以常承色笑，孰意天降鞠凶，音容從此永隔耶？不孝壽昌、彦和含殮未親，壽同侍疾無狀，皆不可爲人，不可爲子，尚何言哉，尚何言哉！府君遺疏入，上心軫悼。奉上諭：「工部尚書王引之，品行端謹，學問素優。由翰林洊躋卿貳，擢任尚書。方資倚畀，兹聞溘逝，殊爲軫惜。著加恩照尚書例賜卹，所有應得處分，悉予開復；應得卹典，該部照例具奏。欽此。」旋蒙賜祭一壇，遣禮部尚書汪公守和致祭於私第，頒祭文一篇，賞全葬銀五百兩；予謚「文簡」，頒墓碑文一通，賜墓碑銀三百五十兩。不孝等望闕謝恩，焚黄泣告，而府君感恩圖報之語，竟不可復聞矣。嗚呼痛哉！府君性極方正，而善氣迎人。事君以誠，持己以正，待人以恕，接下以謙。服官四十載，凡有陳奏，不自留稿。密勿所陳，雖子弟不告。徧歷六官，領部務垂二十年，無日不詣署。嘗曰：「事無論繁簡，一日不治則(積)積多；精神不能周徧，則察稽疏而弊竇生矣。」故兼綜他部時，日赴兩部，不以事繁而或曠也。吏部總司銓政，案例有兩岐者，書吏輒上下其手。府君任少宰八年，吏不能爲奸。後奉諱在籍，有吏部書吏向親串中詢府君起居者，曰：

「是亦可以少休矣。」爲若輩憎惡如此，則在部之燭奸釐弊可知。至於議定公事，不爲兩可之言，不存從衆之見。府君爲少宰時，太宰某公議以官員遇生祖母之喪，父故在先，本員爲庶長孫者，令承重，離任丁憂三年。府君力持不可，議未定，而府君奉使典試浙中，持議者遽奏行之。府君還，議以孫之於祖，服止齊衰一年。嫡長孫，父故在先，遇祖父母之喪，則持服三年。蓋以承父之重，與祖爲體，宗祧大法於是乎在。其於祖母從同者，一本相承敵體之義也。至庶祖母，非祖敵體，不得以承重言。乃具疏更定前議，云：「臣部前奏請將父故之庶長孫爲生祖母服喪三年，乃推廣孝思之意，惟是情有所伸，禮有所屈。即如次子、三子，其受父母之恩，與長子同。若其身先死，而父母後歿，爲其子者，不能代服三年之喪。且爲人後者，爲所後父母服喪三年，爲本生父母止服降服一年。庶長孫之分，原止儕於諸孫。生祖母之恩，不能加於父母。蓋緣情，則罔極之恩即終身持服，不足以言報。制禮，則承重之義，斷不能加於支庶。請仍令其治喪一年，許其離任。」奉旨允行。汪文端公官禮部尚書，奏題缺主事新例名實不符，請確查更正。事下大學士、軍機大臣、吏部會議。府君獨然其説，疏言：「官人之道，以量才稱職爲先。我朝定制，于內外官分設，題缺選缺，循名責實。題缺以勵人才，選缺以叙資格。二者判然不同，亦復並行不悖。溯查乾隆九年欽定各部郎中、員外、主事題缺，令該堂官於屬員內揀選保題，而吏部銓選例內亦載明，各部郎中、員外、主事題缺，令該堂官揀選題補。成憲煌煌，至今未易。迨四十八年，清書《則例》告成，忽於除授門内增纂題補主事統較行走先後一條，因訛成誤，遂與揀選門本例大相矛盾。今以後起訛誤之文謂可仍舊，揆之於理，未爲允協。總之題缺不論資格，方與國家簡賢任能之意相符。若以題缺主事獨與選缺同較行走先後，而繁簡不分，賢愚無別，於整飭部務、鼓勵人才之道，均無裨益。至謂恐開奔競之門，則各部院堂官於題補郎中、員外皆不慮其奔競，獨於題補主事慮其奔競，此不待辨而自明者。請仍照乾隆九年原定章程，題缺主事令該堂官於屬員内揀選題補，以符舊制。使題選義例分明，庶人思自奮，賢才不致淹滯，而部務亦日有起色。」德州盧相國見府君之議而韙之，遂列名與府君合詞，另爲一議以上。蓋不敢徇衆以自欺也。在部時，接僚屬甚謙，而公事是非，究之必詳，持之必力。故屬吏畏而愛之，莫敢干以私。嘗論居官之道，謂「清」、「慎」、「勤」三者，「清」、「勤」皆從「慎」出，宜以「慎」爲主。任學政時，秩滿之京，餽贐有成例。府君婉辭以謝，曰：「我眷屬少，養廉足以自給。」出使各省，所至絶供帳餽遺，同官屬吏皆服府君清操。凡兩任學政，四主鄉試，再充會試總裁，悉心衡校，試藝而外，兼重經策。經生名士，一覽無遺。以故所取之士，學問經濟皆彪炳一時焉。政事之暇，惟以著述爲事。自庚戌入都，侍大父討論經義，凡有所得，即筆於篇；過庭所聞，亦備載之。迄庚寅，成書凡三十二卷，名曰《經義述聞》，不爲鑿空之談，不爲墨守之見，聚訟之説則求其是，假借之字則正其解。熟於漢學之門徑，而不囿於漢學之藩籬。初入都時，因許氏《説文》，屢就古人名字相因之義發明古訓，因作《周秦名字解詁》一書，皆就古人名字音義之相比附，以觀聲音訓詁之會通。成是書時，年甫二十有五。官山東學政時，因錢曉徵先生所釋太歲，分太歲、太陰爲二，義有不安，攷明《漢志》「太歲在子」爲「在寅」之譌，因於試士之暇，爲説二十八篇以正之，名曰《太歲攷》，與《周秦名字解故》皆合栞於《經義述聞》中。又因小學之書皆釋名物實義，若經傳語詞，小學書釋之者，如《爾雅》「粤于爲曰」之類，所載無幾。自漢以來，説經者或以助語而釋以實義，或不知助語有二訓、三訓，而皆釋以常解。語義未明，而經義反因之而晦。雖以毛、鄭之精，猶未免此誤。府君因博攷九經三傳及周秦西漢之書，發明助語古訓，分字編次，爲《經傳釋詞》十卷，以補《爾雅》、《説文》、《方言》之缺。府君説經，無所不究，尤精於轉注、假借之字。幼承庭訓，精通于先大父古均二十一部之分，於九經、《楚詞》、諸子之有韻者，剖晰精微。又熟於篆隸遞變源流，因聲音以審文字，因文字以察詁訓。凡漢唐諸儒就借用之字望文生義而未安者，府君釋以本字，無不冰釋理順。退食之餘，侍先大父，即以考訂爲承歡之具。先大父所著《廣雅疏證》，末卷即命府君爲疏。《讀書雜志》十種，亦多列府君之説。而府君《經義述聞》及《經傳釋詞》，亦謹載先大父説。

芸臺先生謂先大父、府君之學過於惠、戴二家。恭甫先生謂當代通儒著述，惟先大父、府君與讓堂老人爲最醇。由其審訂精確，左證明通，先於本書前後洽熟，然後旁取他書，一文一字靡不鈎稽該覈，合於古而即愜於心，故爲諸家所莫及。顧千里謂近代通儒，程徵君經學，錢少詹史學，汪明經文章，先大父、府君小學，天下五人而已。皆知之深也。劉文清公贈府君楹帖云：「好學深思，心知其意；聰穎特達，文而又儒。」論者謂非府君不能當之。府君不惑於二氏之學，居大父母喪，不令僧道懺悔，曰：「俗謂此可以祈福，福善禍淫，天之道也，豈祈之可得？謂爲此以免罪，則是先自誣其親也。」又不信術數陰陽拘忌之説，星家言而或中，曰偶然耳。又曰：「十干十二支，自人名之以紀時日。十干十二支之分配五行，亦自人合之。烏可以其生克言吉凶哉？」居大父喪，陰陽家有以回煞宜避之説進者。府君泣曰：「是何言也？吾親果來，是人子僾見愾聞之所願望見顔色者也，安忍避哉？」又世俗喪事，凡親賓來弔者，奏鼓樂。府君以爲非禮，命設而不作。生平篤一本之誼。族人之貧者，歲時皆有贍恤，冬有衣費，應試有路費。置田數十畝，以所入爲資助族人之用，終府君之身如一日。賦性真樸，一言一話，無不表裏如一。與人交，不設城府，要於忠信。遇事蹇諤，未嘗有所阿比，亦未始以清節陵人。於聲色紛華，澹然一無所好。服官數十年，不畜妾媵，飲食衣服、宫室器皿之屬，不求精美。寢室中古書數架，無玩好之設。居恒以盛滿爲戒，故位登極品，清約如寒素。晚年稍喜莳花，然不求精貴，僅市中草花位置庭中，謂聊以取生意云爾。官翰林時，購貂裘一襲，服二十年未嘗易。迨官卿貳，得賜庫貂，則命速成之，曰：「我將服以紀恩也。」馭下最寬，臧獲有小過，多容恕之，而約束仍不稍縱。奉使各省，家人輩無敢侵擾毫末。至於教不孝等，甫有知識，即以朱子《小學》及《養正遺規》示之。不孝壽昌任部曹時，府君時教以勤慎。及隨欽使讞獄事畢，省府君於丙舍，府君曰：「余備員正卿，汝等非如寒素，旋都時其勿受贐儀。」迨任知府，府君訓之曰：「知府有表率之責，未有己不正而能正人者。事上官以禮，待屬下以和。論公事則貴允當，馭奴隸則必嚴肅。遇應提之案，勿瞻顧情面，致民隱莫達；有示審之事，勿改易時日，致民累久延，方爲稱職。」不孝壽昌皆謹識而遵守之。不孝彦和選授廣西鬱林牧，府君訓之曰：「直牧有撫字催科之事，而又有表率僚屬之責。爾須思所以爲民父母之道，正己率物，勿墜家聲。」不孝彦和亦謹識而勉爲焉。不孝壽同考取拔貢生，府君訓之曰：「此向上之機，爾毋自廢棄，況祖宗有以選拔有聲者，學問人品曾爲一方之望。爾當勉力以繼前徽。」不孝壽同亦謹識之不敢忘。嗚呼，自今以後，欲再聞府君之訓，不可得矣，痛何如哉！府君自通籍後，疊荷恩施，頒賞不可勝記。如重華宫茶宴，則有字畫三清、茶甌玉盌、天然葫蘆茶盞，歲賚則有御書「福」字、荷囊、麅鹿、果品，午節則有香囊、扇絡，特恩則有人薓、貂皮、紗綺、瓷瓶、鹿肉，慶典則有文綺、鞍馬、筆硯、書籍之賜。至於三朝奎藻，則有《高宗純皇帝聖訓》、《仁宗睿皇帝聖訓》、《仁宗御製詩文集》《詩文餘集》、《御製全韻詩》、《平定教匪紀畧》、《養正書屋全集》、《御製初集》、《午門受俘詩》之賜。其他欽定書籍，如《全唐文》、《大清會典》、《康熙字典》之類，不勝枚舉。府君奉爲世寶，與先文肅公所承賜書一同什襲珍藏。今則褒䘏重申，飾終恩渥，而府君音容已隔，攀溯莫由矣。嗚呼痛哉！府君生於乾隆三十一年三月十一日寅時，卒於道光十四年十一月二十四日辰時，享年六十有九。府君高祖父、曾祖父皆以文肅公貴，累贈光禄大夫、禮部尚書。高祖母李太夫人、曾祖母車太夫人，並贈一品夫人。文肅公官禮部尚書，時以己封典貤贈外祖父母，後以府君貴，誥贈光禄大夫、工部尚書。府君祖母車太夫人、崑山徐太夫人、錢塘徐太夫人，並誥贈一品夫人。先大父官吏科給事中，時誥授中憲大夫，以府君貴，晉封光禄大夫、工部尚書。先大母吴太夫人，先誥封恭人，以府君貴，晉贈一品夫人。府君官翰林時，以應得封典貤贈外祖父母，後累授光禄大夫、工部尚書。原配吾母沈夫人，廩貢生、同邑諱業廣公女，孝謹德讓，勤儉持家，歸府君，逾年而歿，累贈一品夫人。繼配吾母范夫人，原任雲南布政司經歷、貤贈承德郎户部主事、大興諱鍾公女，孝慈勤儉，侍養先大父數十年，凡大父一飲一食，皆手治以進。府君自爲諸生至官卿士，從不問家事，而吾母范夫人綜理家政，内外秩然。府君奉使中外，受命即行，從不貽府君以内顧憂。治家有範，而能恤下，僕婢無不畏而知感。教不孝等最嚴，苟有過，不稍假以顏色。釵珥不務華美，雖膺極品之封，而家居衣猶補紉。親族里黨盛稱之。先府君八年卒，累封一品夫人。子四人：長不孝壽昌，應順天鄉試癸酉、戊寅兩科，挑取謄録。道光元年正二品廕生，補户部主事，洊升河南歸德府知府。娶廣西桂林府知府、代州郎諱錦騏公女，繼娶户部郎中、金陵陶諱涣悦公女。次不孝彦和，應順天己卯、乙酉兩科鄉試，挑取謄録。以萬年吉地議叙，選廣西鬱林直隸州知州。娶同邑生員胡諱道傳公女，繼娶奉天海寧縣知縣、平湖沈諱學詩公女。次壽朋，早殁。次不孝壽同，道光乙酉科選拔貢生，八旗教習，候補郎中。娶己未進士、光禄寺卿、前湖南巡撫、興縣康諱紹鏞公女。女五人：長適甘泉附貢生徐諱玉華，次早殁，三適癸未進士、邢部郎中、大興史名致蕃，四、五皆蚤殁。孫七人：恩溥、恩湛皆不孝壽昌出，恩溥聘候補主事、仁和韓諱綬章公女。恩來、恩沛、恩洽皆不孝彦和出，恩來聘己卯進士、詹事府右春坊庶子、平湖徐名士芬公女，恩沛聘廣西龍州同知、望江倪名良耀公女，恩洽聘工部都水司郎中、臨川李名秉綬公女。恩澤、恩晉皆不孝壽同出，俱業儒。女孫八人：不孝壽昌出者三，長字閩縣舉人曾兆鼇，次字錢塘邵延棟，三字武進周榮桂。不孝彦和出者三，不孝壽同出者二。不孝等苦凷昏瞀，語無倫次，詮叙百一，挂漏實多。惟冀當代大人先生賜之傳誌銘誄，以彰先德，則不孝等世世子孫感且不朽。

孤哀子王彥和 壽昌 壽同泣血謹狀

賜進士出身，誥授光禄大夫，予告大學士，太子太保，前文淵閣領閣事，經筵講官，國史館正總裁，軍機大臣，吏、户、禮、兵、刑、工六部尚書，庚辰會試大總裁，癸酉、戊子、辛卯順天，甲子浙江，甲寅山西鄉試正副考官，河南學政，翰林院編修，愚表兄盧蔭溥頓首拜填諱。

【説明】

《行狀》載王恩沛、王恩泰輯《高郵王氏家集》，羅振玉輯入《高郵王氏六葉傳狀碑誌集》卷五。《行狀》作於道光十四年甲午十二月。

【校注】

〔一〕號曼卿，「號」當爲「一字」。依古人名字相應之例，當如是，《續高郵州志》可證。

〔二〕「明年」誤。依《經義述聞自序》，王引之歸里侍母即丙午年事，不在丁未。

〔三〕知縣朱履中、總督汪志伊、知府涂以輈、巡撫王紹蘭羅織罪名，誣諂藩司李賡芸致死，王引之、熙昌奉命往按，白其誣，事詳清昭槤《嘯亭續録》卷三《李賡芸之死》。
〔四〕「總裁」誤，據《清代職官表・會試考官年表》、《清史列傳》，當爲副總裁。
〔五〕阮元、王壽昌《行狀》均作「十一月」，而《清代職官年表》、《清史列傳》均作「十二月」，當從。
〔六〕王彦和選直隸州知州，在道光七年丁亥。而王引之署吏部尚書在道光九年己丑。故知「明年」誤。

御賜碑文

清宣宗

奉天承運，皇帝制曰：朕惟文章報國，耆儒資翊贊之勳；水土命官，工正重均平之任。惟勤勞之足紀，斗極依光；斯卹賚之從優，鼎彝著美。爰施龍綍，式焕螭碑爾。原任工部尚書王引之，植節端方，持躬謹慎。論學術則父書能讀，掇巍科則祖武遥承。朵殿簪毫，遴佳才於高等；木天晉秩，越常格以升階。載陟坊寮，洊躋卿列。政參憲府，嚴明而象炳法星；職貳容臺，遷擢而恩濃湛露。惟賢士上膺失簡，在宣勤幾徧六官；而事典莫重於考工，亮采克端於百揆。秘文悉資夫校理，吉士且藉以陶鎔。講幄論思，禁闈綏鞚。榮持使節，經黔、楚以掄才；公秉文衡，歷豫、齊而視學。浙水則兩膺秋試，奎光則再典春闈。百工宣飭化之猷，民曹攸賴；一德著公忠之績，臣職無虧。方倚畀之維殷，何淪沮之遽告！用深軫悼，宜備哀榮。表厥生平，謚之「文簡」。於戲，學由古訓，立朝彰清白之規；寵賁新綸，勒石焕書丹之色。褒章載錫，鏤範長垂。

道光十四年十二月十六日，光禄大夫經筵講官工部尚書加二級謚文簡伯申王。

諭祭文

清宣宗

維道光十四年十二月辛卯朔，越十九日己未，皇帝遣禮部尚書汪守和，致祭於原任工部尚書王引之之靈，曰：「績懋宣猷九範，重飭材之選；圖呈括象百工，資率屬之勤。惟奉職無愆，進思不忘勵翼；斯飾終有典，酬庸特備恩榮。鳳綍蒙恩，雕筵賁澤爾。原任工部尚書王引之，持躬恪謹，植品端方。學有淵源，約先儒之菁萃；家傳清白，繩祖武之芳規。並騎看花，被恩榮於杏苑；聯茵染翰，擢高等於蓬山。督學則南豫、東齊，平分秋月；程才則黔山、楚水，同坐春風。讞獄八閩，一到而吏懷霜肅；衡文兩浙，再來而人仰冰清。獻納繼以論思，趨陪講幄；文章通乎政事，歇歷卿階。祕籍則制作攸司，吉士則師資是藉。佐六官而徧歷，典三禮以允宜。曉漏趨朝，許驊騮之徐控；春闈貢士，喜桃李之重栽。表宿望於垂紳，瑞徵鷟鸑；溯成勞於曳履，官紀鳲鳩。正毗倚之方長，何淪沮之入告！軫懷彌切，褒卹宜隆。用沛温綸，特加賜酹。於戲，日省克彰夫事典，緬駿譽於升華；星芒頓掩乎丰裁，荷龍光於豐祀。靈而不昧，尚克歆承。」

【説明】

《御賜碑文》、《諭祭文》載《高郵王氏六葉傳狀碑誌集》卷一。分别作於道光十四年十二月十六日、十二月十九日。諭祭文，由禮部尚書汪守和宣讀。

伯申王公墓誌銘

湯金釗

道光十四年冬十一月二十四日，工部尚書王公卒於位。遺疏入，上心軫惜，命照尚書例賜卹，賜謚「文簡」。越明年秋，孤子壽昌等奉靈櫬反葬於安徽天長縣諭興集之東原，將以十二月初七日堋。以金釗與公同年進士，知公深，丐爲薶幽之文。雖不文，不敢辭。

按：公諱引之，字伯申，號曼卿〔一〕，姓王氏。先世由江蘇蘇州遷高郵。五世祖開運，州學生，治《尚書》有聲。高祖式耜，副貢生，博通五經，貧而好行其德。曾祖曾禄，拔貢生，邃於理學。祖安國，由一甲二名進士授編修，歷官吏部尚書，賜謚「文肅」，國史有傳。文肅公之祖父母、父母俱以文肅公貴，誥贈如例。父念孫，由庶吉士，歷官永定河道，著有《廣雅疏證》、《讀書雜志》諸書行於世，以公貴，封光禄大夫、工部尚書加二級。母氏吴，贈一品夫人。吴太夫人孕八月而生公，公身小氣弱，性穎異好學。年十七，補州學生，從事聲音文字詁訓之學。以所得質於光禄公，光禄公喜曰：「是可以傳吾學矣。」乾隆乙卯，舉順天鄉試。嘉慶己未成進士，殿試一甲第三名，授編修。癸亥大考翰林，欽取一等第三名，擢侍講。歷官庶子、侍講學士、通政司副使、太僕寺卿、大理寺卿、左副都御史，晉禮部侍郎，教習庶吉士，調吏部侍郎，累署兵部、刑部、户部侍郎，授工部尚書，賜紫禁城騎馬，署吏部尚書，調禮部尚書。父喪服闋，復授工部尚書。公事君以誠，持己以正，擾而能毅，直而能温。忠愛之念，上結主知。凡民生國計之大，講求諮度，知無不言。林清之變，有議加培圓明園宫垣者，公具疏切辨，蒙召見嘉納。閩省署龍溪令朱履中誣方伯李賡芸受賕，總督某劾方伯，罷其任。既對簿，無左驗，而按事者持之急，方伯不能堪，遂雉經。事聞，命公偕熙少宰昌往讞之，悉得其情，獄遂平反。爲少宰時，有議爲生祖母承重丁憂三年者，公力持不可。會奉使去，持議者遽奏行之。公還，疏陳庶祖母非祖敵體，不得以承重論。緣情即終身持服，不足以報罔極；制禮則承重之義，不能加於支庶，請復治喪一年舊例。遂更正。其長冬官也，鉤稽必嚴，察核必至。素精算術，嘗取奏銷册覆核，所用帑無慮數十百萬，執管以計，日未移晷而畢，僚屬皆驚歎。又河工工程名目，歲修之外，又有另案，廳員率藉此自肥，而工反遜於舊。光禄公官河道六年，所屬不報一另案。公習知其弊，故有請嚴禁東南兩河另案工程之奏，得旨允行。恭脩《仁宗實録》，充總裁官，敬謹編輯，始終其事。總裁國史，細心簽酌，務臻允當。充武英殿正總裁，召對時從容奏言：《字典》一書，當年成書較速，纂輯諸臣間有未及詳校者，應加校正。上然之。公手自校勘，凡訂正二千五百八十一條，輯《考證》十二卷以進。他若畿輔歲歉，則請寬京城米禁，以濟民食；山左旱蝗，則請設廠收買，以杜胥吏奉符滋擾。身無地方之責，而殫心民瘼，皆此類也。辛酉典試貴州，甲子典試湖北，戊寅、辛巳兩典浙江試，己卯、癸未兩典會試，所取多知名士。視學河南，則捐廉購《十三經注疏》百餘部，分貯各屬學宫，教士子以根柢之學；訂《詩韻》，以導諸生韻語之不協律者。爲山東學政時，值教匪滋事，壹以正風俗爲先，撰《闡訓化愚論》、《見利思害説》，刊布以曉愚民。至地方官有聲名平常者，直陳無隱，按驗皆實，則又公之公忠，足以仰副委任者也。公天性純孝。官庶子時，居母喪，哀毁盡禮。光禄公以河工漫口罷觀察，居京邸，公侍色養志，退食之暇，以考訂經義爲承歡。光禄公重宴鹿鳴，公撰杖以侍，都人士豔稱之。居喪，年已六十有七，孺慕之色結心而形。篤於本根，置田以贍族人之貧者。子孫自幼訓以朱子《小學》及陳文恭公《養正遺規》，莫不循循有規矩。政事之外，以纂述爲事。著有《經義述聞》三十二卷，不爲鑿空之談，不爲墨守之見，聚訟之説則求其是，假借之字則正其解。又就古人名字音義之相比附，以觀聲音訓詁之會通，作《周秦名字解詁》。又考明《漢志》「太歲在子」爲「在寅」之譌，爲説二十八篇以正之，名曰《太歲考》。又以小學之書皆釋名物實義，若經傳語辭，釋之者無幾，語義未明，經義反因之而晦，爰博考九經三傳及周秦西漢之書，發明助語古訓，分字編次，爲《經傳釋辭》十卷，以補《爾雅》、《説文》、《方言》之缺。公説經，尤精於轉注、假借之字。幼承庭訓，精通於光禄公古均廿一部之分，於九經、《楚詞》、諸子之有韻者，剖析精微。又熟於篆隸遞變源流，因聲音以審文字，因文字以察詁訓。凡漢唐諸儒就借用之字望文生義而未安者，公釋以本字，無不冰釋理順。公生於乾隆三十一年三月十一日，享年六十有九。元配沈夫人，孝謹德讓，動合禮法，歸逾年而殁，葬於天長縣石梁鎮祖塋側。繼室范夫人，孝慈勤儉，侍養光禄公數十年，一飲一食，必手治以進。綜理家政，内外秩如。教子以嚴，御下有恩。雖膺極品之封，家居衣猶補紉。族黨稱之。先公八年卒，葬於天長縣諭興集東原，公子遵公命合葬焉。子四人：壽昌，正二品廕生，由户部主事，洊升河南歸德府知府。彦和，廣西鬱林直隸州知州。壽朋，早殁。壽同，拔貢生，八旗教習，候補郎中。女五人，孫七人，女孫八人，嫁娶皆名族。銘曰：

通儒之子，克承家學。聲音文字，詁經精確。繩其祖武，洊爲正卿。嘉猷入告，忠愛篤誠。屢掌文衡，得人爲盛。經術造士，士習以正。大臣規畫，昭垂信史。名山著述，足傳千禩。長淮之南，大江之北，子孫繁興，視此兆域。

【説明】

文載《高郵王氏六葉傳狀碑誌集》卷一。湯金釗，王引之同科進士，字敦甫，一字勖兹，蕭山人。有《寸心知室存稿》。湯文作於道光十五年秋。

【校注】

〔一〕王引之，一字曼卿。「號」誤，説詳王壽昌等《伯申府君行狀》校注〔一〕。

工部尚書高郵王文簡公墓表銘

龔自珍

公諱引之，姓王氏，江南高郵人。祖安國，禮部尚書，謚「文肅」。祖妣車氏、徐氏。考念孫，四品卿銜，前分守永定河兵備道。妣吴氏。公乾隆六十年舉人，嘉慶四年進士，由翰林院編修，累禮部尚書，改工部尚書，卒於位，賜謚「文簡」。生乾隆三十一年，卒道光十四年。明年冬十有二月七日，葬於州治之賜塋。公典鄉試事四，典會試事二。龔自珍則其典浙江鄉試所得士。公之學及其著書，大凡嘗不以自珍爲不可裁而請之矣；其行誼始末，自珍又窺其數大耑矣。將葬，公第四子壽同則使自珍表諸墓。自珍爰述平日所聞於公者，曰：「吾之學於百家未暇治，獨治經。吾治經，於大道不敢承，獨好小學。夫三代之語言與今之語言，如燕、越之相語也。吾治小學，吾爲之舌人焉。其大歸曰用小學説經，用小學校經而已矣。」又聞之公曰：「吾用小學校經，有所改，有所不改。周以降書體六七變，寫官主之；寫官誤，吾則勇改。孟蜀以降，槧工主之；槧工誤，吾則勇改。唐宋明之士，或不知聲音文字而改經，以不誤爲誤，是妄改也，吾則勇改其所改。若夫周之没，漢之初，經師無竹帛，異字博矣，吾不能擇一以定，吾不改。叚借之法，由來舊矣，其本字十八可求，什二不可求。必求本字以改叚借字，則考文之聖之任也，吾不改。寫官槧工誤矣，吾疑之，且思而得之矣，但羣書無佐證，吾懼來者之滋口矣，吾又不改。」又聞之公曰：「吾之學未嘗外求師，本於吾父之訓。」先是，兵備公校定晚周諸子、《太史公書》，一時言小學者宗之。公所著書三十二卷，謂之《經義述聞》。述聞者，乃述所聞於兵備公也。《通説》四十餘事，又説經之大者，在《述聞》之末。又聞之公曰：「吾著書，不憙放其辭。」自珍受而讀之，每一事就本事説之，栗然止，不溢一言，如公言。公之色，孺子色，與人言，未嘗有所高論吴譚。年七十爲禮部尚書，兵備公猶在。比丁憂服闋，再補工部尚書，而公旋卒矣。公終身皆其爲子之年，門下士私相謂曰：「以王公名位齒髮，而辭色如子弟。所學殊與？

所養殊與？其諸人論歸之師，海内歸之福也與？」公以事親爲讀書，以讀書爲事親，門内之士，勉勉顒顒，人知之；立朝循典，常俟乾斷，無所表暴，天下頗無由測公。嘉慶十八年，巨逆林清以七十七人入禁門，既殄定，同朝有議加圓明園宫牆高厚者，有議增圓明園兵額者，公皆不謂然，具摺上。睿皇帝大動容，召對良久乃罷。上諭：「軍機大臣王引之，言人所不敢言。」其事卒見施行與否，海内弗知。其奏牘何辭，海内迄今弗知也。由此例之，公之風旨，其視徒表暴於道者何如哉？公配沈，繼配范。子四：壽昌、彦和、壽朋、壽同，范出。孫七。銘曰：

璞之瑟瑟，外有文也；鏐之沈沈，中有堅也。君子肖之，以事其親也。於乎，欲事親者考斯，欲事君者考斯，斯人而不敢承，孰爲大道？

【説明】

文載《定盦文集》，羅振玉收入《高郵王氏六葉傳狀碑誌集》卷一。王引之之子王壽同深不以爲然，詳《觀其自養齋燼餘録》。

王念孫

陳奐

王名念孫，字懷祖，一字石臞〔一〕，高郵州人。乾隆乙未進士，直隸巡永定河道，尚書文肅公安國子。公晚年始生先生，四歲即口授《爾雅》，稍長從學於戴東原先生。故戴氏有段、王兩家之學。嘉慶二十三年戊寅，奐入都謁先生。先生有骹耎疾，從者扶而行，命無揖，且曰：「吾不見客十七年矣。」「段若膺先生歿後，天下遂無讀書人矣。」送出及衚衕口，曰：「癃病不能荅拜，明日遣兒子引之荅拜也。」前輩之接待後進如此。每論著書必於所託者尊，或其書中經後人改竄，又復後人不能諟理，則奮志研慮，日定以課程，發前人之未發，味衆人之不味，必底於有成而後止。書示《集韻》三則，《毛詩傳》三則，端楷數千言，子引之、孫彥和、曾孫恩沛皆有題，爲捊四代手墨，裝成長卷。余又備載顛末，記不一記，坿以余門諸弟子若管慶祺，潘遵祁、弟希甫，子姪觀保、貴生，馬釗、弟銘，丁士涵，費寶鍔，陳倬，楊峴，李善蘭，汪毓沈隨後贊跋，各記淵源。卷長五六丈。庚申四月十三日蘇城陷，此卷遺棄鈕家巷潘相國館中。蓋以深造自得者誨人也。年八十，奐書聯云：「代推小學有達人，天假大儒以長日。」稱先生壽。句當意，以爲吾且守藏篋中，而不與世俗富貴壽考作頌禱者同張縣矣。道光七年丁亥再入都，猶及見先生，屬校《管》、《荀》

書，間有校語，則載記《襍志》中，前輩之不没人言又如此。撰《廣雅疏證》十卷、《音》一卷，《讀書襍志》十種八十二卷、《志餘》二卷。壽八十有九。

王引之

陳奐

王引之字伯申，高郵州人，懷祖先生子。己未探花，官至工部尚書，謚「文簡」。戊寅獲交於文簡，相與往復辨論，喋喋忘倦。四方學者至，必走相見文簡，文簡必道之使相見，故在都門，頗有朋自遠來之樂。其時奐治《毛詩》語助發聲之例，余作《詩虛字義》三十卷，江子蘭師點定。此稾及《詩傳》底稾、《讀詩餘志》底稾，俱遺棄潘氏館中。文簡授以《釋詞》二卷，乃得擴吾知識。又重刊《經義述聞》、《大廣益會》三十卷，每一卷成，出相示。有疑義，常常問質，嘗謂：「我與若學術既同，閉造出合，德不孤矣。」年六十，事懷祖先生以孝，進謁必丁寧曰：「老人好論書，論書眠不得也，慎毋久坐。」爲丁艱歸里，服滿補原官，尋薨於位。其仲子彥和，字慕蘧，官蕪湖道，築專祠於儀徵，屬爲之篆額。少子壽同，字子蘭，官漢黃德道，咸豐二年壬子武昌陷，與子恩晉陣亡，余爲作穹碑并《孝子記》。

【説明】

文載《師友淵源記》。陳奂，段玉裁及門弟子，與王氏父子過從往來，切磋學問，情深誼篤。

【校注】

〔一〕依王引之《石臞府君行狀》，王念孫號石臞，「一字」誤。

王懷祖先生軼事

王筠

王懷祖先生嘗曰：「讀書之傷生也與酒色同。若好讀書而復有他所好，必至於死。故吾捐棄他事，專精於書也。」先生之壽八十八歲〔一〕，卒於道光某年正月某日。筠是年固在都，而忘之矣。冬已病，其子伯申尚書請假侍養。正月某日，請曰：「大人愈矣。今值開印之期，兒赴署可乎？」許之，遂行。先生平昔教子而不教孫，是日悉召之，教戒於牀前曰：「我將卒矣。適所以不告爾父者，分則父子，情猶朋友也。彼喪此老友，其何以爲情？然年已六十，爾輩宜勸之勿過哀。服闋後亦不須再出，出亦不吉，然吾知其必出也。」遂不復言，顔色遽變。諸公子使人至署謁尚書。尚書馳而歸，請訓。先生但揚目視之而已。是日遂卒。

初尚書有所著，赴署後，先生手鈔而增改之，以爲常，年逾八十猶然，《經義述聞》中屢書「家大人曰」者是也。然《經傳釋詞》足以接武，其他終似少遜。乃今之著述家固未見嗣音也。

又聞尚書之將生也，先生夢人舁解廌來，置廳事案上。少頃，復舁老嫗來，指解廌曰：「此潘氏子也，舁之去。」先生恚曰：「以此易彼，何耶？」舁者曰：「庸渠不若耶？」尚書身如晏子，腰似沈郎，而著作等身，爲世傳誦，何必位極人臣乎？筠於先生之書一鑽仰無已，故於其軼事爲志傳之所不書者，志之以示學子，使知善讀書者，能延年且能前知也。

朱子襄〔答〕書　咸豐四年甲寅

王筠

弟所私淑者，高郵王氏兩先生也。諸城李方赤璋煜出尚書門，欲介我往受業。笑謝之曰：「惜其爲大官耳，否則不介而孚矣。」

唯然，則弟又嘗遇一事。曾于友人家借讀王懷祖、伯申兩先生書，愛而購之市，久之始得。怪之，以告許印林。印林曰：「伯申先生曾發書于坊間，無過問者，遂不再發。」然大兄即以此事詰弟，弟亦有詞也。《韓昌黎集》，今人家傳户誦矣，而歐陽文忠反不習之，然非其集廣播，趙宋時何以尚存哉？竊願揚子《太玄》流佈人間，以待後世之子雲也。大兄幸采納焉。愚弟王筠頓首。

菉友《蛾述編》刊本

【説明】

文在《清詒堂文集》。王筠撰。屈萬里、鄭時輯校。齊魯書社，一九八七年。

【校注】

〔一〕王念孫享壽八十九歲。

祭王文簡公文 代郡尊李方赤太守作

劉毓崧

維道光戊戌季夏某日，具官李璋煜謹致祭於王文簡公之靈曰〔一〕：惟公一代名臣，千秋宗匠。政事文章，巍然時望。英年釋褐，司李維揚〔二〕。哀矜庶獄，聽訟才長。寬恤孤貧，表章節義。愛士尊賢，虚懷雅誼。冶春酬唱〔三〕，延攬文儒。主持壇坫，上繼歐蘇。士仰典型，民思遺惠。立主篠園〔四〕，三賢並祭。後百餘年，復有伊公。一麾出守，亮節清風。軫恤災黎，驅除蝨賊。去害安民，萑苻盡殛〔五〕。敦崇儒術，懋著循聲。去思未泯，配享新城。奉主僧寮，四賢同列。德業勳猷，後先媲烈。韓公增祀〔六〕，鼎建新祠。永叔、子瞻，祔食肩隨。移祀二公，堂名載酒。湫隘之居，難垂永久。璋煜不敏，誼屬鄉人。權守斯郡，寔步後塵。景仰風徽，下車展謁。詳考簡篇，遠徵碑碣。舊祠設主，榜額重懸。伊公從祀〔七〕，典禮無愆。招集賓僚，用申妥侑。敬設几筵，臚陳籩豆。有肴在俎，有酒盈樽。靈其來格，惠我黎元。尚饗！

【說明】

祭文原載劉毓崧《通義堂文集》卷十四，撰於道光十八年戊戌六月。是時李璋煜長揚州，借揚州鄉賢祠祭祀王引之，倩劉毓崧代撰祭文。至同治十三年，清廷方詔准王引之入祀鄉賢祠。

【校注】

〔一〕具官：官員品級在草稿中不詳載，以「具官」代之。　李璋煜，字方赤，號月汀，又號禮南，山東諸城人。嘉慶二十五年進士。

〔二〕司李維揚：掌勘揚州刑獄。司李，同司理，掌獄訟；又指推官，隸觀察使，查勘刑獄。維揚，揚州府舊稱。《尚書·禹貢》：「淮海惟揚州。」

〔三〕冶春：揚州八大園林之一。

〔四〕篠園：乾隆進士程晉芳居揚州時所築私家園林。園中立有三賢祠，奉祀歐陽修、蘇軾、王士禎，後增祀伊秉綬。下述鄉賢祠沿革。

〔五〕萑苻：春秋時鄭國澤名。《左傳·昭公二十年》：「鄭國多盜，取人於萑苻之澤。」杜預注：「萑苻，澤名。於澤中劫人。」後遂以萑苻指盜賊出没之處，或爲非作歹、違法犯罪之徒。

〔六〕韓公：韓愈。韓公增祀，另建新祠，並移歐、蘇於載酒堂。

〔七〕伊公：伊秉綬，曾任揚州知府。

詩 文

丙申孟冬同李成裕過王懷祖庶常湖西别業〔一〕時懷祖正注許氏《説文》

奉贈三首

賈田祖〔二〕

之子金閨彦〔三〕，欲渺區中緣〔四〕。湖濱得幽墅，人迹遂杳然。數弓既寂歷〔五〕，一水自淪漣。喬松四五株，叢篁蔽連延。我來值凛冬，此地仍緑天。取徑度略彴〔六〕，小閣臨前川。徙倚散夕陽〔七〕，遥山逞嬋娟〔八〕。茗椀佐清談，爾女相嬋聯〔九〕。羣鳥歸其巢，鼓翼正翩翾〔一〇〕。深林少慕者，飲啄而安眠。

君志不在隱，所志在著書。著書匪愛名，迷津導羣愚。粤稽文字興，蟲鳥出皇初。史籀十五繼，炳焕昭寰區。秦人創隸法，形模稍已殊。爾後日變亂，古製彌淆渝。東京許叔重，隻手爲匡扶。其文萬有餘，音義垂典謨。世久復破壞，紹述起二徐。掇拾豈不勤，不能掩瑕瑜。歷今又千載，踵陋承其誣。君通六書秘，翻覆生嗟吁。澄心究本始，雅訓刊麤疏。十年擢胃腎，一字百踟躕。由周迄漢唐，發篋勤爬梳。匪直許氏文，星日麗天衢。其言闢聖作，卓哉軒蒼徒。嗤彼辭章流，仰屋何爲乎？〔一一〕

日西可再東，髮白不再青。饑烏復三帀〔一二〕，艱虞促天齡。婞直世所惡，老去羞娉婷〔一三〕。申椒豈不芳，皆醉願獨醒。齏腸飽百甕〔一四〕，松柏期堅貞。一自沛舟亡〔一五〕，雙淚日以零。紛紛里巷間，舊遊等晨星。君義薄霄漢，不用金石銘。李君篤學人〔一六〕，未老稱典型。此世少此輩，與我皆忘形。山岡策衛子〔一七〕，把臂來玄亭〔一八〕。我衰尚編蒲〔一九〕，努力追遺經。君子揚德輝，勿陋末光螢。

【說明】

詩原載賈氏《賈稻孫集》卷四，作於乾隆四十一年丙申孟冬。

【校注】

〔一〕庶常：乾隆四十年四月，王念孫二甲第七名進士，五月欽選爲翰林院庶吉士。　湖西別業：王氏在高郵湖西祖塋祠畔之湖濱精舍，又稱平橋別業。

〔二〕賈田祖，字稻孫，號禮耕，高郵人。廩生，工詩，精於《左傳》。有《春秋左傳通解》、《賈稻孫集》、《容瓠軒詩鈔》等。此詩第一首寫王氏湖西别業景物，第二首寫王念孫注《説文》，第三首寫賈氏、王氏、李成裕三人友情。

〔三〕金閨彥：金閨，舊爲金馬門之别稱。《文選·江淹〈别賦〉》：「金閨諸彥。」李注：「金閨，金馬門也。」

〔四〕欲渺區中緣：想隔絶世間人事，杜門著述。區，猶區宇。

〔五〕弓：丈量地畝的計算單位，三百六十弓爲一里。數弓指别業的範圍。 寂歷，猶寂寥，寂静無聲。

〔六〕略彴：聯緜詞，簡單、大概之意。

〔七〕徙倚：徘徊，流連。

〔八〕嬋娟：美好貌。

〔九〕爾女，同爾汝。此指平輩間以「爾女」相稱，表示親近。若下對上稱，則表示輕蔑。 嬋聯，又作「嬋連」，親近貌。

〔一〇〕翩翾：輕快飛動貌。

〔一一〕仰屋：《梁書·南平元襄王偉傳》：「恭每從容謂人曰：『下官歷觀世人，多有不好歡樂，乃仰眠牀上，看屋梁而著書。千秋萬歲，誰傳此者？』」後用以形容著述勤苦。元馬端臨《文獻通考·序》：「矜其仰屋之勤，而俾免於覆車之愧。」

〔一二〕饑烏：餓烏，詩詞中常見，如張耒《南歌子》。

〔一三〕娉婷：少女美好兒。

〔一四〕齏腸：化用宋劉克莊《追用南唐韻題尹剛中潛齋》中「詎腸齏味美」句。

〔一五〕沛舟：《楚辭·九歌·湘君》：「沛吾乘兮桂舟。」王注：「沛，行貌。」沛舟即湘夫人所乘。此似代指賈妻。

〔一六〕李君，即李成裕。

〔一七〕衛子：驢的别稱，見宋羅願《爾雅翼·釋獸》。

〔一八〕玄亭：漢揚雄曾著《太玄》，其在成都所居遂稱草玄堂或草玄亭，簡稱玄亭。此殆借指高郵湖西别業。

〔一九〕編蒲：編連蒲葉以供書寫。語出《漢書·路温舒傳》。後用指勤苦著書。

朱竹君翁振三暨孔農部體生繼涵編修衆仲廣森家虞部懷祖念孫小集陶然亭〔一〕

王昶

荒灣斷阜敞亭前，上日初過祓禊天〔二〕。自有文章歸我輩，莫教風雅讓先賢。揭來褰屐人千里〔三〕，時北雍試者二十餘人。却喜琴樽月一弦。好約時時爲此會，潞河聞到酒如泉〔四〕。

【説明】

詩原載王昶《春融堂集》卷十六，王章濤先生列在乾隆四十五年三月。

【校注】

〔一〕虞部，指工部。王念孫乾隆四十六年四月任工部都水司主事。

〔二〕祓禊：古人爲消除不祥，於三月三日舉行的祭祀。

〔三〕朅來：偏義複詞，來。　褻屐，代指貴族子弟。

〔四〕潞河：今爲北京市通縣白河。

偶懷故友戴東原成二絶句録示王懷祖給事給事東原高足也

紀昀

披肝露膽兩無疑，情話分明憶舊時。宦海浮沈頭欲白，更無人似此公痴。

六經訓詁倩誰明？偶展遺書百感生。揮麈清談王輔嗣〔一〕，似聞頗薄卷康成〔二〕。

【説明】

詩原載《紀曉嵐文集·詩集卷十一》。依「給事」之稱，當作於乾隆五十八至五十九年。

【校注】

〔一〕王輔嗣：王弼，字輔嗣，三國魏山陽人。注《易》、《老子》。

〔二〕卷康成：即鄭玄。

王伯申引之來商《五代史記》補志〔一〕

彭元瑞〔二〕

禮失求諸野〔三〕，況丁衰亂年〔四〕。君臣令傳箭，帝后墓焚錢。頭子除官横，毛錐治賦專〔五〕。天成曁廣順〔六〕，一一或差賢〔七〕。

予注《五代史記》欲補十《志》煩王伯申佽我詩以奉商

彭元瑞

龍門例創八書傳〔八〕，漁仲曾夸《廿略》難〔九〕。五季文章嗟掃地，兩家著述舊登壇〔一〇〕。僅存典制彌堪寶，復見威儀更可觀。擬學劉書能補范〔一一〕，憑君助我夜燈寒。

四紀翻鈔力頗深，貴求得失古人心。方知史事鯨呿廣〔一二〕，不似詩家獺祭尋〔一三〕。君聳雙肩工索解〔一四〕，我跉一足尚知音〔一五〕。試披兩代家人傳〔一六〕，萬丈金堤蟻穴沉〔一七〕。

【説明】

詩原載彭元瑞《恩餘堂輯稿》卷四，殆作於乾隆六十年冬至嘉慶三年，即王引之順天鄉試中舉後至嘉慶四年禮部會試登進士第之前。是時，王引之正撰《廣雅疏證》第十卷、《經義述聞》、《經傳釋詞》，故參與《五代史》補注而未蕆事。《清詩紀事·乾隆朝》收録此二首，記作符曾《贈王伯申》，誤。

【校注】

〔一〕《五代史記》，指歐陽修《新五代史》。彭元瑞注補，嘉慶八年去世時尚未完竣。劉鳳誥受托加以排次，刻於道光八年，題爲《五代史記注》，七十四卷。《續修四庫全書》據上海辭書出版社圖書館藏道光八年本影印。

〔二〕彭元瑞，字掌仍，又字輯五，號芸楣，死後謚文勤，江西南昌人。乾隆二十二年進士，歷禮、兵、吏、工、户部侍郎、尚書，協辦大學士，主持官修《高宗實録》、《西清古鑑》、《天禄琳琅書目後編》，自著《經進稿》、《五代史記注》、《恩餘堂輯稿》、《金石考文提要》、《知聖道齋跋尾》。是王引之中順天鄉試主考官。

〔三〕禮失求諸野：典出《漢書·藝文志》。《新五代史》司天、職方二《考》採筆記小説諸野史撰成。

〔四〕丁：當，正在。下四句分别寫五代「衰亂」景象：君臣殺伐，帝室奢汰，藩鎮强横，賦令繁苛。

〔五〕毛錐：毛筆之别稱。典出《新五代史·史弘肇傳》。

〔六〕天成：後唐明宗年號。廣順：後周太祖年號。

〔七〕差，同差强人意之差，略。

〔八〕龍門：司馬遷生於龍門。八書，指《史記》中的《禮》、《樂》、《律》、《曆》、《河渠》、《平準》、

《天官》、《封禪》八書。後來史書稱「志」。

〔九〕漁仲：鄭樵，字漁仲。　廿略：鄭樵《通志》中《氏族》、《六書》、《七音》、《都邑》等二十篇，共五十一卷。略，亦相當於「志」。

〔一〇〕兩家：宋人薛居正《舊五代史》和王溥《五代會要》。

〔一一〕劉書：梁人劉昭《〈續漢書志〉晉司馬彪撰。注》。范：范曄《後漢書》。《續志》由劉昭補入《後漢書》。

〔一二〕呿：張口貌。此句謂史籍浩瀚，史事繁多。

〔一三〕獺祭：典出《禮記·月令·孟春之月》，此謂羅列典故、堆砌詞藻。此句謂史事當有取捨。

〔一四〕聳雙肩：形容王引之瘦削貌。

〔一五〕趻：趻踔，跳走貌。

〔一六〕兩代家人傳：後周世宗即柴榮。后符氏及後晉出帝即重貴。后張氏二傳，舊、新《五代史》闕。此述補注之重要性。

〔一七〕金堤，喻帝室基業。　蟻穴，喻能釀出災禍之漏洞。典出《韓非子·喻老》。

壽王懷祖前輩七十生日　七排

陳用光〔一〕

漢學聲名領石渠〔二〕，高年陔養就安輿〔三〕。銀臺春舉延齡酒〔四〕，紅藥花縈獻爵裾〔五〕。

是有通才皆進履，得分著録勝緘璵。千家訓詁分千派，六籍權衡在六書。一説未安心尚警，群言能擇意才舒。汗青本已人沾溉，鑷白年猶自獵漁〔六〕。囊借鄭門通尺素，願依馬帳作鈔胥〔七〕。幸緣熊軾親談笑〔八〕，數向鱣庭問起居〔九〕。識字空知韓子戒〔一〇〕，治經愧似賈山疎。〔一一〕測蠡窺管聞終謏〔一二〕，提要鈎玄慕恐虛。請業鍾陵通遠札〔一三〕，侑觴綺席質經畬〔一四〕。召公九十《卷阿》頌〔一五〕，竚頌韋平盛業攄〔一六〕。

【説明】

詩原載陳用光《太乙舟詩集》卷十。嘉慶十八年三月十三日，王念孫七十壽辰。是日，王念孫取唐竇中行詩，擬自壽聯：「看春已過清明節，算老重經癸酉年。」乾隆十八年、嘉慶十八年均爲癸酉年。

【校注】

〔一〕陳用光，字碩士，又字實思，江西新城人。嘉慶六年進士，官至禮部左侍郎。有《太乙舟文集》、《太乙舟詩集》。

〔二〕石渠：漢代石渠閣，藏書處。此借指清代學界。

〔三〕陔養，謂孝子供養父母，典出《詩・小雅・南陔・序》。此指王念孫就養於王引之府第。

〔四〕銀臺：清代稱通政司，在此應是依唐制稱翰林院。

〔五〕紅藥花，殆即芍藥花。　爵裾：古代禮服。

〔六〕鑷白年，指老年。賈島《答王建秘書》：「白髮無心鑷，青山去意多。」

〔七〕馬帳，又作「絳帳」、「絳紗帳」、「馬融帳」，本指東漢經學家馬融設帳講學授徒，見《後漢書·馬融傳》。唐元稹《酬翰林白學士代書一百韻》：「心輕馬融帳，謀奪子房帷。」即用此典。這裡用來尊稱王念孫座前。

〔八〕熊軾，又作「熊軒」，本指漢代公卿、列侯安車之部件，見《後漢書·輿服志上》。杜甫《奉贈蕭二十使君》：「鵬圖仍矯翼，熊軾且移輪。」即用此典。這裡用來代稱朝廷官員，陳用光任編修、禮部左侍郎。

〔九〕鱣庭，又稱「鱣堂」。《後漢書·楊震傳》：「後有冠雀銜三鱣魚，飛集講堂前。都講取魚進曰：『蛇鱣者，卿大夫服之象也。』」後用以稱卿大夫府第或講學之所。朱熹《奉和公濟兄留周賓之句》：「鱣堂偶休閑，鷄黍聊從容。」即用此典。

〔一〇〕韓子戒：韓愈《科斗書後記》：「思凡爲文辭，宜略識字。」

〔一一〕賈山：漢代潁川人，涉獵書記，不求甚解；屢上書，言辭激切，不諳世務。

〔一二〕聞終謏：名聲終究很小。《禮記·學記》：「足以謏聞，不足以動衆。」語蓋本此。

〔一三〕鍾陵：縣邑名，今屬江西省南昌市。陳用光，江西人。此言自江西致函王念孫請業。

〔一四〕侑觴：勸酒。綺席，猶華筵。經畬，猶經訓、經義。韓愈《符讀書城南》：「文章豈不貴？經訓乃菑畬。」《爾雅·釋地》：「田，一歲曰菑，二歲曰新田，三歲曰畬。」《乾隆熱河志》載有經畬書屋，即取此義。

〔一五〕《卷阿》：《詩經》篇名。《詩·大雅·卷阿·序》：「《卷阿》，召康公戒成王也，言求賢用吉士也。」

〔一六〕韋平：漢代韋賢、韋玄成父子和平當、平晏父子。韋賢，鄒魯大儒，兼通《禮》、《尚書》，授昭帝《詩》，封扶陽侯；少子韋玄成，以明經擢諫大夫，遷大河都尉，元帝時封侯，爲相七年。時鄒魯閒諺云：「遺子黄金滿籯，不如教子一經。」平當，以明經爲博士，成帝以當明《禹貢》，遂使行河，領築堤，哀帝時爲丞相，賜關内侯；子平晏，以明經歷位大司徒，封防鄉侯。陳用光以此兩父子比王氏父子。

侍大人遊歷城靈臺山佛峪遂至禹登山龍洞

王敬之

匹馬踏亂石，籃輿侍安便〔一〕。遥指靈臺路，言結名山緣。古寺扣盤若〔二〕，谷鳥導我前。一笻度危彴，雙屐凌蒼煙。孤亭試憑眺，呼吸通九天。狂擬躡碧落〔三〕，長嘯招飛仙。桀閣更俯瞰，迴臨百折川。兩壁夾幽邃，一泓静渟淵。萬古此浄緑，雲霞映澄鮮。陰崖偃欲墮，嵐翠生其巔。青松翳疏影，歷歷當崖懸。其下諸佛子，坐契無言禪。如何浪遊客〔四〕，題字紛磨鐫？倦足覓小憩，石鼎烹清泉。甘冽沁心肺，足令世慮捐〔五〕。返景忽在眼，鐘梵聲悠然。扶將就禪榻，共作山中眠。

明發向禹登，龍洞凌崱屴〔六〕。引手捫星辰，褰衣歷荆棘。束炬當然犀〔七〕，照耀破慘黑。陰風毛髮森，石氣肌骨逼。放膽入幽深，曲折赴偪仄。稍闊待遊行，最隘或匍匐。登降間夷隘，向背生眩惑。世界隔微茫，疑墮羅刹國〔八〕。又如混沌初，三光尚否塞〔九〕。我與恒河沙〔一〇〕，冥漠寄八極。數轉得虛明，洞達見古色。妙相列莊嚴〔一一〕，模糊半皴蝕。出險下危坡，松根坐休息。却顧所歷高，萬仞削壁直。來踪不可尋，一一勞記憶。歸去夢煙霞，應更快胸臆。

【説明】

詩原載王敬之《小言集·虛室詩》，未記年月。嘉慶十九年三月，王引之任山東學政，王念孫隨之就養，至二十一年十月回京。期間，王念孫樂遊濟南山水。此詩應作於此時。前一首記遊佛峪，後一首記遊龍洞。詩中多佛家語詞。

【校注】

〔一〕籃輿：竹轎子。
〔二〕盤若：佛教名詞，本指智慧，此指佛寺鐘聲。
〔三〕碧落，指天空。典出白居易《長恨歌》。
〔四〕浪：放縱，無約束。
〔五〕捐：抛開。
〔六〕崱屴，亦作「屴崱」，山峰高聳貌。
〔七〕炬：火把。　　然，同燃。然犀：傳説點燃犀牛角，可以照見怪物。見《晉書·温嶠傳》。

〔八〕羅刹國：佛經稱惡鬼爲羅刹。羅刹國，指兇險之地。

〔九〕否塞：隔絶。

〔一〇〕恒河沙：佛教語詞，形容極多，指大千世界、萬物。見《金剛經》。

〔一一〕妙相：佛教語詞，指美好景物。莊嚴：佛教語詞，猶裝飾。見《法苑珠林》卷十三「求婚」條引《菩薩本行經》。

歲暮懷人道中作七首　其五

陳壽祺

家業王陽舉世稀〔一〕，千秋許鄭惜通微。輶車歸補方言字〔二〕，莫遣春風減帶圍〔三〕。王伯申素善病，今秋典試黔中。

【説明】

詩載陳壽祺《絳跗草堂詩集》卷六。今秋，指嘉慶六年秋。

【校注】

〔一〕王陽，本是漢代王崇、王吉異名，一以清廉知名，一以敢諫知名。此處殆指明代理學重鎮王陽明王守仁，字伯安。築室陽明洞，學者稱陽明先生。而言。王引之祖父王安國以上五世傳習理學。人名減一字稱之，詩賦駢文中不乏其例，王勃《滕王閣序》稱徐孺子爲徐孺，稱楊得意爲楊意即是。

〔二〕「輶車」句：典出應劭《風俗通義序》，指揚雄乘輶車采風，搜集整理各地方言，撰成《輶軒使者絶代語釋别國方言》。陳氏借此典，謂王引之出京公幹歸來潛心著述。

〔三〕減帶圍，謂身體消瘦，與柳永「衣帶漸寬」同調。

題王石臞年伯《校書松菊園圖》

湯金釗

一代儒宗著述傳，游思竹素得天全。衛公好學忘年耄〔一〕，韋氏明經教子賢〔二〕。臺省文章開濟在〔三〕，丹鉛事業折衷先〔四〕。後凋松與延齡菊，老圃怡情鶴算緜〔五〕。

【説明】

詩原載湯金釗《寸心知室詩存》卷四。原詩編年辛卯，即道光十一年。

【校注】

〔一〕衛公，殆指漢魏人衛覬，享年七十四歲，以文章顯。好古文，鳥篆隸草，無所不善。

〔二〕韋氏：漢代韋賢、韋玄成父子。見《漢書·韋賢韋玄成傳》。作者借韋氏父子比王氏父子。

〔三〕開濟：開創大業，匡濟時艱。指王氏父子公文奏議。

〔四〕丹鉛：古代校點書籍用丹砂、鉛粉溶化的書寫液，因謂著述爲丹鉛事業。

〔五〕鶴算緜：像鶴一樣壽命綿長。

送王懷祖

朱筠

昔我謁文肅，輿中英物瞥。抱持出塞門，解愛盤峰缺。〔一〕早知松柏根，茯苓芽必中。厥父典三《禮》，子實精其説。乙酉子賜舉，計偕歲丙戌〔二〕。任幼植主我，子來晤姚娧。春試丑連卯〔三〕，屢深門外轍。共子持酒樽，識字譚孔訓。許君堂室奥，表位施綿蕞。我南子留北，辰春罷去堨〔四〕。其年在太平，冬杪子我愒。開陬遊横雲，岡脊白龘龘。華陽真逸隱，龍蝪穴泉洌。更觀互浮沈，燭讀永昌碣。還登府子城，遊蹤指曲折。下有萬竿竹，亂壓小山雪。〔五〕我方叙《説文》，資子口存舌。辨體音必兼，影響窮蚊蚋。聲五色亦五，北鴂和南鷲。要令江南士，通經字爲揭。春試子暫歸，夏息我逃熱。子又渡江來，兩箇軒坐設。我承四庫令，綱書廣張罬。大集異等生，館倚青山皆。傳鈔千萬本，《唐禮》子精閲〔六〕。晚暇入竹根，削笋觸蠡蠿。時交目飛鴻，戲奕取其拙。數當風月清，握手步高埒。相眄七柏老，古影千年逝。江山六朝州，他時此憶絶。燠寒幾何時，我冬使節撤〔七〕。諸生送江邊，忽與采石別〔八〕。子待我邗溝〔九〕，蜀岡梅蕾裂〔一〇〕。覆盂城角船〔一一〕，載子朔風柮。齊東竅正號〔一二〕，趙北冰已渴〔一三〕。近臘税轂下，下榻子之媟。掃滌椒花庭〔一四〕，除啟碧桐闑。我甘歸識字，理董仗子哲。子言許氏書，形意事契箾。假借古説精，形聲流獘劣。川居即中州，出增或大㟁。依聲心有羞，托事禮司徹。古今諧借殊，始背終隔隰。又有轉注一，考老訓互綴。要之形聲訓，六書密而詧。父子許義昭，兄弟徐音滅。陽冰好大乖，次立校徒列。李燾韻補五〔一五〕，一亥部遭蘖。然死唐前灰，伐餘漢初蘖。其間小學家，注疏一一掇。法當收散失，非一手足烈。書成曰《考異》〔一六〕，計功竊稷禼。我既奇子言，鱗爪先漏泄。半載卒二卷，大樹蠹敲鴷。我亦時一鳴，砌隙應蜻蛚。飄飄玉堂夢，送子風雨颲。閣校雖要賢，名山業恐輟。乙夏遷城西〔一七〕，香爐巷甓𧄼。遲子三日見，英華自悉癟。矧茲蓴鱸思，歸飛快蟬蜕。良友之我遐，臨岐心惙惙。我有白玉瓚，大酋治麴蘖。必也六物兼，我心醉口啜。亦嘗采黄山，嘉蔬取名蘁。何當烹肥羜，膏薌奪蘅藒。豈不嗜飲食，不如子書臇。乃知五味成，在瓕薦酒涚。子别我我留，書成我則悦。我之思子來，成書子真傑。昔《易》《書》《詩》分，文字百遺孑。諸師路塞茅，絶學誰探窾？在禮敦贈處，毋曰懷安褻。懷土豈曰宜，君子氣毋苶。今冬徂明秋，兩丸跳蹶跮。良工冶必爲，子來旦旦誓。雖傷亦聚歡，勿忘在執筆。勗哉大其學，世鼓傳魯辥〔一八〕。

慕堂太僕〔一九〕懷祖吉士招集法源寺避署次魚門韻

朱筠

秋後捫碑約上房，先尋熟寺卧僧牀。共言青石惣題字，又勝黄華蘭若香。狂有醒時聊樂飲，遊無熱客即追凉。年年日日能來往，老死何須羡伯陽。

九月十三日約王懷祖史文量陳梅岑何數峰及侄玉川爲西山之遊

朱筠

凉風吹蓨蓨，萬片落何忍。天香在其中，落華悲又稹。獨我閉門觀，妙理閲無盡。西山翠峨峨，邀客發連軫。載者雙玉人，蓬鬢泣雲鬢。吾家亦有駒，駿足掛軸軔。曰宜縱之遊，相索氣凄緊。山中客素衣，涕輟領遥引。我更王先俱，先後出郊畛。此遊信清絶，秋意刻肝腎。寒流經蘆溝，日色淡巘嶙。土囊一折去，翠嶂排腭齶。吾徒一何嗜，塵想暫泯泯。入夜山月空，心曠無一窘。擁衾茅舍間，寒吷斷或聞。又歸自山中。

歸自山中柬同遊諸子王懷祖一首

朱筠

北越河淮載子車，名山連榻又邛軀。伏崖變色談三市，縋洞捫痕意六書。此處十年當不悔，中宵一瓮且休虚。渾河炬上燒峰焰，招隱靈仙或告予。十四日夜，千佛閣前神燈見無算。

十月十二日同遊陶然亭至夜再飲何數峰寓齋

朱筠

六人益一尋前盟，去看城南枯葎梗。每逢遊旦必晴佳，却説宵來北風猛。晶晶冬日古所愛，小春枯樹苞桃杏。

【説明】

朱筠詩，載《笥河詩集》卷十二、十三，分别作於乾隆三十九年、四十年。朱筠，字竹君，號笥河，順天大興今北京大興。人。乾隆十九年進士，侍讀學士，安徽、福建學政。倡輯《四庫全書》。王念孫曾入朱氏安徽學政署。

【校注】

〔一〕前四句，參見閔、劉、王《王念孫年譜》乾隆十三至十五年條下。

〔二〕上兩句參見《王念孫年譜》乾隆三十至三十一年條下。

〔三〕丑：己丑，乾隆三十四年。卯：辛卯，乾隆三十六年。兩次禮部試，王念孫均未考中。

〔四〕辰：壬辰，乾隆三十七年。是年春夏之交，王念孫離京回高郵。冬杪，赴安徽太平府，入朱氏學政署。

〔五〕以上十句，寫朱、王遊太平府當塗縣名勝。

〔六〕《唐禮》，指《大唐開元禮》，王念孫有校注。

〔七〕乾隆三十八年冬，朱筠離任，王念孫隨行入京。

〔八〕采石：太平府當塗縣今馬鞍山市。采石磯。

〔九〕邗溝：京杭大運河揚州段。此代指揚州。

〔一〇〕蜀岡：揚州北郊地名。

〔一一〕覆盂城：代指高郵。

〔一二〕齊東：山東中部舊縣名。

〔一三〕趙北：趙北口，河北地名。以上地名，大多在大運河沿岸。

〔一四〕椒花庭：朱筠書屋椒花吟舫。

〔一五〕李燾有《說文解字五音韻譜》，改變《說文》部居。

〔一六〕《考異》：今不傳，殆爲未完稿。

〔一七〕乙：乙未，乾隆四十年。是年四月，王念孫中進士；五月，選爲庶吉士，不久搬出朱宅，移居城西香爐巷。

〔一八〕魯辥，殆指《魯詩》、《韓詩》。漢人薛漢有《韓詩章句》。在此意爲另類出色的學問。

〔一九〕慕堂：曹學閔，字孝如，號慕堂，山西汾陽人。乾隆十九年進士，官至侍讀學士。有《紫雲山房詩文稿》。

石臞吉士揚州書來以唐永昌元年《陀羅尼經幢》拓本見寄作詩報之

翁方綱

王子還家逼殘臘，悉曇文字窮諸衲。一石摩挲二尺高，訪古倚徧江磯塔。維揚輿地目所失，廢寺苔封手親搨。永昌元溯儀鳳元，一紀唐年剛一帀。《陀羅尼經》序義闡，佛陀波利譯音合。曹溶《古林》曾著録〔二〕，永漳誤識從氈蠟。《古林金石表》作永漳二年。石幢之文此最古，景龍蹟叩無人答。常熟有景龍年《陀羅尼幢》，已不可讀。伽佉聲義況可推，歐虞筆勢不相雜。王子春來賦近遊，禪智山扉定攜榼。儻偕謝守尋舊碑，爲借花風埽禪榻。

【説明】

翁詩載《復初齋集外詩》卷十，作於乾隆四十一年。

【校注】

〔一〕曹溶《古林》，即《古林金石表》，一卷，見《賜硯堂叢書》新編乙集。

敬題睿忠親王致史閣部書石刻卷後　王伯申先生命作

朱士端

明季賊勢干天威，烽烟匝地黄塵飛。聖清體天定四海，天命所與人所歸。福藩閏位南都守，馬阮何人只芻狗。風流不數景陽鐘，朝朝笙歌暮暮酒。如此荒淫總不才，閣部當年事可哀。内有權奸外驕帥，是知不可奚爲哉！我朝寛大褒忠節，俎豆年年肻祀絜。邗江一樹古梅花，豐碑碧染啼鵑血。吁嗟乎，亂臣賊子人人誅，要使鯨鯢戮海隅。何事長江劃天塹，石頭城下誇歡娱。賢王大義亘千古，一紙飛章沁肺附。情詞不作勸降看，除莠安民佐神武。麥光吐墨心吐丹，大筆如椽爍石琹。披函讀罷薔薇盥，古穆光分劍匣寒。蒙石臞先生賞識，併改易數字。

【説明】

詩原載朱士端《吉金樂石山房詩集》卷二，劉盼遂輯入《王石臞文集補編·附録三》。

王伯申引之同年黔中典試歸遇於龍岡道上

張澍

有客西南來，意氣何揚揚！華蓋近相逼，知乃是王郎。下車相問訊，長途信無妨。黔山入雲杳，何以控游韁？黔水如電迅，何以下歸艎？君言險未甚，跬步弗敢忘。憶昨發平谿，此地弗爲良。斗城頹瓦礫，饑黎走如麞。催科與撫字〔一〕，未易起彫傷。我聞此語笑，緬懷古龔黄〔二〕。或董民耕穡，賣劍步康莊〔三〕。或宣上德意，擾禮化陸梁〔四〕。戴牛舊俗變〔五〕，威鳳覽輝翔〔六〕。所慚素未學，謬登政事堂。庶幾雞哺雛，用戒狼牧羊。君操珊瑚網〔七〕，羅才獻我皇。明珠搜滄海〔八〕，報國以文章。蓬觀時櫜筆，望之等天閶。道旁立語久，朔風吹衣裳。凜寒屢躅足，面目割嚴霜。僕夫各促駕，攜手淚棲眶。歸晤諸故人，幸道澍離腸。斯須天南北，僂指十月陽。

將南行奉别廉繼堂善詹事宋芷灣湘白小山鍇史望之致儼吴美存其彦編修王伯申引之學士吴荷屋榮光蘇樸園兆登侍御王楷堂庭紹比部盧厚山坤樞曹家棠郵業南農部諸同季

僕僕胡爲者？天高地又低。那能呵壁問，總覺宦塗迷。活我有書蝨，畏人如甕雞。靈棊休布算，履道得端倪。

筋力吾寧愛，高堂有老親。知季兼喜懼，侍養隔昏晨。猨鶴空多怨，江湖寄此身。孤雲天際遠，悔踏輭紅塵。

才望仰諸公，柧棱曉日融。功名程九萬，經術漢西東。户外誰題鳳？雲閒響遠鴻。肩書手劍去，未信此塗窮。

風雨薊門秋，征驂不可留。萍蹤仍水國，商調自涼州。别恨安能賦？知心未易求。大江片帆挂，時上望京樓。

【説明】

二詩原載張澍《養素堂詩集》卷三《黔中集上》卷十一。王章濤先生以編年列在嘉慶六年十月下旬，云「王、張邂逅于河南道中」，可從。是時，王引之典試貴州，返京途經河南。

【校注】

〔一〕催科：催交賦税。　撫字：本指父母養育子女，此指官吏治理百姓。

〔二〕龔黄：漢代循吏龔遂、黄霸。張氏以龔、黄比王引之。

〔三〕此二句意爲勸民耕種，賣劍買牛，見《漢書·龔遂傳》。放棄武力反抗。董，督也。

〔四〕此二句意爲宣示聖意，勸民順從教化，改變强悍跋扈惡習。見《漢書·黄霸傳》。而王引之《闡訓化愚論》正是此意。擾，順。陸梁，聯緜詞，跋扈貌。

〔五〕戴牛，殆指貴州少數民族戴牛角頭飾，張氏以爲愚昧。

〔六〕威鳳，即威鳳祥麟之省語，謂太平治世之瑞兆。見《宋書·符瑞志中》。

〔七〕珊瑚網，比喻掄材選士的權柄。

〔八〕捜，同搜。

程彝齋招同王石臞工部小集〔一〕

凌廷堪〔二〕

在昔東原氏，曾將漢學論。二君能入室〔三〕，六藝得專門。著述書盈笥，諧談酒滿尊。

晴窗忘晝永，重與溯淵源。

【說明】

詩原載凌廷堪《校禮堂詩集》卷四，王章濤先生列於乾隆四十八年。

【校注】

〔一〕程彝齋：程敦，字彝齋，安徽歙縣人。有《秦漢瓦當文字》一卷、續一卷。

〔二〕凌廷堪，字次仲，安徽歙縣人。乾隆間第進士。慕其鄉人江永、戴震之學，尤深於禮。有《禮經釋例》、《校禮堂集》等。

〔三〕二君，指程彝齋、王念孫二人。

訪王子仁〔一〕

龔自珍

一脈靈長四葉貂〔二〕，談經門祚鬱岧嶤〔三〕。儒林幾見傳苗裔？此福高郵冠本朝。

訪嘉興太守王子仁。子仁，文肅公曾孫，石臞孫，吾師文簡公子。

己卯自春徂夏在京師作得十有四首　其二

龔自珍

龐眉名與段公齊〔四〕，一脈東原高第題〔五〕。回首外家書帙散，大儒門祚古難躋。

謁高郵王先生，座主王伯申侍郎之父也，八旬健在，夙與外王父段先生著述齊名。

【説明】

二詩原載龔自珍《定盦集外未刻詩·己亥雜詩》、《己卯雜詩》。第一首標題爲編者擬定。分别作於道光十九年、嘉慶二十四年。

【校注】

〔一〕王子仁：王引之長子王壽昌，字子仁。詳《清史列傳》。

〔二〕四葉：四世，即王安國、王念孫、王引之、王子仁四代。　貂：其尾常作官員冠飾，此代指達官貴人。

〔三〕岧嶤：聯緜詞，山高峻貌。

〔四〕龐眉，亦作「尨眉」，眉毛花白。　段公：龔自珍之外祖父段玉裁。

〔五〕東原：戴震字東原。段玉裁、王念孫都是戴震弟子。

王伯申尚書

丁晏〔一〕

庚辰入都，同鄉汪文端以晏所撰《論語孔註（正譌）〔證僞〕》就正尚書〔二〕，介紹相見。尚書《序》謂「紹鄉先生潛丘之學〔三〕，又相其説之所不及。年富而學精，不能測其所至」。辛巳典浙江主試，道出淮安。雨中遣人問訊，詣舟晤談。後服闋入都，以先人《讀書雜（述）〔志〕》數十種見詒。補官後，旋薨。

王公承家學，通儒貫經史。宏奬譽鯫生，三江首屈指。瓠落媿無成，蕉悴竟如此。扁舟過秦郵，跂望景行止。

【説明】

詩載丁晏《頤志齋感舊詩》。小序中「庚辰」即嘉慶二十五年，「辛巳」即道光元年。依小序末句推斷，此詩應作於道光十四年王引之逝世之後。

【校注】

〔一〕丁晏，字儉卿，又字柘堂，江蘇山陽今淮安市。人，道光元年舉人。丁氏遍注群經，有《尚書餘論》、《周易述傳》、《毛鄭詩釋》、《周禮釋注》、《頤志齋文集》等數十種著作傳世。

〔二〕汪文端：汪廷珍，字玉粲，號瑟庵，謚文端，道光間官禮部尚書。有《實事求是齋詩文集》等。《論語孔註證僞》：二卷，今載《續修四庫全書》第一百五十六册。沈濤撰《論語孔注辨僞》二卷加以駁正，得失互見。

〔三〕《序》：王引之《〈論語孔注證僞〉序》，作於嘉慶二十五年。《序》在乙編序跋類。潛丘：閻若璩，字百詩，號潛丘，山西太原人。閻氏博通經史，精于地理，長于考據。經三十餘年研究，撰成《古文尚書疏證》八卷，集宋代以來《尚書》辨僞之大成。另有《四書釋地》、《日知録補正》、《潛丘札記》。閻氏僑居淮安，故王《序》云「鄉先生」。

神羊行贈王懷祖給諫念孫

陳文述〔一〕

重華協帝天地光，慶雲糺縵開紫閶。丹墀獨立觸邪去，一角嶽嶽森神羊〔二〕。貪狼星隕旄頭墜，從此八荒静無事。原本忠孝别貞邪，始信神羊原識字。己未春，君首劾某相國〔三〕。所著《廣雅疏證》，小學極深。

【説明】

詩原載陳文述《頤道堂詩外集》卷三《古今體詩》。其「給諫」之稱，當指王念孫任吏部掌印給事中，時在嘉慶二年至四年十一月，則此詩作於嘉慶四年二至十一月無疑。

【校注】

〔一〕陳文述，字退庵，浙江錢塘今杭州市。人。官至全椒今屬安徽。知縣。寫詩長於西崑體。

〔二〕神羊，又名獬豸，傳說中的奇獸，能別曲直，見人爭鬥，則以角觸不直者。

〔三〕己未春：嘉慶四年正月。某相國，即巨貪和珅。王念孫上書彈劾和珅，詳見本《合集》甲編奏議。

讀王伯中《經義述聞》兼賀新轉禮部尚書

奕繪

歲首東山閱使星，黄華峰儼讀書屏。司空新轉大宗伯，好學偏窺三代型。寂寞古人心始白，紛華俗子眼誰青〔一〕？不嫌年少疏狂甚，願就先生質六經。

壽樓春　哭王文簡公伯中甫

奕繪

嗚呼王先生！搴靈帷痛哭，涕泗霑膺。繼石臞翁之學，造乎天成。古無比，今無朋。混沌源泉兮醇精。初過我東陵，草堂相對，簾外數峰青。　君何止、千人英。歎獲麟絶筆〔二〕，鳴鳳希聲〔三〕。猶記高談雄辯，目光如星。忽一日，神離形。寂寞惟餘人間名。哀哉復哀哉，彼蒼者天何不平〔四〕！

雨中長椿寺送王伯中先生柩反葬高郵

奕繪

寂寂禪房燈火昏，濛濛春雨旆旌翻。揚帆汶水通淮浦，如雪梨花發故園。此日傷心成永訣，當時侍坐聽淵源〔五〕。一編《經述》分明在，敢曰升堂幸及門〔六〕。

【説明】

第一首原載奕繪《明善堂文集·流水編卷四》。王引之調禮部尚書在道光十年九月二十三日。第二首原載奕繪《南谷樵唱集》卷二，作於道光十四年十一月二十五日，時奕繪拜祭於王引之靈堂。第三首原載奕繪《明善堂文集·流水編卷九》。道光十五年三月，王引之之子王壽昌等扶柩返高郵，奕繪至北京長椿寺哭別。

【校注】

〔一〕眼青，通常作「青眼」。晉阮籍能爲青白眼，常以青眼對所器重之人。後因以稱對人喜愛或器重。

〔二〕獲麟絶筆：典出《春秋·哀公十四年》杜注：「仲尼傷周道之不興，感嘉瑞之無應，故因魯《春秋》而修中興之教，絶筆於『獲麟』之一句。」

〔三〕鳴鳳：《文選·孔稚珪〈北山移文〉》李善注引《列仙傳》：「王子喬好吹笙，作鳳鳴，遊伊、雒之間。」
〔四〕「彼蒼者天」句：《詩・秦風・黄鳥》：「彼蒼者天，殲我良人。」
〔五〕侍坐：陪侍師長，坐在身旁。
〔六〕升堂：語本《論語・先進》：「由也升堂矣，未入於室也。」。

東昌舟次别運河觀察王懷祖前輩

嚴烺〔一〕

前輩風流久逸羣，五年泲上最辛勤〔二〕。胸中真有《河渠志》，眼底誰知金石文？清汶維舟同向苦，七八月間同駐臨清，宣防衛水。微山引水獨憐君。牛頭河爲微山湖水源，時久淤塞，先生屢請開之〔三〕。秋深使節匆匆去，回望鴻飛隔嶺雲。先生由臨清歸濟寧。

【説明】

詩原載嚴烺《紅茗山房詩存》卷八，原書編年在嘉慶十二、十三年。據詩中「五年」句和小注，知應作於十二年。王念孫八年末署山東運河道，九年三月實授，到十二年正五個年頭；小注所記，亦正是十二年事。

【校注】

〔一〕嚴烺，字小農，浙江仁和人。嘉、道間先後任主簿、河東河道總督、江南河道總督。

〔二〕沛，同濟，即濟水。

〔三〕參見本書乙編碑傳類《石臞府君行狀》内《奏請挑濬牛頭河議》。

秋日陳恭甫師招同王伯申宫庶引之程春廬兵部同文陳石士編修用光吴蘭雪國博嵩梁查梅史孝廉揆集寓齋小飲席上賦呈

張維屏

吾師儒林宗，遠接鄭孔武。珥筆有餘閒，盍簪集儔侶。賤子居京華，秋心墮烟渚。昨者得鄉書，小醜尚蟣聚。亟望當事賢，先剿而後撫。樓船掃鯨鯢，紀律肅貔虎。下以安黎元，上以報聖主。群公雅頌材，凱歌協樂府。桑梓憂未忘，芻蕘策誰取？空腸得酒鳴，奇鬱快一吐。

【説明】

詩載《松心詩録》卷二，殆作於道光初年。張維屏，字子樹，號南山、松心子、珠海老漁，廣東番禺人。道光二年進士。有《松心文鈔》、《聽松廬詩鈔》等，又輯有《國朝詩人徵略》。

附録

引用參考書目

嘉慶高郵州志十二卷又首一卷　楊宜崙修，夏之蓉、沈之本纂　道光二十五年刻
道光續增高郵州志十二卷又首一卷　張用熙、左輝春纂　道光二十三年刻
光緒再續高郵州志八卷首一卷　金元烺等修，夏子錫纂　中國地方志集成
國朝耆獻類徵初編七百二十卷　李桓輯　光緒十年至十六年刊
國朝先正事略六十卷　李元度編　循陔堂刊本
揚州學派年譜合刊上下册　朱軨、閔爾昌等編撰　鄭曉霞、吴平標點　廣陵書社二〇〇八年
高郵王氏六葉傳狀碑志集六卷　羅振玉輯　高郵王氏遺書
高郵王氏父子年譜　劉盼遂編撰　段王學五種
王念孫王引之年譜　王章濤著　廣陵書社　二〇〇六年
王念孫王引之評傳　薛正興著　南京大學出版社　二〇一一年

汪氏學行記六卷　汪喜孫輯　重印江都汪氏叢書
師友淵源記一卷　陳奐撰　叢書集成續編
儒林傳稿四卷　阮元輯　知足齋叢書
王石臞先生遺文五卷　羅振玉輯刊　高郵王氏遺書
王文簡公文集四卷附録一卷　羅振玉輯刊　高郵王氏遺書
王石臞文集補編不分卷　劉盼遂輯　段王學五種
王伯申文集補編二卷　劉盼遂輯　段王學五種
丁亥詩鈔一卷　王敬之輯　雪堂叢刻
欽定河源紀略三十五卷首一卷　紀昀等撰　四庫全書
昭代名人尺牘二十四卷　吴修輯　海鹽吴氏本
昭代經師手簡箋釋　羅振玉輯　賴貴三箋釋　臺北里仁書局　一九九九年
景印解説高郵王氏父子手稿　李宗焜編撰　臺北「中研院」史語所　二〇〇〇年
高郵耆舊詩存　王敬之等輯　道光十四年至十六年刊
宜略識字齋雜著九卷　王敬之撰　咸豐五年刻
小言集　王敬之撰　道光十一年刻

觀其自養齋燼餘録　王壽同撰　高郵王氏父子手稿附
高郵王石臞先生手稿四種二十四卷　北京大學圖書館
疊韻轉語二册一函　王念孫撰　北京大學圖書館　稿本
《爾雅》郝注刊誤一卷　王念孫撰　羅福頤輯　殷禮在斯堂叢書
經韻不分卷　王念孫撰　上海圖書館　抄本
音緯二卷　羅士琳撰　王念孫校　國家圖書館　稿本
江氏音學十書　江有誥撰　嚴式誨校刊音韻學叢書
方言疏證十三卷存前七卷　戴震撰　王念孫批注　微波榭叢書　中國科學院情報信息中心
群經字類二卷　王念孫撰　羅振玉據稿本影印　嘉草軒叢書
王氏讀《説文》記一卷　王念孫撰　許學叢刻
《説文解字》校勘記一卷　王念孫撰　許瀚據桂馥手録寫爲清本　晨風閣叢書
《説文段注》簽記一卷　王念孫撰　稷香館叢書據底稿影印。　又高郵王氏父子手稿
古韻譜二卷　王念孫撰　高郵王氏遺書　又音韻學叢書
輶軒使者絶代語釋别國方言十三卷　揚雄撰　郭璞注　王念孫校手稿　格致叢書

《方言疏證》補一卷　王念孫撰　高郵王氏遺書

校正《博雅音》十卷　王念孫校　叢書集成初編

釋大八篇　王念孫撰　高郵王氏遺書

《漢書》古字一卷　《音義異同》一卷　王念孫撰　稷香館叢書

校正任氏《小學鉤沉》十九卷　王念孫撰　翠琅玕館叢書

校正王照圓《列女傳補注》　王念孫、王引之校　郝氏遺書

大唐開元禮一百五十卷　唐蕭嵩等撰　清鈔本　辯證一卷　王念孫撰　李璋煜識語　國家圖書館

《爾雅》雜纂不分卷　王念孫撰　北京大學圖書館　稿本

《廣雅疏證》補正一卷　王念孫撰　黄海長條録　羅福頤補　殷禮在斯堂叢書

《經傳釋詞》補、再補　孫經世撰　心矩齋叢書

《周秦名字解故》補　王萱齡撰　劉世珩校刊　聚學軒叢書第五集

《春秋名字解詁》補義　俞樾撰　清經解續編

《〈廣雅·釋詁〉疏證》拾遺　俞樾撰　《俞樓雜纂》卷三十三

駁《春秋名字解詁》　胡元玉撰　清經解續編

《廣雅疏證》拾遺二卷　王士濂撰　叢書集成續編
《春秋名字解詁》補誼　黄侃撰　《黄侃論學雜著》附　中華書局一九八七年
《廣雅疏證》補釋　陳邦福撰　中國學報一九一五年一、二册
王念孫《讀書雜誌》正誤　胡懷琛撰　樸學齋叢書第一集第六册
補高郵王氏《説文諧聲譜》　王國維補綴　海寧王静安先生遺書
蛾術編八十二卷　王鳴盛撰　迮鶴壽案　道光二十一年世楷堂本
札樸十卷　桂馥撰　心矩齋叢書
説文解字義證　桂馥撰　中華書局一九八七年影印崇文書局本
晚學集八卷　桂馥撰　叢書集成初編
南江札記四卷　邵晉涵撰　式訓堂叢書三集
炳燭編四卷　李賡芸撰　同治十一年滂喜齋叢書
卷施閣文集十卷乙集八卷詩二十卷　洪亮吉撰　北江全集
鍾山札記四卷　盧文弨撰　抱經堂叢書
龍城札記三卷　盧文弨撰　抱經堂叢書
抱經堂文集三十四卷　盧文弨撰　中華書局一九九〇年

癸巳類稿十五卷　俞正燮撰　商務印書館一九五七年
癸巳存稿十五卷　俞正燮撰　清經解續編
過庭録五卷　宋翔鳳撰　清經解續編
錢竹汀先生日記一卷　錢大昕撰　藕香零拾
潛研堂集五十卷　錢大昕撰　上海古籍出版社一九八九年
拜經堂文集五卷　臧庸撰　清經解
拜經堂日記十二卷　臧庸撰　清經解
果堂集一卷　沈彤撰　清經解
樊謝山房文集二十卷　厲鶚撰　四庫全書
求古録禮説十五卷補遺一卷　厲鶚撰　王士駿補遺　清經解續編
結埼亭集三十八卷外集五十卷　全祖望撰　四部叢刊
春融堂集六十八卷　王昶撰　嘉慶十二年塾南書舍刻本
紀文達公遺集三十二卷　紀昀撰　續修四庫全書
章氏遺書　章學誠撰　文物出版社一九八五年
復初齋文集三十五卷　續集　翁方綱撰　嘉業堂叢書

復初齋詩集三十二卷　翁方綱撰　嘉業堂叢書
賈稻孫集四卷　賈田祖撰　乾隆四十九年刻本　四庫未收書輯刊
三百堂文集二卷　陳奐撰　叢書集成續編
南澗文集二卷　李文藻撰　功順堂叢書
經韻樓集十二卷　段玉裁撰　七葉衍祥堂刻本
經韻樓補編　段玉裁撰　劉盼遂輯刊
説文解字注附六書音均表三十二卷　段玉裁撰　成都古籍書店
述學内篇三卷外篇一卷補遺一卷别録一卷　汪中撰　四部叢刊
《大戴禮記》正誤　汪中撰　續修四庫全書
簡莊文鈔六卷　續編二卷　陳鱣撰　海昌叢載
劉端臨先生文集　劉端臨撰　嘉慶揚州阮常生刻本
邃雅堂文集十卷續編一卷　姚文田撰　邃雅堂全書
清芬外集八卷　劉寶楠輯　清抄本　國家圖書館
珍藝宧文鈔七卷詩鈔二卷　莊述祖撰　珍藝宧遺書
岱南閣集二卷　孫星衍撰　岱南閣叢書

五松園文稿一卷　孫星衍撰　岱南閣叢書
平津館文稿二卷　孫星衍撰　岱南閣叢書
嘉穀堂集一卷　孫星衍撰　岱南閣叢書
問學堂集六卷　孫星衍撰　岱南閣叢書
思適齋集十八卷　顧廣圻撰　江氏聚珍版叢書初集
揅經室集一集十四卷二集八卷三集五卷　阮元撰　文選樓叢書
左海文集十卷　陳壽祺撰　清經解
絳跗草堂詩集六卷　陳壽祺撰　續修四庫全書
校禮堂文集三十六卷　凌廷堪撰　中華書局一九九八年
校禮堂詩集十四卷　凌廷堪撰　續修四庫全書
劉禮部集十一卷附録一卷　劉逢禄撰　續修四庫全書
養素堂文集三十五卷　張澍撰　續修四庫全書
養素堂詩集二十六卷　張澍撰　續修四庫全書
通藝録四十二卷　程瑶田撰　安徽叢書第二期
群經識小八卷　李惇撰　清經解

研六室文鈔十卷補遺一卷　胡培翬撰　道光十七年涇川書院刻本
籀經堂類稿二十四卷　陳慶鏞撰　續修四庫全書
遊道堂集四卷　朱彬撰　光緒二年刻本
禮記訓纂四十九卷　朱彬撰　清十三經注疏
經傳考證八卷　朱彬撰　道光宜禄堂刊
彊識編四卷續一卷　朱士端撰　春雨樓叢書
大戴禮記補注　孔廣森撰　乾隆五十九年孔廣廉刻本
校正《大戴禮記補注》十三卷　王樹枏撰　清十三經注疏
鶴泉文鈔二卷續選八卷　戚學標撰　戚鶴泉所著書本
清詒堂文集　王筠撰　齊魯書社一九八七年
集韻考正十卷　方成珪撰　永嘉叢書
笥河詩集二十卷　朱筠撰　嘉慶九年朱珪椒華吟舫刻本
授堂文鈔八卷　武億撰　叢書集成初編
鐵橋漫稿八卷　嚴可均撰　四録堂類集
曬書堂集十二卷外集二卷别集一卷　郝懿行撰　郝氏遺書

爾雅義疏十九卷　郝懿行撰　清經解
許鄭學廬存稿八卷　王紹蘭撰　道光二十九年刻本
通義堂文集十六卷　劉毓松撰　求恕齋叢書
雕菰樓集二十四卷　焦循撰　叢書集成初編
焦氏遺書二十種一百二十三卷　焦循撰　雕菰樓刊本
焦里堂先生軼文一卷　焦循撰　雕菰樓刊本
龔自珍全集　龔自珍撰　上海人民出版社一九七五年
形聲類編五卷　丁若士撰　大亭山館叢書
諧聲補逸十四卷附札記一卷　宋保撰　叢書集成初編
寸心知堂詩文　湯金釗撰　同治七年刻本
古微堂外集七卷　魏源撰　寶墨齋叢書
小學庵遺書　錢馥撰　邵書稼輯　光緒二十一年刻本
許瀚日記　許瀚撰　河北教育出版社二〇〇一年
攀古小廬文一卷　許瀚撰　咸豐七年刊本
頤志齋感舊詩一卷　丁晏撰　雪堂叢刻

論語孔注證僞二卷　丁晏撰　續修四庫全書
樸學齋文録三卷　宋翔鳳撰　浮谿精舍叢書
惜裒軒尺牘八卷　姚鼐撰　咸豐五年海源閣刻本
太乙舟詩集十三卷　陳用光撰　清頌堂叢書
太乙舟文集八卷　陳用光撰　清頌堂叢書
頤道堂詩外集十卷　陳文述撰　續修四庫全書
郭大理遺稿八卷　郭尚先撰　續修四庫全書
求聞過齋詩集六卷　朱方增撰　光緒十九年朱丙壽刻本　續修四庫全書
顧太清奕繪詩詞合集　張璋編校　上海古籍出版社一九九八年
竹葉庵文集三十三卷　張塤撰　續修四庫全書
聽松廬詩鈔十六卷　張維屏撰　張南山全集本　廣東高等教育出版社一九九五年
恩餘堂輯稿四卷　彭元瑞撰　道光七年刻本
字林考逸八卷　任大椿撰　廣陵古籍刻印社
小學鉤沈十九卷　任大椿撰　光緒四年尤氏重刻本
晚聞居士遺集九卷首一卷　王宗炎撰　道光十年刊本

儀禮古今文疏證二卷　宋世犖撰　確山所著書本
明善堂詩集四十二卷　奕繪撰　乾隆四十二年刻本
紅茗山房詩存十卷　嚴烺　雲南叢書初編
容匏軒詩鈔　賈田祖撰　四庫禁燬書叢刊補編
聖門名字纂古二卷補遺一卷　洪恩波撰　光緒二十五年金陵官書局重校補正光緒二十三年刻本
太炎文録初編二卷別録三卷補編一卷　章太炎撰　章氏叢書
國故論衡三卷　章太炎撰　章氏叢書
觀堂集林　王國維撰　中華書局一九五九年
慎宜軒文集八卷　姚永概撰　民國五年鉛字本
陸宗達語言學論文集　陸宗達撰　北京師範大學出版社一九九六年
古音系研究　魏建功撰　中華書局一九九六年十二月
顧黄書寮雜録　王獻唐輯　青島出版社二〇〇八年
董方立文甲集　董祐誠撰　同治八年刻董方立遺書本
海寧王静安先生遺書　王國維撰　民國二十九年商務印書館長沙石印本

《釋名》彙校　任繼昉撰　齊魯書社二〇〇六年
高郵王氏父子學術初探　舒懷撰　華中理工大學出版社一九九七年
國家圖書館藏鈔稿本乾嘉名人别集叢刊　國家圖書館出版社二〇一〇年

近百年高郵二王學術研究論著目録

陳邦福：《廣雅疏證》補釋，中國學報（北京），第一册、二册，一九一五年
王國維：高郵王懷祖先生訓詁音韻書稿序録，國學季刊卷一，第三期，一九二三年；
又見觀堂集林二册，中華書局，一九五九年
閔爾昌：高郵王氏父子年譜，民國刻本，一九二五年
劉盼遂：《春秋名字解詁》補正，實學，一九二六年，第一期
裴學海：王氏《經傳釋詞》志疑，（天津）益世報副刊，一九二九年一月十二日
于省吾：《春秋名字解詁》商榷，考古學社社刊，一九三〇年第五期
楊樹達：助字辨略跋，積微居文録，商務印書館，一九三二年
黄淬伯：續高郵王氏《釋大》，旁觀，一九三三年第十一期
江蘇研究社：王念孫，江蘇研究卷一，第二期，一九三五年六月
江蘇研究社：王引之，江蘇研究卷一，第四期，一九三五年八月

周祖謨：讀王氏《廣雅疏證》手稿書後，天津益世報（讀書週刊第十一期），一九三五年八月十五日；又見《問學集》（下），中華書局，一九六六年

劉盼遂：高郵王氏父子年譜，來薰閣印行百鶴樓叢書，一九三六年

劉盼遂：高郵王氏父子著述考，段王學五種，天津古籍書店，一九八二年

仲伯營：評段王學五種，天津益世報（讀書週刊第六十三期），一九三六年八月二十七日

朱芳圃：高郵王氏對於古聲類學上之發明，員幅二集，一九三七年

葛信益：王氏《釋名疏證補》引吴氏校本舉誤，天津益世報（人文週刊第二十四期），一九三七年六月十八日

許世瑛：由王念孫《古韻譜》考其二十一部相通之情形，文學年報，一九四〇年第六期；又見許世瑛先生論文集一册，臺北弘道文化事業有限公司，一九七四年

向　楚：高郵王氏《釋大》叙，文學集刊（四川大學）卷一，一九四三年

周祖謨：《廣雅疏證》録遺，（北平）經世日報（讀書週刊第三十五期），一九四七年四月十六日；（第三十六期），一九四七年四月二十三日

裴學海：評高郵王氏四種，河北大學學報（哲學社會科學版），一九六二年第三期

吕景先：《廣雅疏證》指例述要，開封師院學報，一九六二年第三期
祁龍威：關於乾嘉學者王念孫，學術月刊，一九六二年七月
吴國泰：《經傳釋詞》臆正，文史卷二，一九六三年四月
周法高：周秦名字解詁匯釋補編，臺北正中書局，一九六四年
周祖謨：古音有無上去二聲辨，問學集（上），中華書局，一九六六年
張以仁：《經傳釋詞》諸書所用材料的時代問題，大陸雜志卷三十四，第二期，一九六七年一月
張以仁：《經傳釋詞》諸書訓解及引證方面的檢討，「中央圖書館」館刊第二卷，第一期，一九六八年七月
陳鐵凡：王引之《經籍纂詁序》箋釋，「中央圖書館」特刊，一九六八年十一月
周法高：《廣雅疏證》引書索引，中文大學出版社，一九七八年
周祖謨：讀王念孫《廣雅疏證》簡論，蘭州大學學報（哲學社會科學版），一九七九年第一期
祝鴻熹：略談《廣雅疏證》的詞義訓釋，辭書研究，一九七九年第二期
趙振鐸：讀《廣雅疏證》，中國語文，一九七九年第四期

張文彬：高郵王氏父子學記，臺灣師範大學國文研究所博士論文，一九七八年
高　明：高郵王氏父子學記序，中華學苑一期，一九七九年第九期
殷孟倫：王念孫父子《廣雅疏證》在漢語研究史上的地位，東嶽論叢，一九八〇年第二期
蔣禮鴻：《廣雅疏證》補義（上），文獻，一九八〇年第四期
陳徽治：高郵王氏父子之訓詁學散論，華學月刊，一期九十九，一九八〇年第三期
郭成韜：《方言》、《經籍纂詁》和《經傳釋詞》，語文戰線，一九八〇年第七期
黄　侃：《廣雅疏證》箋識，訓詁學研究第一輯，陸宗達主編，北京師範大學出版社，

一九八一年
蔣禮鴻：《廣雅疏證》補義（中），文獻，一九八一年第一期
蔣禮鴻：《廣雅疏證》補義（下），文獻，一九八一年第二期
徐仁甫：《詩經》反詰句，傳箋正言之——辨《經傳釋詞》「不」「無」爲語詞之誤，西南師範大學學報（人文社會科學版），一九八二年第二期
徐仁甫：反詰句相反見意——辨《經傳釋詞》「不」「無」爲語詞之誤，西南師範大學學報（人文社會科學版），一九八三年第一期

余心樂：讀《經傳釋詞》札記，江西師院學報（哲學社會科學版），一九八三年第四期

問清松：王念孫的連語理論，研究社學報（華中師範學院），一九八三年第五、六期

唐　文：紀念段、王學術討論會在揚州舉行　高郵王氏父子故居紀念館同時揭幕，天津師範學院，一九八三年第六期

孫雍長：王念孫「義通」説箋釋，貴州民族學院學報（社會科學版），一九八四年第一期

薛其暉：《廣雅疏證》淺探，華中師範學院學報（哲學社會科學版），一九八四年第一期

鄧志瑗：王念孫在訓詁學上的成就——讀《廣雅疏證・釋詁》的四點體會，江西教育學院學刊，一九八四年第一期

王海根：中國訓詁學研究會舉行王念孫、王引之、段玉裁學術討論會，辭書研究，一九八四年第一期

鄧志瑗：從《廣雅疏證》段、王二《序》對訓詁學的偉大貢獻談到四備本的舛誤問題，江西師範大學學報（哲學社會科學版），一九八四年第一期

胡從曾：高郵王氏釋《詩》凡例説略，杭州大學學報（哲學社會科學版），一九八四年

第二期
張　芷：詞義發展中的平行現象——高郵王氏訓詁闡微之一，南京師大學報（社會科學版），一九八四年第四期
馬振亞：王氏父子與訓詁實踐，東北師大學報（哲學社會科學版），一九八四年第四期
劉如瑛、李德先：從《經傳釋詞》看王引之的治學，揚州師院學報（社會科學版），一九八四年第四期
劉如瑛：讀《經傳釋詞》志疑，中國語文，一九八四年第三期
宋秀麗：讀《經義述聞》，貴州大學學報（社會科學版），一九八五年第一期
胡從曾：從敦煌《毛詩》古寫本看高郵王氏訓詁方法的科學性，浙江師範學院學報，一九八五年第一期
劉　輝：《廣雅疏證》四部備要本質疑一則，文獻，一九八五年第二期
蘇新春：也談《廣雅疏證》四備本舛誤問題，江西師範大學學報（哲學社會科學版），一九八五年第二期
古德夫：王念孫父子與校勘，徐州師範學院學報，一九八五年第二期

薛正興：談王念孫的推理校勘，社會科學戰綫，一九八五年第二期

汪耀楠：王念孫、王引之訓詁思想和方法的探討，湖北大學學報（哲學社會科學版），一九八五年第二期

孫雍長：王念孫「義類説」箋識，湖南師範大學學報（哲學社會科學版），一九八五年第五期

孫玄常爾雅札記——蕭璋《王石臞删訂爾雅義疏聲韻謬誤述補》札記，中國語文，一九八五年第八期

俞　敏：《經傳釋詞》札記，雲南師範大學學報（哲學社會科學版），一九八五年第六期

郎豐生：《廣雅疏證補正》勘誤一則，東北師大學報（哲學社會科學版），一九八六年第一期

劉凱鳴：《廣雅疏證》辨補（上），文獻，一九八六年第一期

韋紹翔：《經傳釋詞》古音通假字表説明，楚雄師專學報，一九八六年第一期

左民安：王念孫校讎學初探，寧夏社會科學，一九八六年第三期

方一新：試論《廣雅疏證》關於聯綿詞的解説部分的成就，杭州大學學報（哲學社會

科學版)，一九八六年第三期
王彦坤：王引之注《左傳》一失，學術研究，一九八六年第三期
劉凱鳴：《廣雅疏證》辨補(中)，文獻，一九八六年第三期
常　青：《經傳釋詞》正誤二則，中州學刊，一九八六年第三期
陸宗達：王石臞先生《韻譜》《合韻譜》遺稿跋，陸宗達語言文學論文集，北京師範大學出版社，一九九六年
陸宗達：王石臞先生《韻譜》《合韻譜》遺稿後記，陸宗達語言文學論文集，北京師範大學出版社，一九九六年
趙振鐸：《廣雅疏證》散論，中華文史論叢增刊(語言文字研究專輯)下，上海古籍出版社，一九八六年
徐仁甫：《經傳釋詞》辨正，中華文史論叢增刊(語言文字研究專輯)下，上海古籍出版社，一九八六年
孫玄常：王念孫《爾雅郝注(疏)刊誤》札記，中華文史論叢增刊(語言文字研究專輯)下，上海古籍出版社，一九八六年
于靖嘉：《經傳釋詞》一詞多用的假借規律，詞典研究叢刊(七)，四川辭書出版社，一

九八六年

毛毓松：通以聲音　明以訓釋——讀黄侃《經傳釋詞》批語，廣西師範大學學報（哲學社會科學版），一九八六年第四期

李宇林：《廣雅疏證・自序》譯注，天水師專學報，一九八七年第一期

劉凱鳴：《廣雅疏證》辨補（下），文獻，一九八七年第一期

蔣冀騁、邱尚仁：從《經義述聞》看王氏父子的治學方法，江西師範大學學報（哲學社會科學版），一九八七年第一期

蕭德銑：《讀書雜志》與訓詁學習，懷化師專學報（哲學社會科學版），一九八七年第一期

周光慶：王念孫「因聲求義」的理論基礎和實踐意義，荆州師專學報，一九八七年第二期

戴雪梅：從《廣雅》和《廣雅疏證》看合成詞的語素意義，北京師院學報（社會科學版），一九八七年第四期

馬清福：劉淇的虚字以表性情論——《助字辨略》與《經傳釋詞》等書的比較，松遼學刊（社會科學版），一九八七年第四期

宋秀麗：讀《廣雅疏證》拾詁，貴州大學學報（社會科學版），一九八七年第四期
俞　敏：《經傳釋詞》札記，湖南教育出版社，一九八七年
王雲路：《讀書雜志》志疑，古漢語研究，一九八八年第一期
孫　剛：《廣雅疏證》訓詁方法淺析，上饒師專學報（哲學社會科學版），一九八八年第一期
王雲路：王念孫「乘」字説淺論，杭州大學學報（哲學社會科學版），一九八八年第一期
張　博：試論王念孫《釋大》，寧夏大學學報（社會科學版），一九八八年第一期
徐興海：王念孫傑出的訓詁學思想，古籍整理研究學刊，一九八八年第二期
劉凱鳴：《廣雅疏證》辨補續篇（一），文獻，一九八八年第三期
劉凱鳴：《廣雅疏證》辨補續篇（二），文獻，一九八八年第四期
李中耀：論清代王念孫、王引之訓詁研究之成就，新疆師範大學學報（哲學社會科學版），一九八八年第四期
王小莘：王氏父子「因聲求義」述評，華南師範大學學報（社會科學版），一九八八年第四期

張　芷：《廣雅疏證》管見，語言研究集刊（第二輯），江蘇教育出版社，一九八八年

胡竹安：論《經傳釋詞》的科學性問題，古漢語論集（第二輯），湖南教育出版社，一九八八年

李成蹊：論《經傳釋詞》訓釋古書虚詞的原則和方法，古漢語論集（第二輯），湖南教育出版社，一九八八年

劉凱鳴：《廣雅疏證》辨補續篇（三），文獻，一九八九年第一期

宋秀麗：《廣雅疏證》校勘方法淺説，貴州大學學報（社會科學版），一九八九年第一期

施謝捷：《廣雅疏證補》補，南京師大學報（社會科學版），一九八九年第一期

金小春：王念孫「連語」説等四種釋例及重評，杭州大學學報（哲學社會科學版），一九八九年第一期

廖海廷：讀《經傳釋詞》，湘潭大學學報（社會科學版），一九八九年第三期

劉凱鳴：《廣雅疏證》辨補續篇（四），文獻，一九八九年第四期

吴友仁：《爾雅》「二義同條例」是王引之發現的嗎？古漢語研究，一九八九年第四期

陳雄根：從《廣雅疏證》看王念孫的聲轉理論及其實踐，香港中文大學中國文化研究

所學報（二十），一九八九年

喬秋穎：從語言學的角度看王念孫的「因聲求義」說，徐州教育學院學報（哲學社會科學版），一九八九年第一期

俞　敏：王刪郝疏議，俞敏語言學論文集，黑龍江人民出版社，一九八九年

陳雄根：《讀書雜志》資料便檢，香港中文大學出版社，一九八九年

成采白：從王念孫校《荀子》談因聲求義方法的具體應用，四川教育學院學報，一九九〇年第一期

胡正武：《廣雅疏證》對《廣雅》脱文補正及其方法淺探，内蒙古師大學報（哲學社會科學版），一九九〇年第一期

徐　復：重印《廣雅疏證》弁言，徐復語言文字學叢稿，江蘇古籍出版社，一九九〇年

向　實：《經傳釋詞》及其批本，鹽城師專學報（社會科學版），一九九〇年第二期

王雲路：《讀書雜志》方法論淺述，杭州大學學報（哲學社會科學版），一九九〇年第二期

馬建東：也談王念孫的音訓——讀《廣雅疏證》，天水師專學報，一九九〇年第二期

毛毓松：《經傳釋詞》「所」「可」互訓異議，廣西師範大學學報（哲學社會科學版），一

九九〇年第三期
陳鴻邁：《經傳釋詞》述評，語言文字論集，廣東人民出版社，一九九〇年
李運富：王念孫父子的「連語」觀及其訓解實踐（上），古漢語研究，一九九〇年第四期
陳雄根：王念孫「連語」理論探賾，香港中文大學中國文化研究所學報（二十一），一九九〇年
孫雍長：王念孫形音義辯證觀箋識，湖南科技大學學報（社會科學版），一九九〇年第五期
戴山青：《廣雅疏證》索引，中華書局，一九九〇年
吴澤順：從王氏四種看先秦文獻語言的音轉規律，青海師範大學學報（哲學社會科學版），一九九一年第一期
李運富：王念孫父子的「連語」觀及其訓解實踐（下），古漢語研究，一九九一年第二期
周静賢、吴禮權：《經傳釋詞》在漢語語法學上的地位，復旦學報（社會科學版），一九九一年第二期

毛毓松：詞氣、訓詁與音韻——《經傳釋詞》的得失，廣西師範大學學報（哲學社會科學版），一九九一年第三期

何毓玲：王引之、俞樾《詩》詁異同平議，古漢語研究，一九九一年第三期

吴澤順：王氏四種韻轉考，臨沂師專學報，一九九一年第三期

吴澤順：王氏父子通假研究和出土文獻資料之比較，古漢語研究，一九九一年第四期

崔樞華：《廣雅·釋詁》疏證以聲音通訓詁發覆，北京師範大學學報（社會科學版），一九九一年第六期

張治樵：王念孫訓詁述評，四川師範大學學報（社會科學版），一九九二年第二期

楊合鳴：《經傳釋詞》黄侃批語略評，武漢大學學報（社會科學版），一九九二年第六期

孫玄常：《廣雅疏證·釋詁》札記音訓篇，運城高專學報，一九九三年第一期

孫玄常：《廣雅疏證·釋詁》札記（續）——音訓篇，運城高專學報，一九九三年第二期

孫玄常：《廣雅疏證·釋詁》札記，運城高專學報一九九三年第三期

李世禄：談《經傳釋詞》釋「不」之誤，佳木斯教育學院學報，一九九三年第三期
曹煒、曹培根：試論《讀書雜志》在漢語語法學上的貢獻，揚州師院學報（社會科學版），一九九三年第三期
胡繼明：《説文解字注》和《廣雅疏證》的右文説，四川大學學報（哲學社會科學版），一九九三年第四期
馬建東：王念孫的語言學思想（二）——再讀《廣雅疏證》，天水師專學報，一九九四年第一期
史舒薇：《助字辨略》和《經傳釋詞》，中文自學指導，一九九四年第一期
楊鬱：《經傳釋詞》引據法研究，瓊州大學學報，一九九四年第一期
張令吾：《釋大》訓詁理論探流溯源，湛江師範學院學報（哲學社會科學版），一九九四年第一期
姜寶琦、李茂山：《廣雅疏證序》理論與實踐意義芻議，雲南師範大學學報（哲學社會科學版），一九九四年第二期
姚曉丹：淺談《讀書雜志》中的語法分析，鹽城師專學報（哲學社會科學版），一九九四年第二期

張家英：讀《讀書雜志·史記雜志》，蒲峪學刊，一九九四年第三期
孫良明：王念孫的句式類比分析法，古漢語研究，一九九四年第四期
孫良明：清代學者關於句子合法合理合用的分析，山西大學學報（哲學社會科學版），一九九五年第三期
郝維平：談《馬氏文通》對《經傳釋詞》的批評，漳州師院學報，一九九五年第三期
劉殿義、張仁明：《廣雅疏證》同源字的語義問題，畢節師專學報，一九九五年第三期
胡繼明：《廣雅疏證》的「字異而義同」，古漢語研究，一九九五年第三期
姚淦銘：王國維于高郵王氏之學的研究，古漢語研究，一九九五年第三期
熊茂松：釋《廣雅疏證》「字異而義同」，三峽學刊，一九九五年第四期
吴禮權：王引之《經傳釋詞》的學術價值，古籍整理研究學刊，一九九五年第四期
趙伯義：《爾雅述聞》臆説，河北師院學報（社會科學版），一九九五年第四期
孫良明：從王念孫的「文同一例」到俞樾的「文法一律」——談清人訓詁考據中的語法分析方法及其發展，山東師大學報（社會科學版），一九九六年第一期
張令吾：王念孫《釋大》同族詞研究舉隅，湛江師範學院學報（哲學社會科學版），一九九六年第一期

郝文華：從詞類術語看王氏虚詞詞類觀——王氏父子語法思想研究之一，大同高專學報，一九九六年第四期
吴禮權：《經傳釋詞》之「因聲求義」初探，古籍研究，一九九六年
高小方：關於《廣雅疏證補正》的作者，古漢語研究，一九九七年第二期
張家英：讀《讀書雜志·史記雜志》札記，綏化師專學報，一九九七年第二期
張仁明、劉殿義：《廣雅疏證》同源字組間的語義關係，畢節師專學報，一九九七年第三期
舒　懷：高郵王氏父子《説文》研究緒論，古漢語研究，一九九七年第四期
黑維强：《讀書雜志》「意疑」析，陝西師範大學學報（哲學社會科學版），一九九七年第四期
馬固鋼：論改變句子語氣而釋詞——評《經傳釋詞》以來某些辭書的傾向，辭書研究，一九九七年第五期
舒懷：高郵王氏父子學術初探，華中理工大學出版社，一九九七年
袁海林：論王引之《經傳釋詞》的虚詞研究方法，大同高等專科學校學報，一九九八年第三期

袁海林：王引之《經傳釋詞》的引據，語文研究，一九九八年第四期
梁保爾：略説王念孫「相對爲文」的語境觀，修辭學習，一九九八第五期
梁保爾：略論《經傳釋詞》在虛詞研究領域中的學術地位，西北師大學報（社會科學版），一九九八年第六期
朱國理：《廣雅疏證》的語源研究，復旦大學碩士論文，一九九八年
梁保爾、雷漢卿：《廣雅疏證》的寫作時間，四川大學學報（哲學社會科學版），一九九九年第一期
袁海林：試論王引之《經傳釋詞》虛詞訓詁的創新意識，大同高等專科學校學報，一九九九年第一期
沈晉華：《經傳釋詞》中的聲轉通用情況考察，蘇州教育學院學報，一九九九年第四期
朱國理：《廣雅疏證》的「同」，殷都學刊，一九九九年第四期
朱國理：《廣雅疏證》的聲訓法，固原師專學報，一九九九年第五期
賴貴三：《昭代經師手簡箋釋》，里仁書局，一九九九年
姚　徽：「無寧（毋寧）」、「無亦」論析——評《經傳釋詞》、《詞詮》「無」字「無寧（毋

寧)」、「無亦」例句，徐州教育學院學報，二〇〇〇年第二期

王小苹、郭小春：王羲之父子書帖中的魏晉習俗詞語，廣西大學學報（哲學社會科學版），二〇〇〇年第二期

朱國理：《廣雅疏證》的「命名之義」，語言研究，二〇〇〇年第三期

劉　翠：古漢語「不」的一類特殊用法——兼與《經傳釋詞》商榷，安徽大學學報（哲學社會科學版），二〇〇〇年第三期

朱國理：《廣雅疏證》對右文説的繼承與發展，上海大學學報（社會科學版），二〇〇〇年第四期

李宗焜：景印解説《高郵王氏父子手稿》，「中央研究院」歷史語言研究所，二〇〇〇年

朱國理：《廣雅疏證》的「通」，古籍整理研究學刊，二〇〇一年第一期

朱國理：《廣雅疏證》「聲同聲近聲通」考，黄山高等專科學校學報，二〇〇一年第一期

朱小健：王念孫札記訓詁所體現的治學方法與精神——以王念孫對《毛詩》舊注的糾正爲例，井岡山師範學院學報，二〇〇一年第一期

郝文華：共時歷史平面下的王引之詞類術語，鄖陽師範高等專科學校學報，二〇〇一年第二期
曲文軍：顔師古、王念孫誤釋「奔踶」辨正，武漢教育學院學報，二〇〇一年第二期
韓同蘭：高郵王氏父子通假研究與郭店楚簡文獻的比較，中文自學指導，二〇〇一年第二期
張金霞：王引之虚詞研究方法探討，漢字文化，二〇〇一年第三期
徐興海：《廣雅疏證》研究，江蘇古籍出版社，二〇〇一年
苑全馳：論《廣雅疏證》的語源研究，南京師範大學碩士論文，二〇〇一年
任繼昉：王念孫的《釋名》校語，文獻，二〇〇二年第一期
賴積船：《經傳釋詞》「所」釋發疑，湘潭工學院學報（社會科學版），二〇〇二年第一期
朱國理：試論轉語理論的歷史發展，古漢語研究，二〇〇二年第一期
郭小春：王氏父子書帖中的一組同義詞，黔東南民族師專學報，二〇〇二年第二期
單殿元：《經傳釋詞》簡論，辭書研究，二〇〇二年第四期
胡繼明：《廣雅疏證》系聯同源詞的方法和表述方式，漢字文化，二〇〇二年第四期

相宇劍、趙慧芳：《經義述聞》的修辭學成就，中山大學學報論叢，二〇〇二年第六期

蔣紹愚：讀《廣雅疏證》札記，紀念王力先生百年誕辰學術論文集，商務印書館，二〇〇二年

華學誠、柏亞東、王智群、趙奇棟、鄭東珍：就王念孫的同源詞研究與梅祖麟教授商榷，古漢語研究，二〇〇三年第一期

胡繼明：《廣雅疏證》研究同源詞的成就和不足，西南民族學院學報（哲學社會科學版），二〇〇三年第一期

朱　彦：從《經傳釋詞》的虚詞分類看其系統觀和語法觀，柳州職業技術學院學報，二〇〇三年第一期

胡繼明：《廣雅疏證》同源詞的詞義關係題型，樂山師範學院學報，二〇〇三年第二期

胡繼明：《廣雅疏證》同源詞研究，四川大學博士論文，二〇〇二

劉建臻：王念孫賠款始末，江蘇地方志，二〇〇三年第二期

朱國理：《廣雅疏證》中的轉語，上海大學學報（社會科學版），二〇〇三年第二期

羅新慧：《讀書雜志》與社會史大論戰，史學史研究，二〇〇三年第二期

韓陳其、立紅：論循境求義——《經義述聞》的語言學思想研究，鹽城師範學院學報（人文社會科學版），二〇〇三年第二期

張聯榮：《釋大》讀後記，廣播電視大學學報（哲學社會科學版），二〇〇三年第二期

鄧福禄：王删郝疏訓詁失誤類析，古漢語研究，二〇〇三年第二期

胡繼明：《廣雅疏證》研究同源詞的理論和方法，遼寧師範大學學報（社會科學版），二〇〇三年第三期

韓陳其、立紅：論《經義述聞》的語義觀——《經義述聞》的語言學思想研究，華中科技大學學報（社會科學版），二〇〇三年第四期

韓陳其、立紅：論匯比求義和文本詮釋——從《經義述聞》看文本詮釋和學術判斷力之關係，淮陰師範學院學報（哲學社會科學版），二〇〇三年第五期

韓陳其、立紅：論《經義述聞》的語法觀，揚州大學學報（人文社會科學版），二〇〇三年第六期

胡繼明：《廣雅疏證》同源詞研究，巴蜀書社，二〇〇三年

吉常宏：《古人多字解詁》前言，語文出版社，二〇〇三年八月

朱國理：《廣雅疏證》的命名之義，語言研究，二〇〇四年第一期

李豔紅：《廣雅疏證》、《方言箋疏》中「乘」的釋義指瑕，古漢語研究，二〇〇四年第一期
韓陳其、立紅：論因聲求義——《經義述聞》的語言學思想研究，北京理工大學學報（社會科學版），二〇〇四年第一期
杜麗榮：試析《廣雅疏證·釋詁》「一聲之轉」的語音關係，漢字文化，二〇〇四年第三期
唐德正：從銀雀山漢簡看王念孫對《晏子春秋》的校勘，管子學刊，二〇〇四年第四期
黑維强：《讀書雜志》「意疑」析，陝西師範大學學報（哲學社會科學版），二〇〇四年第四期
沙　沙：王念孫治水軼事，陝西水利，二〇〇四年第五期
孫德平：《廣雅疏證》的電腦處理，南陽師範學院學報（社會科學版），二〇〇四年第七期
胡繼明：《廣雅疏證》中的同源詞研究，西南民族大學學報（人文社科版），二〇〇四年第七期

彭　慧：《廣雅疏證》中《文選》通假字研究，鄭州大學碩士論文，二〇〇四年

李宛静：王念孫《讀書雜志》校勘方法研究，西南師範大學碩士論文，二〇〇四年

吴蘊慧：《讀書雜志·漢書雜志》訓詁二則，蘇州市職業大學學報，二〇〇五年第一期

朱國理：《廣雅疏證》同源詞的詞義關係，上海大學學報（社會科學版），二〇〇五年第二期

顧恩多：從「爰」的釋義看《經傳釋詞》的幾點不足，集寧師專學報，二〇〇五年第二期

郭明道：王氏父子的訓詁思想和方法，古籍整理研究學刊，二〇〇五年第四期

温美姬：王念孫訓釋《荀子》的方法及其特點，江西社會科學，二〇〇五年第四期

于廣元：《經傳釋詞》作者考證，揚州大學學報（人文社會科學版），二〇〇五年第五期

佘彦焱、柳向春：《王念孫手稿》辨誤，圖書館雜志，二〇〇五年第五期

胡繼明：就王念孫《廣雅疏證》研究同源詞的方法與梅祖麟教授商榷，重慶三峽學院學報，二〇〇五年第六期

盛　林：《廣雅疏證》對語義運動軌跡的認識，南京社會科學，二〇〇五年第八期
劉精盛：論《釋大》同源詞研究的啟示及不足，廣西社會科學，二〇〇五年第十期
甘　勇：《廣雅疏證》的數位化處理及其同源字研究，華中科技大學碩士論文，二〇〇五年
王翰穎：《讀書雜志》的語境運用初探，曲阜師範大學碩士論文，二〇〇五年
弓海濤：關於王念孫、俞樾《廣雅疏證》補正的比較研究，北京師範大學碩士論文，二〇〇五年
張意霞：王念孫《廣雅疏證》訓詁術語研究，臺灣師範大學碩士論文，二〇〇五年
齊沖天：《廣雅疏證》的因聲求義與語源學研究，漢字文化，二〇〇六年第一期
温美姬：王念孫、俞樾校釋《荀子》特色差異之研究，南昌大學學報（人文社會科學版），二〇〇六年第一期
彭　慧：論《廣雅疏證》的「因聲求義」，中州學刊，二〇〇六年第二期
盛　林：《廣雅疏證》中的「依文釋義」，浙江師範大學學報（社會科學版），二〇〇六年第二期
馬景侖：《廣雅疏證》訓詁術語「相對成文」淺析，南京師範大學文學院學報，二〇〇〇

六年第二期

劉建明：《助字辨略》、《經傳釋詞》比較略述，濮陽職業技術學院學報，二〇〇六年第二期

張小麗：論王念孫、王引之父子的治學特色，貴州社會科學，二〇〇六年第二期

郭明道：王氏父子的校勘學：思想·方法和成就，社會科學家，二〇〇六年第二期

馬景侖：《廣雅疏證》「散文」、「對文」所涉同義詞詞義狀況分析，徐州師範大學學報（哲學社會科學版），二〇〇六年第三期

彭　慧：王念孫《廣雅疏證》關於《文選》李善注的質疑，鄭州大學學報（哲學社會科學版），二〇〇六年第三期

彭　慧：試論《廣雅疏證》在漢語語義研究中的重要理論價值，社會科學家，二〇〇六年第三期

劉精盛：王念孫《釋大》「大」義探微，古漢語研究，二〇〇六年第三期

劉精盛：也談《讀書雜志·漢書雜志》「庸身」條，現代語文，二〇〇六年

喬秋穎：江有誥、王念孫關於至部的討論及對脂微分部的作用，徐州師範大學學報（哲學社會科學版），二〇〇六年第三期

劉建明：《經傳釋詞》研究綜述，平原大學學報，二〇〇六年第四期
陳鴻森：《經傳釋詞》作者疑義，中華文史論叢，二〇〇六年第四期
李淑敏：淺議連綿詞——兼對王念孫的「連語」辨析，唐山師範學院學報，二〇〇六年第四期
馬景侖：《廣雅疏證》所揭示的「二義同條」之詞義關係分析，南京師範大學學報（社會科學版），二〇〇六年第五期
馬景侖：《廣雅疏證》所涉「正反同詞」現象成因探析，揚州大學學報（人文社會科學版），二〇〇六年第五期
吴榮範：《廣雅疏證》類同引申説的成就與不足，長江論壇，二〇〇六年第四期
程豔梅：《讀書雜志》所糾颜师古《漢書注》訛誤類型舉隅，山東省青年管理幹部學院學報，二〇〇六年第五期
甘　勇：《廣雅疏證》同源字系統研究，漢字文化，二〇〇六年第五期
盛　林：略論《廣雅疏證》中的「對文異、散文通」，東南大學學報（哲學社會科學版），二〇〇六年第六期
馬景侖：《廣雅疏證》所言《廣雅》之誤淺析，東南大學學報（哲學社會科學版），二

〇〇六年第六期
楊澤林：淺談王念孫語源研究的獨特性與貢獻，時代文學〈雙月刊〉，二〇〇六年第六期
馬景侖：《廣雅疏證》對《廣雅》主要條例的揭示，古籍研究（二〇〇六卷下），安徽大學出版社，二〇〇六年
王章濤：《王念孫、王引之年譜》，廣陵書社，二〇〇六年
吴國泰：《經傳釋詞》臆正，巴蜀書社，二〇〇六年
張先坦：王念孫《讀書雜志》語法觀念研究，安徽大學博士論文，二〇〇六年
郝中嶽：王念孫《詩經》小學研究，河南大學碩士論文，二〇〇六年
王　輝：從《經義述聞》看王引之的訓詁方法，陝西師範大學碩士論文，二〇〇六年
林清林：王念孫聲轉理論研究，北京師範大學碩士論文，二〇〇六年
馬景侖：《廣雅疏證》運用類比手法説解文字現象析，南京師範大學文學院學報，二〇〇七年第一期
曹秀華：統計方法在《經義述聞》中的運用，讀與寫（教育教學刊），二〇〇七年第二期

李曉飛：《經傳釋詞》中虛詞研究淺析，社科縱横（新理論版），二〇〇七年第二期

劉精盛：王念孫《讀書雜志·逸周書》校讎補正，古籍整理研究學刊，二〇〇七年第三期

胡繼明：王念孫《廣雅疏證》對漢語同源詞研究的貢獻，重慶三峽學院學報，二〇〇七年第四期

馬景侖：《廣雅疏證》以類比手法所説明的語音變化造成的語言現象淺析，常州工學院學報（社會科學版），二〇〇七年第四期

單殿元：高郵王氏研究《尚書》的成就與方法，揚州大學學報（人文社會科學版），二〇〇七年第四期

馬景侖：《廣雅疏證》以類比手法説明被釋詞與解釋詞音義關係情況淺析，徐州師範大學學報（哲學社會科學版），二〇〇七年第五期

王翰潁：《讀書雜志》「相對爲文」的語境運用初探，滁州學院學報，二〇〇七年第五期

王翰潁：從詞滙角度看《讀書雜志》對語境的運用，現代語文（語言理論研究），二〇〇六年七月

梁孝梅、單殿元：《廣雅疏證》中與修辭相關的術語，齊齊哈爾大學學報（哲學社會科學版），二〇〇七年第五期

孫德平：《廣雅疏證》在同義詞研究上的貢獻，東南大學學報（哲學社會科學版），二〇〇七年第五期

孫德平：《廣雅疏證》在同義詞研究上的貢獻，漢字文化，二〇〇七年第五期

董恩林：論王念孫父子的治學特點與影響，古籍整理研究學刊，二〇〇七年第五期

單殿元、梁孝梅：王念孫《丁亥詩鈔》解讀，湖南城市學院學報，二〇〇七年第六期

張先坦：《讀書雜志》詞法觀念研究，巴蜀書社，二〇〇七年

彭　慧：《廣雅疏證》漢語語義學研究，四川大學博士論文，二〇〇七年

吴榮範：《廣雅疏證》類同引申研究，蘭州大學碩士論文，二〇〇七年

程豔梅：《讀書雜志》專題研究，南京師範大學博士論文，二〇〇七年

劉精盛：王念孫的訓詁理論與實踐研究，陝西師範大學博士論文，二〇〇七年

曹秀華：《經義述聞》詞義訓詁方法初探，曲阜師範大學碩士論文，二〇〇七年

馬景侖：《廣雅疏證》部分訓詁術語的含義和用法淺析，南京師範大學文學院學報，二〇〇八年第二期

周勤、胡繼明：《廣雅疏證》研究單音節同義詞的方法，揚州大學學報（人文社會科學版），二〇〇八年第四期

程豔梅：《讀〈史記〉雜志》引書蠡説，常州工學院學報（社會科學版），二〇〇八年第四期

謝俊濤、張其昀：《經義述聞》因文求義説略，語言科學，二〇〇八年第四期

張素鳳：《經義述聞》指瑕三則，唐山師範學院學報，二〇〇八年第四期

劉精盛、陳衛南：從修辭角度論王念孫《讀書雜志》校勘得失，漢字文化，二〇〇八年第四期

劉　芳：《讀書雜志·史記雜志》小札，懷化學院學報，二〇〇八年第四期

何野、閻素華：論《經義述聞·毛詩》的訓詁方法，成都大學學報（教育科學版），二〇〇八年第五期

章也、任曉彤：《經傳釋詞》箋注·「目以已」，内蒙古師範大學學報（哲學社會科學版），二〇〇八年第五期

章　也：《經傳釋詞》箋注·「與」，内蒙古大學學報（哲學社會科學版），二〇〇八年第五期

馬玉萌：《經傳釋詞》助詞類術語小議，咸寧學院學報，二〇〇八年第五期
孫　麗：試論王念孫校勘的兩類致誤理由，青海師專學報，二〇〇八年第五期
喬立智：王念孫《讀書雜志》志疑一則，西南民族大學學報（人文社科版），二〇〇八年第八期
馬玉萌：《經傳釋詞》連詞類術語小議，南方論刊，二〇〇八年第十期
蔡文錦：國學大師王念孫、王引之評傳，中國文史出版社，二〇〇八年
盛　林：《廣雅疏證》中的語義學研究，上海人民出版社，二〇〇八年
梁孝梅：《廣雅疏證》術語研究，揚州大學碩士論文，二〇〇八年
張　章：《廣雅疏證》聯綿詞研究，復旦大學碩士論文，二〇〇八年
高　燕：清代高郵王氏研究《詩經》語言的成就與方法，揚州大學碩士論文，二〇〇八年
張其昀：論《廣雅疏證》之撰成，揚州文化研究論叢（第二輯），廣陵書社，二〇〇八年
李　麗：《經義述聞》訓詁方法舉證，西安文理學院學報（社會科學版），二〇〇九年第一期
于廣元：《經傳釋詞》語料斷限辨正，揚州大學學報（人文社會科學版），二〇〇九年

第一期

蔡文錦：論王氏父子學術研究的方法論意義，揚州職業大學學報，二〇〇九年第一期

李恒光：由《廣雅疏證》析王念孫父子對訓詁學的貢獻，唐山學院學報，二〇〇九年第二期

張其昀、謝俊濤：《廣雅疏證》對同源詞的揭示，鹽城師範學院學報（人文社會科學版），二〇〇九年第二期

高　倩：淺析《讀書雜志》的考釋方法，安徽文學（下半月），二〇〇九年第二期

張瑞芳：試析王引之《經傳釋詞》中的虛語「爰」，哈爾濱學院學報，二〇〇九年第三期

盛　林：《廣雅疏證》中的同義觀，安徽大學學報（哲學社會科學版），二〇〇九年第三期

馬景侖：《廣雅疏證》類比手法的部分用法管窺，南京師範大學文學院學報，二〇〇九年第三期

張其昀：聲訓之源流及聲訓在《廣雅疏證》中的運用，湖南文理學院學報（社會科學

版)，二〇〇九年第四期
馬景侖：《廣雅疏證》「凡」語的部分用法管窺，徐州師範大學學報(哲學社會科學版)，二〇〇九年第四期
弓海濤：《廣雅疏證補正》内容之探討，岱宗學刊，二〇〇九年第四期
張其昀：《廣雅疏證》證義的單複相證，揚州大學學報(人文社會科學版)，二〇〇九年第四期
程豔梅：《讀書雜志》運用「類比手法」釋詞淺析，韶關學院學報，二〇〇九年第四期
閻素華：《經義述聞》訓詁之「見」，遼寧工程技術大學學報(社會科學版)，二〇〇九年第四期
楊效雷：王引之《經義述聞》對虞翻《易》注的辨駁，古籍整理研究學刊，二〇〇九年第四期
孫計康：略論王念孫《讀書雜志》一書的校勘學特色，圖書館學刊，二〇〇九年第四期
趙振鐸：書《〈廣雅疏證〉導讀》後，辭書研究，二〇〇九年第五期
張其昀：《廣雅疏證》對於《廣雅》和小學類古籍及其注釋謬誤的更正，寧夏師範學院

學報，二〇〇九年第五期
張其昀：對文證義與連文證義及其在《廣雅疏證》中的運用，陰山學刊，二〇〇九年第五期
熊加全：淺談王念孫《讀書雜志》詞語考證的方法，大衆文藝（理論），二〇〇九年第五期
范建國：高郵王氏的連語觀，黄岡師範學院學報，二〇〇九年第五期
侯立睿：「樂之容」還是「樂之官」——《讀書雜志》志疑一則，古漢語研究，二〇〇九年第六期
張先坦：再論《讀書雜志》在漢語語法學上的貢獻，貴州師範大學學報（社會科學版），二〇〇九年第六期
馬景侖：《廣雅疏證》以「凡」語説明各種詞義現象情況淺析，東南大學學報（哲學社會科學版），二〇〇九年第六期
楊　捷：從《史記雜志》看王念孫校勘古籍的方法，才智，二〇〇九年第八期
姜　蕾：《經義述聞》修辭慣例訓詁，安徽文學（下半月），二〇〇九年第十二期
鄭　路：《讀書雜志》釋例三則，學理論，二〇〇九年第十二期

李素紅：讀王念孫《讀書雜志》分析古書致誤原因，大衆文藝（理論），二〇〇九年第二十一期

張其昀：論《廣雅疏證》中的校勘，揚州文化研究論叢（第三輯），二〇〇九年

于廣元：《經傳釋詞》產生的原因，揚州文化研究論叢（第四輯），廣陵書社，二〇〇九年

張其昀：《廣雅疏證》導讀，社會科學文獻出版社，二〇〇九年

王章濤：王念孫　王引之，雲南教育出版社，二〇〇九年

單殿元：王念孫、王引之著作析論，社會科學文獻出版社，二〇〇九年

程南洲：《經傳釋詞》辯例，花木蘭文化出版社，二〇〇九年

程　泱：王念孫《讀書雜志》研究，復旦大學博士論文，二〇〇九年

豐素貞：《讀書雜志》假借字研究，曲阜師範大學碩士論文，二〇〇九年

張其昀：《廣雅疏證》「輕重」、「緩急」、「侈弇」解，信陽師範學院學報（哲學社會科學版），二〇一〇年第一期

張其昀：《廣雅疏證》校勘記，古籍整理研究學刊，二〇一〇年第一期

張其昀：《廣雅疏證》對於名物關係的闡釋，湖北師範學院學報（哲學社會科學版），

二〇一〇年第一期

曹德和：從訓詁學中探尋語義學元素——盛林《〈廣雅疏證〉中的語義學研究》述評，北華大學學報（社會科學版），二〇一〇年第一期

馬景侖：《廣雅疏證》以「凡」語説明「名」、「實」、「義」關係情況淺析，安徽大學學報（哲學社會科學版），二〇一〇年第二期

王學斌：論清代《管子》校勘中的學術傳承——以王念孫、陳奂、丁世涵、戴望爲系譜的考察，管子學刊，二〇一〇年第二期

彭　慧：「求變」與「求通」——試析段玉裁《説文解字注》與王念孫《廣雅疏證》詞義引申研究的不同，信陽師範學院學報（哲學社會科學版），二〇一〇年第三期

柳向春：高郵王氏父子與陳奂往來函件編次，大連圖書館白雲論壇第四卷，二〇一〇年第三期

于廣元、周星瑩：《經傳釋詞》的排序法及其價值，揚州大學學報（人文社會科學版），二〇一〇年第三期

杜利軍：《虚字説》與《經傳釋詞》研究方法比較，蘇州教育學院學報，二〇一〇年第三期

張其昀：《廣雅疏證》之合聲證義與倒言證義，綿陽師範學院學報，二〇一〇年第四期

張其昀：《廣雅疏證》證義的異文相證與互文相證，南陽師範學院學報，二〇一〇年第五期

馬景侖：從名、實、義關係角度看《廣雅疏證》對事物命名方式的揭示，語言科學，二〇一〇年第五期

劉精盛：論王念孫《讀書雜志》的「義不相屬」，長江師範學院學報，二〇一〇年第五期

閻素華：《經義述聞》研究綜述，語文學刊，二〇一〇年第七期

向學春：《廣雅疏證》之反義關係研究，求索，二〇一〇年第九期

孫　玲：試論《讀書雜志·漢書雜志》的訓詁方法，湖北廣播電視大學學報，二〇一〇年第九期

杜季芳：論王念孫的文獻學成就，孝感學院學報，二〇一〇年第九期

劉　冰：高郵王氏父子《廣雅疏證補正》稿本，圖書館學刊，二〇一〇年第九期

李朝虹：王念孫「『脩』、『循』形近而誤」說獻疑，西南交通大學學報（社會科學版），二

〇一〇年第十期

張曉蔚：王念孫《釋大》音義關聯，語文學刊，二〇一〇年第十三期

張錦少：從《方言》校本到《方言疏證補》：論王念孫早年研究《方言》的情況，中國訓詁學研究會二〇一〇年學術年會論文摘要集

張其昀：《廣雅疏證》之别類證義，中國訓詁學研究會二〇一〇年學術年會論文摘要集

曹　强：江有誥《詩經韻讀》和王念孫《古韻譜》用韻比較，安康學院學報，二〇一〇年第十二期

于廣元：《經傳釋詞》產生的原因，揚州文化研究論叢（第四輯）廣陵書社，二〇一〇年

柳向春：陳奂與高郵王氏，《陳奂交遊研究》第五章，華東師範大學出版社，二〇一〇年

薛正興：王念孫　王引之評傳，南京大學出版社，二〇一〇年

張先坦：《讀書雜志》句法觀念研究，巴蜀書社，二〇一〇年

卞春霞：論王念孫《墨子雜志》的研究方法及其成就，揚州大學碩士論文，二〇一

○年

張立琪：《經義述聞・毛詩》在《詩經》研究中的貢獻與影響，復旦大學碩士論文，二○一○年

姜　蕾：《經義述聞》語境訓詁研究，曲阜師範大學碩士論文，二○一○年

袁　英：《經傳釋詞》訓詁方法研究，曲阜師範大學碩士論文，二○一○年

游　睿：《讀書雜志》詞義考證專題研究，曲阜師範大學碩士論文，二○一○年

王文玲：《廣雅疏證》名物訓釋研究，揚州大學碩士論文，二○一○年

趙海寶：《廣雅疏證》研究，吉林大學博士論文，二○一○年

熊　雪：《經義述聞・毛詩》訓詁條例研究，蘭州大學碩士論文，二○一○年

張曉娜：從《廣雅疏證》中的詞義結構劃分看王念孫的義素觀念，北京師範大學碩士論文，二○一○年

劉精盛：芻議研究王念孫之訓詁理論與實踐的意義，漢字文化，二○一一年第一期

朱國理：《廣雅疏證》訓詁術語「之言」探析，井岡山大學學報（社會科學版），二○一一年第一期

李朝虹：釋「脩道而不貳」，廣西師範學院學報（哲學社會科學版），二○一一年第

一期

趙宣、單殿元：王引之《經傳釋詞》編撰思想述論，山東圖書館學刊，二〇一一年第二期

宋鯤鵬：清高郵王氏父子的訓詁研究，開封教育學院學報，二〇一一年第二期

程豔梅：《讀書雜志》條目構成探析，南陽師範學院學報，二〇一一年第二期

郭瓏：王念孫《廣雅疏證》疊音詞釋義術語研究，廣西教育學院學報，二〇一一年第三期

徐道彬：論王念孫對戴震學術的繼承與發展——以《廣雅疏證》爲例的考察，安徽大學學報（哲學社會科學版），二〇一一年第四期

韋岩實：小議《廣雅疏證》的「因聲求義」，賀州學院學報，二〇一一年第四期

郭靈雲：清人虛詞研究中的語法思想——以《虛字説》《助字辨略》《經傳釋詞》爲例，時代文學（上半月），二〇一一年第四期

董志翹：簡評《〈讀書雜志〉句法觀念研究》，貴州師範大學學報（社會科學版），二〇一一年第五期

周勤：論《廣雅疏證》中蘊含的同義詞辨析理論，求索，二〇一一年第五期

張相平：論俗字在《讀書雜志》中的應用，惠州學院學報（社會科學版），二〇一一年第五期

郭靈雲、梁英君：從因聲求氣到因聲求義——評《虚字説》《經傳釋詞》虚詞訓釋，時代文學（上半月），二〇一一年第六期

謝琛、張永偉：淺論盧文弨、王念孫、顧廣圻校勘思想之異同，魅力中國，二〇一一年第六期

趙　静：從「夫」的語法化看辭彙和語法的協同發展——以《經傳釋詞》「夫」詞條爲例，劍南文學（經典教苑），二〇一一年第八期

汪保忠：論王引之《經義述聞》的學術貢獻，賀州學院學報，二〇一一年第八期

曹森琳：試論《廣雅疏證・自序》中的訓詁思想，重慶科技學院學報（社會科學版），二〇一一年第二十三期

張其昀：對文證義與連文證義及其在《廣雅疏證》中的運用，揚州文化研究論叢（第六輯），廣陵書社，二〇一一年

劉精盛：王念孫之訓詁學研究，吉林大學出版社，二〇一一年

葉　輝：《釋大》同族詞研究，華中科技大學碩士論文，二〇一一年

張　璟：《廣雅疏證》與《説文解字注》聯綿詞訓釋比較研究，北京師範大學碩士論文，二〇一一年

王焕林、邱亮：撐腸文字三千卷　試手清涼又一篇——《王念孫之訓詁學研究》述評，吉首大學學報（社會科學版），二〇一二年第一期

單殿元：高郵王氏的學術成就和學術風格，文史雜志，二〇一二年第二期

吴根友：試論王引之語言學研究與古典人文知識的增長，武漢大學學報（人文科學版），二〇一二年第二期

謝向榮：讀《經義述聞·周易》「繻有衣袽」條小識，周易研究，二〇一二年第二期

郭鵬飛、蕭敬偉：《經義述聞·春秋左傳》辨正七則，傳統中國研究集刊（九、十合輯），上海人民出版社，二〇一二年

彭　慧：巧用名字釋古語——論王念孫詞義疏解的一種方法，語文知識，二〇一二年第三期

吴根友：試論王念孫對古典人文知識增長的貢獻，文史哲，二〇一二年第四期

劉文清：《經義述聞·周易》補正，周易研究，二〇一二年第四期

彭曉豔：王念孫《讀書雜志》校勘和訓詁的結合——以《逸周書雜志》爲例，學習月

刊，二〇一二年第四期

張先坦：從《讀書雜志》看王念孫詞性觀念的表現方式，貴州師範大學學報（社會科學版），二〇一二年第四期

安豐剛：《廣雅疏證》聯綿詞研究，浙江師範大學碩士論文，二〇一二年

程豔梅：王念孫《讀書雜志》説略，内江師範學院學報，二〇一二年第五期

劉精盛、葉桂郴：王念孫《讀書雜志》對大型辭書修訂的價值和意義，欽州學院學報，二〇一二年第五期

彭　慧：論王氏父子以「俚」證「古」的釋義方法——兼論「高郵王氏四種」中的清代俗語詞，寧夏大學學報（人文社會科學版），二〇一二年第五期

宋鐵全：王念孫王引之諟正段氏《説文注》失誤例説，福州大學學報（哲學社會科學版），二〇一二年第五期

彭　慧：王氏父子古書假借字發明的成就與不足，信陽師範學院學報（哲學社會科學版），二〇一二年第五期

趙林然：淺析王念孫《晏子春秋雜志》校勘方法，安徽文學（下半月），二〇一二年第六期

袁宇、董博静：淺析高郵王氏運用「對文」校釋《墨子》之得失，海南師範大學學報（社會科學版），二〇一二年第七期
程豔梅：《讀書雜志》運用「類比手法」説明通假字簡析，河北大學學報（哲學社會科學版），二〇一二年第七期
張其昀：《讀書雜志》據文例校勘述例，南陽師範學院學報，二〇一二年第十期
張其昀：《讀書雜志》據缺注和贅注校勘述例，武陵學刊，二〇一二年第十一期
畢燕娟：《經傳釋詞》研究綜述，大衆文藝，二〇一二年第十一期
杜利軍：清代學者袁仁林、王引之虚詞分類思想比較初探，長春師範學院學報（人文社會科學版），二〇一二年第十一期
金永健：高郵王氏校釋《左傳》的學術思想與方法，揚州文化研究論叢（第九輯），廣陵書社，二〇一二年
劉江濤：《經義述聞》音訓及同族詞研究，中南大學碩士論文，二〇一二年
宋鐵全：王念孫、王引之諟正段氏《説文解字注》辨正四篇，中國石油大學學報（社會科學版），二〇一三年第一期
宋鐵全：高郵王氏諟正《説文解字注》失誤例説，西華師範大學學報（哲學社會科學

版)，二〇一三年第二期
宋鐵全：高郵王氏誤正《説文解字》例説，西華大學學報(社會科學版)，二〇一三年第三期
林忠軍：論王念孫、王引之父子的易學解釋，周易研究，二〇一三年第一期
張其昀：《讀書雜志》據文脈校勘述例，信陽師範學院學報(哲學社會科學版)，二〇一三年第一期
郭鵬飛：王引之《經義述聞·春秋左傳》商榷兩則，漢語史學報，二〇一三年第一期
賈　璐、章　也：《經傳釋詞》箋注。「云　員」，内蒙古大學學報(哲學社會科學版)，第二〇一三年第二期
李福言：近三十年《廣雅疏證》研究述論，湖北文理學院學報，二〇一三年第九期
程　蒂：論由異文發現古籍訛誤的校勘方法——以王念孫《讀書雜志》爲例，綏化學院學報，二〇一三年第二期
袁正蘭：高郵王氏父子與《高郵王氏四種》，新世紀圖書館，二〇一三年第十一期
郭鵬飛：讀《經義述聞·尚書》札記三則，西南交通大學學報(社會科學版)，二〇一三年第十四期

蕭敬偉、郭鵬飛：王引之《經義述聞·國語上》斠正，人文中國學報，二〇一三年第十三輯

郭鵬飛：王引之《經義述聞·春秋左傳》商榷兩則，漢語史學報，二〇一三年第十三輯

王　蕾：高郵王氏父子與《廣雅疏證》，科技情報開發與經濟，二〇一三年第二十三期

張孟璐、王曉囡：《廣雅疏證》研究，佳木斯教育學院學報，二〇一三年第五期

張其昀：《廣雅疏證》之别類證義，中國訓詁學報（第二輯），商務印書館二〇一三年

王一朱：王念孫《廣雅疏證》同，源詞研究之探析，渤海大學碩士論文，二〇一三年

祁龍威：讀臺北傅斯年圖書館珍藏的《高郵王氏父子手稿》隨筆，揚州文化研究論叢（第十二輯），廣陵書社，二〇一二年

張其昀：《讀書雜志》研究（上下），社會科學文獻出版社，二〇一三年

徐勝利：王念孫與《讀淮南子雜志書後》研究，河南大學碩士論文，二〇一三年

虞萬里：王念孫《讀書雜志》整理本序，史林，二〇一四年第一期

張先坦：王念孫、俞樾與東晉至宋的「句法」術語之比較，貴州師範大學學報（社會科

學版)，二〇一四年第一期

李福言：《廣雅疏證》「語之轉」研究，瀋陽大學學報(社會科學版)，二〇一四年第一期

居加一：《助字辨略》與《經傳釋詞》虚詞研究比較，赤峰學院學報(漢文哲學社會科學版)，二〇一四年第一期

居加一：論王念孫《讀書雜志》對《史記》、《漢書》的語法研究，廣西師範學院碩士論文，二〇一四年

祝鴻熹、王國珍：全面挖掘王氏校勘、訓詁精髓的一部力作——評張其昀《〈讀書雜誌〉研究》，台州學院學報，二〇一四年第二期

邱洪瑞：試論「以意逆志」的考據方法——以《經義述聞·春秋左傳》上、中、下爲例，鄭州大學學報(哲學社會科學版)，二〇一四年第三期

宋玉珠：淺談王念孫的校勘方法與成就，黑龍江史志，二〇一四年第三期

何和平：從《讀書雜志》看《爾雅》的版本異文，現代語文(語言研究版)，二〇一四年第四期

何和平：《管子集校》引《管子雜志》的對比淺析，語文學刊，二〇一四年第二期

劉春龍、周仁忠：叩訪高郵王氏父子故居，江蘇地方志，二〇一四年第四期

李小静：《經傳釋詞》讀後感——關於書中的併列連詞，現代語文（學術綜合版），二〇一四年第五期

宋鐵全：王念孫勘正段氏《説文解字注》辨正（三篇），華北電力大學學報（社會科學版），二〇一四年第五期

藺文龍：論王念孫父子治《詩》方法及現代影響，通化師範學院學報，二〇一四年第五期

彭　慧：綜合形義辨識音讀——也談王氏父子「形音義互求」的漢語言文字系統觀，寧夏大學學報（人文社會科學版），二〇一三年第五期

居加一：《讀書雜志》對《史記》、《漢書》的語法研究，廣西師範學院碩士論文，二〇一四年

張錦少：王念孫古籍校本研究，上海古籍出版社，二〇一四年十二月

後記

自二十世紀九十年代初拙著《高郵王氏父子學術初探》結撰之時起，我就着手蒐集整理高郵王氏父子遺文，即王氏五種以外的文字。後因忙於教務和國家特大型重點社科項目，不得不輟業，耿耿於懷垂二十年。退休後，了無公務，學術條件也大有改善，這才得以重拾舊業。

蒐集遺文，一要真實無訛，包括文章作者確係二王，文章確實在王氏五種之外，且文字無誤。二要齊備無遺。這樣才能既不誣二王，又不誤讀者。

工作伊始，我先後根據閔爾昌、劉盼遂、王章濤諸家所編二王《年譜》，劉盼遂《高郵王氏父子著述考》，薛正興《評傳》，各種綜合目録、專題目録、館藏目録，編製出二王遺文書目，使蒐集工作有了明確的路徑和目標。

於是，我從武昌出發，多次北上東下，按圖索驥，收穫漸趨豐富。

在蒐集過程中，我親自閱讀，逐條考校，發現原有的書目，包括所謂「知見」書目，並非都可靠，頗有以訛傳訛或似是而非之處。兹舉數例：

一、作者名、書名張冠李戴。

復旦大學圖書館藏有清鈔本《八一老人序存》，收録了十三篇序文，清人黄聰《跋》指爲王念孫撰。我檢閲其書，頓生疑惑，不敢置信。經該校羊列榮教授提示，我查到該校程泱博士發表在二〇〇七年一月《文獻季刊》上的文章《田雯部分作品被誤植爲王念孫》。程文認爲十三篇序文作者是田雯，康熙三年進士，其著作收入《四庫全書》。而非王念孫。因爲序文中注明的時間與王念孫行年不合，而且序文文字與王苹《二十四泉草堂集》、田雯《古歡堂集》上署名田雯的序文基本相同，衹是排列次序稍異。程文證據堅强，可爲定論。此誤源自黄聰，後來著録家未加詳考，以致以訛傳訛。

國家圖書館有刻本《翁評古詩鈔》八册，題王引之輯。翁方綱題簽曰：「濟南王文簡公原本，後學大興翁方綱重訂，南海葉廷勳仝校。」原來，此王文簡公即山東王士禎，漁洋山人。而非高郵王引之。著録者衹知王引之謚文簡，而不知早於王引之的王士禎亦謚文簡，故有此誤。

清鈔本朱彬《禮記訓纂》卷首云：「道光十一年正月之二十四日，高郵王念孫讀於京師西江米巷之壽藤書屋。謹附簽二十八，寄請武曹先生正之。旹年八十有八。」此語鈔自王念孫致朱彬書，所簽二十八條在朱彬《經傳考證》，而不在《禮記訓纂》。

二、誤把引用的舊文當作新著述。

朱彬《禮記訓纂》，四十八卷，國家圖書館有清鈔本和縮微膠片，我手頭有清十三經注疏本，即以宜禄堂刻本爲底本的校勘本。鈔本原稿上僅有朱彬的文字，未引他人之說，然相關詞句天頭上粘有別人的簽記，計有高郵二王、王氏懋竑、陳氏用之數人。而注疏本引他人之說，除上述四人之外，尚有阮元、金鶚、陳鱣、錢大昕、盧文弨等。這些顯然是後人所補。二本所引二王說，一概標明「王氏念孫曰」、「王氏引之曰」，間有「念孫案」、「引之謹案」，可見絶非二王親題。二本上二王文字一致，又均未注明出處。經逐條比對，知爲引用二王舊文。如注疏本上册引二王說凡九十七條，其中八十二條出《禮記述聞》，十五條見於《爾雅述聞》、《史記雜志》及《廣雅疏證》之《釋詁》、《釋器》、《釋鳥》諸篇。

桂馥《說文解字義證》引二王說二十餘條。經檢覈，這二十餘條分別出自《經義述聞》、《廣雅疏證》、《王給諫答書》、《說文校勘記殘稿》。引前二書，是舊文；後二種雖在王氏五種之外，但本遺文集已全篇收入，不重出。

方成珪《集韻考正》亦有王念孫說。其《凡例》云：「校《廣雅》，用王氏石臞《疏證》本，今本奪譌之字，藉資補正。」可見《集韻考正》中王念孫說，亦屬引用舊文。

孔廣森《大戴禮記補注》亦大體如此。

三、書中並無二王校注文字。

有書目列王引之著述中有斧正丁晏《論語孔注證僞》之文，又有是正金鶚《求古録禮説》之文。遍檢金氏書，無王氏一字；丁氏書二卷中，僅存書目中標名「不復見」的《序》一篇，此外無校注語。據顧廷龍先生跋文，丁書自嘉慶二十二年撰成，到民國三十四年始刊行，此前别無他本。據年譜，丁晏、金鶚均曾因汪廷珍紹介，以各自著作就正於王引之，但王引之祇給丁書作序，祇在金鶚歿後助執紼，並未給二氏書作校正，著録家未免捕風捉影。

著録失真，蒐集遺文的工作，自然就增加了别擇的艱辛。至於參稽衆本，考較上下文以辨正文字，斷定年月，施加注釋，也頗費精力和時日。

求真既不易，求全則更難。這有如下原因：

一、有目無書。王念孫有《導河議》上下篇，王引之《石臞府君行狀》概述過其内容，但文章遍尋無着。《六書正俗》、《古音索隱》、《校正〈北堂書鈔〉》等，書目中均未標「未見」，但都空有其目。或是遺佚，或是著録家僅據片言隻語立目，未必實有其書。至於書目中已標「未見」的書，更無由得到。

二、有書不讓看。書目中有王引之《批〈杜詩會粹〉》，藏北京某大型圖書館，但管理員告知，此書不供外人閱讀。問其緣由，答曰館裡規定。

收録難全是遺憾的，但學者遺佚的著述，失而復得，後人續有補輯，這也是常有的事，我們拭目以待。

高郵王氏父子是幾百年難得一遇的學術宗師，其著述涉及的門類廣，學理深，故實多，而我等既不能根柢經傳，又無力穿穴子史，見識淺陋，能力微薄。在蒐集整理二王遺文過程中，我們雖然不敢鹵莽，但常常感到力不從心，故缺陷在所不免，祈學界同仁不吝批評指正。

相關圖書館提供便利，本單位青年教師黄斌、方敏等熱情幫助，國家古委會和上海古籍出版社伸出援手，著名書法家、古代文學專家鄭在瀛先生欣然題封，孜孜策勵，都令我感佩無似，在此一併致以謝忱！

舒　懷

二〇一四年冬記於武昌沙湖畔三友齋